澳大利亚高校招生考试制度研究

蔡培瑜／著

本书为2016年度教育部人文社会科学重点研究基地重大项目"高考制度改革研究"（16JD880029）之成果

高考改革研究丛书
刘海峰／主编

华中师范大学出版社

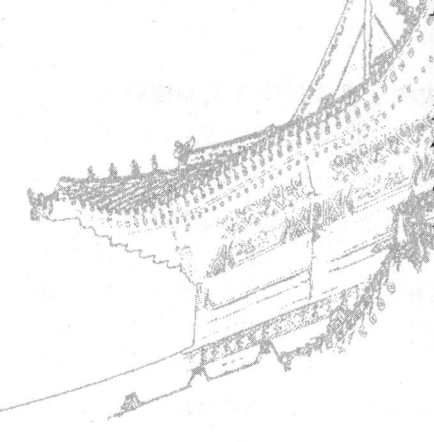

新出图证（鄂）字 10 号

图书在版编目（CIP）数据

澳大利亚高校招生考试制度研究/蔡培瑜著. —武汉：华中师范大学出版社，2016.12

（高考改革研究丛书/刘海峰主编）

ISBN 978-7-5622-7646-3

Ⅰ.①澳…　Ⅱ.①蔡…　Ⅲ.①高等学校—招生—考试制度—研究—澳大利亚 Ⅳ.①G649.611.2

中国版本图书馆 CIP 数据核字（2016）第 321546 号

澳大利亚高校招生考试制度研究
ⓒ 蔡培瑜 著

责任编辑：古　沁	责任校对：王　胜
编辑室：学术出版中心	电话：027-67867792
出版发行：华中师范大学出版社	社址：湖北省武汉市洪山区珞喻路 152 号
电话：027-67863426/3280（发行部）	027-67861321（邮购）
传真：027-67863291	邮编：430079
网址：http://press.ccnu.edu.cn	电子信箱：press@mail.ccnu.edu.cn
印刷：湖北新华印务有限公司	督印：王兴平
封面设计：甘　英	封面制作：胡　灿
开本：710mm×1000mm　1/16	印张：24
版次：2016 年 12 月第 1 版	印次：2016 年 12 月第 1 次印刷
字数：406 千字	定价：60.00 元

欢迎上网查询、购书

敬告读者：欢迎举报盗版，请打举报电话 027-67861321

总　　序

高考是我国各类考试中最重要、影响最大的考试。高考改革不仅关系到国家创新人才的培养、学生的健康成长，而且关系到社会公平的维护、高等教育资源的分配，还涉及宏大的社会利益再分配问题，关系到维护我国改革发展稳定的大局，是一项"牵一发而动全身"的社会系统工程，具有综合性、系统性。高考改革事关教育全局，不仅已成为重大的民生议题，而且是教育领域中最复杂、最敏感的问题，受到民众和国家教育主管部门的高度关注。

2010年7月正式颁布的《国家教育中长期改革和发展规划纲要（2010—2020年）》列有关于招生考试的专门一章，即第十二章"考试招生制度改革"。在中国历次教育改革文件中，这是第一次将招生考试单独列出一章，足见此问题在现阶段的重要性。2012年7月，国家教育考试指导委员会在北京成立，研究制定考试改革方案，指导考试改革试点。国家专门成立一个国家级决策咨询机构来指导高考改革实践，说明考试招生改革意义非常重大。2013年11月，十八届三中全会通过了《中共中央关于全面深化改革若干重大问题的决定》，其中教育方面最主要的就是考试招生改革的内容。2014年9月公布的《国务院关于深化考试招生制度改革的实施意见》，是恢复高考以来最全面、最系统的改革文件。以往也有各种各样的高考改革政策出台，但多数都是单项的或者某一个侧面的改革，而这次改革涉及考试招生的方方面面，是一个顶层设计的系统改革，标志着高考改革进入一个新阶段。

由于高考是一个至为复杂的大规模选拔性考试，是一项"横看成岭侧成峰，远近高低各不同"的制度，从某一特定的角度去观察，站在某一种特定的立场去评说，可能所见都是事实，所言也都有一定道理，但也可能会出现盲人摸象、各说各话的情况。因此，在评价高考时，重要的是全面和客观。

而要理性地、全面地评价高考，提出切实可行的改进意见，就应该对高考进行全面深入的研究。

中国是考试制度的发源地，不仅是一个考试古国，而且是一个考试大国。有些西方国家的大学入学考试只是一种测量手段，只是在小范围内引起关注，只是一个部分人关心的话题。然而，受传统和现实的制约，中国人却将高考变成了文化，变成了经济，变成了政治，变成了盛大的仪式，变成了一种备受关注的社会活动，变成了一种惯例式的全民动员。在有五千年悠久文化传统和千余年科举考试影响的中国，在一个幅员辽阔、人口众多、地域和城乡文化教育水平差异很大的中国，在民众高度重视甚至是过度重视教育的中国，高考既与世界各国的大学入学考试有相同的规律，也有不少独有的现象和问题。

长期以来，高考作为一项影响重大、关注度甚高的重要制度，总体而言是"三多三少"，即新闻报道多，理论研究相对较少；一般议论多，深入分析相对较少；零星探讨多，系统研究相对较少。近年来，情况有了一些改观，特别是2012年前后讨论异地高考政策问题，2014年《国务院关于深化考试招生制度改革的实施意见》出台以后，出现了研究高考改革的热潮，许多相关论文见诸报刊。但是，对于整个高考制度还缺少系统的研究，尤其缺少真正有分量的高考改革研究著作。

高考改革是一个谁都能说得上两句的话题，但又是一个专业性很强的问题。要谈谈自己关于高考改革的观点，发表一两篇文章不难，而要深入阐述自己的观点，发表不重复的系列论文或出版专著却很难。为了将高考研究推向深入，并为现实高考提供决策参考和理论依据，在深入研究的基础上，特组织一套"高考改革研究丛书"。

作为中国高考研究的重镇，厦门大学考试研究中心一直将高考改革作为重点研究方向之一，推出了一系列研究论文和专著，研究成果为全国性的和部分省市的高考改革提供重要的理论支持。本丛书是中国第一套较全面、深入研究高考改革的丛书，对高考从理论、制度、政策、法治、内容、形式，到招生考试的区域公平、民族政策、效度和评价等各方面进行全面的研究，同时对美国、英国、法国、俄罗斯、加拿大、澳大利亚、日本和我国台湾地区的高校招生考试制度等进行了探讨；既有对高考制度的理论剖析，又有对高考改革的一些热点问题的专题论述；是从理论到实践、从宏观到微观、从国内到域外，对高考制度及其改革进行的全面而深入的研究。

总　序

"高考改革研究丛书"是对高考的基础性、系统性研究。2015年，该丛书获得国家出版基金资助，出版社与丛书主编将原来已出版的十多本著作加以修订，并扩充至22本，使之成为一个更全面、成气候的书系。本丛书基本上由我自己的著作和历年指导通过答辩的高考研究博士论文、博士后出站报告为基础构成。在我历年指导的众多博士论文或博士后出站报告中，以高考研究为选题的占大多数。要想真正为高考改革提供参考，我们的研究应力求建立在对招生考试历史与现实充分了解的基础之上。为了使这些论文的写作不至于陷入空谈，我总是要求博士生和博士后多了解高考实际。多年来，以高考为选题的博士生和博士后一般都要到部分省市教育招生考试院等考试机构实习，真正深入招生考试第一线，多与考试管理工作者接触交流，这样他们才不会太书生气，所写论文才能脚踏实地。凡是研究别国高校招生考试制度的博士生和博士后，都通晓所在国的语言文字，并尽可能到研究对象国去搜集资料和实地调研，多位博士生和博士后都在研究对象国留学多年或做访问研究一年以上。

丛书中每本著作各有专攻，希望都能切中肯綮，真正做到既有学术价值，也有现实意义；对高考改革的顶层设计，对高考改革的顺利推行，进而对维护教育公平和社会稳定起到一定的作用。恢复高考40周年即将到来，相信本丛书的出版能够为高考改革提供理论支撑，为完善中国的考试招生制度贡献绵薄之力，作为一名上世纪的77级大学生，我深感欣慰。

刘海峰
2016年10月6日

目　　录

绪　论 ·· 1
　　一、研究缘起与研究意义 ·· 1
　　二、概念界定 ·· 4
　　三、文献综述 ·· 6
　　四、研究思路与研究方法 ·· 17
第一章　澳大利亚教育制度 ·· 21
　　第一节　澳大利亚教育发展的社会历史背景 ·············· 21
　　　　一、地理与人口 ··· 21
　　　　二、历史与文化 ··· 23
　　　　三、政治与经济 ··· 24
　　第二节　澳大利亚学制与教育行政管理 ····················· 26
　　　　一、现行学制与学校系统 ··································· 28
　　　　二、澳大利亚学历资格框架 ······························· 36
　　　　三、教育行政管理体制 ······································ 39
　　第三节　澳大利亚高等教育与经费政策 ····················· 44
　　　　一、澳大利亚高等院校体系 ······························· 44
　　　　二、澳大利亚高等教育经费补助政策 ·················· 52
　　　　三、澳大利亚高等教育学费资助政策 ·················· 59
第二章　澳大利亚高校招生考试制度的历史演进 ············ 70
　　第一节　殖民地时期的澳大利亚高校招生考试制度（1788年—1900年）
　　 ··· 70
　　　　一、殖民地时期的高等教育发展 ························ 71
　　　　二、个校选拔制：申请审核与公共考试 ·············· 74

1

第二节　独立与重建时期的澳大利亚高校招生考试制度（1901年—
　　　　　　1960年） ………………………………………………………… 76
　　　　一、独立与重建时期的高等教育发展 ……………………………… 77
　　　　二、大学招生公共考试的变迁：从离校证书考试到中学证书考试
　　　　　 ………………………………………………………………………… 80
　　第三节　扩张与改革时期的澳大利亚高校招生考试制度（1961年至今）
　　　　　 ………………………………………………………………………… 84
　　　　一、扩张与改革时期的教育发展 …………………………………… 85
　　　　二、综合评价制：高中毕业证书考试与在校学业成绩评量 ……… 92

第三章　澳大利亚现行的高校招生考试制度及其实践 ……………… 101
　　第一节　招考分离：澳大利亚高校招生机构与考试机构 …………… 101
　　　　一、澳大利亚各州的招生机构 …………………………………… 102
　　　　二、澳大利亚各州的考试机构 …………………………………… 107
　　第二节　综合评量：澳大利亚高校招生考试的方法与流程（上）
　　　　　 ………………………………………………………………………… 112
　　　　一、新南威尔士州："校本学习评量"与"HSC会考" ………… 113
　　　　二、维多利亚州："校本学习评量"、"VCE会考"与"GAT测验"
　　　　　 ………………………………………………………………………… 122
　　　　三、西澳州："校本学习评量"与"WACE会考" ……………… 130
　　　　四、南澳州与北领地："校本学习评量"与"外部评量考试" … 134
　　第三节　综合评量：澳大利亚高校招生考试的方法与流程（下）
　　　　　 ………………………………………………………………………… 138
　　　　一、昆士兰州："校本学习评量"、"高中校外考试"与"QCS测验"
　　　　　 ………………………………………………………………………… 139
　　　　二、澳大利亚首都领地："校本学习评量"与"AST测验" …… 144
　　　　三、塔斯马尼亚州："校本学习评量"与"TCE会考" ………… 149
　　　　四、其他入学考试 ………………………………………………… 152
　　第四节　自主多元：澳大利亚高校招生录取的程序与机制 ………… 155
　　　　一、招生录取要求 ………………………………………………… 156
　　　　二、申请录取程序 ………………………………………………… 160
　　　　三、选拔录取机制 ………………………………………………… 163

第四章 澳大利亚土著民族与国际学生的高校招生考试政策 … 169

第一节 澳大利亚土著民族高校招生考试政策的渊源 … 169
一、澳大利亚土著民族教育政策的历史沿革 … 170
二、澳大利亚土著民族高校招生考试政策的出台原因 … 174
三、澳大利亚土著民族高校招生考试政策的发展进程 … 176

第二节 澳大利亚土著民族高校招生考试政策的实施 … 180
一、澳大利亚土著民族高校招生考试政策实施的现状 … 181
二、澳大利亚土著民族高校招生考试政策实施的成效 … 186

第三节 澳大利亚高校国际学生招生考试政策的分析 … 188
一、澳大利亚高等教育国际化的动因 … 188
二、澳大利亚国际学生招生政策的发展 … 193
三、澳大利亚国际学生招生政策的特点 … 205

第四节 澳大利亚高校国际学生招生考试政策的实施 … 211
一、澳大利亚高校国际学生招生考试政策实施的现状 … 212
二、澳大利亚高校国际学生招生考试政策实施的成效 … 222

第五章 澳大利亚高校招生考试制度的个案研究 … 230

第一节 高选拔型高校案例 … 230
一、新南威尔士大学 … 231
二、昆士兰大学 … 255

第二节 一般选拔型高校案例 … 279
一、塔斯马尼亚大学 … 279
二、弗林德斯大学 … 295

第三节 开放招生型高校案例 … 311
一、澳大利亚开放大学 … 311
二、霍姆斯格兰政府理工学院 … 319

第六章 澳大利亚高校招生考试制度的特点、问题与启示 … 324

第一节 澳大利亚高校招生考试制度的特点与现存问题 … 324
一、澳大利亚高校招生考试制度的特点 … 324
二、澳大利亚高校招生考试制度体系中的现存问题 … 329

第二节 澳大利亚高校招生考试制度对中国高考改革的启示与借鉴
………… 330

一、中国高考制度改革面临的问题……………………………… 331
二、启示与借鉴…………………………………………………… 335

附　录 ………………………………………………………………… 341
参考文献 ……………………………………………………………… 350
后　记 ………………………………………………………………… 373

绪　　论

一、研究缘起与研究意义

（一）研究缘起

世界各国或地区的高等教育招生入学制度各具特色，但都会随着社会发展以及教育供需矛盾状态的变化而不断调整。20世纪中后期以来，伴随高等教育大众化或普及化进程，各国高等教育的受众范围和数量规模不断扩大，高校的层次和类型日益复杂。一方面，由于优质高等教育资源总是相对缺乏，所以采用竞争性考试等选拔方法来遴选优秀人才享用优质资源，仍是高等教育招生制度的必然选择；另一方面，高等教育逐渐融入终身学习和全民教育体系，各级各类高校不断被要求提供更加开放、多样的入学管道，给大众更多接受高等教育的机会。在这样的情况下，怎样的高等教育招生入学制度才是公平、科学的制度，无疑成为各国高等教育改革发展面临的共同问题。近几十年来，很多西方国家或者对原有的高等教育招生入学制度进行调整，或者引入现代教育评量手段，高等教育招生入学制度都在一定程度上发生了变化。在中国，随着经济社会逐渐发达以及高等教育大众化的推进，作为全国高等教育招生入学选拔环节的"普通高等学校招生全国统一考试"（以下简称高考），也面临着与时俱进的改革要求。

高考制度改革一直是中国社会各界关注的焦点。厦门大学刘海峰教授在其著作《高考改革的理论思考》的总序中提到："高考是一项具有鲜明中国特色的基本考试制度，是中国教育考试发展史上的一个伟大的创举。作为中学与大学之间的桥梁，高考不仅对大学选拔新生、中学的教育和教学具有调节与指挥作用，而且承载着整合教育系统、维持社会稳定的重任；它上关国家安定和民族前途，下系青年学生的个人命运和千家万户的喜怒哀乐，因而历来是中国教育界乃至全社会关注的一个焦点。"①

2008年，由教育部考试中心、中国青年报联合举行的"纪念恢复高考30年大型公众调查"中，绝大部分受访者对中国高考制度给予了肯定，但同时有92%的人认为高考制度需要进行改革完善。另外，约50%的被访者认为现行的高考制度是公平的，40%左右认为"腐败侵蚀高考，越来越不公平"②。这些调查结果反映出，中国高考制度的社会公平作用是被民众广泛认可的，但是高考的"教育指挥棒"效应和高考制度不完善所导致的弊端却饱受争议，常见的责难主要包括中学教育片面追求升学率与强调分数、忽略学生全面发展和个性培养，以及一考定终身、大学招生自主权等问题。

2012年，国家教育考试指导委员会成立，中共中央政治局委员、国务委员刘延东在委员会成立会议上指出："高考是我国重大的社会公平制度，要加快研究制定高考改革总体方案，重点改革考试内容和形式，规范考试程序，建立健全综合评价体系，完善多样化的录取方式，增加考生选择机会，落实高校招生自主权，保障公平公正，形成不拘一格选英才的良好局面。"她强调："要按照有利于科学选拔人才、促进学生健康发展、维护社会公平的原则，坚持立足国情，借鉴国际经验，不断深化改革，逐步形成分类考试、综合评价、多元录取的考试招生制度，拓宽人才成长通道，引导学生全面发展。"③可以说，在中国高等教育规模跨越式发展的过程中，针对原有的高考制度存在的问题，如何兴利除弊，更好地发挥高考制度的社会功能和教育功能，已经成为政府高层非常关心的一项教育改革重点工作。

2012年以来，中国大陆高考制度改革已经完成了"顶层设计"，改革方向已经得到了明确。2013年11月，中共十八届三中全会通过的《中共中央关于全面深化改革若干重大问题的决定》中提出：探索招生和考试相对分离、学生考试多次选择、学校依法自主招生、专业机构组织实施、政府宏观管理、社会参与监督的运行机制，从根本上解决一考定终身的弊端。2014年9月，国务院发布《关于深化考试招生制度改革的实施意见》，提出到2020年基本建立中国特色现代教育考试招生制度，形成分类考试、综合

---

① 刘海峰：《高考改革的理论思考》，华中师范大学出版社，2007年，第1页。
② 韩家勋：《教育考试评价制度比较研究》，人民教育出版社，2010年，第428页。
③ 人民日报，http://paper.people.com.cn/rmrb/html/2012-07/20/nw.D110000renmrb_20120720_2-02.htm?div=-1.2012-07-20。

评价、多元录取的考试招生模式，健全促进公平、科学选才、监督有力的体制机制，构建衔接沟通各级各类教育、认可多种学习成果的终身学习"立交桥"。截至 2016 年 4 月底，已有 20 个省份出台本省高考改革方案，中国高考制度改革进入了一个全新的发展阶段。

本书是在笔者 2015 年完成的博士学位论文基础上形成的。如果说博士论文研究主要是为了给中国高考制度改革提供国外经验借鉴，那么目前在中国高考改革方向已经明确的情况下出版这本书，则更多具有"锦上添花"的意义。本研究之所以选择澳大利亚高校招生考试制度作为研究对象，基于以下三点原因：

首先，中国高考改革所确定的"招考分离、分类考试、综合评价、多元录取"的改革方向，以及计划在 2020 年建成的现代教育考试招生制度体系的特点，与澳大利亚高校招生考试制度的特点非常相似。客观地说，澳大利亚高校招生考试制度中招考分离、综合评价、自主多元、分类考试的实施方式，包括很多具体实践做法，对中国高考制度改革具有很高的借鉴价值。另外，澳大利亚高校招生考试实践过程中遇到的某些问题，对中国高考制度改革也会具有警示作用。

其次，中国大陆及港澳台地区对澳大利亚高校招生考试制度研究尚不充分。迄今为止，大陆和港澳台学者对澳大利亚高等教育的研究，主要集中于其市场化、国际化、质量保障等特色鲜明的方面，而对于澳大利亚高校招生考试制度，尽管有一些文章进行介绍，但尚无专门的学术著作出版。特别是现有研究文献对澳大利亚高校招生考试制度缺乏详尽完整的系统阐释和深层分析，对澳大利亚高校招生考试制度的改革变化过程，更是鲜有研究。笔者希望通过本书，能够对澳大利亚的高校招生考试制度作出全面、系统的归纳和深入的分析，以丰富教育考试研究的知识体系。

最后，笔者的学习生活经历为本研究顺利开展提供了良好条件。笔者自 1995 年起在澳大利亚留学生活近 10 年，获得了新南威尔士大学教育学和英语第二语言教学双硕士学位，并在新南威尔士大学研读过一年教育博士课程，在澳期间，也曾在新南威尔士州担任过两年中小学教师，对澳大利亚的社会情况、人民生活状态、教育发展情况以及教育招生考试制度，有很多亲身体验。2013 年底，当我为进行博士学位论文研究，回到新南威尔士大学做短期访问学者，就澳大利亚高校招生考试制度开展实地调研时，当年的师长以及在澳大利亚各地的同学朋友给予了很多无私的帮助，使我获得了许多一手资料，也使我能够以"半个当事人"的身份来更好地研究和介绍澳大利亚的招生考试制度。

（二）研究意义

1. 拓展领域，丰富理论

在联邦体制下，澳大利亚各州或领地的教育体系和高校招生考试制度有所不同。现有中文文献中，学者们多从宏观层面粗略介绍澳大利亚高中学校"以生为本"的多元化课程设置和高校招生考试综合评量体系。但是澳大利亚高校招生考试制度何以如此、高校招生考试的具体实施流程等问题，尚没有人能系统、深入地做出回答。本书希望通过对澳大利亚高校招生考试制度的历史演进、现状等进行全面系统的介绍，通过对各类高校招生案例的细致剖析，加深人们对澳大利亚高校招生考试制度的了解，并拓展教育考试制度的研究领域。

2. 立足本土，借鉴创新

澳大利亚现行高校招生考试制度"招考分离、分类考试、综合评价、多元录取"的特点，是中国高考改革不可忽视的参考样本。澳大利亚多元设置的高中课程、校本学习评量与高中毕业证书会考的综合评价方式等，促进了学生学习的积极性与创造性，也使学生能够按兴趣专长自由地选择升学与就业。这些对中国建立既能体现入学机会公平又有利于优秀人才选拔的多元录取机制，都有很好的借鉴启示意义。

二、概念界定

（一）澳大利亚高校

"澳大利亚高校"是指在联邦、州及领地立法基础上建立或承认的高等教育机构。根据2002年的"澳大利亚学历资格框架"（Australian Qualification Framework，AQF），澳大利亚高校可分为三大类：大学及其他"自行授证"（Self-Accrediting）高等教育机构、"非自行授证"（Non-Self Accrediting）高等教育机构、立案技职训练机构（Register Training Organizations，RTO）[①]。

大学及其他自行授证高等教育机构，指的是依法设立的、可以自主开设课程和自主颁授学士（或以上）资格证书的高校。其中，"大学"和其他

---

① 王如哲：《各国高等教育制度》，《高等教育》2009年，第256页。

"自行授证高等教育机构"的区别在于,其他"自行授证高等教育机构"不能冠以"大学"(University)的名称。为了维护澳大利亚大学在国内及国际上的地位,澳大利亚政府通过立法对"大学"名称进行界定和保护,大学必须经过专家学者及政府针对学术、财务等方面的质量评估认可,由国会或州议会立法通过后,才可以设立①。一经立法设立以后,大学便在课程开设、学位授予等方面拥有了很大的自主权。各州《大学法》明确规定:大学可拥有土地即从事商业行为之权力;大学有颁发学位证书之权力以及相关细则和章程。无论公立大学或私立大学,皆从国会或州议会获得授权,可以自行决定课程开设、自主颁授文凭和学位等资格证书。目前,在澳大利亚高等教育机构中称为"大学"的共有43所,包括38所公立大学(其中有13所同时也是澳大利亚开放大学的成员)、2所私立大学、2所国外大学和1所神学大学。

非自行授证高等教育机构,主要是指高等教育机构所设的专业课程必须接受外部机构的认证,在各州及领地政府的核准许可后,也可以颁授副学士(或以上)学位,但这类机构被核准的专业课程数量有限且效力期限较短。非自行授证高等教育机构提供的高等教育课程必须符合以下四点要求:(1)满足"澳大利亚学历资格框架"(AQF)规定的各级学历文凭的要求;(2)与澳大利亚大学同等课程具有可比性;(3)课程教学能够达到规定的水平;(4)教育机构必须保持良好的财务状况、具备合适的教学条件,必须有合格的人员负责课程教学②。

立案技职训练机构,泛指公立的"技术与继续教育学院"(Technical and Further Education,TAFE)以及私立的职业教育与培训机构。TAFE由各州政府设立和管理,私立职业教育与培训机构则由民间申请设立经营,两者都具备职业技术教育、进修教育、社区教育及职业训练的功能,其地位及性质类似于美国的社区学院。一般而言,TAFE在校地、设备、师资、课程等各方面的条件均优于私立职业教育与培训机构;部分规模较大的

---

① "大学"(University)的名称从两个途径得到保护,一是根据商业名称与协会立法及联邦公司法来保护;二是在澳大利亚立法体制内制定了一个框架,明确规定了一个组织或机构可以获准使用"大学"这一名称的标准与程序。

② 丁丽军:《澳大利亚高等教育质量保障模式研究——以AUQA质量审核为例》,华东师范大学博士学位论文,2010年,第68页。

TAFE，经各州或领地的核准后，也可以颁授副学士（或以上）学位。

（二）高校招生考试制度

高校招生考试制度是高校招生目的、方针和实施办法的总称，包括其历史、招生政策、选拔形式、招生考试、录取方法、招生机构及实践等，是国家教育制度的重要组成部分，受国家政策、政治、经济和文化等因素的影响[①]。本书中的澳大利亚高校招生考试制度主要是指其大学本科招生考试制度（少量涉及TAFE），不包括研究生层次。澳大利亚高校招生考试由各州及领地自行负责，不实施全国统一高校招生考试。各州及领地的高校招生考试制度有所不同，但各州之间有一套透明的架构来比较换算学生考试成绩，以利于学生跨州申请高校入学。

澳大利亚大学招生录取所依据的成绩标准，综合了学生在高中阶段的校内学习评量成绩和"高中教育证书"（Senior Secondary Certificate of Education）会考成绩。校内学习评量方面，各州及领地有各自不同的学业评定体系，也都设有中学学习评量委员会，负责中等教育课程管理，也负责学生学业评量政策与监控评量过程。高中教育证书会考方面，各州及领地的高中毕业证书考试名称都不一样，但功能性质大致相同，都是申请高校入学的资格条件之一。1990年代以来，各州考试中心会将学生综合评量的成绩分数换算成"澳大利亚高等教育入学排名"（Australian Tertiary Admission Ranking，ATART）或"整体位置评定等级"（Overall Position，OP），以作为学生申请高校入学的成绩。

三、文献综述

通过查询文献发现，澳大利亚高校招生考试制度研究，在大陆和台湾是一个尚未研究透彻的课题，两岸学者对澳大利亚高校招生考试制度的研究，仍有相当大的完善空间。截至目前，台湾学者对澳大利亚教育的研究，多是关注其国际教育、多元文化教育、职业技术教育、原住民教育、高等教育质量保证等领域，只在极少文献中提及高中毕业证书考试。中国大陆学者对澳大利亚高校招生考试制度的研究文献相比台湾较多，但已有的研究成果多是简单介绍澳大利亚某一州的高中毕业证书考试，给人不够全面、不够深入

---

① 唐滢：《美国高校招生考试制度》，华中师范大学出版社，2007年，第3页。

之感。

(一) 澳大利亚教育宏观研究中提到的高校招生考试制度

近些年来两岸学者对澳大利亚教育总体情况的研究已有很多，发表了不少成果，主题内容涵盖广泛，包括教育体系、教育发展、质量保证、土著教育、国际教育、职业技术教育等。大陆学者王斌华1996年的《澳大利亚教育》是对澳大利亚教育介绍比较详尽的早期学术著作，书中对澳大利亚的初等教育、中学教育、师范教育和高等教育的情况进行了阐述，对澳大利亚的土著人时期的教育和殖民地教育的兴起以及三次重要的教育改革做了历史回顾。王斌华在书中仅以新南威尔士州的"高中毕业证书考试"（Higher School Certificate，以下简称 HSC 考试）为例，简单介绍澳大利亚的高等院校招生制度[①]，相关内容比较粗略。

2004年，许庆豫和牛道生等学者分别发表了关于澳大利亚教育制度的著作。许庆豫、葛学敏主编的《国别高等教育制度研究》，对澳大利亚高等教育制度的沿革、现状、改革、特点进行了分述。其中，在现状部分，概略说明高等教育入学制度是根据不同州或地区的中学证书或类似的考试的学业成绩进行的[②]。牛道生的《澳大利亚基础教育》，从土著文化到殖民地教育、现代化进程中的新教育改革，从白澳政策到多元文化教育、二元化办学体制、考试与评估体制的改革等，对澳大利亚的总体教育情况进行了概述[③]。

大陆学者普遍认同澳大利亚开放多元、相互融通的教育体系模式，一些学位论文和期刊论文在介绍澳大利亚高等教育制度时，也都简单提及高校招生管理和高中文凭毕业考试。这些文献包括王平的《澳大利亚高等教育制度评析》、周丽萍的《澳大利亚高等教育制度基本概况》、邹放鸣的《澳大利亚高等教育特点及其透析》、向虎跃的《澳大利亚教育之印象及其启示》、袁辉祥的《澳大利亚教育制度及大学法人治理结构对我国的启示》、孙霄兵的《澳大利亚教育管理的特点》等。

台湾学者对澳大利亚教育制度的研究，多体现在比较教育一类的学术著作中。比如：王如哲的《比较教育》（1999年）和《各国高等教育制

---

① 王斌华：《澳大利亚教育》，华东师范大学出版社，1996年。
② 许庆豫、葛学敏：《国别高等教育制度研究》，中国矿业大学出版社，2004年。
③ 牛道生：《澳大利亚基础教育》，广东教育出版社，2004年。

度》(2009年)、沈姗姗的《国际比较教育学》(2000年)、王家通主编的《各国教育制度》(2003年)、江芳盛等主编的《各国教育行政制度比较》(2006年)、江爱华的《澳洲高等教育质量保证制度：背景、政策与架构》(2007年)、杨思伟的《比较教育》(2008年)、周祝瑛的《比较教育与国际教改》(2009年)以及杨深坑等主编的《比较与国际教育》(2012年)。这些著作在进行教育制度比较时，大都简略提到了澳大利亚的高中教育证书考试，但没有对澳大利亚高校招生考试制度进行系统深入的研究。

（二）关于澳大利亚高校招生考试制度的专门研究

1. 两岸学者的研究

截至目前，在台湾并无澳大利亚高校招生考试制度的硕博士论文研究成果。在大陆，关于澳大利亚高校招生考试制度研究的文献多是针对澳大利亚某一州的高中毕业证书考试，尤以探讨新南威尔士州和昆士兰州的高中毕业证书考试居多。目前有期刊论文约40多篇。学位论文方面，目前尚无专门的博士学位论文研究，硕士学位论文有4篇，分别是刘燕的《澳大利亚昆士兰州高中校本学生评价研究》(2012年)、方晗的《中澳高考制度比较研究》(2010年)、张惠的《陕西省普通高中学业水平考试与澳大利亚高中教育证书考试比较研究》(2009年)和陈娜的《澳大利亚新州高中毕业证书考试探究》(2008年)。

方晗和陈娜的硕士学位论文都是以澳大利亚新南威尔士州的HSC考试为研究对象。其中，陈娜的《澳大利亚新州高中毕业证书考试探究》概述了澳大利亚高中毕业证书考试制度，并且归纳出特点，包括：高中毕业考试与大学入学考试合二为一、考试课程设置多元化、考试形式灵活多样、考试时间安排合理、考试评分方式公正、考试成绩报告与录取方式客观公平[①]。

张惠在《陕西省普通高中学业水平考试与澳大利亚高中教育证书考试比较研究》中，以澳大利亚维多利亚州高中教育证书化学考试为分析对象，认为两者之间的考试性质和功能相一致，提出大陆目前的普通高中学业水平考试在考试制度和评价方式上还有待完善[②]。刘燕在《澳大利亚昆士兰州高中

---

① 陈娜：《澳大利亚新州高中毕业证书考试探究》，西南大学硕士学位论文，2008年。

② 张惠：《陕西省普通高中学业水平考试与澳大利亚高中教育证书考试比较研究》，陕西师范大学硕士学位论文，2009年。

校本学生评价研究》中梳理昆士兰州高中校本评价的历史发展脉络,介绍昆士兰州高中校本学生评价思想的兴起背景与发展现状,从宏观和微观两个层面分析了昆士兰州高中校本学生评价的具体实施过程,简单概括其校本学生评价的不足(如教师对学生的评定存在一定的主观判断、昆士兰州高中校本学生评价的实施过程过于繁杂)[1]。

大陆学者学术著作中的专门研究,比如,韩家勋主编的《教育考试评价制度比较研究》(2010年)一书中的第五章《澳大利亚教育考试评价制度研究》,对澳大利亚教育考试进行了介绍,包括:高中教育评估、大学入学考试制度、资格证书制度、评分方法与程序、考试特点、改革趋势等。另如,张千帆等主编的《大学招生与宪法平等:国际经验与中国问题》(2011年)一书中,对澳大利亚高等教育的概况、沿革、入学制度、招生实践操作以及宪法和法律等相关规定进行了研究介绍。

总体来说,两岸学者对澳大利亚高校招生考试制度的研究,在全面性、深入性、细致性、透彻性等方面,还存在很多不足。本研究将在吸收前人成果和个人实地调研的基础上,弥补前人不足,着力对澳大利亚高校招生考试制度进行全面、深入、细致、透彻的研究分析。

2. 国外学者的研究

国外关于澳大利亚高校招生考试制度的研究文献,以澳大利亚学者的研究居多。除部分书籍著作和期刊论文外,多数是各州及领地政府、教学与学习委员会、招生考试机构、大学和学者的研究报告。其中比较重要的研究报告,当属布瑞·麦克高(Barry McGaw)教授在1980年代和1990年代,先后接受西澳州政府和新南威尔士州政府的委托,对两州高校招生考试制度进行研究后提交的研究报告。在1984年的《评估西澳高中:学校证书与高等教育招生入学程序的部长级工作小组报告》(Assessment in the Upper Secondary School in Western Australia: Report on the Ministerial Working Party on School Certification and Tertiary Admissions Procedures)中,麦克高教授介绍了西澳高中的课程系统,分析了西澳高中的12年级考试和高等院校选拔程序对高中课程的影响,同时经过对全澳各州及领地实行的大学招生考试制度的比较,对西澳的高中课程、学校评量、高中教育证书和高等教育招生

---

[1] 刘燕:《澳大利亚昆士兰州高中校本学生评价研究》,华东师范大学硕士学位论文,2012年。

入学程序提出了改进建议①。

1990年代，布瑞·麦克高教授对新南威尔士州的HSC考试进行调查研究后，推出了《学生的未来：高中毕业证书改革举措》（Their Future: Options for Reform of the Higher School Certificate）和《塑造学生的未来：高中毕业证书改革建议》（Shaping their Future: Recommendations for Reform of the Higher School Certificate）两份报告。研究报告中对新州HSC证书的历史进行了梳理，探讨了新州中学课程、HSC考试内容、HSC考试评价方式和学生成绩报告中存在的问题，提出了重构中学课程标准、剔除HSC考试中内容重复的普通学科、增设应用学科和特长课程等建议②。

针对1990年代的新南威尔士州HSC考试改革，乔治·库尼（George Cooney）、杰夫·马斯特斯（Geoff Masters）、戈登·斯坦利（Gordon Stanley）、奈哲尔·帕尔默（Nigel Palmer）、艾米琳·贝克斯利（Emmaline Bexley）和理查德·詹姆斯（Richard James）等人也发表过各种研究报告。麦考瑞大学教育学院的乔治·库尼教授在2001年《大学入学排名：濒临绝种的物种？》（The Tertiary Entrance Rank: An Endangered Species?）一文中，针对"大学入学排名"（Tertiary Entrance Rank, TER）的角色和功能进行探讨。他认为新南威尔士州的大学虽然采用"大学入学指数"（University Admission Index, UAI）选拔方式，但其实相较于其他各州大学的选拔并没有太大差异③。

杰夫·马斯特斯教授在2002年发表的《公平、有意义的举措？——新南威尔士州高中毕业证书实施调查》（Fair and Meaningful Measures?: A Review of Examination Procedures in the NSW Higher School Certificate）中，对改革后的HSC考试程序进行详细研究，研究内容包括考试组织、考试评分、评价标准、成绩报告、考试录取等方面。他认为HSC考试的改革

---

① Western Australia & McGaw, Barry, Assessment in the Upper Secondary School in Western Australia: Report on the Ministerial Working Party on School Certification and Tertiary Admissions Procedures, Govt. Printer, 1984.

② McGaw, Barry, Shaping their Future: Recommendations for Reform of the Higher School Certificate, Sydney, New South Wales: Department of Training and Education Co-ordination, 1997.

③ Cooney, George, The Tertiary Entrance Rank: An Endangered Species? New Horizons in Education, ACACA Conference Sydney, 2001, pp. 66-78.

已得到广泛的认可和肯定,并且提出了加强 HSC 考试和课程之间联系的建议①。

2005 年,戈登·斯坦利在《新州高中毕业证书改革后的趋向》(Post-Reform Trends in the New South Wales Higher School Certificate)一文中对新州高中毕业证书会考改革进行研究,并根据 2001 年—2004 年的考生数据进行分析。他认为类似这样的考试改革能深入了解学生成就,且能更清楚地提供升学和就业途径;研究结果表明,之前新南威尔士州学校教育"弱智化"的趋势已经扭转,"职业教育与培训"(Vocational Education and Training, VET)科目已成功地被纳入,成为学生学习选择的一个主要途径。另外,减少开设课程科目的数量对学生学习没有不利影响,而根据课程标准制定的成绩报告书,内容更清楚,也使人更明白要在哪些方面做出改善②。

2011 年,墨尔本大学的奈哲尔·帕尔默(Nigel Palmer)、艾米琳·贝克斯利(Emmaline Bexley)和理查德·詹姆斯等人在"教育、就业与职场关系部"(Department of Education, Employment and Workplace Relations, DEEWR)资助和"八校联盟"(Group of Eight)委托下③,对澳大利亚大学入学选拔策略进行研究,发表了《高等教育的选拔与入学:支持学生成功与多样性入学的大学选拔》(Selection and Participation in Higher Education: University Selection in Support of Student Success and Diversity of Participation)。该报告审视澳大利亚现行的大学选拔形式、选拔标准、选拔策略,探讨了大学选拔制度如何影响学生公平入学和未来前景④。罗伯特·

---

① Masters, Geoff, Fair and Meaningful Measures?: A Review of Examination Procedures in the NSW Higher School Certificate, The Australian Council for Educational Research Ltd, 2002.

② Stanley, Gordon, Post-Reform Trends in the New South Wales Higher School Certificate, New Horizons in Education, 2005 (52), pp. 98-108.

③ "八校联盟"(Group of Eight)是全国知名的精英大学联盟,由八所澳大利亚顶尖的研究型综合性大学所组成,包括墨尔本大学、悉尼大学、阿德莱德大学、昆士兰大学、西澳大学、澳大利亚国立大学、新南威尔士大学、莫纳什大学。

④ Palmer, N., Bexley, E., & Richard James, Selection Participation in Higher Education: University Selection in Support of Student Success and Diversity of Participation, University of Melbourne, 2011.

帕斯科（Robert Pascoe）在《进入澳大利亚大学》（Admission to Australian University）和《基于选拔方法视角下的澳大利亚高等教育入学》（Perspectives on Selection Methods for Entry into Higher Education in Australia）中对澳大利亚高校的招生实践进行概述，并且探讨当代大学的招生选拔程序。他认为澳大利亚的大学在高等教育市场的发展中，走上了依据部分北美教育机构招募经验和实践策略的道路[①]。

除了学者们的研究以外，澳大利亚各州的学习评量委员会作为主管高中课程和考试评量的机构，每年都会针对大学招生考试发行相关出版物或研究报告。以新南威尔士州为例，"新州学习评量委员会"（Board of Studies NSW）是负责HSC考试的机构，该委员会每年都会对HSC考试进行一次统计调查，对HSC考试科目、课程内容、课程类型进行分析，并发布《新南威尔士州高中毕业证书考试指南》（Media Guide for Higher School Certificate）以及相关研究报告。每年的考试指南都会免费分发给新南威尔士州和澳大利亚首都领地的12年级应届高中毕业生，该申请指南也在全国的书报摊上发售。申请指南主要提供大学本科招生的全面讯息，内容包含：申请程序、入学要求、大学课程描述以及如何准备进入高等教育的细节说明等。其他相关研究报告，比如在新州学习评量委员会发布的《新南威尔士州高中毕业证书考试研究》（Studying for the NSW Higher School Certificate）和《2012年新南威尔士州高中毕业证书调剂报告》（Report on the Scaling of the 2012 NSW Higher School Certificate）中，详细描述了HSC考试和评量计分的具体内容，包括考试科目、课程分类、评量方式、调剂比例等等。

医学学科是澳大利亚大学招生竞争最激烈、选拔要求最高的学科。澳大利亚医学院学生选拔方式在1990年代初由纽卡斯尔大学发起改革，主要是引进认知能力以及技能的测试和面试，试图在高素质的申请人中，辨识其技能和品格潜质。安妮特·默瑟（Annette Mercer）在2007年《选择医学院学生：澳大利亚案例研究》（Selecting Medical Students: an Australian Case Study）的博士学位论文中，针对医学院选拔学生的三种方式和过程进行评估和调查，并以西澳大学选拔学生进入六年制本科医学课程的具体过程作为

[①] Pascoe, Robert et al, Perspectives on Selection Methods for Entry into Higher Education in Australia, Department of Employment, Education, Training and Youth Affairs, 1997.

案例研究。这三种选拔方式分别是:"大学入学排名"(Tertiary Entrance Rank, TER)、"本科医学暨健康科学入学考试"(Undergraduate Medicine and Health Sciences Admissions Test, UMAT)和"遴选面试"(Selection Interview)。她的研究结果表明,新的选拔流程并非没有批评的声音,批评主要来自医疗界,尤其是 UMAT 考试的效度一直被质疑,但一般情况下,利益相关者的反应是正面的。这种鉴别学生潜质特征的附加评估是一个不断发展的事物,相关问题需要较长时期来解决,因为医学课程和职业的性质也在不断地改变[①]。

此外,道夫·迈科里(Dough McCurry)和内维尔·基亚瓦罗利(Neville Chiavaroli)针对最近几年的医学院入学考试改革,在 2015 年发表了《医学院入学写作测试的角色反思》(Reflections on the Role of a Writing Test for Medical School Admissions),认为医学院入学写作测试在某种程度上成功地帮助招生委员会的委员了解学生是否具备在医学院就读的必要能力,但医学院入学考试取消写作测试、以传统的选择题取代的做法将无法清楚了解学生的认知能力[②]。

(三) 关于澳大利亚土著民族高校招生考试政策的研究

大陆学界对少数民族的高校招生考试政策有不少的探讨,但对澳大利亚土著民族招生考试的研究并不多。刘额尔敦吐在 2009 年、2010 年发表两篇期刊论文,对澳大利亚土著民族的高校招生考试政策有所阐述。在《澳大利亚高校招生民族倾斜政策及其启示》(2009 年)一文中,他认为澳大利亚高校招生民族倾斜政策的实施,有效地增加了少数民族考生的高等教育入学机会,促进了教育公平的实现,其政策的成功经验可以为中国高考民族政策的制定和改革提供有益借鉴与启示[③]。在《中澳高校招生民族倾斜政策比较及其启示》(2010 年)一文中,他进一步对中澳两国的高校招生民族倾斜政策进行比较,并提出以下观点:(1) 完善和发展高校招生倾斜政策,增加少数

---

① Mercer, Annette, Selecting Medical Students: an Australian Case Study, The Degree of Doctor of Philosophy of Murdoch University, 2007.

② McCurry, Dough & Chiavaroli, Neville, Reflections on the Role of a Writing Test for Medical School Admissions, Academic Medicine, 2013 (5): 568-571.

③ 刘额尔敦吐:《澳大利亚高校招生民族倾斜政策及其启示》,《国家教育行政学院学报》2009 年第 6 期,第 91~95 页。

民族高等教育入学机会；（2）完善倾斜的财政资助制度，保证少数民族学生顺利完成学业；（3）实行就业倾斜政策，提高少数民族学生的就业机会①。此外，包满都拉在同年发表的《加拿大、澳大利亚的高校招生民族倾斜政策的共同特点及其启示》中也提出了类似的观点。

刘丽莉、陈婷婷、苏立维等人分别在 2010 年、2011 年针对澳大利亚土著民族教育政策进行探讨，并借由认识澳大利亚土著民族教育政策的现状，为中国的少数民族教育政策的制定提供借鉴。刘丽莉在《澳大利亚土著民族教育新政策研究》一文中，梳理土著民族教育政策的历史演进，对侵占政策、同化政策、一体化政策、多元文化政策进行了系统的分析和梳理。她概述 2000 年后促进澳大利亚土著民族教育发展的新政策和分析这些政策的特点，并根据评估报告的数据说明这些新政策的实施效果和不足之处，进而提出几点启示②。

陈婷婷在《澳大利亚土著人教育优惠政策研究》中，以 20 世纪 60 年代土著人获得选举权为分割线，对澳大利亚土著人教育优惠政策的发展过程及内容进行了详细的梳理，并对其优惠政策进行了反思与总结，得出了完善中国少数民族教育优惠政策的启示。她认为，少数民族教育优惠政策是缩小少数民族与主体民族之间教育差距的重要保障，在发展少数民族教育整体水平中起着至关重要的作用，但是随着影响教育优惠政策因素的改变，少数民族教育优惠政策也要随之改变③。苏立维在《澳大利亚政府对土著居民的教育政策及对我区少数民族教育政策的启示》中比较分析两国教育政策不同点和共同点，提出借鉴学习澳大利亚在民族融合的过程中怎么让少数民族的文化不会随着时代的快速发展被同化④。

在台湾学界，张善娟在其关于中国少数民族和澳洲土著民族教育政策之比较的文章中探讨了中国台湾和澳大利亚这两个地区和国家现行的台湾少数

---

① 刘额尔敦吐：《中澳高校招生民族倾斜政策比较及其启示》，《湖北招生考试》2010 年第 24 期，第 24～28 页。

② 刘丽莉：《澳大利亚土著民族教育新政策研究》，西北师范大学硕士学位论文，2010 年。

③ 陈婷婷：《澳大利亚土著人教育优惠政策研究》，西北师范大学硕士学位论文，2010 年。

④ 苏立维：《澳大利亚政府对土著居民的教育政策及对我区少数民族教育政策的启示》，内蒙古农业大学硕士学位论文，2011 年。

民族、澳洲土著民族教育政策，以少数民族教育相关之理论及中国台湾和澳大利亚这两个地区和国家的教育政策的历史发展，作为分析政策的依据，并透过对现行的少数民族教育政策的比较分析结果，提出对中国台湾少数民族教育政策在规划及实施上的建议。建议共有八点，分别为：（1）加强少数民族教育政策目标与措施之间的链接；（2）加强各部门之间的协调，发挥少数民族主管机关的功能；（3）增加少数民族参与教育决策的机会；（4）全面规划符合少数民族特殊文化需求的课程，包括师资培育、进修课程，以及各级教育的课程，以做到相互理解与尊重；（5）母语教学应与乡土教育同时进行，并于师范院校或相关大学院校开设母语师资培训课程；（6）加强辅导少数民族学生的学校适应问题；（7）整体规划少数民族教育研究，并系统性地收集相关数据；（8）政府对于少数民族自发性的部落活化或社区总体营造运动，应提高补助的经费及行政管理技术的支持。

在澳大利亚，土著民族学生的大学入学机会、就学率和毕业率相对于一般澳大利亚学生来说，一直偏低。玛西娅·德夫林（Marcia Devlin）在《土著民族学生的高等教育权益：着重于成功经验》（Indigenous Higher Education Student Equity: Focusing on What Works）一文中，针对土著民族学生在高等教育领域成功地享有学生权益的经验进行探讨。透过数百个成功毕业个案分析，她总结土著民族学生能完满达成高等教育的关键因素，并提出其建议和策略[1]。另外，安德鲁·耿斯托（Andrew Gunstone）在《澳洲大学的土著民族政策途径》（Australian University Approaches to Indigenous Policy）一文中针对几个关键问题，如治理、就业、课程、研究、文化、反种族主义政策、学生支持和学生成功，探讨澳大利大学能否提供并满足土著民族学生的教育需求。借由分析有代表性的澳大利亚大学案例，他发现多数大学都未能充分解决这些关键问题，土著民族学生在大学教育中仍处于某种程度的困境[2]。

（四）关于澳大利亚高等教育学费资助政策的研究

合理且有效的高等教育学费资助政策对保障教育机会公平、扩大国民接受高等教育的机会，具有重要作用。学费资助政策既是高等教育财政政策的

---

[1] Devlin, Marcia, Indigenous Higher Education Student Equity: Focusing on What Works, Australian Journal of Indigenous Education, 2009 (38): 1-8.

[2] Gunstone, Andrew, Australian University Approaches to Indigenous Policy, Australian Journal of Indigenous Education, 2008 (37): 103-108.

组成部分，也是高校招生制度的组成部分。近十几年来，中国大陆和台湾两岸学者对澳大利亚高等教育学费补助制度和相关政策进行过不少研究。

在台湾学界，2004 年林钰恬和柯懿雯分别完成了两篇硕士学位论文，一篇名为《英国与澳洲高等教育就学贷款制度之比较研究》，另一篇是对澳大利亚与中国台湾地区的就学贷款制度比较研究。两篇硕士学位论文分别针对英国、澳大利亚及中国台湾这些国家与地区高等教育就学贷款制度的缘起背景、发展沿革、就学贷款的规范与特色，以及就学贷款的实施状况，进行比较研究，并根据研究结论，对台湾地区就学贷款制度改进提出建议。通过研究结果可以得知，澳大利亚就学贷款的业务主要是由联邦政府主导，各相关部门协办，其本金系由政府预算经费支应，申请与办理程序比较简单，规定学生毕业后工作达一定收入标准时，才开始偿还。澳大利亚就学贷款制度的实施与推动，最终目的是为了避免学生因经济因素而丧失继续就学的机会并实现教育机会均等。戴晓霞在《英国及澳洲高等教育改革政策之比较研究》中也有类似的观点①。

2005 年，台湾学者李家宗在其博士学位论文中，从政府、企业、学校与受教者等经费来源的互动关系、补助分配制度与功能等不同层面，探究高等教育经费补助的意涵，并针对英国、澳大利亚、新西兰三国高等教育经费及补助制度的演变进行分析，通过比较这三国实际经费及补助制度的运作现况与改革趋势，为台湾高校经费分配政策提供参考②。2014 年萧霖在《大学学费与就学贷款政策》一文中，针对就学贷款的偿还与资金的循环利用提出看法，同时就传统的抵押型就学贷款偿还方案和收入比例还款方案（Income Contingent Loans，ICL）进行比较。他认为相对于抵押型就学贷款，普遍实施于英联邦国家，如澳大利亚、新西兰、英国的收入比例还款方案，兼顾借贷双方的需求，不失为解决就学贷款偿还疑虑与风险的方法，可以做为许多国家在就学贷款方案设计时的重要参考③。

---

① 戴晓霞：《英国及澳洲高等教育改革政策之比较研究》，《教育政策论坛》1999 年第 2 期，第 128~156 页。

② 李家宗：《英、纽、澳三国高等教育经费及补助制度之比较研究》，暨南国际大学博士学位论文，2005 年。

③ 萧霖：《大学学费与就学贷款政策》，《台湾教育评论月刊》2014 年第 3 期，第 42~47 页。

在大陆学界，2002年教育部组织赴澳大利亚和新西兰高校收费考察团，对澳、新两国的高校和有关机构进行了访问，回国后发表了《澳大利亚、新西兰高等教育收费管理考察报告》。该报告对澳、新两国高校学生收费标准、运作机制、监管和学生助学等情况加以介绍，并对中国高等教育收费及其有关问题提出了具体的意见和建议[①]。

2009年，大陆学者祝怀新在《面向现代化：澳大利亚高等教育研究》一书中认为，澳大利亚透过立法有效地改革大学拨款制度与学生贷款制度，促进其高等教育的多样化，同时增加了教育的公平性与开放性[②]。同年，李颖在《澳大利亚高等教育HECS计划解读与分析》一文中，以澳大利亚HECS计划为主轴，对其产生的现实背景和理论基础进行论述。通过比较HECS改革前后的变化解读其变化的原因，提出高等教育HECS计划的特点分析和实施效果。李颖认为澳大利亚HECS的显著特点值得成为各国高等教育借鉴的典范，它的成功实施不仅扩大了高等教育的入学机会和低收入家庭的参与率，还缓解了澳大利亚政府财政的资金压力，拓宽了高等教育的经费来源。在结合中国具体国情的基础上，她为中国高等教育收费和助学贷款制度的完善提出四点启示：（1）实施差别学费标准；（2）完善还款方式；（3）健全完善回收机制；（4）加大政府有效支持[③]。

四、研究思路与研究方法

（一）研究思路

本研究通过对澳大利亚高校招生考试制度的历史梳理和实地调查，对其进行全面系统研究。在绪论部分，对研究的缘起与意义、相关概念、中外文献以及研究思路与研究方法进行阐述。除绪论和结语外，研究内容与思路如下。

第一，澳大利亚教育制度的整体概述。澳大利亚高校招生考试制度的建制与该国历史、政治、文化、经济都有深层的关系，了解澳大利亚国家概

[①] 教育部赴澳、新高教收费管理考察团：《澳大利亚、新西兰高等教育收费管理考察报告》，《现代教育科学》2002年第7期，第3~7页。

[②] 祝怀新：《面向现代化：澳大利亚高等教育研究》，浙江大学出版社，2009年。

[③] 李颖：《澳大利亚高等教育HECS计划解读与分析》，首都师范大学硕士学位论文，2009年。

况、教育制度和相关政策,才能更好地全面深入研究澳大利亚高校招生考试制度。基于此,第一章介绍了澳大利亚教育制度发展的社会历史背景、澳大利亚学制与教育行政管理、澳大利亚高等教育与经费政策。

第二,澳大利亚高校招生考试制度的历史演进。了解历史才能更好地理解现实,为此,在第二章中以澳大利亚高等教育发展历史为基线,对澳大利亚高校招生考试制度进行历史阶段划分。第一阶段为1788年至1900年殖民地时期的澳大利亚高校招生考试制度。第二阶段为1901年到1960年,是澳大利亚国家独立与二战后重建时期的高校招生考试制度。第三阶段为1961年至今,澳大利亚高等教育扩张与改革时期的高校招生考试制度。总体来说,澳大利亚高校招生考试制度在不同历史发展阶段呈现出不同的特点,与社会历史背景、教育发展状况、民众需求息息相关。

第三,澳大利亚现行高校招生考试制度及其操作流程。本书第三章以招考分离、综合评量、自主多元三大主题,对澳大利亚现行高校招生考试制度进行分析,主要介绍各州及领地的招生机构和考试机构的职能与管理,介绍各州及领地的高校招生考试的方法与流程,阐述澳大利亚高校招生录取的程序与机制,以使读者能够全面了解澳大利亚高校招生考试制度。

第四,澳大利亚土著民族与国际学生的高校招生考试政策。澳大利亚是个多元文化的国家,在高校招生考试政策上力倡教育公平,不仅提升土著民族高等教育的就学机会,更积极推动澳大利亚的高等教育国际化,吸引许多国际学生赴澳就读,为澳大利亚的经济发展带来动能。本书第四章分别对土著民族高校招生考试政策与国际学生高校招生考试政策进行审视,探讨其政策的历史渊源、实施现况及成效,借此更全面的了解澳大利亚高校招生考试制度,汲取对发展少数民族教育政策和国际学生政策的有益经验与启示。

第五,澳大利亚高校招生考试制度的个案研究。为充分论述验证现行的澳大利亚高校招生考试制度的公平、效率与自主,本书第五章依据招生选拔难度对澳大利亚高校进行分类(高选拔型、一般选拔型和开放招生型),并选择新南威尔士大学、昆士兰大学、塔斯马尼亚大学、弗林德斯大学、澳大利亚开放大学和霍姆斯格兰政府理工学院六所高校作为研究对象,进行个案剖析,从微观角度分析澳大利亚不同类型的高校的招生录取流程,包括入学要求、选拔标准、替代入学途径、特殊招生政策、申请方式与流程、招生机构及其运作、学费与奖学金资助等。

第六,澳大利亚高校招生考试制度的启示借鉴。通过分析澳大利亚高校招生考试制度的特点及其现存的问题,对招生考试的公平与效率、高等教育机会均等与选择等问题进行深入探讨。并结合中国高考制度改革方向,为中国高考改革提供启示与借鉴。

(二) 研究方法

1. 文献分析法

文献分析法是搜集、鉴别、整理文献,并通过对文献的研究来获得资料,从而全面地、正确地了解掌握所要研究问题的一种科学认识方法。本研究搜集的资料主要是中外学者的研究论文、国内外的书籍文献、大学数据库、人物访谈、澳大利亚联邦政府、州及领地政府等官方网站的最新公告资料。文献搜集来源于中国台湾、中国大陆和澳大利亚的图书馆,澳大利亚政府机关、高等教育机构、招生考试机构等官方网络所发布的澳大利亚高等教育相关法令与政策白皮书,以及学术资料数据库的硕博士学位论文、期刊论文和研究报告等等。

2. 实地调查法

实地调查法是研究者在调查对象所在地直接搜集社会资料而进行的研究,通常需要深入到研究现象的生活背景中,以参与观察和访谈方式收集资料,再以定性分析来理解和解释研究的问题。笔者在导师——厦门大学教育研究院院长刘海峰教授的支持下,于 2013 年 10 月前往澳大利亚新南威尔士大学进行三个月的访问研究。在实地调查研究期间,在母校新南威尔士大学教育研究院院长克里斯·戴维森教授(Chris Davison)的协助指导下,收集有关澳大利亚高校招生考试的第一手资料。同时,在西雪梨大学国际处梅布尔·韩女士(Mabel Han)的协助下,访问该校负责本国学生和国际学生招生考试的相关人员。另外,通过参访当地的大学、中学、小学、招生机构、补教机构,以及与当地的学者、教育工作者、学生和家长接触访谈,对澳大利亚高校招生考试的全貌有更直接且充分的观察与了解,为本研究取得了详实可靠的信息数据。

3. 个案研究法

个案研究法是对一个有界限的系统做全貌式的调查分析,其对象可以是个人、家庭、社区、组织团体或某个现象。本研究为了充分论述澳大利亚高校招生考试制度,依据高选拔型、一般选拔型和开放招生型三种高校的招生录取类型,选择六所有代表性的澳大利亚高校作为研究对象,进行深入的个案剖析。这六所大学分别为新南威尔士大学、昆士兰大学、塔斯马尼亚大学、弗林德斯大学、澳大利亚开放大学和霍姆斯格兰政府理工学院,借以实例论证研究论点,以期全面细致地介绍澳大利亚高校招生考试制度的现实情况。

4. 比较分析法

比较分析法是根据拟订的标准,对两个或两个以上有联系的事物进行考察,寻找其异同,探求教育的普遍规律与特殊规律的方法[①]。本书虽然没有明确将中国高考与澳大利亚高考进行比较,但通过全面考察澳大利亚高校招生考试制度,分析归纳其特点、公平与效率等问题,探求两国招考制度的共性和差异,最终以经验借鉴方式对中国高考改革提出建议。

---

① 王立科:《英国高校招生考试制度研究》,华中师范大学出版社,2008年,第17页。

第一章 澳大利亚教育制度

澳大利亚曾是英国的殖民地,其政治、教育、文化、风俗等深受宗主国影响。澳大利亚教育承袭了英国教育的很多特点,同时在本国独特的社会环境与教育发展需求影响下,经过近两个世纪的发展,形成了自身独有的特色。本章内容主要介绍澳大利亚教育发展的社会历史背景、学校教育制度、教育行政管理体制以及高等教育经费政策。

第一节 澳大利亚教育发展的社会历史背景

澳大利亚幅员广阔,人口相对稀少,是一个由移民人口组成的多元文化国家。从社会发展情况来看,目前该国低失业率、低通货膨胀和低主权负债的社会发展形态,与其相对稳定的政治体制、日益完善的教育制度、专业的劳动力以及丰富的自然资源具有密切联系。

一、地理与人口

澳大利亚联邦(Commonwealth of Australia),简称澳大利亚或澳洲(Australia,AU),原意为拉丁语的"未知的南方大陆"(Terra Australis Incognita)。受气候、地形、农产资源及对外交通等因素影响,澳大利亚人大多数集中居住在东部、东南部、西南部海岸,目前有超过80%的居民住在离海岸线100公里的范围内①。

全国行政区划方面,澳大利亚目前有六个州(State)和两个自治领地(Territory),分别是新南威尔士州(New South Wales,NSW)、昆士兰州

---

① Tourism Australia, Cities, States and Territories, http://www.austrlia.com/about/key-facts/cities-states-teritories.aspx,2013-12-15.

(Queensland, QLD)、维多利亚州（Victoria, VIC）、南澳州（South Australia, SA）、西澳州（Western Australia, WA）、塔斯马尼亚州（Tasmania, TAS）、澳大利亚首都领地（Australian Capital Territory, ACT）、北领地（Northern Territory, NT），首都为堪培拉（Canberra）。同时，澳大利亚也管理 7 个外岛地区，包括阿什摩尔及卡蒂埃群岛（Ashmore and Cartier Islands）、圣诞岛（Christmas Island）、科科斯群岛（Cocos Islands）、珊瑚海群岛（Coral Sea Islands）、贺德及麦唐纳群岛（Heard and McDonald Islands）、诺福克岛（Norfolk Island）及澳属南极领地（Australian Antarctic Territory）。

澳大利亚是一个移民国家，目前土著民族（Aboriginal and Torres Strait Islanders）人口数量不多，外来移民主要是英国和爱尔兰移民后裔，以及来自其他国家的移民与后裔。截至 2007 年，来自亚太地区、非洲及中东国家的定居者及长期居留人士在总人口中约占 17%，其中来自中国大陆的移民超过 10%①。2013 年的人口统计资料显示，超过 26%的澳大利亚人的出生地是外国，另外约有 20%的人的父母一方是出生于海外。澳大利亚全国有 226 种语言，除了英语以外，最主要的是中文、粤语、希腊语、意大利语和阿拉伯语等②。2015 年的全国人口总数为 23 714 300 人（包括所有岛屿领地），其主要州及领地的人口数分布如表 1-1 所示。

表 1-1 2015 年澳大利亚各州及领地的人口与面积

州/领地	人口	面积（平方公里）
新南威尔士州	7 596 600	809 444
维多利亚州	5 914 900	237 629
昆士兰州	4 766 700	1 852 642
西澳州	2 587 000	2 645 615
南澳州	1 696 200	1 043 514
塔斯马尼亚州	516 100	90 758
澳大利亚首都领地	389 700	2 358
北领地	243 800	1 420 970

资料来源：Australian Bureau of Statistics, Australian Demographic Statistics, 2015,

---

① 杨深坑、王秋绒、李奉儒：《比较与国际教育》，高等教育出版社，2012 年，第 512 页。

② Tourism Australia, Australia's Culture, http://www.austrlia.com/about/culture-history/culture.Aspx，2013-12-15.

http://www.abs.gov.au/ausstats/abs@.nsf/mf/3101.0. 2015-06-20。

注：该表统计人口数不包括7个外岛地区。

二、历史与文化

澳大利亚土著居民的历史可以追溯到四五万年前，但澳大利亚作为国家的历史却很短。1770年，英国船长詹姆士·库克（James Cook）登陆波坦尼湾（Botany Bay），宣布整个澳大利亚东部为英王乔治三世所有。1776年北美殖民地宣布独立（美国建国），使英国失去了美洲的囚犯流放地，进而，英国人开始把澳大利亚作为一个主要的囚犯流放之所。1787年，英国海军军官阿瑟·菲利普（Arthur Phillip）被任命为新南威尔士第一任总督兼驻军司令官，率领着6艘私人运输船、4艘海军补给船和1艘海军供应舰组成的"第一舰队"，从英国的朴茨茅斯港起航驶往澳大利亚。船上为澳大利亚首批移民，多数为流放人口，包括548名男囚犯、188名女囚犯、押送囚犯的211名海军官兵和勘测师、医生、牧师以及家属等83人，共计1 030人[①]。

1788年1月，第一舰队陆续顺利抵达悉尼的波坦尼湾，首批移民以英王乔治三世之名定居悉尼，标示着澳大利亚正式成为英国的殖民地，这打破了澳大利亚土著时代与世隔绝的封闭状态。其后，英国陆续将新南威尔士、塔斯马尼亚和西澳并入为"囚犯流放地"（Penal Colony）（这种流放囚犯的政策直到1868年才结束）。19世纪末，英国在澳大利亚已建立了6个殖民区，并且根据1850年英国国会通过《澳大利亚殖民政府法》（Australian Colonies Government Act），这些殖民区先后取得了自治权[②]。

1901年1月1日，根据英国国会通过的《澳大利亚联邦宪法法案》（Commonwealth of Australia Constitution Act），澳大利亚各殖民地区改制为州，组成"澳大利亚联邦"，成为大英帝国的联邦国。1927年，第一次澳大利亚联邦会议在堪培拉临时国会大厦举行，标志着澳大利亚开始走向政治独立。1931年，澳大利亚取得内政外交的独立自主权。1986年，英国女王伊丽莎白二世在澳大利亚签署《与澳大利亚关系法》（Australia Act, 1986），规定澳大利亚最高法院拥有终审权，英国法律不再对澳大利亚有效。1999年，澳大利亚曾举行宪法公民投票，决定是否脱离英联邦，改国体为共和体

---

① 郑寅达，费佩君：《澳大利亚史》，华东师范大学出版社，1991年，第22页。

② Department of Education, Training and Youth Affairs, Australia, DETYA, 2000.

制,投票结果主张维持现行体制者占多数(54.87%)。① 至今,澳大利亚仍是英联邦国家成员。

由于多种族的人口结构,使澳大利亚形成了涵容英国文化、土著文化及移民文化的多元文化社会。早先的英属殖民地背景,使澳大利亚的主流文化富有英国文化色彩;二战中,由于在战局利益上和英国产生罅隙,英澳关系开始走向疏离,二战后受美国文化影响,澳大利亚的文化开始走向开放多元;同时,随着新移民的成长和对土著文化的重视,逐渐形成了澳大利亚多元文化。1999年12月9日,澳大利亚国会将建设"多元文化澳大利亚新里程"列入议事日程,明确提出进一步建设澳大利亚多元文化的政策,确保各个族群的利益,以期取得全澳的最大利益。

三、政治与经济

澳大利亚的政体为君主立宪制与内阁制。英国女王是名义上的国家元首;澳大利亚总督(Governor-General)是法定的最高行政长官,代表英女王行使权力;澳大利亚总理(Prime Minister)是内阁最高行政长官,由众议院中多数党的主席担任,负责领导内阁并执行国家行政事务。澳大利亚总督依据宪法行使联邦政府的最高行政权力,有权任免官员、统辖军队、召开和解散议会以及审批议会议案。总督行使这些权力须征得总理或内阁同意,也就是说,总督是在总理或内阁的建议下行使职权,并根据部长们的意见来处理行政事务。

澳大利亚实行三级分权政府体制,分别为联邦政府、州及领地政府、地方政府,其政治体制的特征就是它的联邦性。在联邦宪法约束下的立法权、行政权、司法权分别由联邦议会、联邦内阁、联邦法院来掌握,并且在联邦与六个州以及两个自治领地之间共同享有(详见图1-1)②。

---

① Australian Electoral Commission, 1999 Referendum Reports and Statics, Canberra, 2000.

② "联邦议会"(Parliament of the Commonwealth of Australia)是澳大利亚联邦政府的两院制立法机构。根据《澳大利亚宪法》第一章,议会由英女王(或由总督代表女王)、参议院(Senate)、众议院(House of Representatives)三部分组成,具有四项重要功能:组成政府、进行立法、提供民意代表论坛、监督政府施政。参、众两院议员均由公民普选产生,参议院具有立法审议权,其参议员席位与各州或领地的人口无关,共76席,每州各选出12名参议员,任期6年。两个领地则各选出2名参议员,任期3年。众议院共有150名议会议员,以各州或领地的人口数分配,实行单一选区制,任期为3年。

第一章 澳大利亚教育制度

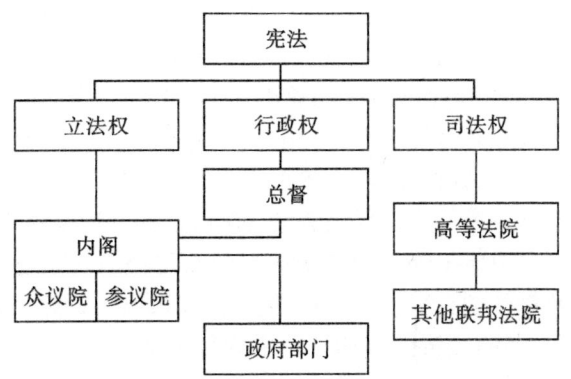

图 1-1 澳大利亚联邦政府体制

资料来源：Parliament of Australia, The Parliamentary System, http://www.aph.gov.au/About_parliament/Work_of_the_Parliament/Forming_and_Governing_a_Nation/parl，2013-07-15。

澳大利亚联邦政府由众议院中占有优势的多数党或政党联盟组成，与联邦议会一起共同管理全国事务及政策制定。澳大利亚各州及领地政府，分别有自己的宪法和议会，其立法、行政与司法架构及政府首长等体制框架，与联邦层面的政治权力架构类似。州政府的首长为州长（Premier），领地的首长称为首席部长（Chief Minister）。州及领地政府的职责主要是协助联邦政府推行政策，并且管理教育、司法、医疗、农业、交通、水利及矿产资源等本州事务。澳大利亚全国约有700多个由州及领地政府建立的地方政府机关，管理当地的城镇规划、建筑物标准监督、排水系统建设与维护、公共卫生，以及社区事务（如公园、运动场地、图书馆、垃圾收集），教育行政权力主要在州和领地政府，地方政府的教育行政权力不大。

澳大利亚的两大政党分别是"工党"（Australian Labor Party）和"自由党"（Liberal Party），其他有影响力的政党为"国家党"（National Party）、"绿党"（the Greens）、"民主党"（the Democrats）、"一族党"（One Nation Party）以及一些小政党。教育政策是澳大利亚各党的重要施政方针之一，国家或各州教育政策经常会因政党轮替而发生变化。比如具有社会民主倾向的工党强调教育机会公平、提供补偿教育及鼓励教师和家长参与决策过程；自由党及国家党则倾向教育市场化、重视家长的学校选择权及职业课程的开设。

澳大利亚是全球第12大经济体，拥有丰富的天然资源，矿产、能源和农牧业为主要经济支柱。澳大利亚的矿产资源多达70余种,其他能源如煤、铀、天然气,储量和产量都居世界前列,为世界重要的生产国与出口国。2011年,矿产和能源产业占澳大利亚出口的50%①。农牧业的对外出口有羊毛、小麦、牛肉及其他酪农产品,羊毛和牛肉的出口量为世界第一位,小麦出口量高居世界第二位。此外,澳大利亚的工业也十分发达,为南半球第一大工业国,近年来为适应世界经济发展潮流,提升自身经济可持续发展能力,其经济产能已由传统的劳动产业转向多元化经济(如金融业、观光业、服务业、国际教育、创新科技产业)。就经济发展而言,截至2012年,澳大利亚已有超过20年的经济持续增长,平均每年增长3.5%②。根据2012年度"国际货币基金组织"(International Monetary Fund,IMF)数据,澳大利亚国内生产总值(Gross Domestic Product)为15 859.64亿美元(世界排名第12),人均国内生产总值(Gross Domestic Product Per Capita)为68 915.972美元,世界排名第5③。

第二节 澳大利亚学制与教育行政管理

澳大利亚的学校教育制度最初参照英国教育制度建立,并在其基础上发展。殖民地早期创办了一定数量的小学、中学和大学,学校教育弥漫着浓厚的古典色彩和宗教气氛。当时的学校主要是由教会与私人建立,目的是为了提高人口文化素质和稳定社会秩序。1848年,澳大利亚成立"国家教育委员会"(Board of National Education),政府开始介入教育管理,形成了双轨学校制度,分别是政府补助的教会学校和政府设立并管理的公立学校。1850年代到第二次世界大战结束的一百余年间,澳大利亚现代学校教育制度逐渐建立起来。

1857年—1885年,淘金时代的人口增长以及早期工业社会发展的需求,

---

① Australian Government Department of Foreign Affairs and Trade, Australia in Brief, http://www.dfat.gov.au/aib/downloads/australia-in-brief.pdf, 2013-05-08.

② Australian Government Department of Foreign Affairs and Trade, Brief Facts, http://www.dfat.gov.au/aib/, 2013-05-08.

③ International Monetary Fund, http://www.imf.org/external/pubs/ft/weo/2012/01/weodata/weorept.aspx?sy=2009&ey=2012&scsm=1&ssd=1&sort=country&ds=.&br=1&c=193&s=NGDPD%2CNGDPDPC%2CPPPGDP%2CPPPPC%2CLP&grp=0&a=&pr.x=74&pr.y=6, 2013-04-17.

使得澳大利亚各殖民地区先后开始推行世俗教育、义务教育和免费教育，建立了初步的中小学教育体系以及最初的师资培育制度①。由于各地发展状况不同，当时澳大利亚各殖民地区推进世俗教育、义务教育和免费教育的进程也不尽相同（详见表1-2）。1872年—1895年，澳大利亚境内六个殖民区陆续通过了《公共教育法》，确立了初等教育制度，规定初级教育是"免费的、义务的、非宗教性的"，由各殖民地区政府设立教育部门进行管理，同时各地逐渐停止了对教会学校的补助②。到19世纪末，澳大利亚六个殖民区基本实现了普及初等教育。

表1-2 澳大利亚各州推动第一次教育改革进程（单位：年）

州名	世俗教育	义务教育	免费教育
南澳州	1852	1875	1892
塔斯马尼亚州	1854	1868	1908
维多利亚州	1872	1872	1872
昆士兰州	1875—1880	1900	1870
新南威尔士州	1880—1882	1880	1906
西澳州	1895	1871	1901

资料来源：王斌华：《澳大利亚教育》，华东师范大学出版社，1996年，第24页。

1901年澳大利亚联邦成立之前，澳大利亚的中学教育发展十分缓慢，尤其是公立学校。1850年之前主要是教会办的几所文法学校以及极少量的技术学校。1850、1860年代，悉尼、昆士兰两地政府曾创办过几所公办的文法学校。1880年代，随着各地《公共教育法》的颁布，也出现过一次创办公办中学的小高潮，比如在新南威尔士，1880年代办起了8所现代教育特征的男子中学和女子中学。但是，总体上中等教育发展极其缓慢。到

---

① 从1830年代开始政府主导的非宗教学校和教会控制的宗教学校之间的斗争到1850年代时，已有了胜负之分。当时的世俗主义者认为，教会事务应与国家事务相分离，主张国家不应该资助教会学校，教会学校不应该享有特权，要求政府应取代教会承担起教育的责任，反对教会控制学校以及在学校中实施宗教教育。南澳大利亚于1851年、昆士兰于1860年、新南威尔士于1862年、塔斯马尼亚于1869年、维多利亚于1870年、西澳大利亚于1895年，相继取消了政府对教会学校的资助，纷纷建立和加强公立学校制度，实现了教育世俗化。

② 江芳盛、钟宜兴：《各国教育行政制度比较》，五南图书，2006年，第105页。

19世纪末,初等义务教育实现了普及,但中等学校数量很少。这使得澳大利亚初等教育和高等教育之间一直缺少中等教育的连接。

面对新的社会发展需求,澳大利亚各州在1902年到1916年相继对教育制度进行改革,教育发展的重点之一是建立公立中学并使之与初等教育和高等教育相衔接。新南威尔士州在1909年—1913年推进这一过程,建立正规的公立中等教育,维多利亚州于1910年立法规定由政府来组织各类中等教育。到1920年,全国公立中学的数量比以前有所增加。

第二次世界大战加速了澳大利亚工业化的进程,战争中,各工业部门迅速建立和发展,对劳动者的教育水平提出了更高要求,澳大利亚中等教育迎来了迅速发展的时期。1938年—1947年,澳大利亚进行的教育改革,主要是进一步大力发展中等教育,各州政府将中学生最低离校年龄提高到了15岁~16岁,另外,还取消了中学入学考试和公立学校学费。

经过二战后的重建和发展,1970年代以来,澳大利亚一方面利用市场化、国际化等手段,从多方面提高教育行政效率,另一方面,通过经费拨款等手段,逐步加强对全国高等教育的宏观管理。在多元民族文化交融和相互作用下,澳大利亚坚持教育是社会和谐与国家进步基石的宗旨,强调学校教育对促进社会正义落实、生态环境永续保护、多元文化及语言的理解与尊重的作用,现代教育制度在改革发展中不断走向完善。

一、现行学制与学校系统

目前,澳大利亚教育体系提供幼儿教育、初等教育、中等教育和高等教育,学制因各州及领地的教育制度而异(详见图1-2)。澳大利亚儿童在3岁左右开始接受幼儿教育;5岁到18岁接受州或领地提供的13年正规学校教育。澳大利亚中等教育不仅是高等教育的预备阶段,同时也通过多样的课程设置与职业教育相结合。学生完成10年级教育后,可以选择走大学教育、职业技术教育或直接就业的不同的人生道路。计划进入大学就读的学生,必须完成11年级和12年级的高中规定课程,并取得州或领地所颁发的高中毕业证书,以作为进入高等教育阶段的评量依据。目前绝大部分10年级毕业生都会选择继续留在中学读完11、12年级的高中课程。

(一) 幼儿教育 (Early Childhood Education)

澳大利亚的幼儿教育是非强制性的教育,主要提供照护和娱乐性课程,如手工、游戏、音乐、戏剧、舞蹈、阅读、运动等活动。幼儿园有三种形式:"学前班"(Preschool)、"全日托"(Long Day Care)、"综合全日托"(全日托兼设学前班)。一般澳大利亚儿童于3岁~5岁时接受幼儿教育,有时更早,视家长需求而定。2012年澳大利亚官方统计数据显示,全国提供幼儿教育计划的服务机构共有7 594所,其中有4 307所(56.7%)属于学前班,3 287所(43.3%)属于综合全日托(详见表1-3)。该年度,澳大利亚共有273 297名儿童接受幼儿教育,其入学比例为学前班62.8%,综合全日托37.2%,4岁入学的占了82.5%①。

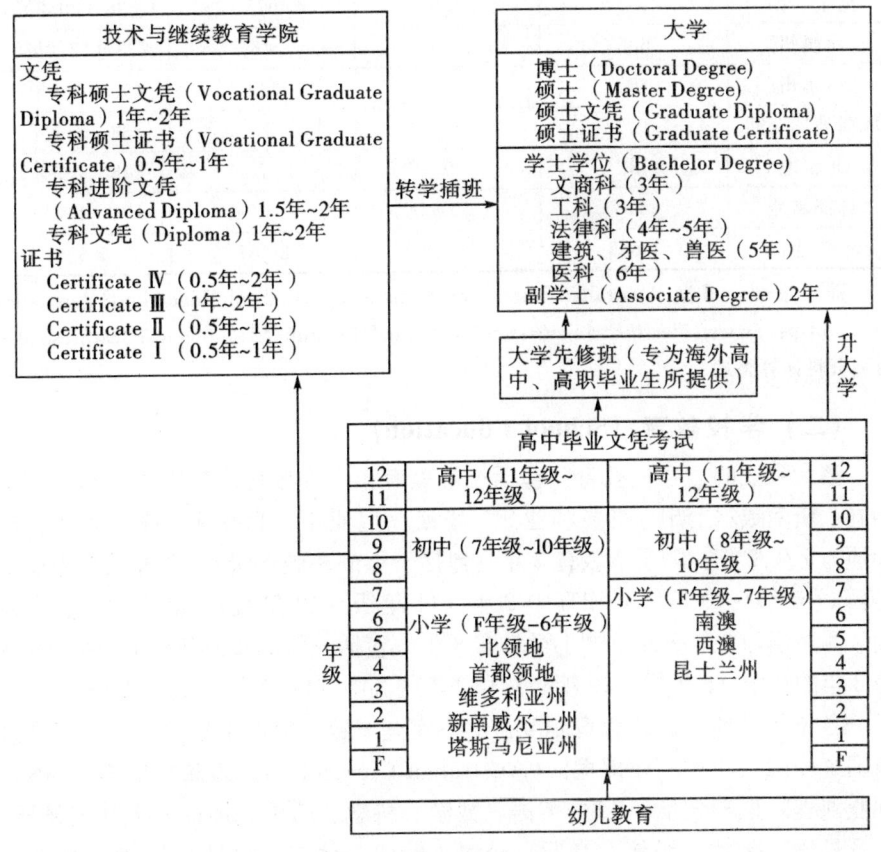

图1-2 澳大利亚学制图

---

① Australian Bureau of Statistics, Preschool Education, Australia, 2012, http://www.abs.gov.au/ausstats./abs@.nsf/Lookup/4240.0main+features32012, 2013-09-12.

资料来源：根据澳洲办事处教育暨研究处（http://www.aei.org.tw/AEI_EDUCATION.aspx?ID=3）官方网站资料修订。

表 1-3　2012 年澳大利亚幼儿教育机构分布情况（单位：所）

州/领地	学前班		全日托	总数
	政府	非政府		
新南威尔士州	157	718	1 253	2 128（28.0%）
维多利亚州	232	932	843	2 007（26.4%）
昆士兰州	135	426	975	1 536（20.2%）
西澳州	635	246	46	927（12.2%）
南澳州	355	29	111	495（6.5%）
塔斯马尼亚州	160	62	10	232（3.1%）
北领地	132	9	7	148（1.9%）
首都领地	79	—	42	121（1.6%）
总计	1 885	2 422	3 287	7 594

资料来源：根据 Australian Bureau of Statistics, Preschool Education, Australia, 2012, http://www.abs.gov.au/ausstats/abs@.nsf/Lookup/4240.0main+features32012 网页资料计算整理。

（二）学校教育（School Education）

澳大利亚的"学校教育"包括初等教育和中等教育，各州的学制不完全相同。新南威尔士州、维多利亚州、塔斯马尼亚州、北领地、澳大利亚首都领地为 7/4/2 制，即小学教育 7 年（包括一年的基础年级），中等教育为初中 4 年（7 年级～10 年级）和高中 2 年（11 年级～12 年级）。昆士兰州、南澳州、西澳州为 8/3/2 制，即小学教育 8 年（包括一年的基础年级），中等教育为 3 年的初中（8 年级～10 年级）和 2 年的高中（11 年级～12 年级）①。

各州及领地之间的教育制度虽然不完全一致，但中小学课程设置都是以全国统一的《澳大利亚课程》（Australian Curriculum）为基本框架。《澳大利亚课程》框架包括：(1) 英语、数学、科学、历史、地理五大学习领域，以及外语、艺术、经济、商业、公民、健康与体育、设计与技术等其他科

---

① 澳大利亚的儿童在上小学一年级之前，会先有为期一年的"基础年级"（Foundation Year），学习简单的读写、科学和算术技能，培养体能、创造力和建立自信心，以适应小学的学校生活。各州统一将基础年级并入小学教育体系。

目;(2)语文、算术、道德行为、跨文化理解、个人社交能力、信息与通信技术、批判性与创造性思维七大全民基本能力;(3)亚澳区域合作、生态与环境的可持续发展、土著与托雷斯海峡岛民的历史与文化三大国家重点跨学科课程①。高中教育阶段的课程设置灵活多样,题材更趋向专业化,同时,高中还提供职业技术类课程,实行选修课制度。各州及领地都有一个课程评量委员会来负责监管和规定高中的课程学习与课程评量,确保学生达到应有的学术素养和思考分析能力,开发学生的才能与兴趣,为学生未来进入高等教育或就业做准备。

澳大利亚的中小学校大部分是综合性的男女合校制,大致分为两类:"政府学校"(Government School,亦称公立学校或州立学校)和"非政府学校"(Non-government School,亦称私立学校或独立学校)。"政府学校"为州或领地政府举办并补助经费,免学费,家长仅须负担杂费(如书本、校服、文具、课外活动等费用),平均一学年约为316澳元。"非政府学校"包括由宗教团体举办的教会学校或私人团体设立的独立学校,必须在州或领地的教育部门登记注册并接受监督,其经费来源包括政府资助、学费及其他收入(教区补助、募款等)。各州及领地的中小学均为四学期制,分别于1月、4月、7月、10月开学,学期起始与结束略有不同,平均每学期大约为9周~10周,一周上课5天(周一至周五/上午9点至下午3点),学期之间有一至几周的假期(详见表1-4)。

表1-4 2014年澳大利亚各州及领地学期行事历

州/领地	第一学期	第二学期	第三学期	第四学期
昆士兰州	1/28~4/4	4/22~6/27	7/14~9/19	10/7~12/12 10/7~11/28 (10、11年级) 10/7~12/21 (12年级)
新南威尔士州	1/28~4/11	4/28~6/27	7/14~9/19	10/7~12/19
维多利亚州	1/28~4/4	4/22~6/27	7/14~9/19	10/6~12/19

---

① Australian Curriculum,Assessment and Reporting Authority,The Australian Curriculum,http://www.australiancurriculum.edu.au/,2013-10-25.

续表

州/领地	第一学期	第二学期	第三学期	第四学期
南澳州	1/28~4/11	4/28~7/4	7/21~9/26	10/13~12/12
西澳州	2/3~4/11	4/28~7/4	7/21~9/26	10/13~12/18
塔斯马尼亚州	2/4~4/17	5/5~7/4	7/21~9/26	10/13~12/18
澳大利亚首都领地	1/31~4/11	4/28~7/4	7/21~9/26	10/13~12/17
北领地	1/24~4/4（城镇学校） 1/28~4/4（偏远学校）	4/14~6/20	7/21~9/26	10/6~12/11（城镇学校） 10/6~12/12（偏远学校）

注：昆士兰州第四学期 Year10、11、12 的结业日不同；北领地则是城镇地区和偏远地区的第一学期和第四学期的学期日有所不同。

资料来源：Australian Government，School Term Dates，http://australia.gov.au/topics/Australian-facts-and-figures/school-term-dates，2013-08-10。

澳大利亚中学教育阶段的政府学校分为"开放型"和"精英型"两类。"开放型"学校招收指定学区内所有的中学生，学生依据家长的永久地址报名就读。"精英型"学校的学生要经过"精英中学分级考试"（Selective High School Test）和学科竞赛成绩审查，成绩优异的学生才可入学就读。根据统计，2011 年，澳大利亚全国有 9 435 所中小学，其中政府学校有 6 705 所（71.1%），非政府学校有 2 730 所（28.9%）（详见表1-5）。当年，全国共有 3 541 809 名学童，小学生 2 042 081 人，中学生 1 499 728 人，其中包括 163 000 名土著和托雷斯海峡岛学生（约占全国学生总数的 4.6%）。多数澳大利亚学童就读于政府学校（65.4%），20.5%的学生就读天主教学校，14.2%的学生就读于独立学校，就学率达到 99.2%（详见表1-6）。全国全职中小学教师共有 255 110 名，其中小学教师 130 598 人，中学教师 124 512 人，生师比为 1∶13.8[1]。

---

[1] Australian Curriculum，Assessment and Reporting Authority，National Report on Schooling in Australia 2011，http://www.acara.edu.au/reporting/national_report_on_schooling_2011/Schools_and_schooling/staff_2_1.html，2013-12-04。

表 1-5 2011 年澳大利亚公私立中小学学校数

学校类型	政府学校	天主教学校	独立学校	合计
小学	4 847（51.4%）	1 231（13%）	234（2.5%）	6 312（66.9%）
中学	1 023（10.8%）	305（3.2%）	68（0.7%）	1 396（14.8%）
混合学校	504（5.3%）	148（1.6%）	653（6.9%）	1 305（13.8%）
特殊学校	331（3.5%）	26（0.3%）	65（0.7%）	422（4.5%）
总计	6 705（71.1%）	1 710（18.1%）	1 020（10.8%）	9 435（100%）

表 1-6 2011 年澳大利亚中小学学校学生数

学校类型	政府学校	天主教学校	独立学校	合计
小学	1 407 370（68.9%）	396 570（19.4%）	238 141（11.7%）	2 042 081（57.7%）
初中	611 978（60.6%）	224 466（22.2%）	173 617（17.2%）	1 010 061（28.5%）
高中	295 905（60.4%）	103 558（21.1%）	90 204（18.4%）	489 667（13.8%）
总计	2 315 253（65.4%）	724 594（20.5%）	501 962（14.2%）	3 541 809（100%）

资料来源：Australian Curriculum, Assessment and Reporting Authority, National Report on Schooling in Australia 2011，http://www.acara.edu.au/verve/_resources/National_Report_on_Schooling_in_Australia_2011.pdf，2013-10-29。

（三）职业技术教育（Vocational and Technical Education）

澳大利亚各州的职业技术教育是全国认可并与普通教育体系互通的职业培训教育体制，为即将或已经进入劳动力市场的就业者提供所需的知识与技能。职业技术教育机构分为两大类：一类是由各州政府管理的公立"职业教育与培训机构"（Vocational Education and Training，VET），另一类是私人营运的"注册培训机构"（Registered Training Organisation，RTOs）。公立的职业教育与培训以"技术与继续教育学院"（Technical and Further Education，TAFE）为主，是州政府资助的教育机构，就读的人数比较多，占全部注册就读学生数的 74%。私立的注册培训机构主要是雇主培训、商业培训机构、集团培训公司、制造或服务企业的培训部门、社区学习中心、二级学院等提供的职业教育与培训课程。2010 年，澳大利亚登记认可的公、私立职业技术教育机构共有 2 794 所，注册就读学生数共有 1 787 196 人，男女学生比例差距不大，但以男生居多（52%）①。

澳大利亚的职业技术教育课程广泛多样，包括商业、金融、工程、建筑、幼保、园艺、艺术、护理、资讯科技、服装设计、美容美发、农业畜牧、医疗保健、不动产管理、观光与旅店管理等一百多种专业技能。这类课程通常和当地的相关行业都有密切合作关系，入学方式比较宽松多元，不限就学年龄，不论是在职人士或欲从事技术职业工作者均可以在不同阶段申请就读，采取全日制或非全日制。一般中学生在完成 10 年级后，可以选择参加"澳大利亚学徒计划"（Australian Apprenticeships Scheme），或进入TAFE、RTOs 等机构学习。专科文凭课程的申请者需要至少完成相当于澳大利亚 12 年级的高中教育，但年龄超过 21 岁并有相关工作经验者，学校通常会考虑其学习动机破格录取。

职业技术教育课程是根据特定领域设计的专业教育课程，强调理论学习与实际操作技能，不同课程培训时间长短各异，其师资队伍全部从有实践经验的专业技术人员中挑选，通常要求教师具有大学学位和职业教育 4 级以上证书，并且至少有 3 年~5 年的相关行业的工作经验。有些专业性强的行业还要求教师有 5 年~10 年的工作经验。TAFE 还明确规定教师必须定期到企业去进行技术实践，以确保教师的教学不脱离企业实际，形成"双师型"教师队伍，为学生的专业技能打下了良好的基础②。

完成职业教育与培训课程者，依课程学习和修业年限授予不同等级的证书或文凭。职业教育与培训证书包括：一级证书（Certificate I），修业时间为 0.5 年~1 年；二级证书（Certificate II），修业时间为 0.5 年~1 年；三级证书（Certificate III），修业时间为 1 年~2 年；四级证书（Certificate IV），修业时间为 0.5 年~2 年。职业教育与培训文凭则包括：专科文凭（Diploma），修业时间为 1 年~2 年；专科高级文凭（Advanced Diploma），修业时间为 1.5 年~2 年；硕士证书（Graduate Certificate），修业时间为 0.5 年~1 年；硕士文凭（Graduate Diploma），修业时间为 1 年~2 年。由

---

① Australian Bureau of Statistics, Year Book of Australia 2012, http://www.abs.gov.au/ausstats/abs@.s.nsf/Lookup/by%20Subject/1301.0~2012~Main%20Features~Vocational%20education%20and%20training%20(VET)~106105，2013-01-21.

② 蓝祥龙：《澳大利亚 TAFE 教育模式探析》，《湖南科技学院学报》2011 年第 7 期，第 172~175 页。

于职业教育与培训颁发的证书和文凭为全国认可，并且与大学之间有学分抵免的机制，学生取得证书后可以选择就业或是转到大学研读进修相关课程。

根据统计，2010 年，参加职业教育与培训课程人数达到 2 214 249 人，"管理与商务"是报名人数最多的专业，有 432 009 人（20%），依次是"工程及相关技术"367 204 人（17%），"综合专业学程"361 753 人（16%），"社会与文化"245 002 人（11%），以及"食品，酒店与个人化服务"219 700人（10%），大多数男性学生倾向选择就读工程及相关技术（详见表1-7）。

表1-7　2010年澳大利亚职业教育与培训课程报名情况（单位：人）

课程领域	男性	女性	未知	总计
自然与物理科学	3 800	5 009	5	8 814
信息技术	32 300	17 725	17	50 042
工程及相关技术	334 436	32 231	537	367 204
建筑与营造	165 338	11 806	344	177 488
农业、环境及相关研究	71 217	23 630	126	94 973
健康	40 887	77 245	236	118 368
教育	32 764	42 562	181	75 507
管理与商务	150 616	280 349	1 044	432 009
社会与文化	64 119	180 221	662	245 002
创意艺术	26 931	36 397	61	63 389
食品、酒店与个人化服务	83 832	135 493	375	219 700
综合专业学程	173 049	188 153	551	361 753
总数	1 179 289	1 030 821	4 139	2 214 249

注：本资料不包括私立职业教育与培训机构的学生和在中等学校接受职业教育与培训的中学生。由于学生可能会报名一个以上的职业教育与培训课程，因此本资料中就读的课程人数大于注册学生的总人数。

资料来源：Australian Bureau of Statistics，Year Book of Australia 2012，http://www.abs.gov.au/ausstats/abs@.s.nsf/Lookup/by%20Subject/1301.0~2012~Main%20Features~Vocational%20education%20and%20training%20(VET)~106105，2013-01-21。

（四）高等教育（Higher Education）

在二次世界大战以前，高等教育在澳大利亚的含义主要是指"大学"。1960 年代，澳大利亚引入了"第三级教育"（Tertiary Education）的名词，最初是指在各类中等教育机构开设的中学后课程。1965 年，联邦政府建立一系列技术类和师范类的文凭学院，称之为"高等教育学院"（Colleges of Advanced Education，简称 CAEs），这类高等教育学院虽然和大学是"不同"的类型，但属于高等教育层次，形成了大学和高等教育学院并存的二元高等教育体系。1987 年联邦教育部长约翰·道金森（John Dawkins）对高等教育体制进行改革，废除二元体系，之后，澳大利亚高等教育转而导入一体化的高等教育制度。在一体化的高等教育制度下，澳大利亚的高等教育机构可区分成三大类：大学及其他自行授证高等教育机构、非自行授证高等教育机构、立案技职训练机构。

二、澳大利亚学历资格框架

1995 年，为了支持日益多样化的劳动力需求以及确保学生在教育和培训方面的需求与质量，在联邦、州及领地教育与培训部长会议和"教育、就业、培训和青年事务部长委员会"（Ministerial Council on Education, Employment, Training and Youth Affairs, MCEETYA）的要求下，经由协议提案，开始制订"澳大利亚学历资格框架"（Australian Qualifications Framework, AQF）。历经 5 年，于 2000 年 1 月开始实施。AQF 共分为 10 级，涵盖中等教育、高等教育、职业教育与培训的学历资格，将各层级教育衔接成一个全国承认的学历级别认证体系，为澳大利亚的学历资格提供了统一标准，有利于学分转移与经验采认。除了方便澳大利亚职业教育与培训及高等教育机构所授与的学位及文凭资格相互衔接外，AQF 同时保障了全国教育质量，并与国际资格框架对齐接轨，促进国家及国际间对于澳大利亚学历的承认（详见表 1-8）[①]。

---

① Australian Qualifications Framework，What is the AQF？http://www.aqf.edu.au/aqf/about/what-is-the-aqf/，2013-12-01.

表 1-8 澳大利亚学历资格框架

AQF 层级	修读年限	职业教育与训练	大学
1	0.5 年~1 年	一级证书	
2	0.5 年~1 年	二级证书	
3	1 年~2 年	三级证书	
4	0.5 年~2 年	四级证书	
5	1 年~2 年	专科文凭	专科文凭
6	1.5 年~2 年	专科高级文凭	专科高级文凭
6	2 年	副学士学位	副学士学位
7	3 年~4 年		学士学位
8	4 年		荣誉学士学位
8	0.5 年~1 年	硕士证书	硕士证书
8	1 年~2 年	硕士文凭	硕士文凭
9	1 年~2 年		硕士学位（研究型）
9	1 年~2 年		硕士学位（课程型）
9	3 年~4 年		硕士学位（延展型）
10	3 年~4 年		博士学位

资料来源：根据 Australian Qualifications Framework 官网资料整理，http://www.aqf.edu.au/wp-content/uploads/2013/05/AQF-2nd-Edition-January-2013.pdf，2013-05-16。

AQF 中的职业教育与培训类学历资格证书，包括一至四级证书、专科文凭、专科高级文凭、副学士学位、硕士证书、硕士文凭，由 AQF 注册机构负责评审和签发，简化国际之间学历的比较和认可程序。"一级证书"，即 AQF 层级 1，需要学习 0.5 年~1 年的课程，培训学生从事某一特定的例行工作及可预期性的任务，为个人就业所需的相关技术与基本技能做准备。"二级证书"，AQF 层级 2，学习 0.5 年~1 年的课程，提供学生各种工作所需的知识与技能，并运用所学的知识技术负责执行一些较复杂或非例行性的工作，并在团队中与他人合作。"三级证书"，AQF 层级 3，需要学习 1 年~2 年的课程，学生学习较具深度的知识，以及培养在不同环境下，将知识与技能加以选择、调整及移转的能力。学生在面对一个复杂、有多项选择的情况下，能展现某些领导者特质，提出解决问题的专业建议。"四级证书",AQF层级4,学习0.5年～2年的课程,学生除了具备三级证书的知识与技能外,更强调的是执行能力、组织能力与领导能力的养成。

随着澳大利亚技职教育层次的提升,职业教育与培训的学历也与大学教育相接轨,可授予专科文凭、专科高级文凭、副学士学位、硕士证书、硕士文凭。"专科文凭",AQF层级5,学习年限1年～2年,课程包括研习较深广和复杂的技术与知识,以应付各方面专业上或管理的需求和决策,对工作和技术上的问题具有分析判断力。学生需参与例行工作规划、评估任务,以及介入团队工作,并具备小组协调或团队合作的能力。"专科高级文凭",AQF层级6,学习年限1.5年～2年。该课程是专科文凭课程的延伸,除了上述的学习外,学生还需学习在各种不同的环境下,应用各种基本原则和复杂技术,包括对工作全盘的计划、预算或策略的规划。"副学士学位",AQF层级6,是完成第12年级、三级证书或四级证书以后的两年制学历资格,获得该资格者可进阶到学士或硕士程度,继续深造。

AQF中的大学教育学历,除了上述的AQF层级5和层级6的资格证书外,还包括学士学位、荣誉学士学位、硕士学位、博士学位。"高等教育质量标准局"(Tertiary Education Quality Standards Agency, TEQSA)负责管理高等教育的资格证书,但对于自行授证的高等教育机构,TEQSA授权认可AQF资格,学校可自行颁发资格证书。"学士学位",AQF层级7,修读年限3年～4年,修读年限依专业而有所不同,其目的在于培养学生学术研究需具备的技能和正确的学习态度,使之了解及评估来自多方面广泛的新知识和新观念,同时也能对学到的知识和技术加以评论、充实、扩充和应用。

"荣誉学士学位",AQF层级8,申请者必须是修读学士学位期间获得特优成绩者,并且需在学士学位课程完成后再延修1年。"硕士学位",AQF层级9,提供3种研习模式,分别为:(1)研究型硕士学位,学习年限1年～2年;(2)课程型硕士学位,学习年限1年～2年;(3)延展型硕士学位,学习年限3年～4年。硕士学位课程着重提升特定的专业或职业技术,透过做专题研究或上课方式或两种混合学习方式,对某一特定领域的知识做深入的研究。"博士学位",AQF层级10,有两种研修模式,分别是研究型博士学位和专业型博士学位,学习年限3年～4年。

"澳大利亚学历资格框架"提供了灵活、透明和多样的学习途径,去除了不同教育类型之间的界限,使人们可以容易地进入不同的教育系统、培训体制和劳动力市场，并依据个人教育需求和培训进度，获得承认的学习和经验，有助于个人终身学习与职涯发展。它不仅使就业规划更有弹性，也起到了鼓励人们继续学习的作用，从而帮助人们应付职业生涯和生活方式的变化。这种认证制度设计不仅为澳大利亚学生在不同教育类型之间流动创造了便利条件，同时也促进了澳大利亚学历资格的价值和可比性，巩固了教育与培训的国家管理与质量保证措施，为其国际教育创造了更大的发展空间。

三、教育行政管理体制

根据澳大利亚宪法规定，教育权属于州及领地政府，在不违背国家课程原则的前提下，各州可以自行制定本州的课程原则、评价标准以及实施监控的规则。澳大利亚联邦政府虽无教育行政管辖权，但要行经费补助之责，也因此，联邦政府通过拨款补助，可以调整对教育的管理权力，对学校进行教育质量的监督，制订教育相关政策与教学评量标准。澳大利亚现行的教育行政管理制度采取联邦政府和州/领地政府集中、分权相结合的管理模式（详见表1-9）。在高校招生考试方面，联邦政府仅仅提供有关政策指导，具体操作和运行则完全由州和大学自行负责。

表1-9 联邦政府与各州及领地在教育行政体系的职权与角色

教育体系	政策	政府补助	行政交付
中小学	共同管理	共同管理，但主要来自州或领地政府	州或领地政府
职业教育与训练	共同管理	共同管理，但主要来自州或领地政府	州或领地政府
高等教育	联邦政府	联邦政府	联邦政府

资料来源：江芳盛、钟宜兴：《各国教育行政制度比较》，五南图书，2006年，第127页。

澳大利亚教育行政管理机构可分为两部分："中央教育行政管理机构"和"地方教育行政管理机构"，机构名称随着政党轮替及其教育理念的不同而时有变更。

（一）中央教育行政管理机构

1901年澳大利亚联邦成立时，联邦并没有设立相关的教育管理部门，一直到1963年孟席斯（Robert Menzies）内阁时期设立国会秘书，开始处理联邦在教育与科学研究上的一些事务。1966年12月霍尔特（Harold Holt）内阁正式设立了"教育与科学部"（Department of Education and

Science),该名称一直沿用到 1972 年。之后,中央教育行政管理机构的名称随着澳大利亚政党轮替及其教育理念的不同而时有变更,比如 2007 年工党执政后,整合原先主管教育事务部门,更名成立"教育、就业与职场关系部"(Department of Education, Employment and Workplace Relations, DEEWR),图 1-3 为 DEEWR 的组织架构①。澳大利亚现行的中央教育行政管理机构为"教育部"(Department of Education),为 2013 年政党轮替时所更名。

澳大利亚中央教育行政管理机构属于联邦层级的教育行政组织,一般不干涉州政府的教育施政,负责制定全国性的教育政策与法规、统筹全国教育经费拨款、提供学生资助方案的整体经费、扶持土著民族及弱势群体的教育、协助偏远及外岛地区的教育,以及与其他相关部门合作。为了对澳大利亚大学的运行进行监督,联邦政府依据《就业、教育与培训法 1998》(Employment, Education and Training Act 1998),订定三年期的奖励大学协议,要求接受奖励的大学每年须向联邦政府提交"教育概况"(Educational Profile)做为绩效报告。

大学提交的"教育概况"报告,其内容涵盖学校的教育政策、学生人数、预计招生数、财务报告、质量保证与改进计划。大学的经费使用须依照"教育概况"中所编列的经费预算执行。同时,所有享受联邦政府三年一轮拨款的大学,在每次拨款前,必须向联邦政府提交一份"高校质量保证及改进计划"(Institutional Quality Assurance and Improvement Plan)。这些文件包括了大学的教学、研究、管理和社区服务目标、策略及绩效评鉴指标、土著民族教育、教育公平措施、科研培训与管理以及两项全国性的调查数据(新近毕业生的就业率和毕业生对学校的看法)。

另外,联邦政府针对大学教育质量定期出版大学质量保障报告与大学年度改进计划。每年联邦政府公布这些资料与数据,并根据大学的"教育概况"出版《高等教育的特色与绩效》(The Characteristics and Performance of Higher Education)。该刊物内容主要涵盖:教育部的高等教育学生数据、教职员数据和财务数据、教育部研究资料、毕业生生涯委员会的年度毕业生

---

① Australian Government Department of Education, Employment and Workplace Relations, DEEWR Organisation Chart, http://foi. deewr. gov. au/system/files/doc/other/january_deewr_internet_organisation_chart.pdf,2013-04-27.

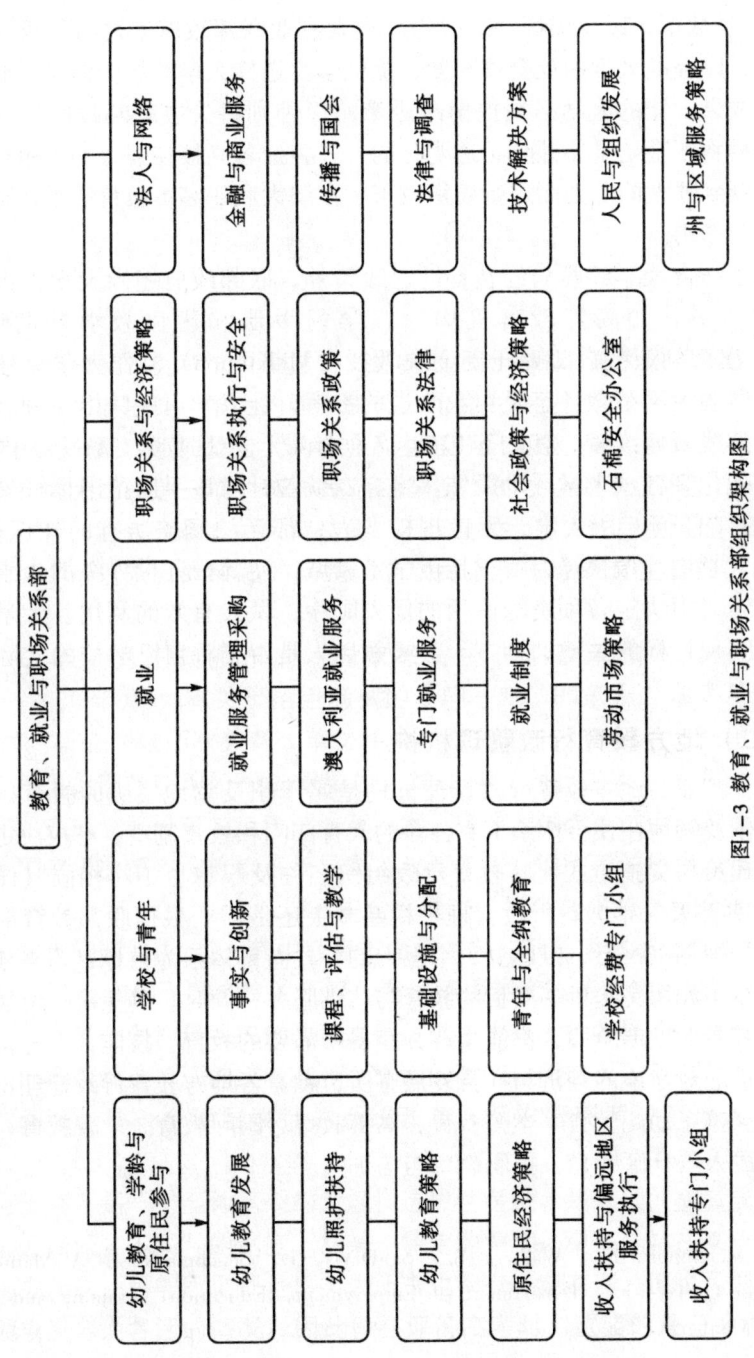

图1-3 教育、就业与职场关系部组织架构图

就业/就学数据，以及课程评鉴报告。澳大利亚联邦政府通过将结果数据公之于众，以提高大学的社会透明度，提供学生选择大学的最佳信息，同时要求评鉴成果不佳的大学必须提出改进策略，否则将失去联邦政府的经费补助。这种将评鉴结果公开化、透明化的方式，让各高校在强大的竞争环境当中，感受到强大的压力而进行质量改善，在澳大利亚高等教育质量保障中发挥着重要作用。

除了结合大学评鉴与经费补助之政策外，联邦政府还向大学提供绩效管理的工具，如高等教育机构标杆学习手册和优良教学补助计划。1999年澳大利亚教育部委托麦金农教授（McKinnon）制作大学标杆学习手册，做为大学绩效评鉴及自我改进的参考，让大学可就其相关领域和其他大学的成效做比较，其内容包括67项标准，涉及教学、研究、内部管理与国际化等各项大学活动领域。麦金农就曾针对该手册指出标杆学习的重要性："任何一所大学，无论规模多大，都无法涵盖所有的知识领域，因此各大学均须做抉择，找出特色学术领域，使其晋升世界级的水平。为此，大学必须决定各项资源使用的优先顺序，做最有效的利用。大学的决策能否实现目标的关键，则在于各校领导人是否了解自己学校的实际情况及改进方法。"[①]

（二）地方教育行政管理机构

澳大利亚的地方教育行政管理机构是属于州及领地层级的教育行政组织，各州及领地在议会体系下有各自的教育部门和教育制度，有权决定自己的教育政策与实施方式，其教育行政组织名称及职掌也不尽相同（详见表1-10）。各州及领地教育行政管理机构基本上还是需要根据联邦教育部的宏观政策与规划来执行，以建立一个强大的公共教育体系为目标，为当地的儿童、青少年和居民提供高质量的教育与培训服务；同时，确保每一位居民在个人及其专业发展阶段，都能享有并获得所需要的教育与技能，充分发挥其潜能，进而对当地的经济与社会发展有所贡献。各地方教育行政管理机构职务范围涵盖了幼儿教育、学校教育、高等教育、国际教育、土著教育、特殊教育、成人与社区教育、技职教育与培训。

---

① McKinnon, K., Walker, S., & Davis, D, Benchmarking: A Manual for Australian Universities, Department of Employment, Education, Training and Youth Affairs, Canberra, 2000.

表 1-10　澳大利亚各州及领地教育行政管理机构名称

州/领地	机构名称
新南威尔士州	教育与社会厅（Department of Education and Communities）
澳大利亚首都领地	教育与培训厅（Education and Training Directorate）
昆士兰州	教育、培训与就业厅（Department of Education, Training and Employment）
维多利亚州	教育与幼儿教育发展厅（Department of Education and Early Childhood Development）
南澳州	教育与儿童发展厅（Department for Education and Child Development）
西澳州、北领地、塔斯马尼亚州	教育厅（Department of Education）

　　澳大利亚各州教育行政管理机构负责的一般教育任务包括：制定或推行本州教育法规与政策、监督与保障各级学校教育质量（如确定学校教育组织、教育目标、专业发展、课程认证、教学大纲、学生评量、学位授予）、管理各级学校的经费分配与补助、决定公立中小学校长和教师的任免和聘用、主持中学毕业会考以及协助奖学金援助计划等事务①。2000 年 3 月，"教育、就业、培训暨青年事务部长审议会"（Ministerial Council on Education, Employment, Training and Youth Affairs）签署通过了《高等教育认可程序国家协议》（National Protocols for Higher Education Approval Processes），将澳大利亚州及领地政府的责任标准化，明确规定州及领地政府在高等教育质量保障方面要承担的责任，取代先前地方政府各自不同的高等教育质量保证认可方式。该协议对高等教育质量保证事项的要求和具体操作程序，都做出了详细的规定，确保各州按统一的规则和标准对高等教育进行管理。

---

① Ministerial Council for Education, Early Childhood Development and Youth Affairs, National Report on Schooling in Australia 2008, http://cms.curriculum.edu.au/anr2008/index.htm, 2013-04-20.

澳大利亚各州及领地政府在高等教育及其质量保障方面担负着大量的职责，包括：(1) 负责该地方的高等教育发展规划、协调、管理与高等教育资源分配的工作；(2) 决定高等教育规模、招生规模和专业设置；(3) 监督高等教育活动和评估高等教育质量；(4) 制定大学设置的条件与标准，对新建大学进行认证；(5) "大学"名称的界定和保护；(6) 对非自行授证机构的高等教育课程所提供的课程进行认证；(7) 国际合作办学的审批；(8) 跨境高等教育机构的认可和管理；(9) 国际学生高等教育课程的认证；(10) 海外高等教育机构的运作、国外学历鉴定等事项。在私立高等教育管理方面，各州及领地政府更是加强立法以保证私立大学的学术水平，甚至掌握私立大学的教学过程和报酬分配，监控私立大学的学术水平和市场化程度。

第三节　澳大利亚高等教育与经费政策

澳大利亚高等教育制度的正式形成是在20世纪的上半叶。近一百多年来，在澳大利亚高等教育发展过程中，其主导权逐渐由州政府转移到了联邦政府，体现出由分权到集权的发展趋势。除了大学教育外，澳大利亚高等教育还特别强调发展职业教育与培训，包括多样化的TAFE、私立专科院校、技术培训机构、科研实验室、卓越中心以及远程学习中心等，形成一个支持学生高阶能力发展的高等教育机构网络。根据官方统计资料显示，2014年，就读于澳大利亚高等教育的学生共有1 176 801人，包括本国生905 307人和国际生271 494人，比2013年增长3.6%[①]。

一、澳大利亚高等院校体系

澳大利亚高等院校的设立以公立大学为主，另外还有私立高等教育机构和职业教育与培训类的"技术与继续教育学院"（TAFE）。澳大利亚大学依据联邦政府、州政府或领地政府的《国会法》（Acts of Parliament）而成立，属于自治型机构，由大学理事会或评议会负责治理，可自行授证。非自行授证高等教育机构必须通过由州或领地政府核准进行注册登记并获取课程认

---

① Australian Government Department of Education and Training, 2014 First Half Year Student Summary, https://education.gov.au/selected-higher-education-statistics-2014-student-data, 2014-12-19.

可。目前，澳大利亚全国共有43所大学，其中38所为公立大学，2所为私立大学，2所国外大学和1所神学大学①。公立大学中有13所加入"澳大利亚开放大学"（Open Universities Australia, OUA），提供远程在线网络学习。有关私立高等教育机构和职业教育与培训的介绍请参阅本章第二节的"职业技术教育"，在此不作赘述。

（一）大学的定位与分类

在不同的历史时期，澳大利亚大学的功能定位也有所不同。1980年代之前的传统体制和双轨制时期，大学被定位为国家文化和民族性的主要塑造者；1980年代后期至2003年尼尔森改革之前，大学作为澳大利亚国家参与全球化经济的重要支撑力量；2003年尼尔森改革至今，大学则成为澳大利亚在国际高等教育市场上的营利企业②。在《高等教育认可程序国家协议》中，对大学的基本特点有所描述，包括：(1)获得相应的法律授权，可颁发高等教育各学科领域学位证书，并确保证书的标准等同于本国及国际的标准；(2)全身心投入先进知识的传播与探索的教学活动；(3)创建积极向上的文化氛围，激发学生的探索精神，鼓励钻研新知识，通过科学研究和创造性的活动开拓新的知识领域；(4)教师、研究者、课程设计者以及评估专家等都有自由质疑和推动知识系统进步的权利；(5)充分足够的财政和其他资源支持，使大学的各种计划和项目能够持续有效；(6)能够在上述价值观和目标的指引下，加强管理、规范程序与制度、健全组织、具有完善的招生政策、财政规划和质量保证程序，能够充分保证大学学术科研计划的实施与完成。

澳大利亚大学的数量随着各州及领地的大小、人口以及经济发展水平而有所差别，大多分布在东岸，尤其是在三个经济较发达和人口相对众多的州，即新南威尔士州、维多利亚州和昆士兰州（详见表1-11）。尽管如此，澳大利亚每个州及领地至少有一所不错的大学，多数学生倾向留在本地就读大学。以澳大利亚首都领地为例，尽管人口及面积排名本国倒数第二，但其境内的澳大利亚国立大学是顶尖研究型大学，也是澳大利亚八大名校之一。该所大学在2014年上海交通大学"世界大学学术排名"中，其学术水平排

---

① 澳大利亚国立大学是联邦政府所成立，其他的公立大学都是由州或领地政府立法所建立。

② 杜海燕：《澳大利亚大学发展史研究》，河北大学博士学位论文，2011年。

在国内第2名,世界排名为第74名。

表 1-11　澳大利亚各州/领地的大学及其建校时间

州/领地	大学及其建校时间
新南威尔士州	1850年/悉尼大学（The University of Sydney） 1949年/新南威尔士大学（The University of New South Wales） 1954年/新英格兰大学（The University of New England） 1964年/麦考瑞大学（Macquarie University） 1965年/纽卡斯尔大学（The University of Newcastle） 1975年/卧龙岗大学（University of Wollongong） 1988年/悉尼科技大学（University of Technology Sydney） 1988年/西悉尼大学（The University of Western Sydney） 1990年/查尔斯特大学（Charles Sturt University） *1991年/澳大利亚天主教大学（Australian Catholic University） *1994年/南十字星大学（Southern Cross University）
昆士兰州	1909年/昆士兰大学（The University of Queensland） 1970年/詹姆斯库克大学（James Cook University） 1971年/格里菲斯大学（Griffith University） 1988年/昆士兰科技大学（Queensland University of Technology） 1988年/邦德大学（Bond University） 1992年/中央昆士兰大学（Central Queensland University） 1992年/南昆士兰大学（University of Southern Queensland） 1999年/阳光海岸大学（University of the Sunshine Coast） *南十字星大学（Southern Cross University） *澳大利亚天主教大学（Australian Catholic University）
维多利亚州	1853年/墨尔本大学（The University of Melbourne） 1958年/莫纳什大学（Monash University） 1964年/拉筹伯大学（La Trobe University） 1974年/迪肯大学（Deakin University） 1910年/MCD神学大学（MCD University of Divinity） 1992年/斯威本科技大学（Swinburne University of Technology） 1992年/皇家墨尔本理工大学（Royal Melbourne Institute of Technology） 1992年/维多利亚大学（Victoria University） 2013年/澳大利亚联邦大学（Federation University Australia） *南十字星大学（Southern Cross University） *澳大利亚天主教大学（Australian Catholic University）

续表

州/领地	大学及其建校时间
西澳州	1911 年/西澳大学（The University of Western Australia） 1987 年/科廷科技大学（Curtin University of Technology） 1973 年/莫道克大学（Murdoch University） 1990 年/澳大利亚圣母大学（The University of Notre Dame Australia） 1991 年/埃迪斯科文大学（Edith Cowan University）
南澳州	1874 年/阿德莱德大学（The University of Adelaide） 1991 年/南澳大学（University of South Australia） 1966 年/弗林德斯大学（Flinders University）
塔斯马尼亚州	1890 年/塔斯马尼亚大学（University of Tasmania）
澳大利亚首都领地	1946 年/澳大利亚国立大学（The Australian National University） 1990 年/堪培拉大学（University of Canberra） ＊澳大利亚天主教大学（Australian Catholic University）
北领地	2003 年/查尔斯达尔文大学（Charles Darwin University）

注：（1）南十字星大学和澳大利亚天主教大学在其他州都有成立分校。南十字星大学分别在新南威尔士州、昆士兰州和维多利亚州设有分校；澳大利亚天主教大学分别在新南威尔士州、昆士兰州、维多利亚州和澳大利亚首都领地设有分校。（2）澳大利亚圣母大学和邦德大学为私立大学。（3）卡内基梅隆大学和克兰菲尔德大学分别是美国和英国在澳大利亚设立的海外分校，目前仅提供研究生教育课程，不在本研究高校招生考试的范围，故不列在此表。

资料来源：根据澳洲教育官方网站 http://www.studyinaustralia.gov.au/Taiwan/Australia-Education-Dowonload-Zone 资料整理。

澳大利亚高等教育专家西蒙·马金森依据大学的成立时间和学校的建筑风格，将澳大利亚大学分为五类，分别为：砂岩大学（Sandstone Universities）、红砖大学（Redbrick Universities）、胶树大学（Gumtree Universities）、科技大学（Unitech Universities）以及新大学（New Universities）[①]。

砂岩大学指澳大利亚历史最悠久的六所古典精英型大学，也是各州中最早创立的大学，包括悉尼大学、西澳大学、墨尔本大学、昆士兰大学、阿德雷德大学和塔斯马尼亚大学。这些学校培养社会精英阶层，拥有较高的科研

---

① 西蒙·马金森，马克·康西丹：《澳大利亚企业型大学的权力结构、管理模式与再创造方式》，周心红译注，浙江大学出版社，2007 年，第 162～163 页。

水平和学校声誉,因其校舍皆采用砂岩为建筑外部材料而得名。根据澳大利亚政府大学毕业生的调查数据表明,在过去,砂岩大学的学生都是来自高收入家庭,毕业后更是社会的精英分子,拥有高报酬的职业或职位①。

红砖大学指二战后建立的多所大学,如澳大利亚国立大学、新南威尔士大学和莫纳什大学等,因校内红砖建筑物比较多而得名。这些大学公开推行企业化办学,更具现代性和适应性,虽然与砂岩大学有相似的目标,但是因为建校时间较晚,积累地位利益的时间也就少。新南威尔士大学和莫纳什大学都比砂岩大学更加明确地注重与产业界的联系,强调毕业生的就业能力。

胶树大学成立时间主要在1960年到1975年之间,包括麦考瑞大学、纽卡斯尔大学、格里菲斯大学、詹姆斯库克大学、拉筹伯大学、卧龙岗大学、莫道克大学、新英格兰大学、迪肯大学和弗林德斯大学等。这些大学建校时间比较晚,因校内普遍种植的是胶树或金合欢而得名。在胶树大学创办时期,法学、工程学、牙医学、医学等学院的数量受到联邦政府的严格限制,所以大多数这类大学都没有医学院,有些没有工程学院,无形中限制了这些学校的研究发展,间接加强了砂岩大学和红砖大学在这些专业教育中的优势地位。而在科学、艺术、社会科学、人文科学和比较新的学科领域中,胶树大学比砂岩大学更具开放创新精神,这些胶树大学大都有自己的特色专业,而且是多校区的运作模式。

科技大学指各州内由高等教育学院合并升格成立的大学,大都成立于80年代中后期,倾向于工业技术教育,包括悉尼科技大学、昆士兰科技大学、皇家墨尔本理工大学、柯廷科技大学和南澳大利亚大学。这类大学的共同特点是重视科研成果的转化和应用,将研究经费投入商学、计算机、建筑学、环保学、工程学以及护理等方面,致力于培养切合产业界和社会发展需求的毕业生。

新大学指1986年后建立的学校,包括中央昆士兰大学、南十字星大学、西悉尼大学、巴拉瑞特大学和埃迪斯科文大学等。这类学校没有很深的学术文化根基,研究强项大多局限于少数几个领域,没有砂岩大学、红砖大学和科技大学所拥有的那种学术威望或鲜明的学校特色。然而,新大学深化了科技大学的入世务实风格,使知识彻底地从本体论转向了工具论。

---

① Department of Education Training and Youth Affairs, The Characteristics and Performance of Higher Education Institutions, Canberra, 1998.

(二) 大学的组织层次与学位授予

澳大利亚大学依据《大学法》订定大学校长和大学的组织层次（校、院、系）的相关规定。校长（Vice-Chancellor）的职责主要是负责大学的行政管理事务，领导与监督大学的实际运作，其下有副校长（Pro Vice-Chancellor）协助处理有关教学、科研、行政、资产、外部关系等事务。每一学院下设有相关的系科，学院由从事教学与科研工作的各系教师和行政人员所组成，负责人为院长（Dean），负责某个特定的学科。学系则包括所有从事该专业的教学与科研的人员、行政人员、技术人员、助理员等，负责人为系主任（Chair），主管全系工作。澳大利亚大学的教师层级沿用英国系统，分为教授（Professor）、副教授（Associate Professor）、高级讲师（Senior Lecturer）、讲师（Lecturer）、助教（Tutor）的层级。2011年，澳大利亚全国高等教育机构的教职人员共有109 524人，学术类人员约有48 325人，将近3/4（73％）高级讲师以上的教职人员为男性；非学术类人员有61 199人，女性职员比男性职员多，约为2/3（66％）[1]。

澳大利亚的高等教育质量在世界上享有很高的信誉，授予的学位为世界各国所认可。大学以提供本科生教育、研究生教育、教师教育为主，部分大学也提供与技职教育接轨的职业专业课程，为学生提供更广泛的升学管道。多数澳大利亚大学为两学期制，个别学校实行三学期制。第一学期从2月到6月，第二学期从7月到11月结束，12月及1月为暑假或第三学期，课程可以是在校、远程或混合模式上课。

2010年的官方统计数据显示，澳大利亚学生上课模式以传统的在校学习为主，约有81％高校学生是在校学习，12％的高校学生是校外学习方式（远距在线学习），其余7％是混合模式课程（在校和远距在线学习）。在校学习的学生有77％是全日制，23％是非全日制；混合模式上课的全日制和非全日制学生数的分配几乎是各半。校外学习生有79％是非全日制，21％就读全日制（详见表1-12）。

---

[1] Australian Bureau of Statistics，Year Book of Australia 2012，http://www.abs.gov.au/ausstats/abs@.nsf/Lookup/by%20Subject/1301.0~2012~Main%20Features~Higher%20education~107，2013-01-21。

表1-12 2010年澳大利亚高校学生全日制与非全日制上课模式（单位：人）

上课模式	全日制	非全日制	总计
在校	743 100（77.1%）	221 300（22.9%）	964 400
校外	31 400（21.5%）	114 900（78.5%）	146 300
混合	63 800（77.9%）	18 100（22.1%）	81 900
学生总数	838 300（70.3%）	354 300（29.7%）	1 192 600

资料来源：Australian Bureau of Statistics, Year Book of Australia, 2012, http://www.abs.gov.au/ausstats/abs@.nsf/Lookup/by%20Subject/1301.0~2012~Main%20Features~Higher%20education~107, 2013-01-21.

澳大利亚大学本科教育一般为3年，毕业后授予"学士学位"，但依据专业的不同，修业年限也有所差异，例如：文商科和理工科修业为3年，法律4年～5年，建筑、牙医、兽医为5年，医学为6年。部分大学提供"副学士学位"课程，修业年限为2年，以职业专业课程为主。此外，本科学生还可选修双学位，其专业课程可多元组合，如法律可以和人文社会学、科学或商学共同选读。这类课程通常修业需延长一年，毕业后授予"双学士学位"（Combined Degree）。本科阶段成绩优异者可以申请修读"荣誉学士学位"，修习者必须完成普通学士课程后再加上额外一年的专业科目学习的深入研究和撰写论文。

澳大利亚大学的教育学院是负责培育小学和初中师资的机构，师资培育采取双学位、单一教育学士或教学学士的学位授予方式。双学士学位的教师培养模式是澳大利亚教师教育的趋势与特色，大多为全日制5年制的文理普通学科与教育学科并行的学习模式，其课程包括文理专业和相应的教育学科，毕业后授予文学/教育（教学）学士或理学/教育（教学）学士双学位。单一的教育或教学学士的师资培育课程大多为全日制4年学制，依其主修专业授予学前、小学、中学等教育学士学位。所有的师资培育课程都包括"教学实习"（Teaching Practice），各教学实习课程在各州及领地呈现多样性，但基本内容都是由资深教师指导，从一开始的观察、规划到教学体验。根据2011年的规定，师资培育学程内容必须包含80天的教学实习[①]。

---

① Australian Institute for Teaching and School Leadership, Accreditation of Initial Teacher Education Programs in Australia: Standards and Procedures April 2011, http://www.teacherstandards.aitsl.edu.au/static/docs/7%20Accred%20Init%20Teacher%20Ed%20Cover%20Conv%20Aust.pdf#search=standardsand procedures, 2013-04-25.

澳大利亚大学的研究生教育阶段提供硕士证书、硕士文凭、硕士学位以及博士学位。"硕士证书"和"硕士文凭"都是属于专业学习课程，让学生能进一步提升自身的职业技能知识或是延伸在大学课程所学的技能。申请人必须已完成学士学位，修业年限分别为 0.5 年～1 年和 1 年～2 年。"硕士学位"的修业年限基本为 1 年～2 年，申请人可以选择以研究或修课方式完成学位。研究型硕士学位的申请人必须具有荣誉学士学位或已完成硕士先修班课程，毕业时需提交学位论文；课程型硕士学位的申请人则需具备学士学位资格。

"博士学位"是澳大利亚大学所颁授的最高学位，分为哲学博士和专业博士两类。博士教育主要是以研究方式进行，但也有以修习某些基本科目再进入研究课程的方式。取得荣誉学士学位或研究型硕士学位成绩优异者可以直接申请攻读博士学位。学生必须证明对特定研究领域的贡献，并提交博士论文，修业年限长短视其修习课程与方法而定，大约是 3 年～4 年。根据 2010 年的统计数据显示，澳大利亚高校学生总人数为 1 192 600 人，其中有 66% 的学生攻读学士学位，20% 的学生攻读研究生学位，约 7% 的人就读于研究生文凭或研究生证书课程[①]。

（三）大学的教育质量保障

澳大利亚大学在全国统一的大学认证标准中明确规定，大学有权对本校所提供的专业与课程"自我授证"（Self-Accrediting），并对其教学标准及巩固教学质量的保障程序负有主要责任。换句话说，大学自身对其质量保障负责，对教学、研究、未来计划订定评鉴标准及执行方式。针对质量保障的自主发展规划，大学的任务包括：（1）建立内部质量保证体系，以促进绩效的持续改进，确保质量目标的实现；（2）制定切实可行的大学发展规划，并在此基础上制定出各部门乃至个人的发展目标；（3）就教学、科研、综合管理和社区服务等每一个方面，制定详细的质量保障策略，并监控其实施；（4）针对质量保障的实施效果进行评估；（5）针对评估中发现的问题和大学质量监督局在审计过程中提出的建议进行总结，提出改进措施[②]。

---

① Australian Bureau of Statistics, Year Book of Australia, 2012, http://www.abs.gov.au/ausstats/abs@.nsf/Lookup/by%20Subject/1301.0～2012～Main%20Features～Higher%20education～107, 2013-01-21.

② 王玉蕾：《澳大利亚高等教育标杆管理的研究与借鉴》，西北大学硕士学位论文，2008 年，第 33 页。

澳大利亚大学拥有自己内部的质量保障体系，以保障大学在招生、教学、学习、考试等各个领域的工作质量。在治理上，澳大利亚大学设委员会或评议会执行管理，向联邦政府提出"高校质量保证及改进计划"，以获得政府经费补助和向大众负责。该计划是院校发展规划的一个综合部分，说明学校的目标、策略、绩效、对其毕业学生的素质要求的界定，其中也必须包括学生培养成果方面的信息。各大学对于教职员工的教学与科研工作的评估与改善也采取了各种措施，比如设立教师教学和研究评鉴、建立校内教学卓越奖励办法以及设置教师专门培训项目，以激励教师提高教学水平与教学效果。教师晋升的标准也以教学质量、科研活动与社会服务贡献为主要依据。全国的大学互相建立了联系，以便于教师的交换、科研的合作及所授课程的标准参照。多数大学建立与国内外大学教师交换、合作研究以及课程标杆学习等关系。

澳大利亚大学除了内部评鉴外，也接受澳大利亚大学质量监督署和专业课程认证的外部评鉴。大学的会计学、工程学、建筑学、牙医和药剂学等专业学科，均会邀请专业协会人员到校内进行专业评估。专业认证机构对大学的课程设置、课程架构和内涵、教学标准、课程分量及课时安排进行检查。这类的评鉴要求能够使大学将本校的教学活动质量与其他院校同类课程的教学活动进行一些比较，从而确保自己的毕业生能够在自己的专业领域处于前沿水平。

二、澳大利亚高等教育经费补助政策

根据《宪法》第 96 条规定，联邦政府可依国会许可项目资助各州政府。在此前提下，联邦政府透过教育补助规定，渐渐以财政力量影响高校。随着不断发展，联邦政府通过一系列修正法案，为高等教育经费来源、拨款、使用和监管提供了法律依据，并通过经费资助方面的立法对高等教育发展进行宏观调控和管理，成为高等教育的主要政策制定者。凡是属于统一的全国性体系下的大学与非大学高等教育机构，均可接受联邦政府的财政拨款，包括："联邦拨款计划"（Commonwealth Grant Scheme）、"教育投资补助"（Education Investment Fund）、"高等教育贷款项目"（Higher Education Loan Programme）、联邦奖学金，以及一系列特定项目的拨款（如学习、教学、研究和训练项目)[①]。

---

① 张千帆、曲相霏：《大学招生与宪法平等：国际经验与中国问题》，译林出版社，2011年，第 128 页。

(一) 高等教育经费补助政策的演进

澳大利亚是联邦体制的国家,有关教育或学校的设立、监督与管理,都是属于各州及领地的权责,也因为如此,在1901年至1935年期间,澳大利亚大学的主要经费来源是州政府。1935年,在各方游说下,联邦政府科学工业研究组织向大学拨了3万元的科研经费,这是联邦政府正式第一次向大学拨款。1939年,来自州政府的经费比重降至45%[1]。在第二次世界大战后,为了重建计划,联邦政府逐渐介入中小学与大学的财政补助与政策制定,在1946年,联邦宪法进行了修改,宪法授权联邦政府资助学生。

1954年,澳大利亚大学的学生人数迅速增加,大学办学经费出现入不敷出的局面。1957年,联邦政府顺应形势,接受"墨瑞报告书"(The Murray Report)的建议,同意与各州政府分摊大学经费,实行"配合款制度"(Matching Grant System),并且成立了"澳大利亚大学委员会"(Australian Universities Commission,AUC)作为经费补助的法定机构。该委员会采用三年一期的奖助制度,详细审核各大学的经费申请,并访视各学校,咨询包括州政府及各类团体后,根据预估的学生人数和大学学术发展项目,建议提供给每一所大学新增固定资产和日常运行经费的预算额度。在固定资产预算方面,联邦政府与州政府对半分摊;日常经费预算方面,则是联邦政府与州政府以1∶1.85的比例分摊[2]。一直到1970年代,澳大利亚的高等教育经费制度主要是政府奖助款与学生缴交学费相结合的经费补助制度。

1973年工党的惠特拉姆总理组阁执政,他强调公平与福利社会的施政方针,主张社会应提供公平的教育。在征得各州及领地政府同意下,联邦政府废止了"配合款制度",并且宣布从1974年1月开始取消大学和高等教育学院学生的学费。这项政策使所有澳大利亚符合入学要求的学生不会因为经济因素而无法接受高等教育,从而保证教育机会的公平,增进弱势教育群体的入学机会。在当时,联邦政府负担高等教育经费的比例达到90%[3],这不

---

[1] 杨深坑、王秋绒、李奉儒:《比较与国际教育》,高等教育出版社,2012年,第535页。

[2] 王如哲:《比较教育》,五南图书,1999年,第337页。

[3] 祝怀新:《面向现代化:澳大利亚高等教育研究》,浙江大学出版社,2009年,第4页。

仅改变了以前的高等教育拨款由州政府和联邦政府按比例分担的局面，而且联邦政府通过单独负担大学经费的办法开始全面直接地管理大学，在高等教育行政管理上逐渐取得控制权。

1977年6月"联邦高等教育委员会"成立，同时，联邦政府也废除了原先按学业成绩标准发放奖学金的做法，为符合条件的全日制学生提供"经济调查津贴"（Means-Tested Allowance），该项计划被称为"高等教育资助计划"（Tertiary Education Assistance Scheme）。该计划规定，在向全日制学生提供生活津贴之前，需对申请人的家庭经济情况进行调查。

1980年代以后，联邦政府对大学的拨款体制中最明显的变化是引入竞争机制。在1988年约翰·道金森（John Dawkins）改革之前，联邦政府对大学的拨款主要有经常性拨款、基建拨款和其他一些临时性拨款。这些拨款主要是由联邦政府拨到高等教育委员会，再由后者直接向具体的高等教育机构进行拨付。在道金森改革之后，新设的澳大利亚研究委员会在其政策指导下开始在拨款体制中引入竞争机制，联邦政府不再增加经常性拨款，而是建立了研究性拨款，各高校根据其教育状况和绩效水平等条件竞争获得。这在很大程度上促进了高校间竞争财政拨款氛围的形成，同时加强了联邦政府通过竞争机制对各高校进行管理、控制、引导和影响的力量。

1988年，澳大利亚联邦政府面临财政困难和公共资源难以满足高等教育日益增长的局面，为解决当时高等教育合并和入学人数高涨的需求，联邦政府制定了《1988年高等教育拨款法案》（Higher Education Funding Act 1988）。该法案提出了高等教育经费管道的多元化政策，引入"高等教育受益分担计划"（Higher Education Contribution Scheme，HECS），要求联邦政府、学生、高等教育机构共同负担高等教育经费。该法案以教育公平为维度，允许学生延期支付学费，并且确立了学生毕业后收入水平为还款条件的学生贷款计划，对澳大利亚高等教育扩充所需的经费来源有相当大的帮助，也对1990年代澳大利亚高等教育规模发展起到了重要作用。

不同于联邦资助的中、小学校经费是由已知的公式计算和公共过程监管，高等教育机构的经费主要是由各个院校与中央部会磋商谈判决定的，没有固定计算标准。为了防范这一过程中可能的滥权，参议院修订《1988年就业，教育与培训法案》（Employment, Education and Training Act 1988），规定接受公共资助的高等教育机构必须向联邦政府递交年度教育规划报告。报告内容包括该机构在教学、科研、学生管理等方面的实施策略，资助学生贷款信息以及相关的财政报告。

根据相关资料显示，1989年—1990年，联邦和州/领地政府共在高等教育上投注了约占国民生产总值1%的经费，其中联邦政府投注的经费占了高等教育机构经费总收入的73%，州及领地政府提供的经费为5%，学生缴付的学费占收入的10%，捐款、遗产赠与和投资的收入占12%[①]。1991年之后，澳大利亚高校收入中的学生助学贷款和学费部分所占的比例越来越大，学费收入所占的比例从1998年的16%，逐年增加至2002年的21%。而联邦政府补助经费占高等教育全部经费比例逐年减少，从1998年的68%，减少至2002年的59%[②]。

进入21世纪后，澳大利亚联邦政府对高等教育政策继续进行调整，为了进一步推进高等教育产业化的进程，允许高校对法律和医学等热门的专业提高收费标准。同时，政府把市场化原则引进高等教育，鼓励高校招收外国自费留学生和通过参加一些商业活动来获取经费[③]。2003年12月，澳大利亚政府在《我们的大学：支撑澳大利亚的未来》（Our Universities: Backing Australia's Future）报告的基础上（增加学费标准的弹性和提出学费上限概念），在议会通过了《2003年高等教育支持法案》（Higher Education Support Act 2003），并从2005年开始，全面取代《1988年高等教育拨款法案》。

《2003年高等教育支持法案》是在现行的立法基础上，对高等教育的经费资助提出了新的具有针对性的改革策略，试图保障澳大利亚高等教育的稳定前进发展，其宗旨：（1）保证高等教育体系的质量、多样性、开放性和公平性，使其有助于澳大利亚的文化发展和知识生活，并且达到适当高学历和高技能人口，以满足澳大利亚社会和经济的发展需要；（2）支持大学的核心使命，如人才的培养、知识的创造和应用，同时赋予大学整体性和独立性；（3）加强澳大利亚的知识基础和提高澳大利亚的研究能力，

---

① Department of Employment, Education and Training, National Report on Australia's Higher Education Sector, Australian Government Publishing Service, 1993.

② 李家宗：《英、纽、澳三国高等教育经费及补助制度之比较研究》，暨南大学，2005年，第173页。

③ 钟宜兴：《各国高等教育经营管理之比较》，丽文文化，2011年，第273页。

以促进国家经济发展和国际竞争力,并实现社会目标;以及(4)支持学生开展高等教育研究①。

该法案中包含一系列高等教育经费资助计划和特殊目的补助经费。高等教育经费资助计划包括:《联邦拨款计划》(Commonwealth Grant Scheme, CGS)、《高等教育贷款计划》(Higher Education Loan Program, HELP)、《联邦奖学金拨款》(Grants for Commonwealth Scholarships)。高等教育补助经费则包括:《改善大学重建经费》(Better Universities Renewal Funding)、《教育投资经费》(Education Investment Fund)、《农村高等教育贫困经费》(Rural Tertiary Hardship Fund)、《结构调整经费》(Structural Adjustment Fund)、《退休金计划》(Superannuation Program)、《高等教育教学资本金》(Teaching and Learning Capital Fund for Higher Education),以及《澳大利亚数学与科学合作计划》(Australian Math and Science Partnerships Program)。

(二) 高校营运资源分配现状

澳大利亚高等教育机构的营运收入资源来自多方面,包括联邦政府经费、州及领地政府、学费、投资、版税、咨询、合约、捐款、特许权使用等等。在政府经费部分,虽然包括州及领地政府经费拨款,但仍以联邦政府的经费补助为主,其资助占了高校营运收入的将近一半。一般而言,联邦政府经费中涵盖了联邦政府补助金、"高等教育受益分担贷款计划"(HECS-HELP)补助、"付费高等教育贷款计划"(FEE-HELP)补助,以及"学生服务设施贷款计划"(SA-HELP)补助。

根据2009年联邦政府公布的高等教育资源分配数据,澳大利亚高等教育(含技职与培训活动)总运作收入为205亿澳元,联邦政府补助金占了114亿。联邦政府补助金中包括86亿政府基金(42.2%),28亿HECS-HELP(11.4%)与FEE-HELP(2.2%)。州与地方政府财政支持为8亿(3.8%),学费为47亿(22.8%),咨询与合约为9亿(4.4%),投资收入为8亿(3.9%),学生预付学费为5亿(2.5%),其他收入为14亿(6.8%)(详见图1-4)。2011至2012财政年度,澳大利亚各大学获得政府

---

① Commonwealth of Australia Consolidated Acts, Higher Education Support Act 2003, http://www.austlii.edu.au/au/legis/cth/consol_act/hesa2003271/s2.1.html, 2013-12-07.

3亿6千万澳元的研究经费补助，以投入多种领域的研究计划，其中包含个人安全、各类资源、天文学与医疗保健等领域，同时，政府另投入1.75亿澳元给各州和领地用于职业教育和培训改革①。

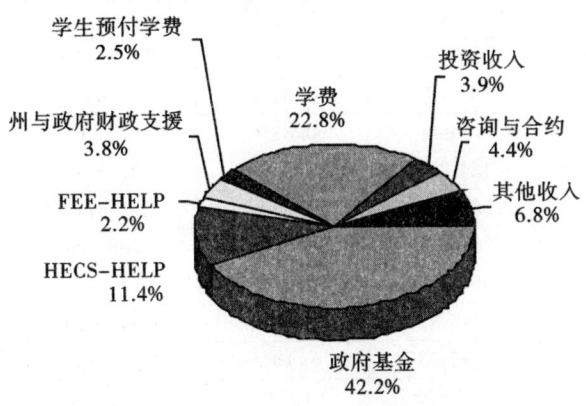

图1-4　2009年澳大利亚高等教育资源分配

资料来源：Department of Education, Employment and Workplace Relations. Finance 2009, http://www.deewr.gov.au/HigherEducation/Publications/FinanceReports/Documents/Finance2009.pdf，2012-10-18。

2013年，澳大利亚全国39所大学的总营运收入达到263亿澳元（其中高等教育活动占258亿澳元），包括联邦政府的经费占154亿澳元（含联邦政府补助金110亿和HECS-HELP、FEE-HELP、SA-HELP三项计划补助45亿）、州与地方政府财政支持为6亿、校友捐款为6亿澳元、学费为58亿澳元、咨询与合约为10亿澳元、投资收入为10亿、其他收入为19亿澳元（详见表1-13）。另外，澳大利亚政府制定了2015年达到2％国内生产总值投入高等教育的目标，希望未来大学可以得到来自政府60％的补助，而不是目前的40％多②。

---

①　Australian Government，2011-12 Budget at a Glance，http://www.budget.gov.au/2011-12/content/ at_a_glance/html/at_a_glance.htm，2013-01-08。

②　Universities Australia, Universities Australia Submission to the Review of Australian Higher Education，http://www.universitiesaustralia.edu.au/page/374/submissions-reports/reviews-inquires/2008-submissions/review-of-higher-education/，2013-08-02。

表 1-13　2013 年澳大利亚高校营运收入及百分比（单位：$'000 澳元）

营运收入来源	高等教育		39 所大学	
	金额	百分比（%）	金额	百分比（%）
联邦政府补助金	10 929 480	42.29%	10 988 125	41.73%
HECS-HELP	3 633 056	14.06%	3 633 056	13.80%
FEE-HELP	690 724	2.67%	723 653	2.75%
SA-HELP	85 824	0.33%	85 824	0.33%
州及地方政府经费	424 819	1.64%	645 547	2.45%
校友捐款	589 571	2.28%	589 571	2.24%
学费	5 642 246	21.83%	5 788 263	21.98%
投资收入	957 641	3.71%	961 493	3.65%
咨询与合约	1 046 328	4.05%	1 049 500	3.99%
其他收入	1 843 337	7.13%	1 867 932	7.09%
总计	25 843 026	100%	26 332 964	100%

资料来源：Australian Government Department of Education and Training，2013 Finance Publication and Tables，http://www.education.gov.au/finance-publication，2014-12-15。

（三）土著民族专款

澳大利亚政府在对各州进行高等教育经费拨款时，通常是向少数族群较大的州和地区给予较大的倾斜。1974 年以来，少数族群高等教育一律免费，同时，政府还为土著民族学生提供不同形式的奖学金、膳宿、制服津贴及交通费等，以减轻其家庭负担[①]。1985 年—1987 年，政府制定并实施土著民族参与计划，每年拨一定专款，资助土著民族学生进入高等院校，到 1987 年，该计划共资助了 1 100 个名额[②]。

1989 年，澳大利亚政府通过的《土著民族教育法》明确规定，为提高土著民族的受教育水平提供补充性财政资助。此外，政府在土著民族直接资助规划中也明确规定"土著民族学生辅导帮助计划"和"土著民族就业与教

---

① 刘额尔敦吐：《中国高校少数民族招生考试政策研究》，华中师范大学出版社，2012 年，第 112 页。

② Irwin，Hurry，Communicating with Asia：Understanding People and Customs，Allen & Unwin，1996 年，第 342 页。

育引导计划"。前者主要为中小学、职业学校、大学和正规训练项目中的土著民族学生提供额外的学习辅导帮助，尽量使土著民族学生取得与其他澳大利亚学生相同的学习结果；后者主要资助那些帮助土著民族学生进行职业选择和深入学习的项目[1]。

1998年，澳大利亚联邦政府在《土著民族高等教育资助法案》中规定，该资助项目分别以50%的资金用于提高土著民族学生参与率，35%用于促进土著民族学生的学业进步，15%用于土著民族学生的奖学金。同时指出，联邦政府将设立土著民族资助专项资金，主要资助那些致力于提高土著民族高等教育入学机会和各种成功机会的活动。到2003年，这一项目的资助经费达到2.43亿美元；2004年达到2.488亿美元；2005年至2007年间，经费再增加1.04亿美元[2]。2004年，澳大利亚教育、科学和培训部部长宣布，在以后的四年中，将拨款2.1亿美元用于学前、中小学、高等教育机构的土著民族教育，另拨款1.4亿美元用于提高土著民族学生的识字能力[3]。

三、澳大利亚高等教育学费资助政策

澳大利亚的学费资助政策可以追溯到二战期间，在此之前，各州的大学都各自制定收取学费标准。1941年至1945年，工党的约翰·科廷（John Curtin）政府执政，为了提升民事和军事研究，培养更多的优秀高端人才，提高大学毕业生人数，大大增加了大学奖学金的数量，并允许女性申请奖学金。当时的澳大利亚学生绝大多数都领有奖学金补助或是缴交相当于课程费用大约1/10的学费。另外，就读医学、自然科学、工程学和农学等被联邦政府指定为保留科系的学生，享有免付学费的福利，其学费由联邦政府支付[4]。

---

[1] Bennett, David, Multicultural State, Rethinking Difference and Identity, Routledge, 1998年，第66页。

[2] 吴明海：《中外民族教育政策史纲》，中央民族大学出版社，2006年，第334～346页。

[3] Indigenous Education and Training 2005-2008, http://www.dest.gov.au/schools/indigenous/iet-2005-2008.htm.

[4] Anderson, D. S., Boven, R., & Penshan, P. J. etc, Students in Australian Higher Education: A Study of their Social Composition since the Abolition of Fees, Australian Government Publishing Service, 1980.

(一) 高等教育学费资助政策的演进

自 1951 年至 1972 年期间，联邦政府加强在学费资助中的作用，许多学生通过各种奖学金计划从政府获得了免费名额。1960 年代的罗伯特·孟席斯（Robert Menzies）自由党政府鼓励并资助成立新的大学，这些大学大都建在偏远地区，由政府提供专门的研究奖学金，鼓励学生攻读研究生课程。1973 年，只有 1/5 的全日制高等教育学生需要付费，而且学费仅相当于课程费用的 15%。1974 年，在高夫·惠特拉姆（Gough Whitlam）工党政府的教育改革下，取消了大学学费，使劳工和中产阶级的澳大利亚人更有机会接受高等教育。此免学费政策适用于本国学生和外国学生，对本国学生实行了 13 年，外国留学生实行了 6 年（1980 年联合政府制定外国学生学费政策）[①]。

1986 年，工党政府推出新的学费政策，即所谓的"高等教育行政费"（Higher Education Administration Charge, HEAC），向全国所有大学生统一征收占课程费用 3% 左右、约 250 澳元～280 澳元的管理费。1987 年高等教育行政费共筹集了 10 540 万澳元，1988 年为 11 110 万澳元[②]。HEAC 在澳大利亚高等教育学费资助政策的历史上具有重要的象征意义，它引入了"使用者付费"的概念，尝试恢复收费机制，打破了过去十几年的免学费政策。HEAC 显示几个内阁部长的意向（特别是彼得·沃尔什和约翰·道金斯）是在试图解决教育公平问题，他们认为："高等教育不收学费是退步的，因为学费的补贴是来自所有纳税人，包括穷人，而学费补贴主要的受益者是那些来自得天独厚的家庭。"[③] 该收费政策并没有造成课程或学分负担，但对中年兼职族群的入学率是有负面影响的[④]。

1987 年维尔·兰恩（Neville. K. Wran）组建了"高等教育财政委员

[①] 江爱华：《澳洲高等教育改革政策框架解析》，《教育数据集刊（第 32 辑）》，2006 年，第 297～300 页。

[②] 杜海燕：《澳大利亚大学发展史研究》，河北大学博士学位论文，2011 年，第 115 页。

[③] Beer, Gillian & Chapman, Bruce, The Impact on Students of the 2005, Economics Department, The University of Adelaide, 2005: 2.

[④] National Institute for Labour Studies, The Effect of HEAC on Higher Education Equity and Access, Flinders University of South Australia, 1988.

会"（Committee on Higher Education Funding），专门研究澳大利亚高等教育的财政改革方案。兰恩委员会（Wran Committee）在报告最后一部分提出了"高等教育受益分担计划"（Higher Education Contribution Scheme，以下简称 HECS），主张由学生承担一部分高等教育成本。兰恩委员会认为，大学收费使资金总额增加，会创造更多的教育机会和教育平等，而在高等教育分担计划中提出通过毕业后偿还贷款以延缓收费的方案能使更多来自较贫困家庭的学生能够上得起大学。此举意在用"参与的公平"代替"经济条件的平等和权利的公平"[①]。1988 年，罗伯特·霍克（Robert Hawke）工党政府以 56∶41 的投票结果，放弃了工党自己 1970 年代以来的高等教育免费政策，兰恩报告随即得到议会批准并以法律形式确定为新的高等教育财政政策，于次年设立了 HECS。至此，澳大利亚政府开始对本国学生和外国学生收取学费，外国学生必需缴交全部的高等教育成本费用，本国学生缴交平均约 22% 的生均高等教育成本费用，大约 1 800 澳元，其余部分由联邦政府负责承担[②]。

HECS 是一个创新的高等教育学费资助政策，特别是相关的 HECS-HELP 是面向本科生和部分研究生的免息贷款系统，贷款资金来自财政拨款，属于国家政策性贷款，由联邦教育部下属的"学生资助基金会"负责，具体的贷款发放和回收则分别由相关大学和澳大利亚税务局（Australian Taxation Office，ATO）两大系统负责。HECS-HELP 目标群体为所有因收入或经济等因素无力或不愿在开学时缴纳学费的学生，这些学生可以通过 HECS-HELP 支付教育成本，毕业后按收入比例还贷。学生贷款没有贷款利息，但学生的贷款债务数额会随着"消费者物价指数"（Consumer Price Index，即 CPI）而调整，还贷的起点标准与毕业生的收入挂钩，其薪资收入达到一定的门坎时，税务局从个人所得税中直接扣缴还款（称为"义务还款"），这就极大地减轻了学生及其家庭的经济压力。

1996 年民主党联合政府执政，有关高等教育的公益与私利的辩论越演

[①] 杜海燕：《澳大利亚大学发展史研究》，河北大学博士学位论文，2011 年，第 116 页。

[②] 江爱华：《澳洲高等教育改革政策框架解析》，《教育数据集刊（第 32 辑）》，2006 年，第 297~300 页。

越烈，再加上财政经费不足，联邦政府就此调整提高 HECS 费用，主张在设定 HECS 学费时，还必须考虑课程成本以及学生在接受高等教育后的未来可能增加的收入。因此，在 1996 年—1997 年度财政预算案中，约翰·霍华德（John Howard）联合政府在 HECS 制度的基础上宣布了几项显著的高等教育学费资助政策的修改：（1）HECS 平均增加 40%；（2）降低偿还 HECS 债务的年收入限额门坎，从 30 000 澳元下降至 21 000 澳元；（3）建立 HECS 学费层级，根据不同专业的教学成本和预期收入将学费标准划分为低、中、高三个等级①。该政策最显著的影响是有关 HECS 还款门坎的改变，由于整个结构下移，HECS 义务还款平均增幅约有 10%②。

2005 年，联邦政府在《我们的大学：支撑澳大利亚的未来》财政预算案中再次对学生学费资助政策进行改革，其中最重要的改变就是部分放开学费管制，给予高校更多的自主权，允许各高校根据其学科优势和成本结构调整学费标准，在联邦政府规定的学费标准上可上浮 0%～25%，教育和护理专业除外。此外，各高校最多可拨出 35% 的学额用于招收全费生。另外，HECS 还款收入门坎大幅提高，从 2004 年的 26 000 澳元年收入还款门坎，增长到 2005 年的 36 000 澳元。联邦政府的学生贷款资助计划促进了高等教育的发展，提升了其公正性，同时也解决了联邦政府对高等教育的财政负担问题。

（二）现行高等教育学费资助政策

2007 年，鉴于 2005 年改革后学费普遍上涨的情况，联邦政府将 HECS 调整为"联邦高等教育学费补助"（Commonwealth Supported Place，CSP），成为现行高校本科生学费的主要资助政策。目前，所有接受澳大利亚高等教育的学生都需要缴交高等教育费用，包括：学费（Tuition Fees）、学生成本分担费（Student Contribution Charges）和学生服务与设施费（Student Services and Amenities Fees，简称 SSAF）。此外，为了让更多的澳大利亚学生可以有接受高等教育的机会，联邦政府对澳大利亚公民和永久居民给予一系

---

① Beer, Gillian & Chapman, Bruce, The Impact on Students of the 2005, Economics Department, The University of Adelaide, 2005: 5.

② Chapman, Bruce & Salvage, Tony, Changes in Costs for Australian Higher Education Students from 1996/97 Budget, Higher Education Funding Issue of the Australian Journal of Public Policy, 1998 (4): 71-90.

列优惠的"高等教育贷款计划"（Higher Education Loan Program，HELP），内容包括"高等教育受益分担贷款计划"（Higher Education Contribution Scheme-Higher Education Loan Program，HECS-HELP）、"付费高等教育贷款计划"（FEE-HELP）、"职业教育与训练贷款计划"（VET FEE-HELP）、"学生服务设施贷款计划"（SA-HELP）以及"海外学习贷款计划"（OS-HELP）。如表 1-14 所示，学生可以根据就读的高校和课程来申请学费资助，所有这些有关学费资助的拨款和还款由教育部和澳大利亚税务局共同管理。

表 1-14　2014 年澳大利亚高等教育贷款计划类别

高等教育类型	高等教育机构类型	贷款类型
高等职业教育与训练 专科文凭、专科进阶文凭、硕士证书、硕士文凭课程	政府核准的职业教育与训练机构	VET FEE-HELP
本科生教育 专科文凭与所有本科学位课程	CSP 的公立大学、澳大利亚开放大学及私立高等教育机构	HECS-HELP；SA-HELP；OS-HELP
	政府核准立案的私立高等教育机构（没有 CSP 补助的机构）与澳大利亚开放大学	FEE-HELP
研究生教育 硕士证书、硕士文凭、硕士学位、博士学位课程	提供研究生 CSP 补助的高校	HECS-HELP；SA-HELP；OS-HELP
	大学、政府核准立案的私立高等教育机构与澳大利亚开放大学	FEE-HELP

资料来源：Australian Government，CSP and Higher Education Loan Program Handbook，http://studyassist.gov.au，2014-01-01。

1. "联邦高等教育学费补助"与"高等教育受益分担贷款计划"

每年联邦政府会通过《联邦拨款计划》来决定各高等教育机构的"联邦高等教育学费补助"（以下简称 CSP）的分配。CSP 是补助澳大利亚公立大学、开放大学和位于偏远地区的少数私立高等教育机构的本科生教育费用，主要针对学士学位课程进行补助。就上述条件，凡是澳大利亚公民、永久居民或是新西兰公民身分的学生都可算是本国学生，具有申请 CSP 的资格，可以向各州/领地的大学招生中心或大学申请，成为"联邦资助生"。受惠于 CSP 的学生，联邦政府补助约 3/4 的教育费用，学生缴交"学生成本分担费"，无须缴交全额学费。学生成本分担费由各大学依照课程和学分自定，但还是需要依据联邦政府设置的专业学科的三级制来收费。目前全国有 43 所大学院校实施了 CSP 资助计划。

在对本国学生收费标准的制定中，澳大利亚政府主要是考虑培养成本以及学生未来的预期收入，依专业课程价值（即取决于该专业在未来就业岗位上可能获得的收入高低）将学生成本分担费分为三级收费。等级三的学科如法律、牙科、医学、兽医、会计、管理、经济、商业的贡献费用最高，收费上限为 10 085 澳元。等级二的学科如工程、测量、农业、数学、计算机、自然科学、建筑环境、其他健康学、综合医疗保健的费用为次，费用上限为 8 613 澳元。等级一的教育、外语、护理、人文、社会学、行为科学、临床心理学、视觉表演艺术的费用最低，费用上限为 6 044 澳元（详见表 1-15）。

表 1-15　2014 年澳大利亚大学本科全日制学生成本分担费（费用单位：澳元/学年）

等级	学科	费用
等级一	教育、外语、护理、人文、社会学、行为科学、临床心理学、视觉表演艺术	0～6 044
等级二	工程、测量、农业、数学、计算机、自然科学、建筑环境、其他健康学、综合医疗保健	0～8 613
等级三	法律、牙科、医学、兽医、会计、管理、经济、商业	0～10 085

资料来源：Australian Government, Thinking about Uni? Commonwealth Supported Places HECS-HELP 2014, www.studyassist.gov.au, 2014-01-01。

同时，联邦政府还提供"高等教育受益分担贷款计划"（以下简称 HECS-HELP）协助联邦资助生支付学生成本分担费。凡具有澳大利亚公民身分或人道主义永久签证持有者的联邦资助生就可以申请 HECS-HELP 贷款，由联邦政府直接支付学生成本分担费给就读的大学院校。税务局（Tax Office）会根据申请者的"税务档案号码"（Tax File Number）记录，当年收入达到51 309澳元的HELP贷款还款门坎时,开始依税制比率征收还款,还款百分比会随着收入变动,上限为8%(详见表1-16)。HECS-HELP贷款不收取利息,但贷款数额每年会按"消费者物价指数"浮动计算。此外,联邦政府对于在高校的"普查日"(Census Date)之前,先自行支付全额或部分学生成本分担费(500澳元或更多)给就读学校的HECS-HELP贷款生,给予10%的折扣(HECS-HELP Discount)①。以下举例说明HELP还款和折扣计算方法:

例一:亨利向税务局申报2013年—2014年所得税,在申报表中显示其应课税收入为50 280澳元、总净投资亏损2 250澳元、附带福利金3 890澳元、养老金共同供款1 500澳元以及2580澳元的外国人免税就业收入金额。因此,该年度亨利的HELP贷款的义务还款金额为2 722.50澳元。

$50 280+$2 250+$3 890+$1 500+$2 580=$60 500
$60 500×4.5%=$2 722.50

例二:丹尼尔是HECS-HELP补助生,攻读工程学士学位,该学期的学生成本分担费总数是4 181澳元,他在学校规定的行政日之前支付全额学生成本分担费,获得10%的政府HECS-HELP折扣(418.10澳元),实缴金额为3 762.90澳元。

计算公式:[学生贡献费金额]×0.90=[付款金额]
$4 181×0.90=$3 762.90

例三:伊森是HECS-HELP补助生,攻读工程学士学位,该学期的学生成本分担费总数是4 306.50澳元,他在学校规定的行政日之前支付部分学生贡献费500澳元,所以他的HECS-HELP贷款债务金额为3 750.95澳元。

计算公式:[付款金额]×1.111 1=[支付价值]
　　　　　[学生贡献费金额]-[支付价值]=[HECS-HELP贷款债务金额]
$500×1.111 1=$555.55
$4 306.50-$555.55=$3 750.95

---

① "普查日"是各高校依法自定的各种学费补助申请、贷款申请、缴费和撤销注册的截止日期。

表 1-16　2013 年—2014 年"高等教育贷款计划"还款收入比率

还款收入（澳元）	还款比率
51 309～57 153	4.0%
57 154～62 997	4.5%
62 998～66 308	5.0%
66 309～71 277	5.5%
71 278～77 194	6.0%
77 195～81 256	6.5%
81 257～89 421	7.0%
89 422～95 287	7.5%
95 288 或以上	8.0%

资料来源：Australian Government, Commonwealth Supported Places and HECS-HELP Information for 2014, http://www.studyassist.gov.au, 2014-01-01。

2. "付费高等教育贷款计划"与"职业教育与训练贷款计划"

"付费高等教育贷款计划"（以下简称 FEE-HELP）与"职业教育与训练贷款计划"（以下简称 VET FEE-HELP）是面对自费生的联邦政府高等教育贷款计划。前者是针对大学（含澳大利亚开放大学）的研究生课程和私立高等教育机构的本科生及研究生课程的学费资助贷款；后者是对政府认可批准的职业教育与培训机构的高级文凭证书课程（专科以上文凭）的学费资助贷款。2014 年，澳大利亚联邦政府规定，医学、牙科和兽医等专业的学生，终其一生可从政府获得 FEE-HELP 或 VET FEE-HELP（或两者合并）最高上限额度 120 002 澳元的学费资助贷款，其他专业最高上限额度为 96 000 澳元[①]。

申请 FEE-HELP 贷款必须是澳大利亚公民、人道主义永久签证持有者或是进行衔接性学习的海外培训专业人士的澳大利亚永久居民；申请 VET FEE-HELP 则需具有澳大利亚公民身分或是人道主义永久签证持有者。符合资格的申请者可以向各州或领地的大学招生中心或直接向就读的学校提出贷款申请。同时，联邦政府规定，申请本科专业课程学习的 FEE-HELP 贷款者必须支付 25% 的"借贷费"（Loan Fee），就读研究生课程、海外受训专业人士的衔接性学习课程以及澳大利亚开放大学本科课程例外；申请

---

① Australian Government, CSP and HELP Handbook, http://www.studyassist.gov.au/sites/studyassist/helpfulresources/pages/publications, 2013-12-15。

VET FEE-HELP 贷款者需支付 20% 的借贷费，州或领地政府的 VET 补助生例外。该费用是以每门课为单位计算，不计入贷款额度。以 FEE-HELP 贷款为例，假如一门课是 1 000 澳元，FEE-HELP 贷款申请费用则为 $1 000×0.25=$250，借贷人的债务为 1 250 澳元，政府的 FEE-HELP 贷款额度支出实际为 1 000 澳元。

FEE-HELP 或 VET FEE-HELP 贷款核准后，由联邦政府直接支付学费给申请者就读的学校。但政府规定，就读于澳大利亚开放大学的 FEE-HELP 贷款生，如果一学期修课为 8 门课（或以上），则必须达到 50% 的合格率，即修 8 门课，必须通过至少 4 门课，如果是修 10 门课，则必须至少通过 5 门课。如果没有达到这个合格率，学生会被要求自行支付学费给学校，直到合格率在 50%（或以上）才可以再次使用 FEE-HELP 贷款[①]。

FEE-HELP 贷款和 HECS-HELP 贷款一样是通过澳大利亚税务局系统，一旦收入达到 51 309 澳元起征点即开始依税制比率强制征收偿还，还款百分比会随着收入变动，上限为 8%。FEE-HELP 和 VET FEE-HELP 贷款不收取利息，但贷款总额每年会按"消费者物价指数"浮动计算，在每年 6 月 1 日公告。联邦政府对于先行自愿还款（500 澳元或更多）给税务局的 HELP 贷款生给予 5% 的优惠红利，例如还款 500 澳元，返还红利 25 澳元，税务账号登记为还款 525 澳元。

另外，澳大利亚联邦政府对于某些专业的本科生毕业后从事特定职业或在指定的地点工作给予减少 HELP 贷款的福利，称为"HECS-HELP 财政奖励"（HECS-HELP Benefit）。申请 HECS-HELP 财政奖励必须符合以下其中一项条件：(1) 在 2008 年 6 月 30 日以后毕业于数学、统计或科学本科专业，并从事相关职业，包括这些学科的中学教师或小学教师；(2) 在 2009 年 6 月 30 日以后毕业于教育、护理或助产专业课程，并受聘于相关行业，如教师、护士、助产士；(3) 学前教育的幼儿教师或是受聘于偏远地区、土著社区或贫困地区的幼儿教育机构。按联邦政府 2014 年 HECS-HELP 财政奖励规定，符合以上第 (1) 或 (2) 项条件者最高可有 $1 716.85 澳元

---

① Australian Government, Thinking about Studying: A Postgraduate Degree? At Open Universities Australia? At a Private Higher Education Provider? Fee-Help 2014, http://www.studyassist.gov.au/sites/studyassist/helpfulresources/pages/publications, 2013-12-15.

的 HELP 债务抵扣优惠，符合第（3）项条件者最高可有 $1 831.32 澳元的 HELP 债务抵扣优惠①。

3. "海外学习贷款计划"与"学生服务设施贷款计划"

"海外学习贷款计划"（以下简称 OS-HELP）是澳大利亚政府支持 CSP 联邦资助本科生和研究生在海外学习研究的高等教育贷款计划，主要是机票和 6 个月的国外住宿费用。申请 OS-HELP 者必须是已经完成至少一年全日制课程的在学联邦资助本科生或研究生，并具有澳大利亚公民身分或人道主义永久签证持有者，且未超过使用 OS-HELP 限额（本国学生终其一生可享受两次 OS-HELP 贷款）。申请者的国外学习课程必须是全日制，并且是专业课程的要求。回国后，必须至少注册 1 学分的课程学习。联邦政府将此项经费分配到各高校，由各高校自行选择接受 OS-HELP 贷款的学生，贷款申请者只需直接向就读高校提出申请，由学校审核选定后，学校将一次性支付贷款给通过申请者。2014 年，澳大利亚政府给予在亚洲留学的 6 个月最高 OS-HELP 贷款金额为 7 500 澳元，其他国家地区的最高 OS-HELP 贷款金额为 6 250 澳元，最高 SL 贷款金额为 1 000 澳元②。

此外，联邦政府给予前往亚洲国家留学的 OS-HELP 贷款生额外的"补充贷款"（Supplementary Loan, SL），让学生能进行语言课程学习，作为前往亚洲地区留学的准备。OS-HELP 和 SL 贷款不收取利息，但债务每年会按"消费者物价指数"浮动，在每年 6 月 1 日公告。OS-HELP 和 SL 还款是通过澳大利亚税务局系统，一旦收入达到 HELP 贷款还款门坎 51 309 澳元起征点即开始依税制比率征收偿还，还款百分比会随着收入变动，上限为 8%。同样地，联邦政府对于先行自愿还款（500 澳元或更多）给税务局的 OS-HELP 贷款生给予 5%的还款优惠红利。

2011 年 10 月，联邦政府通过"高等教育立法修正案（学生服务与设施）2011 法案"，允许大学收取"学生服务与设施费"（SSAF），以补偿非学术学生服务与设施的费用，如：说明会、学生辅导、就业咨询、儿童照护、财务咨询、

---

① Australian Government, CSP and HELP Handbook, http://www.studyassist.gov.au/sites/studyassist/helpfulresources/pages/publications，2013-12-15.

② Australian Government, 2014 OS-HELP Statement of Terms and Conditions Booklet，http://www.studyassist.gov.au/sites/studyassist/helpfulresources/pages/publications，2013-12-15.

保健服务、餐饮服务、学生宣传、法律服务和体育康乐活动等等。2014年，澳大利亚联邦政府规定高校对全日制学生的服务及设施费最高收取额度为281澳元，但如果非全日制学生或学生少于75%全日制的学习负担，学校不能收取该学生超过75%的学校服务及设施费[1]。各校可以在此范围内自定对本科生和研究生不同的收费标准。"学生服务设施贷款计划"（SA-HELP）是澳大利亚政府协助高等教育学生支付SSAF费用的贷款计划，凡具有澳大利亚公民身分或人道主义永久签证持有者的高等教育学生即有资格申请。SA-HELP没有额度或次数限制，联邦政府依学校实际收费给予资助贷款金额。

4. 其他学费津贴补助

澳大利亚联邦政府积极改革社会福利与奖学金制度，增设Centrelink福利金来帮助教育弱势群体和土著民族的就学。"人类服务部"（The Department of Human Services）的"联邦政府福利署"（Centrelink）提供的Centrelink福利金主要有："青年津贴"（Youth Allowance）、"澳大利亚助学金"（Austudy）和"土著民族助学金"（ABSTUDY）。

"青年津贴"为16岁～24岁青年人全日制的学习和澳大利亚学徒计划的培训提供经济上的资助，依申请者的年龄、身分和情况给予不同津贴，两周约为226.80澳元～713.20澳元。例如：申请者为单身，无子女，未满18岁，不住父母家，其补助津贴约为414.40澳元/两周。"澳大利亚助学金"则是为25岁（或以上）的全日制学习或参加澳大利亚学徒计划培训者所提供的经济补助，依申请者身分和情况给予不同津贴，两周约为414.40澳元～542.90澳元。例如：申请者为单身，但带着孩子，其补助津贴约为542.90澳元/两周。"土著民族助学金"是为全日制学习或参加澳大利亚学徒计划培训的土著民族和托雷斯海峡岛民所提供经济援助，依申请者的年龄、身分等情况给予不同津贴，两周约为226.80澳元～552.40澳元。例如：申请者为单身，22岁（或以上），不住父母家，其补助津贴约为510.50澳元/两周。获得以上Centrelink经济补助的学生还有资格申请学校提供的交通、书籍和搬迁等补助奖学金，各校金额不一[2]。

---

[1] Australian Government，SA-HELP Information for 2014 Booklet，http://www.sites/studyassist.gov.au/studyassist/helpfulresources/pages/publications，2013-12-15.

[2] Australian Government Department of Human Service, Students and Trainees，http://www.humanservices.gov.au/customer/themes/students-and-trainees，2013-12-18.

第二章 澳大利亚高校招生考试制度的历史演进

由于各国文化传统不同、社会发展水平差异以及教育宗旨的偏倚，会导致各国高校招生考制度形态各异，功能不尽相同，但各国高校招生考试制度都是在继承历史的基础上不断革新发展的。澳大利亚高等教育的历史并不长，从殖民地时期算起迄今不到二百年，作为英联邦国家，其教育体制和考试制度深受英国的影响。特别是从殖民地时期到1950年代，不论是考试的称谓，还是考试制度的调整变化，明显受到了英国教育考试文化的影响。1960年代以后，英澳两国高校招生考试制度才出现了名称、方式、方法的分野。但是以中等教育毕业证书成绩申请高校入学，一直是英澳两国高校招生考试制度的核心所在。

第一节 殖民地时期的澳大利亚高校招生考试制度（1788年—1900年）

1788年，英国人在悉尼的杰克逊港（Port Jackson）登陆，澳大利亚正式成为英国的殖民地。当时澳大利亚的人口以土著民族居多，总数约为75万人，而英国的流放人口和殖民区的行政官员、军官和家眷的总人数很少。人们普遍不重视教育，只关心生存或发财，少数关心教育的人则把孩子送回英国接受教育。1850年代，澳大利亚发现了金矿，采矿业迅速发展，丰厚的投资回报吸引了许多有知识懂技术的自由移民加入到澳大利亚开发的行列①。淘金热

---

① 在1800年—1850年的半个世纪中，每年到澳大利亚的移民一般不超过1万人，但黄金的发现使得移民暴增，每年高达几万甚至十几万人。1850年全澳总人口为404 276人，1860年竟达1 097 305人。此后，在澳大利亚出生的人口增长更快，1901年的人口调查表明，在当时3 771 000人口总数中，在澳大利亚出生的人已增加到占总数的77%。

过后，很多人选择定居留下，形成了澳大利亚最早的知识阶层。正是这些人积极筹办教育并说服当局立法建立了澳大利亚最早的大学。本研究中所谓殖民地时期的高校招生考试制度，以悉尼大学等四所大学的创立为开端，当时大学招生以各学校单独招生选拔为主。

一、殖民地时期的高等教育发展

19世纪初期，澳大利亚教育制度尚未健全，殖民地没有像样的大学，有条件接受高等教育的人一般都回英国上大学。当时教育的组织和管理处于松散的状态，教育事务主要由殖民区行政长官委托教会来办理。1823年，苏格兰长老会牧师约翰·邓莫尔·兰（John Dunmore Lang）到达澳大利亚，于1826年成立了古苏格兰研究院（Caledonian Academy），但很快就关门了。1830年—1831年，约翰·邓莫尔·兰回到英国，招募了亨利·卡迈克尔（Henry Carmichael）等4名教师，获得了筹办学校的书籍和设备。1832年初，他再度来到澳大利亚，在新南威尔士殖民区的悉尼创办澳大利亚学院（Australian College）。该校的办学宗旨一方面是培养长老会的牧师，另一方面是启蒙澳大利亚人的民族意识，这所学院是澳大利亚高等教育的起点。1840年，澳大利亚学院有30名学生[1]。到1842年，澳大利亚学院已经成了一所供男孩子聚会性质的走读学校。

澳大利亚学院虽然开了澳大利亚高等教育的先河，但其发展过程步履维艰。约翰·邓莫尔·兰主要是凭着个人的热情以及教会少量的支持来组建学院，学院的成立始终没有得到来自伦敦和殖民地政府的有力支持。在缺乏有效的行政管理之下，最终导致财务管理混乱无序，使学院无法获得更多的财政支持，很难实现建校时的承诺，所以这所学校存在的时间并不很长，1850年悉尼大学成立后，该学院于1852年被并入了悉尼大学。

（一）殖民区大学的创办

1848年以后，澳大利亚四个殖民区（新南威尔士、维多利亚、南澳大利亚、塔斯马尼亚）的社会及经济发展渐趋稳定，开始陆续立法成立大学。各殖民区的有志之士都认为在自己的地方应该拥有一所属于自己的大学，目

---

[1] Australian College Council, Report of the Council of the Australian College, Horatio Wills for the Executors of R. Howe, 1832.

的是给快速增长的新移民人口提供获得高等教育的机会。同时，澳大利亚人也意识到大学的建立对正在形成中的自治政府具有至关重要的作用。当时大学的设立，虽然也有私人捐赠，但私人捐赠带有偶然性，加之学杂费收入很少，所以主要是依靠各殖民区政府的拨款。

1850年10月1日，新南威尔士殖民区立法委员会通过了《筹建和捐赠悉尼大学法案》（An Act to Incorporate and Endow the University of Sydney）。根据法案，新南威尔士殖民区政府行使对悉尼大学的管理权，悉尼大学由校董事会治校并对新南威尔士殖民区立法委员会负责。校董事会成员共16名，其中12人是校外人士，每年殖民区政府拨款5 000英镑，约占大学所有收入的85%[1]。1852年10月11日，悉尼大学开始正式招生，成为全澳第一所大学。当时只有3名教授和24名学生，其中一名古典文学教授约翰·伍利（John Woolley）兼悉尼大学第一任校长。尽管悉尼大学章程中规定悉尼大学有权授予文科、法学和医学的学位，但由于师资有限，文科是唯一授予学位的专业，学制3年。1858年2月27日，悉尼大学获得了维多利亚女王授权的皇家特许状（Royal Charter of the University of Sydney），明确了悉尼大学毕业证书的合法地位。在这份特许状中规定了悉尼大学毕业生的水平不低于绝大多数英国本土大学毕业生的水平。

1853年1月22日，墨尔本大学在维多利亚殖民区成立，1855年大学正式开始授课。墨尔本大学最初有4个学院，每个学院各有一名教授，分别教授数学、自然科学、文史政经和古代史，学校被立法授权可以授予文学学位。墨尔本大学的建立很大程度归功于维多利亚淘金潮。该殖民区因为发现黄金而具有雄厚财政实力，维多利亚殖民政府对墨尔本大学的津贴是每年9 000英镑，而且很快大幅度提高了金额。正因墨尔本大学从一开始就得到了比悉尼大学更强而有力的政府财政支持，从而也能够提供比悉尼大学更广泛的课程科目、拥有更多的专业人员。

1874年11月6日，阿德雷德大学依据南澳大利亚议会的法案而创立，大学创建之初就是一所非常进步的综合性大学。阿德雷德所在的南澳大利亚殖民区与其他殖民区不同的一点在于南澳大利亚没有流放犯，是由一批自由人在吉本·韦克菲尔德（Gibbon Wakefield）有计划集中拓殖论的影响下建

---

[1] Barcan, Alan, A History of Australian Education, Oxford University Press, 1980: 125.

立起来的殖民区。阿德雷德大学的成立直接源于当地因开采铜矿致富者的个人慷慨捐赠，同时，在政府通过《联合行动方案》的支持下，每年获得至多10 000 英镑的补助，比墨尔本大学得到的每年 9 000 英镑还要多 1 000 英镑①。1876 年 3 月，阿德雷德大学开始授课，教授的课程为拉丁语，授予的第一个学位是文学士。

塔斯马尼亚大学于 1890 年 1 月 1 日根据塔斯马尼亚议会法案成立，是澳大利亚成立的第 4 所大学。1893 年 3 月 22 日开始正式授课，当时仅有 3 名教授和 11 名学生。这一时期的澳大利亚大学受英国保守主义大学理念的影响，注重课本知识传授而很少开展学术研究，在国际上鲜有影响。此外，这个时期的澳大利亚大学不能够授予博士学位，学生若想取得博士学位需要去英国攻读。

以上四所大学是澳大利亚殖民地时期仅有的大学，其共同特点为：地方性强、宗教性浓、规模很小。早期的澳大利亚大学效仿了英国牛津与剑桥大学的学院模式，以神学、文学、法学、医学教育为主，旨在培养社会上的管理者和统治者。学校的教授们热衷于经典文学和哲学这类欧洲传统学科的研究和授课。但是殖民地人民更需要那些符合本地城市建设和社会发展诸方面的知识。在此背景之下，澳大利亚大学很快汲取了苏格兰式的全日制讲座及职业课程体系，创造了一种前不同于英国"牛剑"的大学理念，即一方面强调大学的人文价值在于作为社会精神道德的提高；另一方面强调大学的实用主义在于提供最高层次专业训练。

在此大学理念影响下，悉尼大学并没有受限于英国重绅士修养、轻专业知识的保守主义大学理念，在课程上既开设代表绅士修养的课程，很快也开设了工程类和自然科学类等注重培养专业技术人员的课程。墨尔本大学则陆续开办法学院（1857 年）、工程与建筑学院（1860 年）以及医学院（1862 年）。另外，阿德雷德大学第一任校长奥古斯·肖特（Augustus Short）也认为一个有前瞻性的大学不能囿于牛津大学狭窄的经典课程，必须开设新领域的课程，因而提供了科学、现代文学、艺术与道德哲学。1882 年，阿德雷德大学成为第一个在澳大利亚授予自然科学学位的大学；1900 年之前，阿德雷德大学陆续开设了艺术、科学、法律、医学、音乐、数学、哲学、语言和采矿工程等学位课程。

---

① 杜海燕：《澳大利亚大学发展史研究》，河北大学博士学位论文，2011 年，第 39 页。

（二）技职教育的开端

19世纪上半叶，澳大利亚的矿业、工业初具规模，技术教育开始因需求而出现。最初的教育模式是英国学徒制的技艺学校和机械学校，主要是受当时英国本土出现的同类技术学校的影响，由工厂主开办，主要是为了给工人阶层提供基本的文化学习、技术训练并培养工程技术人员，着重在制造业、矿业和农业。1827年，澳大利亚第一所机械学校在霍巴特（Hobart）成立。1833年，悉尼机械技术学校成立；1840年，墨尔本、纽卡斯尔、布里斯班和阿德莱德相继建立了类似的学校。当时这些学校已经形成了技术教育的雏形，"1850淘金时代"以后，发展速度进一步加快。1871年建立的巴拉腊特矿业学校（Ballarat School of Mines）是澳大利亚的第一所现代意义上的技术学院，主要课程为测量、数学和化学，该学校即现在巴拉瑞特大学的前身。之后，其他各类的技术学院也相继成立，如1884年创办的罗斯沃斯农学院（Roseworthy Agricultural College）。

二、个校选拔制：申请审核与公共考试

殖民地时期的大学生源主要来自经济上能够支付大学学费但又不足以将子女送回英国的专业阶层和经商家庭，还有一些中产阶层白天工作，晚上接受夜校教育。处于社会顶端的精英阶层大都将子女送回英国接受教育。最初的大学教育只招收男生，1881年，悉尼大学和墨尔本大学开始招收女生，并且和男生同等入学，成为世界上最早实现男女平等的大学之一，这对保守文化传统中的居民来说是一个意义深远的胜利。从1852年到1885年，澳大利亚除了西澳之外的所有殖民区，都建立了教育管理部门，称为"公共教育部"（Departments of Public Instruction，简称DPI），履行包括大学在内的教育事务的管理、资助等诸项事务。

殖民地时期澳大利亚大学的招生入学考试最初是由各大学自己举行，采取个校招生选拔制度。申请者只要完成中学教育（如文法学校），具备一定文法知识和数学知识水平，并能够负担学费，即可向欲就读的大学申请入学。学校借由面谈、口试和书面材料，有时也附加笔试，来对申请者进行资格审核和水平考察。1850年代，澳大利亚大学对学生入学的考查科目，以拉丁语、希腊语和数学三门科目为主，目的在于确保入学者具有进行更高阶学习的知识能力和水平。从1855年起，大学的入学考试科目中开始增设英语、历史、地理、法语和德语。

1850年代前后的英国维多利亚时代，因受到中国科举取士制度的影响①，英国人对利用考试来甄别选拔社会各种人才的兴趣空前高涨。在英国本土及其海外殖民地，由政府委托大学组织开展的各种"公共考试"（Public Examinations）开始兴起。在教育部门内部，通过大学组织的公共考试来测评初等和中等学校的教学水平或办学效率，从中选拔进入更高一级学校学习的人才或选拔社会行业发展管理的人才，成为英国教育考试制度重要的组成部分，也成为后来英国大学入学考试制度的发展方向。英属殖民地澳大利亚的大学招生考试制度也因此受其影响。澳大利亚在1850年代殖民地大学产生以后，随着各州"公共教育部"的建立，由大学组织的"公共考试"开始出现，并且中等学校学生的"公共考试"成绩逐渐成为澳大利亚大学招生入学的主要依据。比如，1867年在新南威尔士州，由悉尼大学来负责组织实施和考试打分，建立起了"中等学校初级和高级证书考试制度"（Junior and Senior Public Examinations）。

由于殖民地时期澳大利亚的中等教育主要是社会中上层阶级子女享有的教育，而且在绝大部分人眼里，中等教育也是为了进入大学而做准备的教育，加之中学校外"公共考试"由大学来负责组织实施，所以澳大利亚的中等学校，不论是之前的文法中学还是1880年代的新式公办中学，其教学大纲、课程开设等都受到了大学入学考试的牵引，中等教育的办学实践和教学评价权力，实际上是掌握在了大学手里。由此形成了由大学来评价和规定中学课程、引导中等教育发展的现象。这种现象一直到1960年代各州教育改革和高校招生入学考试制度进一步调整以后，才有所变化。

表2-1反映的是1880年左右，澳大利亚仅有的三所大学组织中等学校"公共考试"时，学生参加不同科目考试的比例情况。由表中数据可知，第一，当时澳大利亚各地中学开设的课程已比较多样，不仅包括传统的拉丁语、希腊语、数学等科目，也开设了不少自然科学课程。第二，从学生在各种科目考试中的参加比例来看，鉴于1880年强制性的《义务教育法》才公布实施，当时中等学校学生主要是社会中上阶层子女，并不存在很多学生在中学中途离校退学的情况。由此可知，学生在不同科目考试上参加比例的多寡，一方面可以反映出哪些科目是申请大学的重要科目，即学生参加考试比

---

① 邓嗣禹：《中国科举与西方》，蔡培瑜译注，《中国考试》2014年第6期，第58～64页。

例大的那些科目，必然是大学审核学生入学申请时更多看重的科目；另一方面，学生参加比例少的考试科目，主要反映出这些科目对当时很多学生来说是学习难度较大的科目。尽管当时澳大利亚大学中已经开设了现代自然科学的教学项目，但这些考试科目并不是大学审核学生入学申请时要求学生一定要参加的考试科目。

表2-1 澳大利亚殖民地时期各大学的公共考试科目

参加统考百分比	1879年悉尼大学考试科目	1881年墨尔本大学考试科目	1882年阿德莱德大学考试科目
75%～100%考生参加的考试科目	算术 英语 历史 地理	算术 英语 代数 几何	X
50%～75%考生参加的考试科目	地理 代数 拉丁语	地理 法语 拉丁语	数学 拉丁语
25%～50%考生参加的考试科目	法语	历史	化学 德语
25%考生参加的考试科目	物理 德语 希腊语 地质学 无机化学	希腊语 基础化学 基础物理 基础生理学 基础植物学	历史 物理 法语 植物学 希腊语 动物生理学

资料来源：王斌华：《澳大利亚教育》，华东师范大学出版社，1996年，第18～19页。

第二节 独立与重建时期的澳大利亚高校招生考试制度（1901年—1960年）

本书所谓澳大利亚的"独立和重建时期"，是指1901年到1960年代的时期。澳大利亚各殖民区在1901年改制为州，成立了澳大利亚联邦并颁布了宪法，但澳大利亚仍然属于英国的联邦国或自治领地，直到1931年才取得外交自主权，由此，澳大利亚真正实现"独立"，其实经历了长期的过程。

而"重建"则是指二战期间以及二战以后澳大利亚政府对社会发展的一系列重建政策和重建过程。

从1901年澳大利亚联邦政府成立至二战前,由于社会劳动力需求主要还是体力劳动者,对高层次专门人才并无太大的需求,澳大利亚高等教育的发展十分缓慢。当时澳大利亚联邦刚成立,全国总人口为3 771 000人,其中在校大学生仅有2 652人,不到总人口的0.07%[①]。第二次世界大战结束后,在联邦政府一连串重建政策推动下,澳大利亚高等教育得到发展,到1950年代大学生已增长到30 000人。由于二次世界大战的影响、大笔经费涌入大学以训练人力及满足战争相关的需求,联邦政府有了涉足大学事务的机会,联邦政府管理高等教育的权力也因此得以加强,高等教育管理权由以前的各殖民地自己负责转变成了州政府和联邦政府共同掌管。这个阶段澳大利亚的高校招生考试制度随着高等教育的发展和需求而有不同的演进,以证书考试选拔制度为主。

一、独立与重建时期的高等教育发展

1901年1月1日,澳大利亚的六个殖民区改为州,并成立了澳大利亚联邦。联邦的成立标志着澳大利亚新时期的开始,同年澳大利亚联邦宪法颁布,界定了联邦政府对于国家的管理权限。宪法给予联邦政府贸易、外交、防御等权力,拥有制定政策和进行财政资助的责任;州及领地政府则掌管教育、公有地、道路、采矿、水资源、司法等事务。当时包括高等教育在内的所有教育问题都属于各州事务,各州政府根据自己的宪法进行管理。

(一)初等与中等教育

澳大利亚的初等教育在19世纪末就实现了普及,20世纪上半期主要是巩固、提高和继续完备的发展阶段。中等教育方面,继1880年代创建公办中学的一波小高潮之后,20世纪初期,澳大利亚公办中学迎来了第二次发展小高潮。1905年—1920年,各地新建了大量公办中学,包括普通中学、农业中学、技术中学、家政中学等。

20世纪初期公办中学快速发展的原因是多方面的。首先,19世纪末,延长学校教育年限,改革学校教育内容,培养更多具有科学、管理和技术专长

[①] Jongbloed, Ben, Higher Education in Australia, http://www.utwente.nl/bms/cheps/Research%20projects/higher_education_monitor/2008%20countryreportAustralia.pdf, January 2008, 2014-12-20.

的年轻人，推进教育平等，就已经成为澳大利亚社会讨论的话题，1901年成立联邦后，这些话题更得到了广泛的讨论。各州教育改革的愿望非常强烈。比如在人口最多的新南威尔士州，1902年成立的一个教育委员会派出成员考察欧洲和美洲各国的教育体系，于1903年、1904年、1905年分别提交了关于初等教育、中等教育和技术教育的"尼伯斯与特纳委员会报告"，报告中很多发展教育的建议被讨论并得到采纳。在这样的时代背景下，中等教育作为原来教育体系的薄弱环节，自然成了各州教育发展的重点内容之一。其次，民众对过早离校的年轻人在社会上游荡比较担忧，新兴中产阶级比如商人、政府雇员等对子女接受新式教育提出了需求，此外还包括新建的联邦政府培养国防力量和各方面管理人才的需求等等，都是促成20世纪初期公办中学发展的重要原因。随着各州公办中等教育的发展，到第二次世界大战前，澳大利亚已经形成了由普通中学、技术中学、家政中学等组成的中等教育体系。

二战期间，各州通过立法，将学生离校的法定年龄延长到了15周岁、16周岁。二战后国民经济相对稳定以及工业经济增长，进一步巩固了中等学校的发展规模。到1950年代，中等学校的学生入学率已经达到了50%。另外，从1950年代开始，随着教育民主化、平等化的继续推进，改革原来的中等教育体系，大力兴办综合中学，成为各州中等教育发展的新趋势。

（二）高等教育

澳大利亚联邦政府建立之后，昆士兰州政府在1909年成立了昆士兰大学，西澳州政府在1911年立法成立了西澳大学。至二战结束时，澳大利亚全国共有六所大学，保持着各州拥有一所大学的状态。根据统计，1939年，澳大利亚人口约700万，大学在校生总数约为14 236人，入学率相当低[1]。当时国内对高等教育人才基本没有太大的需求，大学教育发展相当迟缓，各大学几乎不实施研究生教育。在澳大利亚参加二战期间，国内的人力资源和物质资源变得十分短缺，为了加强军事力量，联邦政府根据《国家安全法》，要求适龄青年恢复义务军训制，规定包括大学生在内的所有适龄青年都必须接受3个月的军训，严格控制大学在校人数，1942年的大学在校生人数下降到10 761人[2]。

---

[1] 钟宜兴：《各国高等教育经营管理之比较》，丽文文化，2011年，第252页。
[2] 王斌华：《澳大利亚教育》，华东师范大学出版社，1996年，第57页。

二战结束后为了经济及产业发展，澳大利亚政府在高等教育重建过程中，陆续又成立4所大学，分别为澳大利亚国立大学（1946年）、新南威尔士大学（1949年）、新英格兰大学（1954年）和莫纳什大学（1958年)[①]。到1960年，澳大利亚全国有10所大学。以下主要对1940年代和1950年代的澳大利亚高等教育重建过程进行回顾。

二战中后期，澳大利亚联邦政府考虑到战后的高等教育复苏和人才培养，开始推动一连串的高等教育重建政策，以使大学和技术学院两类高等教育机构得到恢复发展。首先，1942年12月，柯廷领导的工党政府设立了战后重建部，为战后重建工作做了组织上的准备。其次，联邦政府还通过立法规定，在大学某些国家重点发展的特定专业学习的学生（如医学、工程、科学等），可以不参加军训并免服兵役。另外联邦政府实施"联邦经济援助计划"（Commonwealth Financial Assistance Scheme, CFAS），为医学、工程、科学等国家重点发展专业的优秀大学生提供奖学金，同时给家庭贫寒的大学生提供生活津贴[②]。1944年，联邦政府开始推行"联邦重建训练计划"（Commonwealth Reconstruction Training Scheme, CRTS），为全日制学生提供学费和生活费，增加学生接受高等教育的机会，并通过联邦政府的拨款资助来加强对高等教育的统一指导与管理。此外，澳大利亚政府意识到，要赶上世界强国的发展趋势，必须培养出自己的研究生，提升高等教育层次，在1945年，墨尔本大学开始启动博士生教育。

二战结束后，澳大利亚经济低迷，各州政府无力独自承担高等教育的各项经费，联邦政府为了国家的经济重建和社会秩序的恢复，对高等教育积极投入。1945年11月，由联邦议会通过议案，成立了一个全国性的教育研究机构——"联邦教育办公室"（Commonwealth Office of Education）。自成立后至1946年6月底，联邦教育办公室敦促联邦政府向大学提供了1 305 396澳元的资助，此外还提供学生生活补助559 495澳元，受资助人

---

① 澳大利亚国立大学初创时即致力于研究生教育，承担和国家利益有重大关系的研究生阶段课程的研究和学习，不开展本科生教育，成立之初有物理、医学、社会科学和太平洋研究4个研究生院，是当时全国唯一的全日制研究型大学。新南威尔士大学的创办着重强调科学技术的重要性，符合工业化的发展趋势与当地经济发展的需求，是澳大利亚第一所实施技术教育的大学。

② 秦德占：《塑造与变革：澳大利亚工党社会政策研究》，河南人民出版社，2009年，第41页。

数达 5 333 人①。从此以后，联邦政府与大学之间的关系开始发生变化，联邦政府加快了对大学的资助步伐。1951 年，联邦政府任命米尔委员会（Mill Committee）调查各州大学的经济状况，针对该委员会的建议，联邦政府调整了拨给各州用以发展大学的经常性拨款。同年 11 月，联邦政府通过了国家拨款法案，开始向大学拨付各种特殊款项。该法的实施使澳大利亚大学入学人数显著增加，1957 年的大学入学人数达到 36 000 多人②。

1956 年 12 月，联邦政府任命凯斯·默里（Keith Murray）为主席成立了"澳大利亚大学委员会"（Committee on Australian Universities），负责调查大学的经费问题，并提出相应的解决方法和建议。次年 9 月，委员会向联邦政府提交调查报告，称为《默里报告》（Murray Report）。这份报告指出 1957 年在新南威尔士州仅有 4.4% 的大学适龄青年能够进入大学③，要求大学必须继续扩大规模，建议立即组建"大学拨款委员会"，为澳大利亚大学提供 1958 年、1959 年和 1960 年三个年度的特别拨款计划，并且建立大学奖学金制度与增加大学奖学金的数额，以加强研究生的培养。

《默里报告》使联邦政府大幅提高了向高等教育的资金援助幅度，相对地，联邦政府对大学的干预也进一步加强。在这一阶段，联邦政府向各大学划拨经费占大学总收入的比重在逐步提高。至 1960 年代，仅从拨款这一项来看，来自联邦政府和州政府的拨款已经占到了大学总收入的 80%，其中联邦拨款占到了 44%，超过州政府 8 个点④。

二、大学招生公共考试的变迁：从离校证书考试到中学证书考试

正如麦考瑞大学教育学院的乔治·库尼教授所言："对于绝大部分中学毕业生来说，从 1850 年代到 1960 年代，澳大利亚大学招生都是用学生在中学最后一年的学业成绩作为学生能否进入大学的判断标准，在这一百余年的

---

① 艾伟：《出席澳洲新教育国际会议记》，商务印书馆，1948 年，第 122～124 页。
② 滕大春：《外国教育通史》，山东教育出版社，1995 年。
③ 杜海燕：《澳大利亚大学发展史研究》，河北大学博士学位论文，2011 年，第 59 页。
④ Barcan, Alan, A History of Australian Education, Oxford University Press, 1980：288.

时间里，这一做法几乎没有多少变化。"① 的确，在1860年代以前，"公共考试"还没产生，悉尼和墨尔本两所大学招收文法学校的毕业生，主要看申请者在文法学校最后达到的学业水平；1860年代大学对中学的"公共考试"产生以后，文法学校和其他中学的考试第一次有了统一的名称"初级和高级公共考试"（Junior and Senior Public Examinations），由悉尼大学来组织实施，当时仅有的两所大学悉尼和墨尔本大学是把学生的"高级公共考试"（Senior Public Examination）成绩作为录取的重要依据。

1910年代，由于本国教育改革发展的驱动，以及受到1905年英国教育考试制度改革的影响，大学对中学的"初级和高级公共考试"换了名称，分别称为"中学初级证书考试"（Intermediate Certificate Examination）和"离校证书考试"（Leaving Certificate Examination）。前者为针对中学2年~3年离校者的考试，相当于初中毕业证书考试；后者为针对读完4年~5年完全中学的离校者的考试，相当于高中毕业证书考试。当时全国仅有的四所大学所招收的中学毕业生，主要是以"离校证书考试"成绩作为招生录取的依据。本质上，"离校证书考试"与之前的"高级公共考试"是一样的；由大学掌管考试，而且大学都是用学生在中学最后一年的学业成绩作为录取的判断依据。

从1901年至1950年，澳大利亚小学升中学的考试以及"中学初级证书考试"的形式、方法等变更过多次，但是对于那些有意愿、也付得起费用上大学的学生来说，在中学读完最后两年高中阶段的课程，参加"离校证书考试"，是能够申请大学的必经途径。大学一直都是以学生在高中阶段最后的考试成绩作为招生录取的主要依据。

二战结束前，澳大利亚全国共有六所大学，每州一所。当时大学校数和学生人数少，大学入学考试的规模小，因此，大学的招生考试制度仍维持着各校独立招考的模式。由于各州大学在中学的"公共考试"（中学初级证书考试和离校证书考试）中，仍占有绝对的发言权和主导权②，所以大学基本

---

① Cooney, George, The Tertiary Entrance Rank: An Endangered Species? ACACA Conference Sydney, New Horizons in Education, 2001: 66-78.

② 1930、1940年代，各州开始设立"中学教学或学习委员会"，尽管委员会成员来自大学代表、州教育部代表以及部分中学代表，但在考试管理权限上，由于大学对社会的人才标准判定仍具有绝对的话语权，所以"中等证书考试"和"离校证书考试"的主导权主要还是掌握在大学手里。

上负责了全州的中学考试事务，包括考科、招生、命题、阅卷、录取等。由于大学招生考试对中等教育的牵制作用，中学对学生的评价一般都是以大学招生入学的科目要求和水平要求为导向，中学对课程大纲的制定与学生的评价基本上是跟着大学的指挥棒在转动，如1943年至1944年，墨尔本大学和悉尼大学取消了外语的入学要求，两市的中学随之降低了法语和拉丁语的教学要求[①]。另外，以西澳州的高校招生考试为例，当时大学的"公共考试委员会"(Public Examinations Board)负责举办10年级的"中学初级证书考试"和12年级的"离校证书考试"，所有欲申请就读高校者都必须参加考试。大学的入学申请审核是以高中毕业证书考试——"离校证书考试"成绩为主，一般高校（如教师学院或技术学院）的入学申请审核则两种考试成绩均可以接受。这时期的中学证书考试发挥了两种功能：一方面是学生进入高校的基本条件；另一方面，也是企业和雇主招聘员工的依据。

在1950年代初期，大学的招生一般会要求学生的"离校证书考试"的考科必须涵盖英文和其他四个学习科目的考试。澳大利亚各州的中学对应实行的是"学科分组"(Subject Grouping)的学习方式，共有四大类：第一类为语言，包括英语和外语；第二类为地理、历史、经济；第三类为数学A、数学B、音乐；第四类为生物、化学、物理、地质。学生在中学阶段必须通过英语和其他至少四个学习科目的考试才可以申请大学，这其他四个学习科目必须选自"学科分组"中的至少三组。同时，学校要求选修数学/自然科学的学生必须至少修一门人文学科，或者，选修人文学科的学生则必须修一门音乐、数学或自然科学[②]。

二战后到1950年代初期，澳大利亚的教育体系和高校招生入学考试，从表面上看起来似乎仍然运行良好，但是，一些导致变革的因素暗流涌动，正在汇聚。

首先，随着战后工业化和现代化的推进，澳大利亚需要更多接受过完备中等教育乃至高等教育的人才，但是当时各类中学的学生，存在很高的流失率，大部分学生在接受完初级中等水平的教育、甚至等不到参加"初级证书

---

① 王斌华：《澳大利亚教育》，华东师范大学出版社，1996年，第50页。

② Western Australia & McGaw, B, Assessment in the Upper Secondary School in Western Australia: Report on the Ministerial Working Party on School Certification and Tertiary Admissions Procedures, Govt. Printer, 1984.

考试"的时间就离开了学校。据新南威尔士州教育部在1953年成立的温德汉姆委员会（Committee of Wyndham）的"教育调查报告"（Wyndham Report），1952年由小学升入7年级（中学一年级）的学生，在升入8年级时流失了16.5%，升入9年级并参加"中学初级证书考试"的学生只剩下了55.5%；这批学生进一步升入10年级（高中一年级）的比例只剩下了19.2%，而升入11年级并参加最后"离校证书考试"的人数只剩下了16.1%，并且只有12.8%获得了"离校考试证书"，7.5%提交了高校入学申请，4.4%获得了大学录取（详见表2-2）。这种人才的培养和人才储备的现实，对一个正处于工业化和现代化飞跃发展阶段的国家来说，是远远不能达到社会发展需求的。

表2-2 新南威尔士州1952年批次中学学生学校教育结果

年份	年级	学生数	比率（%）
1952	7年级	50 575	100
1953	8年级	42 225	83.5
1954	9年级（中学初级证书）	28 050	55.5
1955	10年级	9 730	19.2
1956	11年级（离校证书考试）	8 120	16.1
学校教育结果			
1956	获得离校证书	6 455	12.8
1956	参加高校申请	3 808	7.5
1957	继续读大学	2 225	4.4

资料来源：Barry McGaw, Their Future: Options for Reform of the Higher School Certificate, Department of Training and Education Co-Ordination, New South Wales, 1996: 118。

其次，在二战以后的全球教育民主化、教育平等化浪潮中，澳大利亚教育界掀起了一场关于中等教育目的的大讨论、大反思，核心议题是：中等教育到底是为了所有人的中等教育，还是为了少数人上大学做准备的中等教育？在新的历史背景下，原来澳大利亚人认为的"中等教育就是为了考大学"的观念开始扭转，教育改革的呼声在1950年代日益高涨，在扩大中等教育和高等教育规模上，人们逐渐达成了共识。另外，当时各州也开始成立"课程委员会"来管理中学的课程设置。多数州都开始想方设法要求中学学生延长在校年限，最好达到参加"离校证书考试"的年限。

针对中学学生流失率较大的现象，教育界逐渐将问题的根源集中在了大学管理中学考试和中学课程设置的问题上。1950年代末，西澳大学率先质疑中学毕业证书考试既作为中等教育评量又做为大学入学选拔的双重功能。在各界质疑下，各大学也开始考虑是否应该另外举办大学入学考试，以区别于中学毕业证书考试。1960年代初，在南澳州和维多利亚州就进行了这样的尝试，即在中学11年级时组织高中毕业的"离校证书考试"，12年级再组织一次"大学入学考试"。这意味着想要就读大学的学生除了需要参加高中毕业考试外，还要参加大学入学考试。这种尝试很快就又引起了争议。一方面，能够在中学学习到"离校证书考试"的学生，大部分人都是为了上大学，一定会参加大学入学考试，对于他们来说，11年级的"离校证书考试"就失去了意义。另一方面，社会上的用人单位在招聘高中毕业生的时候，更看重大学对一个人的才能的评价，也就是用人单位更看重学生参加大学入学考试的成绩，而不重视11年级"离校证书考试"的成绩。由此，对于那些读到高中毕业但又不想上大学的人来说，也会尽量参加大学入学考试，这也使得11年级的"离校证书考试"失去了存在的必要性。

在1950年代末1960年代初的这种社会和教育发展背景下，如何改革教育考试制度体系，用以促进中等教育和高等教育发展，是当时澳大利亚各州面对的普遍问题。为此，有的州比如新南威尔士专门成立了教育调查委员会，开始谋划教育发展和设计新的教育考试制度体系，并提出了专门的研究报告，如新南威尔士州的"温德汉姆报告"。

第三节 扩张与改革时期的澳大利亚高校招生考试制度（1961年至今）

从1960年代开始，澳大利亚经济发展进入了相对稳定和持续增长的时期，澳大利亚的高等教育也因此获得了很大发展。澳大利亚的社会舆论普遍认为，除了尽量延长中学生的在校年限、新建综合中学以保证中等教育规模扩大以外，高等教育也应更具普及性，以提高全民素质和满足不断增长的高等教育入学需求。在此前提下，在1950、1960年代，各州兴起了新办综合中学的浪潮，联邦政府则积极参与高等教育发展规划，包括：促进大学与高等教育学院二元体系的形成，实施远程教育和技术与继续教育学院，扩大毕业证书和学位证书的授予范围。这一时期的高等教育扩张，使得大学数量迅速增加，而且从层次上也不再是仅有本科大学，也有了研究型大学和博士研究生教育。进入1980年代之后，澳大利亚大学入学人数已经达到33万人。面对1980年代经济下滑以及高等教育出现的种种问题，澳大利亚政府积极推动高等教育改革。同时，为了在全球化进程中占据有利位置，明确了本国高等教育作为服务贸易在全球教育市场中的定位，极力推行其高等教育国际化战略，力争获得更多的教育市场份额。

从1960年代至今，澳大利亚的高校招生考试制度相比之前发生了较多变化，并且在联邦政府不断介入教育发展，以及国家课程标准逐渐统一的背景下，各州的高校招生考试制度，也开始向着相对统一的形式发展。根据学生在校学习成绩和高中证书考试成绩，按比例混合计算以后得出的成绩指数，成为大学录取学生的主要标准依据。这个阶段的澳大利亚高校招生考试制度以综合选拔制度为主。

一、扩张与改革时期的教育发展

（一）初中等教育发展概况

从1950年代到1970年代，澳大利亚中小学教育发展的速度非常之快。从学生人数看，1951年中小学在校人数约135万，1961年增加到了219万，1975年又增加到290万。从学校数量看，1960年，全国约有9 650所中学和小学，1970年增加到10 095所。从中学入学率看，1950年代不足50%，1960年代末1970年代初已经提高到70%以上。从教师数量看，1950年全澳只有5万名中小学教师，1960年发展到7.4万名，1972年增加到了12万名，仅1968年至1970年间，经教师培训的人数就增加了36%[1]。

1950年代以后移民人口的快速增加，工业经济发展对教育人才的需求，以及第二次世界大战期间及其后各州将学生的最低离校年龄延长到15、16周岁，都是促进中等教育规模扩大的主要因素。这一时期中等教育最大的改革就是综合中学的建立。1950年代以前，澳大利亚的中等教育体系主要由普通中学、技术中学、家政中学等各类学校组成，小学升入中学时就进行了学生的分流。1950年代以后，受美国综合中学模式的影响，澳大利亚各州

---

[1] 腾大春：《外国教育通史（第六卷）》，山东教育出版社，1994年，第592页。

将"建立综合中学"作为了中等教育改革的主要内容,主要目的是改变以前的在小学升入中学时的教育分流模式,尽量在中学阶段特别是在综合中学的范围内再将学生分流。各州的改革陆续在 1960 年左右分别进行。最为典型的是新南威尔士州的改革,在"温德汉姆报告"建议下,该州 1957 年宣布建立综合中学,经过对"温德汉姆报告"以及其他教育改革建议的长期讨论和议会立法,1961 年颁布教育法,设立"中学委员会"(Secondary Schools Board),负责中学第四年级的考试和相应的课程设置,第四年级末的考试相当于之前 9 年级的中学初级证书考试,只不过现在中学教育延长一年,变成了 10 年级的考试,并且将原来的考试名称变为了"学校证书考试"(School Certificate Examination);另外,设立"高中学习委员会"(Board of Senior School Studies),负责中学第六年级末的考试和相应的课程设置,第六年级末的考试相当于原来的"离校证书考试",只不过名称变为了"高中学校证书考试"(Higher School Certificate Examination,简称 HSC)。新南威尔士州的改革很快成为典范,影响到了其他各州的中等教育改革。

1970 年代的经济危机对澳大利亚中等教育产生了较大冲击,但中学课程改革并未停顿,1970 年代后期,澳大利亚的综合中学在高中阶段开始开设大量选修课程,比如新南威尔士州的综合中学,在 1975 年开始在高中设置"批准课程"(Approved Courses),以适应高中阶段学生学习的多样需求。1980 年代中期以后,随着联邦和州政府加大对中小学教育的投资和拨款力度,澳大利亚中等教育恢复了以往的发展生机。(2011 年中小学学校数、学生数资料参见前文第一章中表 1-5、表 1-6)

(二)高等教育发展概况

1961 年,澳大利亚联邦政府为了解决高等教育和社会需求之间的问题,成立了"澳大利亚未来高等教育委员会"(Committee on the Future of Tertiary Education in Australia),由莱斯利·哈罗德·马丁(Leslie Harold Martin)担任主席,负责调查澳大利亚高等教育存在的问题以及依据澳大利亚的条件来规划高等教育的发展途径与模式。委员会在 1964 年提交了两卷调查报告,次年又提交第三卷报告,全称《澳大利亚高等教育:澳大利亚未来高等教育委员会给澳大利亚大学委员会的报告(卷一、卷二和卷三)》(Tertiary Education in Australia, Report of the Committee on the Future of Tertiary Education in Australia to the Australian Universities Commission. Volumes I, II and III.),简称《马丁报告》(Martin Report)。

《马丁报告》最后得出的结论是澳大利亚教育系统所面临的问题与北美教育系统所面临的问题很相似，都是源于增长的人口和随之增长的对高等教育的需求①，因此，《马丁报告》建议澳大利亚政府在大学之外，扩大发展第三级教育机构，以适应工商业发展的需求和满足社会对高等教育的整体需要，同时还建议联邦政府和州政府共同承担第三级教育机构的办学经费。1965年3月，联邦政府依据《马丁报告》的建议，由总理孟席斯（Robert Menzies）宣布建立一系列"文凭学院"（Diploma College），即"高等教育学院"（Colleges of Advanced Education，CAEs），形成了大学和高等教育学院并存的二元体系。这类高等教育学院仍属于高等教育领域，和大学具有"平等"的地位，但和大学是不同的类型，由结构功能调整后的技术学院、师范学院、农业学院等合并或升格而成。从1967年开始，澳大利亚联邦政府和州政府开始比照向大学拨款的比例共同承担起向高级教育学院拨款的任务。

　　由于联邦政府对高等教育的强力干预，至1988年，澳大利亚的高等教育机构大致可分为三类：大学、高等教育学院（CAEs）、技术与继续教育学院（TAFE），分别侧重学历学位教育、专业训练、职业技术教育，统称为第三级教育机构。综合性大学侧重普通高等教育，以理论课程和学术研究为主，而CAEs和TAFE则注重高等职业技术教育，重点在于专业训练而非理论研究，主要是培养学生实际的工作能力，强调与社会实际的紧密联系。当时，从事职业技术教育文凭与证书教育的各种大型学院，以及农业、医药和艺术等较小的学院，都属于高等教育学院范畴。1970年代高等教育学院发展最高峰时达83所，其入学标准略低于大学，非全日制学生占一半以上②。

　　1987年约翰·道金森（John Dawkins）出任"就业、教育与培训部"（Department of Employment，Education and Training）部长，宣布对高等教育体制进行重大调整，先后于当年的12月和1988年7月发表了有关高等教育问题的两份报告，即《高等教育：政策讨论书》（Higher Education：A Policy Discussion Paper）绿皮书和《高等教育：政策声明》（Higher Education：A Policy Statement）白皮书。道金森的绿皮书评价了高等教育

---

①　杜海燕：《澳大利亚大学发展史研究》，河北大学博士学位论文，2011年，第75页。

②　许庆豫、葛学敏：《国别高等教育制度研究》，中国矿业大学出版社，2004年，第162页。

对澳大利亚社会经济发展所起的影响和作用，同时提出了改革高等教育的方案；白皮书则为澳大利亚高等教育制度的发展与改革制定了总体规划和具体措施。

道金森报告书的重点为：(1) 废除大学和高等教育学院的二元体系，实施高等教育机构合并与改组的政策方针，转而导入"全国统一体系"(Unified National System，简称 UNS)的高等教育制度；(2) 透过联邦政府补助，强制大学配合国家高等教育系统要求，增加澳大利亚大学数量；(3) 政府改变高等教育经费分配的原则，缩减补助高等教育的经费，增加额外的研究费用，不再以大学类别作为经费分配基础，而以大学所设定的目标及其完成目标的程度分配经费①；(4) 鼓励高中毕业生继续升学就读大学，要求大学毕业生数量逐年增加；(5) 赋予大学更多的自主权，如课程及资源分配的弹性，并减少政府对大学管理及资源的干预②。

道金森报告书奠定了澳大利亚高等教育在 21 世纪更加朝向"市场化"和"去规定化"(Deregulation)的政策基础。澳大利亚的高等教育改革使大学在数量上有所增加，扩大了招生规模，同时通过合并，大学扩充了硬件设备（如图书馆、实验室、教学场所）以及教师队伍，并对各种教学和科研资源进行重新管理和分配，使整个高等教育系统的效率和效益得到提升。联邦政府还要求所有合并后的高校都必须在管理体制方面满足五个基本条件：一个管理实体、一位首席执行人员、一份教育发展计划、一份资金分配计划、一个学位和文凭授予体系③，希望借此改变大学管理层的构成，强化大学的内部管理机能与效率，进一步推动大学的市场化改革进程。自此以后，澳大利亚的高等教育彻底革新，长期以来大学与高等教育学院并存的二元体系消失，形成了一体化的高等教育制度。

1996 年，约翰·霍华德（John Howard）政府上任后开始推行公共部门市场化改革，教育成为澳大利亚公共部门改革的重要项目。1997 年，霍

---

① Department of Employment, Education and Training, Higher Education: A Policy Statement, Australian Government Publishing Service, 1988: 27-28.

② 江爱华：《澳大利亚高等教育质量保证制度：背景、政策与架构》，《高等教育》2007 年，第 60 页。

③ Green, Madeleine, Transforming Higher Education: Views from Leaders around the World, The Oryx Press, 1997: 201.

华德政府第一任教育部长阿曼达·范斯通（Amanda Vanstone）任命罗德里克·威斯特（Roderick West）为主席组成调查委员会对澳大利亚高等教育的拨款及相关政策进行审查，为更深层次的高等教育市场化和私营化改革进行前期准备。1998年，威斯特提交了一份《终身学习：总结报告》（Learning for Life: Final Report），改革建议内容为：（1）政府允许大学自主设定学费，同时认可私立大学，扩大向私立高等教育机构补助的力度；（2）政府对大学的投资将随大学入学人数的变化进行调整；（3）在高等教育领域中，采用教育券制度，由补助高等教育机构变为直接补助学生；（4）引入"终身教育"的观念，将高等教育作为经常性商品[①]。鉴于多数公众对大学实行教育券制持反对意见，教育券的建议没有被采纳，但引发了人们的思考。

相比于前任霍克和基廷工党政府表现出来的公共部门改革意图，霍华德政府的高等教育改革表现更为激进，在其执政的几年内对于高等教育的拨款出现下降的趋势，从1996年至2002年联邦政府的高等教育拨款从大学总收入的77.2%下降到53.8%[②]。相反，大学通过研究性收入、开培训班、拓展海外校园等创收，学杂费所占的比例则由1996年的11%上升到了2005年23%。从1996年到2002年，来自联邦政府的生均教育拨款下降了8%[③]。同时，大学被给予更多权力和名额用以招收国内的全自费学生，除护理和教育两个不可以上涨学费的学科以外，其他各学科收费生的比例达到了总数的25%。

"教育、科学与培训部"从2002年3月开始对澳大利亚高等教育系统展开了全面的调查研究，对高等教育问题从不同的角度分别进行分析阐述。同年10月发表的调查报告《处于十字路口的高等教育：一个综述性的文件》（Higher Education at the Crossroad: An Overview Paper），指出澳大利亚高等教育的特色及问题。在这份调查报告中，重要内容包括大学治理、高等教

---

① 西蒙·马金森、马克·康西丹：《澳大利亚企业型大学的权力结构、管理模式与再创造方式》，周心红译注，浙江大学出版社，2007年，第19页。

② Duckett, S. J., Turning Right at the Crossroads: The Nelson Report's Proposals to Transform Australia's Universities, Higher Education, 2004 (47): 211-240.

③ Pick, David, The Re-Framing of Australian Higher Education, Higher Education Quarterly, 2006, 60 (3): 229-241.

育经费、高等教育教学与学术质量、高等教育和技职体系的联结、高等教育多元化与专业化,以及地区性投入和土著民族参与高等教育。澳大利亚政府透过上述议题讨论结果,制定了教育改革新政策,于 2003 年 5 月,由当时的教育部长布兰登·尼尔森 (Brendan Nelson) 提出《我们的大学:支撑澳大利亚的未来》(Our Universities: Backing Australia's Future) 报告书,建构澳大利亚高等教育 10 年的愿景,并于其后 5 年间投入 250 亿澳元的政府高等教育补助。

尼尔森的报告书突显大学必须应对市场势力的重要性,并以建立大学为"规律化的利伯维尔场"(Regulated Free Market)、重订高等教育学费与学生选择权,以及采行大学市场化的自由经济原则,以私人协商方式取代集体协商的劳资关系,如大学教师的薪水等级不再依照全国或全州统一制度,而是由各大学自行决定。尼尔森指出:为了在一个剧变的世界中存活及繁荣,大学必须以市场为导向,并成为以顾客为主的企业体,他清楚表达了欲建立一个具竞争性的商业化高等教育体系的意图①。尼尔森是继道金森之后,对澳大利亚的高等教育改革力度最大的推动者。他出台改革措施整合教育资源,在教育体制、财政拨款、办学效率和教育公平等方面都进行了积极变革,旨在促使高等教育逐步适应教育市场,同时给予澳大利亚大学更多的自主权。

在尼尔森改革过程中,澳大利亚政府在对学生实行收费的前提下,2003 年,澳大利亚联邦政府通过《高等教育补助法 2003》(Higher Education Support Act 2003),从而在立法上通过了高等教育资助制度的整体改革,试图通过奖学金和学生贷款制度来保障不同经济背景的学生都有机会接受最基本的高等教育,尝试在高等教育收费与公平的悖论之间寻找一种平衡。在继续推行高等教育贷款制度的同时,增加全自费学生的名额,允许大学根据各自情况自主决定学费改革。然而,尼尔森的高等教育改革也加强了联邦政府对高校的、中央集权式的干预,比如联邦政府将财政拨款与大学是否遵守联邦政府制定的政策相结合,用经济手段强力干预高校内部管理。

(三) 高校的蓬勃兴建

1961 年—1979 年,澳大利亚的大学蓬勃发展,共有 9 所州立大学成立,分

---

① 江爱华:《澳大利亚高等教育质量保证制度:背景、政策与架构》,《高等教育》2007 年,第 60 页。

别是：麦考瑞大学和拉筹伯大学（1964年）、纽卡斯尔大学（1965年）、弗林德斯大学（1966年）、詹姆斯库克大学（1970年）、格里菲斯大学（1971年）、莫道克大学（1973年）、迪肯大学（1974年）、卧龙岗大学（1975年）。加上之前的10所大学，澳大利亚在此阶段共有19所大学。此外，还有两所附属于大学的学院，一所是从属于昆士兰大学的北领地大学学院（Northern Territory University College，位于达尔文）；另一所是从属于新南威尔士大学的澳大利亚国防学院（Australian Defence Force Academy，位于堪培拉）。这两所学院不能独立授予学位，必须由所从属的大学来颁发学位。

为使劳动阶级有机会接受高等教育，工党于1973年提出免除学费政策，并从1974年起由联邦政府完全承担对大学和高等教育学院的财政支持。根据统计，1956年—1957年，联邦政府教育预算占国民生产总值的2.1%；1976年—1977年，增加到5.8%。在1970年—1971年，联邦政府教育经费为10亿澳元；1976年—1977年增至20亿澳元。在1956年—1957年，联邦政府的教育经费占政府总经费的2.6%；1976年—1977年，增加到4.21%，有力支持了高等教育的发展[①]。

1970年代末，为了让偏远地区的学生能克服地理距离上大学，澳大利亚开始扩大发展远程教育课程，鼓励一些偏远地区的高校实施远程教育，这些学校包括：新英格兰大学阿米代尔（Armidale）校区、迪肯大学吉朗（Geelong）校区、瓦南布尔学院（Warrnambool Institute）、吉普斯兰学院（Gippsland Institute）、里弗赖纳学院（Riverina Institute）、卡普里柯尼亚学院（Capricornia Institute）洛坎普顿（Rockhampton）校区、达令唐斯学院（Darling Downs Institute）等。这一时期的远程教育招生规模的扩张除了提升来自农村和偏远地区的人们的参与程度，也增加了成人教育的机会，使那些因家庭或工作不方便的人可以通过远程教育在校外学习。当时澳大利亚的校外大学生的比例相对提高，占总入学率的13%[②]。

此外，随着澳大利亚经济的转型发展，传统制造业、采矿业和农业的重要性下降，高技术性职业的需求相对增加，澳大利亚的传统技职教育转而注

---

① 王斌华：《澳大利亚教育》，华东师范大学出版社，1996年，第60页。

② Pascoe, Robert et al, Perspectives on Selection Methods for Entry into Higher Education in Australia, Department of Employment, Education, Training and Youth Affairs, 1997: 4.

重新兴的现代科技，如电信、金融、交通及其他服务业。澳大利亚政府认为，在给予大学资助的同时，有必要在国家政策上确立技术教育在高等教育中的地位，并予以相应的经济资助。1964 年，联邦政府对整合后的技术学院予以拨款，数额达 1 000 万澳元，使得次年技术学院的学生数高达 36 万人次，比 1960 年增加了 12 万，为澳大利亚的职业高等教育发展奠定了基础①。1973 年，澳大利亚联邦政府提出将技术教育与继续教育合并，将学历教育与岗位培训组合在一起。次年，通过决议，政府为其提供财政资助，并分权到各州及领地发展，正式建立了"技术与继续教育学院"（TAFE）的职业培训教育体制。根据统计，在 1977 年，共有 204 000 名全日制学生在 500 所左右的 TAFE 和继续教育机构中学习；在 1978 年，共有 112 000 名全日制学生在 60 多所高等教育学院注册②。

在 1988 年道金森的一体化改革提出之后，澳大利亚高等教育学院被要求依据地区或专业性质归类的方法与大学合并，或者通过自身条件升格为大学。这个时期原有的 24 所大学和 47 所高等教育学院相继合并或升格认证成立，形成目前澳大利亚大学分布的形态。新成立或升格的大学包括：科廷科技大学（1987 年）；悉尼科技大学和昆士兰科技大学（1988 年）；邦德大学、西悉尼大学和北领地大学（1989 年）；查尔斯特大学、堪培拉大学和澳大利亚圣母大学（1990 年）；澳大利亚天主教大学、埃迪斯科文大学和南澳大学（1991 年）；中央昆士兰大学、斯威本科技大学、南昆士兰大学、皇家墨尔本理工大学和维多利亚大学（1992 年）；南十字星大学和巴拉瑞特大学（1994 年）；阳光海岸大学（1999 年）；查尔斯达尔文大学（原北领地大学，2003 年更名）。另外，维多利亚州政府于 2012 年合并巴拉瑞特大学，成立了澳大利亚联邦大学；2013 年将 MCD 神学院升格为 MCD 神学大学。

二、综合评价制：高中毕业证书考试与在校学业成绩评量

（一）高中毕业证书制度与校本学生评价

澳大利亚自 1960 年代开始进行高校招生考试制度改革，是在中等教育

---

① 许庆豫、葛学敏：《国别高等教育制度研究》，中国矿业大学出版社，2004 年，第 161 页。

② 王斌华：《澳大利亚教育》，华东师范大学出版社，1996 年，第 61 页。

观念转变、中等教育大发展、中等教育管理改革的背景下发生的。前文已经提到新南威尔士州在"温德汉姆报告"建议下进行的改革，即在 1950 年代末大力发展综合中学的过程中，1961 年立法成立"中学委员会"（Secondary Schools Board）、"高中学习委员会"（Board of Senior School Studies），专门管理中学两个阶段的考试和课程设置，另外，从 1910 年代开始实施的"中学初级证书考试"和"离校证书考试"也被"学校证书考试"（School Certificate Examination）和"高中学校证书考试"（Higher School Certificate Examination，简称 HSC）取代。在大学与两个中学委员会的关系上，原来完全由大学主导中学课程设置和中学考试管理的权力已经被两个委员会取代，但大学派出的代表在两个委员会特别是在"高中学习委员会"中仍然具有相当的话语权利。

昆士兰州于 1964 年实施了同样的改革。该州政府 1964 年教育法指出：中学教育不仅是为了少数人进入大学做准备，更主要是为了适应全体学生的发展需要。该法案决定分别成立"初中学习委员会"（Board of Junior Secondary School Studies）与"高中学习委员会"（Board of Senior Secondary School Studies）来负责课程大纲的制定、考试的实施与毕业证书的颁发。

昆士兰州教育法要求教育应满足学生的发展需要，主张由高中学习委员会负责昆州的高中考试。然而，学习委员会中的大多数成员均来自昆士兰大学，高中教学和考试主要还是受到大学招生的影响，仍将甄别选拔优秀的人才作为学生评价的主要目的。随着大学选拔人才的标准不断提高，许多学生不能通过考试顺利进入大学，激发了学校师生对昆士兰大学的不满。比如 1966 年，由于昆州高中考试的物理试题难度太大，由大学教授负责命题的某些试题超出了教学大纲，许多学生考试不及格，学校师生对此怨声载道。1967 年，物理考题再次引起了社会广泛的批评，全州的物理统考竟有 2/3 的学生不及格。大学与中学的矛盾愈加突出，要求继续改革由大学负责中学考试的呼声十分强烈[①]。

西澳州在 1960 年代的改革，类似于前文提到的南澳州和维多利亚州的情况。1966 年，西澳州决定区别中学毕业考试和大学入学考试，试图以不

---

① 刘燕：《澳大利亚昆士兰州高中校本学生评价研究》，华东师范大学硕士学位论文，2012 年，第 16 页。

同的考试来区分中学毕业考试和大学入学选拔。中学毕业考试适用于不计划上大学的学生，通过此项考试者即授予中学毕业证书；而对于欲申请大学就读者，则要参加大学入学考试。在此考试制度下，多数的考科试卷都有两个程度的测验，同一科的大学入学考试程度相对中学毕业考试来得困难。西澳州试图以中学毕业考试和大学入学考试来区分高中毕业资格认定和大学入学选拔的策略，与南澳州以及维多利亚州遇到的问题类似，不算成功。因为当时大众普遍认为大学入学考试具有较高的地位，参加大学入学考试的成绩更被社会认可，由此造成多数学生都会同时参加两类考试，结果是中学毕业考试反而失去了应有的意义。

鉴于大学主导的公共考试的考查知识面过于狭窄，不能适应学生多样化的中学学习需求，使得中学科目的设置拘泥于形式，越来越不适应社会发展需要，澳大利亚各州开始考虑其他的改善评量机制的途径。另外，由于当时许多学生已经完成高中规定的课程，却达不到大学规定的录取分数，既不能进入大学继续学习又不能获得任何文凭。许多校长建议实行高中毕业证书制度，即学生在参加完"高中学校证书考试"之后，由新州高中学习委员会核定许可并向这些学生颁发高中毕业证书。1967年，新南威尔士州开始率先实行高中毕业证书考试制度。1968年，昆士兰州的高中学习委员会请昆士兰大学的巴瑟特教授（Bassett G）针对毕业证书制度引入的可能性展开调查。巴瑟特教授通过调查发现一是中学课程设置并没有顺应学生的发展需要，二是大学主导的考试并不符合大部分学生的学习能力要求。于是巴瑟特教授建议在高中毕业年级引入毕业证书制度。昆州高中学习委员会采纳了巴瑟特的建议，决定在中学12年级引入毕业证书制度。

在进一步完善中学学生学业成绩评量机制方面，各州找到的办法，是采取校外"公共考试"和校内考试评量相结合的方式。1968年，新南威尔士州在10年级的"学校证书考试"中首次尝试了50∶50的校内校外混合评量方式，即由"中学委员会"组织的校外公共"学校证书考试"成绩占50％，学生的校内考核成绩占50％。1973年，这一比例又调整为校外和校内考试成绩占比为25∶75。到1975年，10年级"学校证书考试"成绩完全由校内考试决定，只是用校外相关"公共考试"的成绩来进行调整和校准。经过在10年级考试进行校外校内混合评价的尝试之后，1977年，新南威尔士州在"高中学校证书"授予时，首次采用校外公共考试评价和"适当的校内评价"（Moderated School Estimate）各占50％的评价方法。此后，该评量方式又经过了1980年代中期的定型、1990年代初期在学校内部评价方面引入"课程绩效描述"（Course Performance Descriptor）等改革之后，日趋完善，最终形成了目前的新州中学学业成绩综合评价方法。

除了新南威尔士的改革之外，1969年，在昆士兰州，以雷德福教授（Radford W）为首的调查委员会对昆士兰州的考试体制展开调查，1970年5月雷德福委员会向该州教育部提交了长达116页的研究报告，被称为《雷德福报告》。委员会在报告中分析了全州统一外部公共考试的优缺点及可能给学校、教师和学生带来的不利影响，建议将传统的外部公共考试改为"以校为本"的评价体系。1971年1月，昆士兰州教育法提出废除外部考试，采用"校本学生评价"来考核学生的学业成就。但激进的改革总是要遇到很多问题。1978年，为了解决"校本评价"实行过程中的各种问题，昆士兰州委托斯科特教授（Scott T）组成斯科特委员会研究昆州考试问题，经过调查，斯科特委员会提交了研究报告《昆士兰州校本学生评价评论》（A Review of School-Based Assessment in Queensland Secondary Schools，简称ROSBA）。1980年，昆士兰州开始采用新的学生评价方案。

经过1970年代至1980年代的改革，澳大利亚各州形成了新的学生学业成绩评量制度。相对一致的特点是：第一，组成"中学学习委员会"的各方成员的权利分配更加合理，削弱了大学在中学课程与考试管理中的绝对话语权；第二，在学生学习成绩评量方法上，校内校外按比例综合评价，即所谓引入"配额"（Quotas），这是改革的最大亮点。从此，由校外公共考试和校内考试评价相结合形成的综合评价制度，成为各州中等教育学生学业成绩评量的基本方式。

1990年代中期到2000年左右，澳大利亚各州的学生学业成绩评量制度又发生了一次重大改革。改革的起因在于，中等教育学业成绩评量引入校内评价（或校本评价）以后，由于中学开设的课程多样，加之每一所中学在每一门课程上的教学水平不同、评价标准不一，不同中学的高中毕业生缺乏可以横向比较的一致标准。各校校内评量标准不统一，使得学生高中毕业的校内校外综合成绩比较混乱，对学生申请大学和大学的招生录取工作带来了很大的困惑和影响。

在新南威尔士州，为解决这一问题，1995年，该州委托布瑞·麦克高（Barry McGaw）教授进行研究。1996年，麦克高教授提交《学生的未来：

高中毕业证书改革举措》(Their Future: Options for Reform of the Higher School Certificate) 和《塑造学生的未来：高中毕业证书改革建议》(Shaping their Future: Recommendations for Reform of the Higher School Certificate) 两份研究报告，为解决上述问题提出了解决对策，也对 2000 年至今的澳大利亚高校招生考试制度改革产生了重要影响。

麦克高教授提出的解决方案的原则是：首先，要给学生的分数以具体明确的含义；其次，为使全州各中学的毕业生成绩可以进行横向比较，需要有一个可以比较的标准参照系（Standards-Referenced）；第三，这个标准参照系，可以通过制定统一的课程教学大纲、明确的课程标准、详细的课程评价量表，来予以建立[1]。如果各中学老师都按照统一明确的教学大纲来开展教学，按照细致明确的课程评价量表来对学生学业进行评价，那么会在很大程度上改变当时的各校校内评分混乱的局面。

在麦克高教授建议的基础上，新南威尔士州教育部在 1997 年发布了名为《保障学生的未来》(Securing Their Future) 的白皮书，并于 2001 年正式实行改革后的 HSC 考试。该白皮书对 HSC 考试评价方式和成绩报告制度进行了详细的规定，包括：(1) 根据每门课程具体教学目标和内容，确定评价标准，建立每门课程的评价量表用以考核学生的学习；(2) 评价量表的内容包括课程中的主要任务和学习目标及有关的问题；(3) 量表对测量的范围由低到高进行具体描述；(4) 量表通过样例来说明每一学习阶段的考试任务和问题，并详细解释量表每一学段的含义；(5) 给学生和教师提供量表的样式；(6) 让所有参加考试的学生都能得到 HSC 考试每一科目的成绩单；(7) 分科课程的成绩单采用考试量表来测定学生所达到的成就等级，以百分制标明分数，并写明评分的标准以及学生在这门课程中已掌握的知识技能；(8) 给学生的高中文凭，包含学生文凭课程的考试成绩及考试结果的总体评语[2]。

除了课程标准和课程评价量表的制定和统一，在如何赋予学生考试分数

---

[1] Masters, Geoffery N, Fair and Meaningful Measures?: A Review of Examination Procedures in the NSW Higher School Certificate, Australian Council for Education Research, 2002: 2.

[2] The New South Wales Government. Securing Their Future, https://www.det.nsw.edu.au/media/downloads/reviews/hscwhite.pdf, 2015-01-12.

"意义"的问题上，新南威尔士州还参考其他州"大学入学排名"（Tertiary Entrance Rank，简称TER）的做法，进一步将学生的实际考试分数转换为学生在全州学生中的"排名等级"，即通过一套统一的换算方法，把某一学生参加校内校外考试的综合评量成绩，换算成该学生在全州所有学生中的排名等级，称为"大学入学指数"（University Admission Index，简称UAI）。然后，把学生的排名等级和学生各门考试的具体成绩，一起提供给大学，作为大学选拔与录取的依据。也就是说，大学在审核学生的入学申请时，可以先看某学生在全州所有学生中的"排名等级"，再看学生各门功课的具体成绩，进而决定是否录取；或者说，大学在公布每年的招生简章和录取要求时，可以先规定某专业要招收什么程度水平的学生（即学生在该州所有学生中的排名等级），再在其他方面提出要求。由此对于大学招生录取来说，形成了以审核学生的"排名等级"为核心，以参看学生各门功课成绩和其他档案材料为辅助的招生录取方式。2000年左右，澳大利亚各州都采取了这种以"大学入学指标"为核心的高校招生录取方式。

（二）大学入学指标

澳大利亚各州的"大学入学指标"（Ranking）名称各不相同，但相互之间是可以换算的，每年各州的高校招生考试机构都会公布换算表。西澳州、南澳州、北领地和塔斯马尼亚州的大学入学指标被称为"大学入学排名"（TER），新南威尔士州和澳大利亚首都领地称其为"大学入学指数"（UAI），维多利亚州为"等效全国大学入学排名"（ENTER），昆士兰州为"整体位置评定等级"（OP）（详见表2-3）。直到2009年，联邦政府教育部长宣布全国"大学入学指标"应进行趋向一致的改革，各州的大学入学指数才陆续被现行的"澳大利亚高校入学排名"（Australian Tertiary Admission Rank，简称ATAR）取代。

表2-3 澳大利亚各州高中毕业证书及大学入学指标

州/领地	证书名称	大学入学指标
新南威尔士州	高中毕业证书（Higher School Certificate，HSC）	大学入学指数（University Admission Index，UAI）
澳大利亚首都领地	十二年级毕业证书（ACT Year 12 Certificate）	

续表

州/领地	证书名称	大学入学指标
西澳州	西澳教育证书（Western Australian Certificate of Education，WACE）	大学入学排名（Tertiary Entrance Rank，TER）
南澳州	南澳教育证书（South Australian Certificate of Education，SACE）	
北领地	北领地教育证书（Northern Territory Certificate of Education，NTCE）	
塔斯马尼亚州	塔斯马尼亚教育证书（Tasmanian Certificate of Education，TCE）	
维多利亚州	维多利亚教育证书（Victorian Certificate of Education，VCE）	等效全国大学入学排名（Equivalent National Tertiary Entrance Rank，ENTER）
昆士兰州	昆士兰教育证书（Queensland Certificate of Education，QCE）	整体位置评定等级（Overall Position，OP）

"TER"是澳大利亚最先实施的大学入学指标，主要在西澳州、南澳州、北领地和塔斯马尼亚州使用。TER的成绩以百分比等级从0.00到99.95呈现，数值表示的是学生的高中毕业证书考试成绩和其他评量成绩的在全州的排名档次。TER的成绩计算是由各州的高校招生考试相关机构负责，2010年TER被现行的ATAR取代。

"UAI"是新南威尔士州和澳大利亚首都领地所采用的大学本科生入学指标，由新南威尔士州的"大学招生中心"（UAC）统一负责计算。UAI用0到100来表达学生的高中毕业证书考试和其他评量的综合成绩全州排名档次。新南威尔士州学生的UAI涵盖HSC考试成绩和高中在校学业评量成绩两项；澳大利亚首都领地学生的UAI则是以高中在校学业评量成绩为主。由于澳大利亚首都领地采用的是100%的校内学业评量成绩，所以学校对于打算申请大学的学生，要求必须另外参加"ACT课程成绩调整测验"（ACT Scaling Test，简称AST），并以之做为不同学校课程的平均分调剂。一般而言，如果学生的UAI等于或低于30，将不会收到课程考试成绩单，只会收到一张"粉红通知单"，但这种情况通常很少。根据统计，只有

29.3%的学生 UAI 是在 50 以下。而获得 100 满分指标的也少见，大约 66 000 人当中才有 20 人①。UAI 在 2009 年时由澳大利亚联邦教育部长的宣布下取消，改采取 ATAR 排名。

"ENTER"是维多利亚州采用的大学入学指标，由"维州课程与评量管理局"（Victorian Curriculum and Assessment Authority，VCAA）负责计算。ENTER 为 0.00 到 99.95 的百分比排序，代表学生的高中毕业证书考试成绩和其他评量成绩的综合成绩排名档次，以平时成绩 30％和会考成绩 70％来折算。如果学生的 ENTER 为 80，表示该名学生在全州总排名位置处于第 20％的档次。对于 ENTER 不到 30 的学生，VCAA 不会明确给百分比分数，学生成绩单上只会看见"低于 30"，避免学生学习的沮丧与挫折。2010 年 ENTER 排名被 ATAR 排名取代。

"OP"是昆士兰州在 1992 年开始实施的大学入学指标，由"昆州课程与评量管理局"（Queensland Curriculum and Assessment Authority）负责计算，一直沿用至今。OP 成绩共分 25 个等级档次，从最高 OP1 到最低 OP25，总体平均等级呈现倒 U 型曲线，多数学生处于平均值，只有极少数的学生会落在最低和最高位置。根据昆士兰州教育部统计，2012 年有近 30 000 名学生获得昆士兰教育证书，其中获得 OP1 最高成绩的学生共有 724 人②。

OP 成绩中不仅包括学生自己在高中学习期间的平均成绩，还包括其所就读的高中在全州的排名。学生在高三的时候会参加一场类似于全州会考的"昆士兰核心技能测试"（Queensland Core Skills Test）③，根据其考试结果进行全州高中学校大排名，然后形成不同学校的排名系数。学生的 OP 成绩就是其高中平均成绩乘以所在高中的系数，而其高中平均成绩中不同科目也是有不同的权重。从 2009 年至 2010 年，澳大利亚开始实行统一的 ATAR

---

① University Admission Index，https://en.wikipedia.org/wiki/Universities_Admission_Index，2014-06-28.

② The Queensland Times. Students Find Overall Position One of Relief，http://www.qt.com.au/news/students-find-overall-position-one-of-relief/1685314/，2012-07-17.

③ 1992 年昆士兰州开始实施"昆士兰核心技能测试"（Queensland Core Skills Test），取代原先从 1974 年一直采用的"澳大利亚学习能力倾向测试"（Australian Scholastic Aptitude Test）。

指标,各大学在最低录取分数线上都采用统一的 ATAR 成绩排名作为选拔与录取的依据。虽然昆士兰州仍然坚持实施 OP 等级,但各州都有公开的成绩换算机制,不会影响学生大学入学申请。

(三)澳大利亚高校入学排名(ATAR)

各州的高校招生制度进一步改革和完善以后,由于部分学生要跨州申请大学,所以,在澳大利亚,还面临着如何使全国的高中毕业生的学业成绩可以横向比较的问题。这一问题,在 2009 年—2010 年得到了较好解决。2009 年,澳大利亚成立了"课程、评估与报告管理局"(Australian Curriculum, Assessment and Reporting Authority,ACARA),在全国层面上制订了若干国家教育计划,掌管全国中学课程的课程标准和课程评价量表的审批与制定工作,由此,建立起了相对统一的全国课程评价评量体系。

2009 年—2010 年,澳大利亚开始实行全国统一的"澳大利亚高校入学排名"(Australian Tertiary Admission Rank,ATAR)政策,规定了各州"大学入学指标"的统一换算方法和成绩换算机制。各州的高校招生考试机构在公布每年的大学招生录取简章及录取要求时,也都会公布各州"大学入学指标"和"ATAR"之间的换算表,以利于学生跨州申请大学。截至 2015 年,除了昆士兰州以外,澳大利亚各州的大学在招生录取上都已采用统一的 ATAR 排名作为选拔与录取的标准。昆士兰州仍然坚持实施 OP 等级,但该州大学入学排名等级与其他各州以及 ATAR 之间都有公开的成绩换算机制,不会对该州学生的大学入学申请产生影响。

第三章 澳大利亚现行的高校招生考试制度及其实践

澳大利亚高校的招生考试是由各州及领地自行负责，没有全国统一的高校招生考试。各州及领地高校招生都实行高中毕业证书及相关材料申请入学制度。各有自己的高中课程体系与学业成绩评量系统，且成绩评量方法不尽相同。如果仅以某个州或领地为例来进行研究，恐不能说明澳大利亚高校招生考试制度的复杂性。由此，为了能对澳大利亚高校招生考试制度有全方位的了解，本章将对澳大利亚所有的州及领地的高校招生考试制度进行全面介绍。本章内容包括三个部分：第一部分通过介绍各州高校的招生机构和考试机构，说明澳大利亚高校招生的招考分离特征；第二部分将介绍澳大利亚各州高校招生考试的操作办法与运作流程；第三部分则是对澳大利亚高校招生录取环节的详细介绍。

第一节 招考分离：澳大利亚高校招生机构与考试机构

澳大利亚各州及领地高校招生考试制度存在差异，这主要是因为各州的考试评量类型和成绩评量的体系、方法有所不同，但各州高校招生考试与录取的制度框架与运作机制也存在某些相对一致特点。比如，在高校招生考试的宏观制度层面，各州普遍采取招考分离的运作方式，即高校的招生环节和考试环节分别由不同的部门机构来负责运作和实施，其中，招生环节主要是高校确定招生标准并委托专门机构负责录取，考试环节则由隶属州政府的法定机构负责。各州及领地的招生机构与考试机构的名称不同，但功能是一样的。

一、澳大利亚各州的招生机构

澳大利亚高校在招生录取上有很大的自主权，各高校乃至各院系根据自身办学条件和办学水平确定学生的入学要求和选拔标准，并且制定相应的录取政策。从本质上讲，澳大利亚高校的招生录取实行的是学生自由申请、高校自主审核录取的方式。各高校都设有招生办公室，负责招生宣传和制定招生政策。但随着高等教育规模的扩大，为了减少某一学生向多所学校分别提出申请所导致的重复审核、招录成本浪费等问题，同时也为了加强高校招生录取工作的统一协调，提高录取工作的效率，近些年来，多数高校逐渐将本校的招生录取业务委托给了本州的招生中心负责（详见表3-1）。

澳大利亚各州的招生中心，一般由州内各大学联合发起设立，是一种非营利性的独立法人单位。各州招生中心是大学与学生之间第三方的招生服务机构，不具备选拔学生的权力，不能决定申请者是否被录取。高校招生的入学条件、选拔标准和录取决定等核心工作仍然是由高校各院系负责。招生中心承担的主要职责是代表高校处理招生的事务性工作，比如集中发布招生信息、提供招生咨询、接受报名申请、汇整入学申请、换算跨州成绩、向各高校提供申请者资料、向申请者发放录取通知等等。目前，各州招生中心只接受澳大利亚本国人士（指具有澳大利亚公民、永久居民、新西兰公民身分或人道主义永久签证持有者）和在澳大利亚境内完成高中教育的应届国际学生的申请报名。

表3-1 澳大利亚各州及领地的招生机构

州/领地	招生机构名称
新南威尔士州/澳大利亚首都领地	大学招生中心（Universities Admissions Centre，UAC）
维多利亚州	维多利亚高校招生中心（Victorian Tertiary Admissions Centre，VTAC）
昆士兰州	昆士兰高校招生中心（Queensland Tertiary Admissions Centre，QTAC）
西澳州	大学招生服务中心（Tertiary Institutions Service Centre，TISC）
南澳州/北领地	南澳高校招生中心（South Australian Tertiary Admissions Centre，SATAC）

注：塔斯马尼亚州是澳大利亚的岛省，仅有一所塔斯马尼亚大学和零星的TAFE高校，故其招生录取由学校自行负责管理，没有设立第三方的大学招生中心。澳大利亚首都领地和北领地的人口和高校数相对其他州来得少，因此在招生录取上则采取委托其他邻近州的招生中心负责。

（一）新南威尔士州与澳大利亚首都领地：大学招生中心

新南威尔士州位于澳大利亚东南部，是全国人口数和高校数最多的一个州；澳大利亚首都领地位于新南威尔士州境内，是联邦政府所在地，也是澳大利亚面积最小的州级行政区。两地大学的招生录取工作都是委托"大学招生中心"（Universities Admissions Centre，以下简称 UAC）统一负责。UAC 位于悉尼，于 1995 年注册成立，属于非营利单位，目前共有 26 所大学院校加入。2012 年至 2013 年，通过 UAC 申请本科学位课程的人数达到 90 850 人（约 1 600 种课程）①。UAC 的组织管理层级包括：新南威尔士州大学校长委员会（New South Wales Vice-Chancellors' Committee，NSWVCC）、董事会、常务董事长、使用者委员会、管理层及员工（详见图 3-1），其主要的政策方针由董事会决定，并呈报给 NSWVCC，日常事务由常务董事长负责。NSWVCC 为最高管理层，由新南威尔士州和澳大利亚首都领地大学的校长组成，负责监督事务。UAC 使用者委员会是由加入 UAC 的大学各派一名代表组成，负责提供招生录取相关意见给常务董事长。2014 年，UAC 有 117 名员工（62 名编内职工，55 名临时职工）负责处理中心业务。

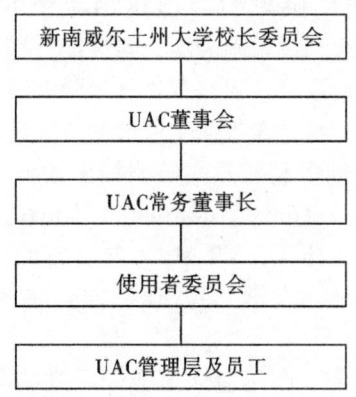

图 3-1 UAC 管理结构与关系图

资料来源：Universities Admissions Centre, UAC Annual Report 2012-2013 pdf，http://www.uac.edu.au/general/, 2013-09-26。

---

① Universities Admissions Centre, UAC Annual Report 2012-2013.pdf, http://www.uac.edu.au/general/, 2013-09-26。

UAC提供在线的招生报名平台，在网站上提供各大学的招生信息，并借由公开、多样的渠道（如招生指南、联合职业博览会、客户服务中心、社交媒体网络等方式），让学生和家长了解大学招生报名时间、入学要求、申请流程、选填志愿和"澳大利亚高校入学排名"（Australian Tertiary Admission Rank，简称ATAR）分数计分等事项。此外，UAC还承担"特殊高等教育入学考试"（Special Tertiary Admissions Test，简称STAT），处理各大学的"教育公平入学计划"（Educational Access Schemes）和"公平奖学金"（Equity Scholarships）申请。

UAC在每年的8月开放网络招生报名，9月底截止申请报名，来年的1月中旬公布录取名单。申请者只要在UAC网站上注册账号，即可进行在线报名和填选志愿。申请者最多可以填报9个专业志愿，不一定都要完全填写，但至少要有1个专业志愿。同时，申请人通过该账号还可以管理报名信息、缴交报名费、查询报名进度、更改志愿、查询ATAR成绩和接收录取通知。对于残疾人士（包括生理、感官、学习或精神方面），UAC提供专人协助申请流程。

（二）维多利亚州：维多利亚高校招生中心

维多利亚州位于澳大利亚东南沿海，西北部分别与南澳州和新南威尔士州相邻，总人口为澳大利亚第二大（仅次于新南威尔士州），是澳大利亚人口最密集、工业化程度最高、农牧业生产最为发达的一个州，境内有多所知名大学和TAFE院校。维多利亚州高校的招生业务统一由"维多利亚高校招生中心"（Victorian Tertiary Admissions Centre，以下简称VTAC）负责，部分私立高校则自行招生。VTAC为非官方的招生服务机构，目前负责处理该州62所高校（含大学、TAFE、独立院校）的招生报名和录取发放。

VTAC其他相关招生工作还包括出版一系列的高校入学申请指南，通过电话和社交媒体网络（博客、脸书、推特、YouTube）向申请者提供及时的招生咨询服务，定期为学生、家长、教师和成人申请者举办信息讲座。另外，VTAC还负责奖学金申请、"特殊入学计划"（Special Entry Access Scheme，简称SEAS），计算和公布ATAR成绩（只有通过VTAC申请报名的维多利亚州应届高中毕业生才会收到该成绩，非应届申请者则需要向VTAC提出申请），以及组织STAT考试和"澳大利亚法学院入学考试"（Australian Law Schools Entrance Test，简称ALSET）。

VTAC 接受澳大利亚应届高中毕业生和一般社会人士的申请，每年的 8 月在网站上开放大学招生报名，9 月底截止申请报名，来年的 1 月中旬公布录取名单。申请者只要在 VTAC 网站上注册账号（应届学生直接用学号），即可在线进行报名和递交申请。申请者在填写申请表时，最多可以填报 12 个专业志愿，至少 1 个专业志愿。同时，申请人通过该账号还可以管理报名信息、缴交报名费、查询报名进度、更改志愿和接收录取通知。

（三）昆士兰州：昆士兰高校招生中心

昆士兰州位于澳大利亚的东北部，西与北领地相接，南邻新南威尔士州，有广大的地区位于热带，为全国第二大州，人口排名全澳第三，以农业、矿业和旅游业为该州经济的三大支柱产业。昆士兰州高等教育体系根据该州法律确立，受联邦和州政府监督，州内有 10 所著名大学以及 30 多所高等教育机构，其招生业务大多委托"昆士兰高校招生中心"（Queensland Tertiary Admissions Centre，以下简称 QTAC）统一负责。QTAC 为第三方非营利性质的公众机构，提供全年的招生报名服务，在 1990 年时由昆士兰州内的六所州立大学联合成立。目前，QTAC 负责的学校为昆士兰州内的公立大学、私立邦德大学医学系、TAFE、部分私立专科院校，以及塔斯马尼亚州的澳大利亚海事学院和新南威尔士州北部少数的大学，这些高校有完全的自主权决定自己学校的入学要求和选拔标准。

QTAC 除了在网上提供各高校的招生信息外，还借由出版相关的高校招生指南和参加高等教育博览会，让学生和家长了解招生申请程序。对于身心障碍申请者，QTAC 有相关人员提供直接的申请协助。此外，QTAC 还会不定时地为中学辅导员和高校招生相关人员提供工作坊和高校入学流程研讨会。除了负责高校的招生报名和录取发放外，QTAC 还负责特殊入学计划申请、STAT 考试和证书资格评估服务。一般而言，QTAC 在其网站上公布大学招生讯息，并依高校的学期时间一年开放多次在线申请服务，主要学期（第一学期）的申请从 8 月初开始，9 月底截止报名，来年的 1 月中旬公布录取名单。

申请者只要在 QTAC 网站上注册账号（应届学生直接用学号）即可在线进行报名和递交申请。本国应届高中毕业生须采用 TTT（Twelve-to-Tertiary）系统填报申请，非应届高中毕业申请者则是通过 ABW 系统（Apply-by-Web）填报申请。申请者在填写申请表时，最多可以填报 6 个专业志愿，至少 1 个专业志愿。申请者完成报名流程后，后续可以通过注册账号查询报名进度、缴交报名费用、更改学校志愿和接收录取通知。

（四）西澳州：高校招生服务中心

西澳州位于澳大利亚西部，土地面积占全国总面积的 1/3，是澳大利亚最大的一个州，经济以畜牧业、采矿业、旅游业为主。目前，西澳州共有 5 所大学（包括一所私立大学），其中四所公立大学均委托"大学招生服务中心"（Tertiary Institutions Service Centre，以下简称 TISC）统一处理学校的招生报名工作。TISC 为 1975 年由西澳大学、莫道克大学、科廷科技大学和埃迪斯科文大学联合注册成立的一个法人组织，负责上述四所公立大学的本科课程招生工作，包括发布实时的招生信息、接受入学申请、提供西澳学生 12 年级成绩与 ATAR 成绩和发放录取通知等。此外，TISC 还负责执行 STAT 考试和管理西澳大学预科课程的入学申请。

TISC 接受澳大利亚应届高中毕业生和非在校一般社会人士的报名，每年的 8 月初开放网络报名，9 月底截止申请，来年的 1 月中旬公布录取名单（第一学期入学）。申请者在填写申请表时，最多可以填报 6 个专业志愿，至少 1 个专业志愿。申请者完成报名流程后，后续可以通过注册账号查询报名进度、缴交报名费用、更改学校志愿和接收录取通知。

（五）南澳州与北领地：南澳高校招生中心

南澳州位于澳大利亚中南部，与其他五个州接壤；北领地为澳大利亚的一个自治地区，位于大陆北部的中央，南临南澳州，人口稀少。两地由于地缘关系和高校数相对其他州少，其高等教育招生事务统一由"南澳高校招生中心"（South Australian Tertiary Admissions Centre，以下简称 SATAC）负责。SATAC 目前负责三所南澳州大学（南澳大学、弗林德斯大学、阿德莱德大学）、一所查尔斯达尔文大学以及南澳 TAFE 的招生事务。借由网络平台，SATAC 提供招生信息、开放在线申请、接收申请材料、换算与公布 ATAR 成绩，以及发放录取通知。除此之外，SATAC 还负责管理 STAT 考试和"公平奖学金"（Equity Scholarships）申请。

SATAC 接受澳大利亚应届高中毕业生和一般社会人士的报名，每年的 8 月初开放网络报名，9 月底截止申请，来年的 1 月中旬公布录取名单（第一学期入学）。申请者只要在 SATAC 网站上注册账号（应届学生直接用学号），即可在线进行报名和递交申请。申请者在填写申请表时，最多可以填报 6 个专业志愿，至少 1 个专业志愿。申请者完成报名流程后，后续可以通过注册账号查询报名进度、缴交报名费用、更改学校志愿和接收录取通知。

二、澳大利亚各州的考试机构

澳大利亚高校对高中应届毕业生的招生选拔主要是依据学生的高中在校成绩和毕业会考成绩。澳大利亚每一个州及领地都设有自己的"学习评量委员会"来管理中等教育的课程与评量（详见表3-2）。"学习评量委员会"是官方的法定机构，直接对州/领地的教育部长负责，其任务除了发展优质的学习课程和提供评量方案外，还承担了考试机构的职能。总体而言，"学习评量委员会"负责有关高校入学的工作包括：（1）制定和监控高中教育和职业教育与培训的课程框架、考试评量、评量政策和评量过程；（2）组织每年的高中毕业证书会考、命题和批改试卷，并决定考试科目的范围；（3）管理其他相关的校外考试；（4）提供高中成绩记录和发放会考成绩；（5）授予高中毕业证书和相关学历证书。虽然各州及领地的会考或是校外统一组织的考试，且评量机制有所不同，但考试时间不会相去太远，一般是在每年10月至11月举行，12月发布证书与成绩。如果学生对自己的成绩表示怀疑，还可向该州的"学习评量委员会"提出复查申请。

表 3-2 澳大利亚各州及领地的考试机构

州/领地	考试机构名称
新南威尔士州	新州学习评量委员会（Board of Studies NSW）
维多利亚州	维州课程与评量管理局（Victorian Curriculum and Assessment Authority, VCAA）
西澳州	学校课程标准管理局（School Curriculum and Standards Authority, SCSA）
南澳州	南澳学习评量委员会（SACE Board of South Australia）
北领地	北领地学习评量委员会（NT Board of Studies, NTBOS）
昆士兰州	昆州课程与评量管理局（Queensland Curriculum and Assessment Authority, QCAA）
塔斯马尼亚州	塔斯马尼亚学历资格管理局（Tasmanian Qualifications Authority, TQA）
澳大利亚首都领地	首都领地高中学习评量委员会（ACT Board of Senior Secondary Studies, ACT BSSS）

（一）新南威尔士州：新州学习评量委员会

"新州学习评量委员会"（Board of Studies NSW）于 1990 年由新南威尔士州政府成立，主要协助该州的政府学校和非政府学校的中小学课程发展、考试评量和证书授予。该委员会于 2014 年 1 月并入"学习、教学与教育标准评量委员会"(Board of Studies, Teaching and Educational Standards, 简称 BOSTES)，其名称和职能不变。新州学习评量委员会承担了考试机构的业务与职能，负责管理"新州高中毕业证书"（Higher School Certificate, 简称 HSC）相关的考试和评量事务，如制定 HSC 课程、监督 HSC 在校评量程序、组织 HSC 会考、发放 HSC 成绩，以及授予 HSC 证书等等。

"新州学习评量委员会"在每年的 5 月初于网站上公告 HSC 会考时程，12 月中旬发布 HSC 成绩。HSC 会考时程依考试类别可分为：（1）语言类口语考试和术科实践考试，从 7 月底开始，一直持续到 9 月中旬；（2）纸笔考试从 10 月中旬开始，一直持续到 11 月中旬。在校学生可以用学号在线上注册，并通过该网站的"学生在线"（Student Online）查询自己在 11 年级和 12 年级修过的课程成绩、HSC 会考时程和 HSC 考试成绩。

除了负责高中的评量与考试外，"新州学习评量委员会"的任务还包括：(1) 颁发"中学学业成绩"（Record of School Achievement，简称 ROSA）；(2) 负责 3 年级、5 年级、7 年级和 9 年级学生每年 5 月份的"国家统一读写与算术评量考试"（National Assessment Program Literacy and Numeracy，简称 NAPLAN）；(3) 开发及设置幼儿园到高中 12 年级的核心课程与课程纲要；(4) 提供教师和家长辅助教材；(5) 给予政府单位和学校机构关于评分与评量的政策建议；(6) 促进非政府学校的注册与认证，以利提升素质教育；(7) 提供学生、高校和雇主有关学校教育、HSC 考试和学生成绩等方面的信息与建议。

（二）维多利亚州：维州课程与评量管理局

"维州课程与评量管理局"（Victorian Curriculum and Assessment Authority，以下简称 VCAA）是州政府授权的法定机构，直接对维多利亚教育部长负责。VCAA 根据"2006 教育与培训改革法案"（Education and Training Reform Act 2006）运作，任务是制定和管理维多利亚州的政府学校和非政府学校的课程与评量。除上述任务外，VCAA 的职能还包括：（1）为 0~8 岁学童的早期学习与发展建立框架和制定政策；（2）为基础年级至

10 年级学童的课程与评量制定政策和建立标准;(3) 为 11 年级和 12 年级高中学生制定课程与评量标准;(4) 负责组织校外评量考试,如"维多利亚教育证书会考"(VCE Examinations)和"综合能力测验"(General Achievement Test);(5) 执行评估 3 年级、5 年级、7 年级和 9 年级学生的识字与算术技能的 NAPLAN 考试。由于高中的校本评量和校外统一会考的成绩是学生申请高校的重要评比条件,VCAA 对此进行监督与计算,并负责发放成绩和颁发高中学历资格证书。一般来说,VCE 会考的时间大约从 10 月到 11 月,VCAA 会在每年的 5 月公布考程,学生可以自行上网查询自己的考程,12 月中旬发放证书与成绩。

(三)西澳州:学校课程标准管理局

"学校课程标准管理局"(School Curriculum and Standards Authority,以下简称 SCSA)于 1997 年成立,是独立的法定机构,直接对西澳教育部长负责,目前由 7 位教育与评量专家组成的委员会所管理,共有 148 名员工。该管理局主要负责西澳州学校的课程架构发展、考试评量实施和学生成绩认证,其职能包括:(1) 根据学生的期望和需要的知识、技能及价值来发展课程与评量提纲;(2) 为学校制定学生成绩标准,并且依据这些标准来评量和认证学生的达成;(3) 发展和评鉴 K-10 年级、高中和职业教育与培训课程;(4) 订定获得"西澳教育证书"(Western Australian Certificate of Education,简称 WACE)课程的要求以及颁发 WACE 证书;(5) 设置并管理 NAPLAN 考试和 WACE 课程的外部统一考试;(6) 维护有关学生学习成绩、评估记录、学校教育法规等信息的数据库。

(四)南澳州:南澳学习评量委员会

"南澳学习评量委员会"(SACE Board of South Australia)是南澳州政府依据"1983 年南澳学习评量委员会法案"(SACE Board of South Australia Act 1983)成立的独立法定机构,由"教育与儿童发展部"(Department for Education and Children Development,DECD)的部长负责。该委员会共有 11 位董事会成员,由部长建议,州长任命,全职工作人员有 80 名,旗下包括两个委员机构:"评鉴、认证与检定委员会"(Accreditation, Recognition and Certification Committee)和"计划、财务与绩效委员会"(Planning, Finance and Performance Committee),依其功能分工负责全州学校课程与评量任务。该委员会另有超过 2 000 名的非全职人员因应需求在不同时期担任课程领导组成员、考试出题委员、评分仲裁委员等,以协助考试评量事务。

南澳学习评量委员会的职能内容包括:(1)管理及授予"南澳教育证书"(South Australian Certificate of Education,简称 SACE);(2)对 SACE 课程和科目进行开发、评鉴与认证;(3)提供南澳州境内政府学校、私立学校、天主教学校 SACE 课程和考试评量相关信息;(4)制定对学生学习评估和课程质量保证的流程;(5)负责学生在学校的 SACE 学习评量和"外部评量考试"(External Assessment and Examinations);(6)提供学生 SACE 成绩记录[①]。南澳学习评量委员会负责统筹南澳州与北领地范围的外部评量考试,通常是在 10 月中旬至 11 月中旬举行,12 月公布证书成绩,学生可以自行上网查询自己的考科时程和评量成绩。

(五)北领地:北领地学习评量委员会

"北领地学习评量委员会"(NT Board of Studies,以下简称 NTBOS)于 1984 年根据教育法成立,为独立的法定机关,有 16 位董事会成员,提供北领地教育部首长们课程政策与建议。该委员会工作重点在建立并维护北领地学校教育体系需要的课程与评量框架,包括义务教育、土著民族教育和职业教育与培训。NTBOS 的职能包括:(1)负责北领地学前班到 12 年级的课程开发、评量,报告和认证;(2)建立并维护学生评量、报告和认证的程序;(3)对学生的成绩表现进行监督、评估和报告;(4)管理与颁发"北领地教育与培训证书"(Northern Territory Certificate of Education and Training,简称 NTCET);(5)提高学生的学习成果;(6)管理并执行 3 年级、5 年级、7 年级和 9 年级学生的识字与算术技能的 NAPLAN 考试;(7)授予奖励及奖学金。

(六)昆士兰州:昆州课程与评量管理局

"昆州课程与评量管理局"(Queensland Curriculum and Assessment Authority,以下简称 QCAA)为昆士兰州政府的法定机构,根据《2014 年教育法案》(The Education Act 2014)成立,于 2014 年 7 月 1 日取代先前的"昆州学习评量管理局"(Queensland Studies Authority,简称 QSA),

---

① South Australian Certificate of Education, Key Information, http://www.sace.sa.edu.au/about/key-Information, 2014-10-01.

负责提供和掌管昆士兰州的幼儿园到12年级学校的课程纲要、指导方针、学习评量、考试试务、成绩报告和认证服务。QCAA由7位董事会成员监督,共分为三个部门,分别为:"课程服务部"、"评量与报告部"和"信息服务部"。"课程服务部"的职务是负责课程的政策、调节、审查与发展,以及职业教育与培训。"评量与报告部"是负责管理考试(如NAPLAN考试、昆士兰核心技能测验)、评量和为大学入学提供"整体位置评定等级"(Overall Position,简称OP)成绩,以及授予资格证书(如昆士兰教育证书、个人成就昆士兰证书)。"信息服务部"则是提供跨部门的支持,和管理QCAA的专业发展活动。

(七)塔斯马尼亚州:塔斯马尼亚学历资格管理局

"塔斯马尼亚学历资格管理局"(Tasmanian Qualifications Authority,以下简称TQA)是独立的法定机关,直接对塔斯马尼亚州教育部长负责,目前由9位委员会主席所掌管,负责管理该州的高中、职业教育、培训机构和高等教育领域的政策制定、课程规划和资格授予,并承接了重点研究和发展的作用。TQA的职能包括:(1)评鉴所有高中教育的相关课程;(2)对学历资格管理提供战略规划;(3)提供统一的证书资格声明;(4)向部长提出证书资格事宜的建议;(5)确保TQA授予的证书满足认证标准;(6)提供质量保证,以维持严格的证书资格标准;(6)举行并管理TCE证书考试和其他外部评量考试;(7)收集、记录、存储和分发高中教育、职业教育与训练和高等教育的成绩数据;(8)按照国家协议澳大利亚质量培训框架要求,为高等教育提供系统的数据。

(八)澳大利亚首都领地:高中学习评量委员会

"首都领地高中学习评量委员会"(ACT Board of Senior Secondary Studies,以下简称ACT BSSS)于1998年被赋予法定机构的地位,负责管理澳大利亚首都领地政府学校和非政府学校的高中学习与认证。ACTBSSS的职能为:(1)对认可教育机构所教授的课程进行认证;(2)批准认可教育机构的职业教育课程;(3)为11年级和12年级的课程发展建立指南;(4)制定对学生评估的原则和程序;(5)计算学习单元和课程分数;(6)负责管理"ACT课程成绩调整测验"(ACT Scaling Test,简称AST);(7)颁发学业证书,如"首都领地十二年级毕业证书"(ACT Year 12 Certificate)和职业课程资格证书;(8)提供有关学生的成绩表现信息,如高中学习成绩、

ATAR成绩、职业课程学分证明；(9)提供有关委员会的政策和程序的信息；(10)向部长提出相关建议。

第二节 综合评量：澳大利亚高校招生考试的方法与流程（上）

　　澳大利亚的高校招生考试制度主要是综合高中毕业证书考试与校本学习评量，虽然各州及领地所颁发的高中毕业证书的名称和取得要求都不一样，但在"澳大利亚学历资格框架"（AQF）的体制下，为全国所承认。高中毕业证书会考是目前澳大利亚采用的一种对完成高中学业的学生进行的一种资格证书考试制度，具有多重功能：(1)对结束高中阶段学习的学生所掌握的知识和技能水平进行考核，并检查高中阶段的教学情况；(2)为高校录取新生提供学生成绩信息；(3)为雇主提供学生在知识和能力方面的情况；(4)向学生家长提供学生学习的证实材料①。由于澳大利亚的高中毕业证书制度较好地体现了科学性和公平性，也得到世界上主要国家和地区教育界的承认，学生用相应的成绩，就可以到这些国家和地区申请大学就读。

　　在实践上，澳大利亚的高校招生考试制度灵活多元，以生为本，强调学生平时学习的重要性，不以一次考试定乾坤。新南威尔士州、维多利亚州、西澳州、南澳洲和北领地的高校招生考试采取依百分比例结合学生高中的校内学业评量成绩和毕业证书会考成绩（HSC会考、VCE会考、WACE会考）的综合评量方式。昆士兰州和澳大利亚首都领地的高校招生考试则以"校本学习评量"（School-Based Assessment）为主，但为了确保校本学习评量的公平性，另外实施不同形式的成绩调整测验（如昆士兰核心技能测验、ACT课程成绩调整测验）。塔斯马尼亚州的高校招生考试兼有上述方式，大多数课程采取百分之百的"内部评量"（Internal Assessment），由学校和教师制定评量，但部分课程则实施综合评量方式，依百分比例结合学生高中的校内学业评量成绩和外部评量考试成绩（详见表3-3）。

---

　　① 陈娜：《澳大利亚新州高中毕业证书考试探究》，西南大学硕士学位论文，2008年，第8～9页。

表 3-3　澳大利亚各州及领地高校招生考试制度

州/领地	高中毕业证书名称	评量方式
新南威尔士州	新州高中毕业证书（Higher School Certificate，HSC）	①校本学习评量（50%） ②HSC 会考（50%）
维多利亚州	维多利亚教育证书（Victorian Certificate of Education，VCE）	①校本学习评量 ②VCE 会考 ③综合学业成就测验
西澳州	西澳教育证书（Western Australian Certificate of Education，WACE）	①校本学习评量（50%） ②WACE 会考（50%）
南澳州/北领地	南澳教育证书（South Australian Certificate of Education，SACE）/ 北领地教育与培训证书（Northern Territory Certificate of Education and Training，NTCET）	①校本学习评量（70%） ②外部评量考试（30%）
昆士兰州	昆士兰教育证书（Queensland Certificate of Education，QCE）	①校本学习评量（100%） ②高中校外考试 ③昆士兰核心技能测验
澳大利亚首都领地	首都领地十二年级毕业证书（ACT Year 12 Certificate）	①校本学习评量（100%） ② ACT 课程成绩调整测验
塔斯马尼亚州	塔斯马尼亚教育证书（Tasmanian Certificate of Education，TCE）	①校本学习评量 ②TCE 会考

注：维多利亚州的校本学习评量和 VCE 会考的评量比例依课程而不同。

一、新南威尔士州："校本学习评量"与"HSC 会考"

1967 年，新南威尔士州开始采用"新州高中毕业证书"（Higher School Certificate，以下简称 HSC 证书），该证书既是高中毕业证书，也是澳大利亚高校的入学资格之一，还是国际认可的资格证书。目前，新南威尔士州的高校招生考试，主要采取综合评量方式，针对学生在高中 12 年级学习的课程内容，对"校本学习评量"（School-Based Assessment）成绩和"新州高中毕业证书会考"（HSC 会考）成绩按 50∶50 的百分比例进行计算，得到综合评价成绩。新州学习评量委员会依据《1990 教育法案》(Education Act 1990)对达到基本学习要求(在 11 年级完成至少 12 学分的基础课程,以及在 12 年级完成至少 10 学分的 HSC 课程)和通过 HSC 会考的学生授予 HSC 证书。该证书表示学生在新南威尔士州完成高中教育,并且可以依此证书申请大学、TAFE 职业技术类院校,或是选择进入职场就业。

HSC 证书主要包括"毕业证书"和"成绩记录"(Record of Achievement)。"毕业证书"为新州学生合格的高中毕业资格证书,有学生姓名、学校名称和授予时间(见附录一)。"成绩记录"记载学生的学业成绩情况,包括:校本学习评量成绩(Assessment Mark)、毕业会考成绩(Examination Mark)、HSC 成绩(HSC Mark)、分数段等级(Band Performance)(见附录二)。新州学习评量委员会通常在 12 月中旬发放成绩记录(2014 年为 12 月 17 日),在来年的 1 月授予学生毕业证书。

"成绩记录"上所表示的各科校本学习评量成绩和毕业会考成绩,是由新州学习评量委员会经过分值调整以后的各科成绩,不是学生的原始成绩。例如,"HSC 成绩"是按调整过后的各科校本学习评量成绩和毕业会考成绩,按 50%:50%比例相加结合,折算得出的各科最终成绩。该项成绩会由大学招生中心换算成 ATAR,成为大学招生录取新生的重要依据。"分数段等级"呈现的是学生在各门课程学习时所对应达到教学大纲的成绩表现,包括该门课的内容、技能、概念、原理,是大学各专业在招生录取时决定是否给予学生优秀成绩奖励加分的参考依据(参见附录三至附录七)。

(一)校本学习评量

1. HSC 课程

新南威尔士州学生对于在高中阶段的课程选择格外慎重,因为在高中 11 年级和 12 年级学习的课程,关系着未来 HSC 会考的报考科目和大学的专业申请。一般而言,HSC 课程大致分为三大类:基础课程、扩展课程和职业技能课程,课程总数超过 100 门(中学依自身办学能力,开设的课程门数不等),除了满足不同学生的兴趣外,还给予了学生极大的选课权利。根据统计,2014 年新南威尔士州共有 76 679 名学生选读 HSC 课程①。

---

① Board of Studies, 2014 HSC Written Examinations Begin, http://news.boardofstudies.nsw.edu.au/index.cfm/2014/10/10/2014-HSC-written-examinations-begin, 2014-10-10.

基础课程包括六个领域：一是关于澳大利亚本国的历史、政治、经济、文化、宗教等方面的内容，如澳洲史、土著研究、宗教礼仪等；二是自然科学，如数学、化学、生物等；三是社会科学，如世界史、经济学、社区与家庭研究等；四是英语，分为初、中、高三个等级；五是外语，如汉语、德语、法语、日语、阿拉伯语等；六是文艺，如舞蹈、戏剧、音乐等[1]。

扩展课程是为了满足优秀学生的学习和培养学生多方面的兴趣而开设的，一般需要完成基础课程学习并合格后才能选读。科目主要分为以下七个领域：一是高级科学，如科学通论、电子学、农学等课程；二是计算机科学，如计算机研究、信息处理技术等课程；三是社会科学，包括社会与文化、经济学等；四是语言，如英语、德语扩展、法语扩展等；五是美术和工艺，如视觉艺术、纺织学、食品科学、园艺等课程；六是音乐与文艺，如钢琴、提琴、舞蹈、戏剧表演等课程；七是个人健康发展，如健康与体育、公民教育等。许多扩展课程都是与大学课程相互衔接的，并且有一部分课程已得到新南威尔士州多数大学的承认，学生在进入大学后可免修相应课程[2]。

职业技能课程是为毕业后想要进入技职类学校或直接工作的学生开设的，分为九个领域。第一类是商业服务，包括初、中、高三个等级；第二类是建筑学，包括基础建筑学知识、中级建筑学知识和特殊建筑学知识；第三类是信息技术，分为初、中、高三个等级；第四类是娱乐业，分为两个等级；第五类是营销业；第六类是旅游；第七类是社交礼仪；第八类是金属与制造技术；第九类是基础工业。这些课程与 TAFE 及大学里的职业技术教育课程是相互衔接的。

新南威尔士州的高中课程学习是用"学分"（Unit）单位值来计量，大多数的课程为 2 个学分，每个学分平均每周学时为 2 小时，学生可以跨校选课。一般而言，学生在选课时，可以依其兴趣和志愿咨询年级指导教师来选择适合自己的课程，但须符合基本的学习要求，即在 11 年级必须完成至少 12 学分的基础课程，以及在 12 年级完成至少 10 学分的 HSC 课程（其中包括至少 2 学分的英文必修课程）。

---

[1] 陈娜、周谊：《澳大利亚多元化高考制度初探——以新州的 HSC 考试为例》，《江西教育》（管理版）2007 年第 7 期，第 80～81 页。

[2] 陈娜、周谊：《澳大利亚新州高中毕业证书考试探析》，《外国中小学教育》2008 年第 12 期，第 40～44 页。

在这些课程学习中，至少要有10学分的学习是新州学习评量委员会所规定的ATAR课程，即委员会开发的A类课程和B类课程（主要是A类课程，B类课程最多只能有2个学分列入成绩计算）①。同时，选课分布必须至少有4个不同的科目领域（含2学分的必修英语）。学生如果选择扩展课程，最多只能有4个学分列入成绩计算。此外，学生在选课时，还必须注意有些大学（特别是高选拔型高校）在招生时，针对学生申请的专业会有不同的ATAR课程要求或预备知识要求。

当然，在符合上述学习要求之外，学生可以依其兴趣再多修课程，参加更多科目的考试，但由于学生的学校成绩将占其最终HSC成绩的50%，而且根据ATAR的计算方式，大学招生中心仅选择最好的10个学分（5门课程）的HSC成绩来进行换算大学入学排名（2学分英语和8学分ATAR课程），因此，学生通常都会审慎考虑自己的学习负荷来选课。

2. 成绩计分

新南威尔士州的高中学生在完成课程学习后，学校会按统一的评量标准为学生的学校成绩计分。学校成绩以学生的12年级的平时学习评量为主（如单元作业、学期测验、模拟考试），一旦一门课程的学校评量分数被打出来以后，学校就会向新州学习评量委员会提交该门课程所有的学生的评量分数，称之为"原始评量成绩"（Raw Assessment）。同一所学校同一门课程的学生评量分数，由于是在相同的条件下产生的，所以这所学校所有学习这门课程的学生的评量分数是可以相互比较的。学校提交上来的原始评量成绩不仅显示了该校本门课程的学生成绩排位顺序，也显示出学生之间的分数分值差距。

然而需要注意的是，不同学校在对同一种课程给出评量分数时，它们是在各自学校条件下用不同方式给出来的分数，给分方法也会有差异，这意味着从不同学校提交给评量委员会的学生分数是不可比较的。为了让不同学校的学生课程评量分数具有可比性，解决不同学校造成的成绩差异，新州学习评量委员会将针对各校送上来的原始评量成绩进行调整，成为最终的校本学习评量成绩。这个调整过程就是要保证不同学校提交上来的每一门课程的学生评量分数具有统一的衡量值，这样就可以比较不同学校提交的学生评量成

---

① A类课程具有学术的严谨性和知识深度，为高等教育的学习提供背景知识，扩展课程即属此类。B类课程不为高等教育的学习提供背景知识，如职业技能课程。

绩了。

新州学习评量委员会在各校学生原始评量成绩的调整过程中，要保持学生在本校的排名顺序不变，分数调整以后，学生之间的分数差距也与原始评量成绩的分数差距要尽量保持相似。对某学校的学生所得的某门课程的原始评量成绩进行调整，是以这些学生参加全州的 HSC 会考同一门课程的统一考试成绩为参照系来进行的。分数调整要遵循以下三个条件：第一，分数调整以后，本校学生本门课程的校本学习评量成绩的全校总分与全校平均分，要等于这些学生参加 HSC 会考所得的本门课程的成绩总分与平均分；第二，用这些学生参加 HSC 会考的最高分（不论这个最高分是哪个人获得的）替换掉学校原始评量成绩的最高分；第三，一般情况下，用这些学生参加 HSC 会考的最低分（不论这个最低分是哪个人获得的）替换掉学校原始评量成绩的最低分[①]。下面通过具体案例来说明原始评量成绩的调整过程。

案例：新南威尔士州某高中有 6 名高中生选修"现代历史"，并参加了这门课程的全州 HSC 会考，他们本门课程的学校原始评量成绩、会考成绩、调整后的学校评量成绩，如表 3-4 所示（表中也在每列成绩后标出了学生的考试名次）。我们可以看到，在学校评量成绩调整前后，这 6 位同学的排名顺序保持不变，根据前文中提出的三个条件，原始评量成绩的最高分被会考成绩的最高分所替换（不论会考成绩最高分是谁获得的分数），原始评量成绩的最低分被会考成绩的最低分所替换（不论会考成绩最低分是谁获得的分数），然后，根据六人原始评量分数之间的分数落差间距，大致给出中间 4 位同学的调整后分数，并且保证调整后六人的校本评量成绩总分、平均分与六人参加会考所获得的总分、平均分相等。

表 3-4　新南威尔士州高中校内学习评量成绩调整计算案例

学生	原始评量成绩	排名	会考成绩	排名	校本学习评量成绩	排名
A	90	1	92	1	92	1
B	78	2	72	3	77	2
C	75	3	80	2	74	3

---

① Board of Studies NSW, Explanation of Aligning and Moderating Procedures for the Higher School Certificate, http://www.boardfstudies.nsw.edu.au/hsc-results/moderation.html，2014-05-15.

续表

学生	原始评量成绩	排名	会考成绩	排名	校本学习评量成绩	排名
D	58	4	60	4	59	4
E	55	5	50	6	57	5
F	40	6	55	5	50	6
总分	396		409		409	
平均分	66		68		66	

资料来源：Board of Studies NSW, Explanation of Aligning and Moderating Procedures for the Higher School Certificate, http://www.boardfstudies.nsw.edu.au/hsc-results/moderation.html, 2014-05-15.

如果学校提交的原始评量成绩有两个（或两个以上的）并列最高分，那么，调整后的最高分应该是 HSC 会考成绩前两名的学生（或相应几名学生）的分数的平均分；同理，如果学校提交的原始评量成绩有两个或多个并列最低分，调整后的最低分也是 HSC 会考成绩排名靠后的相应分数的平均分。同时也要注意，标准差的测算方法从来不被用在分数调整过程中。另外，如果这些学生的 HSC 会考成绩的分布规律与学校原始评量成绩的分布规律存在较大差异，还需要适当提高或降低调整后的原始评量成绩最低分。

在分数调整过程中，新州学习评量委员会排除一些特殊状况学生的原始学习评量成绩，以保证公平对待所有学生。这些学生包括：长期处于生病或遭遇意外事故、会考成绩比预期的表现低很多，以及由委员会决定的其他特殊情况。排除这些特殊状况学生的成绩意味着他们的考试成绩不被列入调整计分的参考值，因此，他们异常的考试成绩不会影响到他们自己高中的最终校本学习评量成绩。新州学习评量委员会在完成学校的校本学习评量成绩调整计分后，单独调整这些特殊状况学生的在校学习评量成绩，这样这些特殊状况的学生也可以因此受益，获得更为合适的考核评分。

（二）HSC 会考

新南威尔士州"高中毕业证书会考"（HSC Examinations，简称 HSC 会考），是由新州学习评量委员会组织的对该州高中应届毕业生进行的统一水平考试，是该州应届高中毕业生获得 HSC 证书的必要评量手段，占 HSC 总成绩的 50%。HSC 会考以多元化设置的考试科目和灵活机动的考试方式著称，考科与高中的 HSC 课程相配合。基本上来说，学生可以依据自己在高中所修读的 HSC 课程选择考科来参加考试，但必须至少选择 5 门不同领域的考科（含英语）。当然学生可能选修较多的课程，而选择超过 5 门的考科，大学招生中心则会依据学生最好的 10 个学分的 HSC 成绩来进行大学入学排名换算（2 学分英语和 8 学分 ATAR 课程）。

1. 考试形式与考试时间

由于新南威尔士州的高中课程多元丰富，使得 HSC 会考的考科多样，考试形式不仅有纸笔考试，还包括语言类的口语考试和文艺类的术科实践考试。同时，由于学生选课情况多样，导致 HSC 会考持续的时间跨度很大，不同科目的考试时间相互不能重合，各科考试时间都不一样，考试卷的种类多达 116 种。一般来说，纸笔试的考试时间从每年的 10 月中旬开始，一直持续到 11 月中旬结束；语言类的口语考试和术科的实践考试时间相对比较早一些，从每年的 7 月底开始，一直持续到 9 月中旬。新州学习评量委员会通常在 5 月（即第二学期）在官网上公布 HSC 会考的时间和地点，学生可以用自己的学号和注册密码登入"新州学生在线"（NSW Students Online）网站查询考程和地点。口语考试还提供在线考试日程安排功能，可以让学校老师为学生更改考试的时间和地点。以 2014 年为例，新州学习评量委员会在 5 月 7 日于官网上公告 HSC 会考时程：纸笔试时间从 10 月 13 日至 11 月 5 日，口语考试时间为 7 月 28 日至 9 月 13 日，实践考试时间为 7 月 31 日至 9 月 13 日。

另外，为了避免身心残障考生在考试时因残障条件妨碍其阅读或沟通，学生可以向新州学习评量委员会申请考试援助，通常是在 11 年级时先向学校校长、年级导师或顾问提出申请。学生生病或遭受意外等重大事件也可以向学校提出申请协助或申诉，但必须提供相关医生诊断证明，再由校长通知考试委员会的"主审官"（Presiding Officer）进行资格审核。新州学习评量委员会的主审官和考试委员们会先审核学生的申请，然后针对核准的申请案请专门的医生、专家对考生进行评估，并采取相应的特别政策，如提供盲文试卷和大号铅字排印试卷、延长考试时间和休息时间、专门个别出题、派专人至医院或考生家中进行考试等等。

根据统计，2013 年新南威尔士州共有 71 640 名学生参加 HSC 会考，学生报名的考试课程总数为 342 633，其中有 4 831 人申请疾病/意外申诉（占全体考生人数的 7%），申请申诉的考科数为 10 643，经由审核受理的考科数为 9 227，最终因此而修改分数的考科共有 6 549（占审核受理考科总数的 71%）①。

2. 出题与判卷

HSC 会考的出题、监考、判卷和计分都是由新州学习评量委员会负责，成员包括："考试委员"（Examination Committees）、"监考人员"、"判卷人员"（Markers），以及"支持人员"（Support Staff），由新州学习评量委员会遴选与任命。"考试委员"由"选拔专家组"（Selection Panel）提名，主要为专家教师和学者，负责每门 HSC 课程的试卷出题和制订阅卷评分指引，通常必须是熟悉 HSC 教学大纲，具备高级的书写和口语沟通技能，并且是经验丰富的 HSC 课程教师或大学一年级的教学人员。在召集考试委员时，新州学习评量委员会还必须严守一些平衡原则，比如来自中学教师和大学教师的人数必须相等，考试委员在性别、地域（都会区或非都会区）、学校（政府学校或非政府学校）上的人数必须一样等等。同时，这些被委任考试委员的教师在命题前一年内不得参加本门课的教学工作。

另外，新州学习评量委员会通常会提供出题指南和培训，以协助考试委员了解自己的职责，包括熟悉考核标准参照框架、HSC 证书标准制定过程、课程大纲和历年试卷。在每年的 10 月到次年的 4 月之间，考试委员会由"首席考官"（Chief Examiner）召集为期多天的会议，共同起草试题和考试指导方针。当起草试题和考试指导方针完成后，还必须经过新州学习评量委员会评审员的多重复核与审查。

"监考人员"通常为学校的教职人员担任，包括退休的教师或校长，每年 10 月和 11 月有超过 5 000 名人员在考场服务。"判卷人员"主要选拔有经验的科任教师，由新州学习评量委员会训练，每年有超过 7 000 名的教师参与该州和悉尼地区评分中心的考卷评分工作。判卷人员通常是以小组的形式工作，每组负责单一问题或某项的评分，每组中都会有比较资深的判卷人员。同时，在判卷过程中，还会有所谓"判卷监察人员"（Supervisors of Marking，SOMs）负责某科目的整个试卷评分和评分质量的控制。另外，在考试期间，还有超过 800 名的有丰富经验的临时"支持人员"协助考场事

---

① Board of Studies NSW, Higher School Certificate 2010 to 2013 Illness/Misadventure Appeal Summary，http://www.boardofstudies.nsw.edu.au/hsc_exams/illness-misadventrue.html，2014-07-29.

务工作①。

3. 考试计分

HSC 会考的计分也是由新州学习评量委员会负责,考试题的类型有"必答题"和"选做题",判卷人员会根据学生在考试中的每一个问题或题目的回答,给予一个原始得分。对于那些学生选择作答的选做题,委员会要根据这些题目相对于必答题的难度系数,针对学生作答附加题的原始得分进行分数调整。这个过程叫做"选做题加分"。所有题目的得分相加,就成为了这门课程考试成绩的原始得分。考虑到学生成绩最终要根据新州学习评量委员会规定的分数段等级出具成绩报告,判卷人员还需要对学生这门课程的总原始得分做进一步调整,也就是把学生的试卷原始总得分与学业成绩的分数段等级对应起来。新州学习评量委员会将 2 学分的课程分为六个分数段等级,扩展课程则分为四个分数段等级,如表 3-5 所示。

表 3-5　新南威尔士州的分数段等级计分

2 学分课程						
分数段等级	1	2	3	4	5	6
分数范围	0—49	50—59	60—69	70—79	80—89	90—100
扩展课程						
分数段等级	E1	E2	E3	E4		
分数范围	0—24	25—34	35—44	45—50		
扩展数学 2						
分数段等级	E1	E2	E3	E4		
分数范围	0—49	50—69	70—89	90—100		

资料来源:Board of Studies NSW, 2012 Scaling Report. pdf, http://www.boardfstudies.nsw.edu.au/, 2013-04-22。

为了达成学生课程原始成绩与分数段等级的对应排列,新州学习评量委员会通常会选一组具有丰富经验的判卷人员去判断处于每一个学业成绩段位最低边界的学生可能会怎么回答题目,以及这样的回答可以获得怎样的原始分数。这些针对每一个边界的、各个题目的原始分数累加起来,就产生了针

---

① Board of Studies NSW, HSC Exam People, Papers, and Processes, http://www.boardofstudies.nsw.edu.au/hsc_exams/hsc-people-papers-processes.html, 2013-10-14.

对这门课程总原始得分的一个界定段位边界的推荐性标准,即要由判卷人员推荐段位计分使用的最低分数标准。同时,为了确保判卷人员在确定分数段等级成绩时严格执行课程标准,还会有一个第三方的专家委员会,负责监督检查新州学习评量委员会整个的评分过程以及上述的对应校准过程。

上述对应标准的确定过程,是综合考虑和多重进行的,包括对各种资料的收集与评估,比如分数段等级的描述(也就是委员会对不同分数段等级做出的规定)、对标准包的回答、统计反馈、当前年度学生的答卷得分情况与判卷人员预计的各边界分数的一致性等等。一旦这一过程结束,判卷人员将会决定什么样的课程成绩原始得分将对应于什么样的分数段等级得分,或处于什么样的分数段等级得分之间。比如,判卷人员可能会推荐考试成绩原始得分82分是对应于段位6的最低得分,考试成绩74分是获得段位5的最低得分要求等等。

用上述的例子来说,一个学生某门课程的考试原始分数是82,对应于判卷人员判断出来的本年度该门课程分数段等级6的最低得分,那么,这个学生这门课程的报告考试分数就是90。对考试成绩不处于边界分数上的学生,要按照线性比例来确定他的报告分数,比如学生考试分为78分,正好处在等级4和等级5的原始分数的正中间,那么,为他出具的成绩报告单上,这门课程的成绩就是90和80的正中间,为85分。

二、维多利亚州:"校本学习评量"、"VCE会考"与"GAT测验"

维多利亚州主要有两种高中毕业证书,一是"维多利亚教育证书"(Victorian Certificate of Education,以下简称VCE证书),另一是"维多利亚应用学习证书"(Victorian Certificate of Applied Learning,以下简称VCAL证书)。这两种证书都是"维州课程与评量管理局"(VCAA)针对在该州成功完成高中教育的学生所颁发的证书,为全澳和绝大部分英联邦国家所承认。VCE证书是进入大学的基本资格条件,学生在高中所选修的课程以VCE课程为主,倾向于准备未来的大学升学。学生在获得VCE证书后,可以选择申请大学或TAFE就读,或者是投入职场工作。VCAL证书则着重于实际的技能训练和未来的就业。2012年,维多利亚州大约有59 000名学生获得高中毕业证书,其中83%的学生是取得VCE证书,16%的学生是VCAL证书,其余1%的学生为其他类,如"国际文凭"(International

Baccalaureate Diploma，IB）①。

维多利亚州在大学入学考试方面，也是采取综合评量方式，以"校本学习评量"和外部的"维多利亚教育证书会考"（VCE Examinations，以下简称 VCE 会考）为主，但是各门课程的成绩评量与新南威尔士州统一规定的50∶50 的校内外评量比例不同，维多利亚州各门课程的评量各有其规定的比例（详见表 3-6）。另外，对于准备申请大学的学生，除了满足上述校内校外两项评量与考试外，还必须参加"综合学业成就测验"（General Achievement Test，以下简称 GAT 测验）。GAT 测验成绩不计入 VCE 证书成绩，但被维州课程与评量管理局用来作为检查校本评量和考试分数的准确性。维州课程与评量管理局通常在每年 12 月中旬公布学生的 VCE 证书成绩，以 2014 年为例，VCAA 网络开放成绩在线查询时间为 12 月 15 日，评量成绩书面报告的寄发时间为 12 月 16 日。

表 3-6　2014 年维多利亚州 VCE 证书评量比例

课程	评量模式	百分比（%）
视觉艺术、农业与园艺研究	校本课程评量：单元 3 校本课程评量：单元 4 VCE 会考：笔试（1.5 小时）	33 33 34
艺术、系统工程、产品设计与技术	校本课程评量：单元 3＋单元 4 校本任务评量 VCE 会考：笔试（1.5 小时）	20 50 30
生物、化学、心理学	校本课程评量：单元 3 校本课程评量：单元 4 VCE 会考：笔试（2.5 小时）	20 20 60
文学、哲学、社会、会计、经济、地理、历史、体育、拉丁文、环境科学、商务管理、古典研究、法律研究、信息技术、宗教与社会、文本与传统、工业与企业、英语语言学、健康与人类发展、户外与环境研究、澳大利亚与全球政治	校本课程评量：单元 3 校本课程评量：单元 4 VCE 会考：笔试（2 小时）	25 25 50

①　VCAA，Strengthening Senior Secondary Pathways. pdf，http://www.vcaa.vic.edu.au/Pages/vce/Publications/index.aspx，2014-10-10.

续表

课程	评量模式	百分比（%）
英文、古希腊文、古希伯来文	校本课程评量：单元3 校本课程评量：单元4 VCE会考：笔试（3小时）	25 25 50
音乐探讨	校本课程评量：单元3 校本课程评量：单元4 VCE会考：演出考试（25~40分钟）	25 25 50
音乐演奏	校本课程评量：单元3＋单元4 VCE会考：听力与笔试（1.5小时） VCE会考：演出考试（25~40分钟）	30 20 50
音乐作曲	校本课程评量：单元3＋单元4 校外任务评量 VCE会考：听力与笔试（2小时）	30 30 40
维多利亚土著语	校本课程评量：单元3 校本课程评量：单元4 VCE会考：笔试（2小时）	30 30 40
物理	校本课程评量：单元3 校本课程评量：单元4 VCE会考：笔试（2.5小时）	16 24 60
高等数学	校本课程评量：单元3＋单元4 VCE会考：笔试1（1.5小时） VCE会考：笔试2（1.5小时）	34 33 33
数学方法	校本课程评量：单元3＋单元4 VCE会考：笔试1（1小时）/笔试2（2小时）	34 22 44
食品科技	校本课程评量：单元3＋单元4 校本任务评量 VCE会考：笔试（1.5小时）	30 40 30
视觉传达设计	校本课程评量：单元3＋单元4 校外任务评量 VCE会考：笔试（1.5小时）	25 40 35
媒体	校本课程评量：单元3＋单元4 校本任务评量 VCE会考：笔试（2小时）	18 37 45
艺术	校本课程评量：单元3＋单元4 校本任务评量 VCE会考：笔试（1.5小时）	20 50 30

续表

课程	评量模式	百分比（%）
舞蹈	校本课程评量：单元3＋单元4 VCE会考：演出考试（2.5～5分钟） VCE会考：笔试（1.5小时）	25 50 25
戏剧	校本课程评量：单元3＋单元4 VCE会考：演出考试（7分钟） VCE会考：笔试（1.5小时）	40 35 25
戏剧研究	校本课程评量：单元3＋单元4 VCE会考：演出考试（7分钟） VCE会考：笔试（1.5小时）	45 25 30
扩展研究	校本课程评量：单元3 校外任务评量 VCE会考：批判思维能力测验（70分钟）	30 60 10
第二语言：汉语、日语、韩语、印度尼西亚语、进阶汉语、法语、德语、越南语、希腊语、阿拉伯语、西班牙语、意大利语	校本课程评量：单元3 校本课程评量：单元4 VCE会考：口试（15分钟） VCE会考：笔试（2小时）	25 25 12.5 37.5
俄语、荷兰语、瑞典语、波兰语、波斯语、印度语、高棉语、希伯来语、菲律宾语、葡萄牙语、匈牙利语、土耳其语、乌克兰语、马其顿语、马耳他语、僧加罗语、意地绪语、旁遮普语、亚美尼亚语、克罗地亚语、波斯尼亚语、塞尔维亚语、罗马尼亚语	校本课程评量：单元3 校本课程评量：单元4 VCE会考：口试（15分钟） VCE会考：笔试（2小时50分）	25 25 12.5 37.5
第二语言：汉语、日语、韩语、印度尼西亚语	校本课程评量：单元3 校本课程评量：单元4 VCE会考：口试（10分钟） VCE会考：笔试（2小时）	25 25 10 40
手语	校本课程评量：单元3 校本课程评量：单元4 VCE会考：手语对话考试（10分钟） VCE会考：手语理解考试（2小时）	25 25 15 35

资料来源：VCAA，VCE and VCAL Administrative Handbook 2014. pdf, http://www.vcaa.vic.edu.au/ Pages/vce/publications/index.aspx, 2014-08-03。

（一）校本学习评量

维多利亚州高中实施的校本学习评量是针对学校课程进行的，由学校的老师根据学习单元设计一系列评估，包括了学校设置的"校本课程评量"（School-Assessed Coursework）、"校本任务评量"（School-Assessed Task）和"校外任务评量"（Externally-Assessed Task）[①]。对于未来有升学打算的学生，都需要在符合维州课程与评量管理局的规定下选读VCE课程，并达到基本选课要求（除了必修的英语类课程，还要完成至少3门VCE课程）。

目前，VCE课程共有120多门课，包括90多门人文、科学、科技、艺术、语言类课程，和30多门的VET职业类学习。这些课程主要是针对11年级和12年级的学生开设，学校可以根据自身办学条件自行决定开设哪些课程，学生依据自己的兴趣、专长和未来的就学或就业计划来选修课程，许多学生会在学校的允许下于10年级就开始选修VCE课程。所有的VCE课程被划分成若干"单元"（Unit），多数课程为4个单元（Unit1，Unit2，Unit3，Unit4），如会计学；部分课程为2个单元（Unit1，Unit2），如基础数学。

VCE课程的每个单元需要花费一学期时间完成，至少50小时的课时学习。每个单元会设定2～3个学习指标，每个学习指标描述了学生完成相应单元所应掌握的知识和技能。学生选课时可以自由变化，依自己能力增减，不需要完成1至4所有单元，这意味着学生可以在11年级和12年级选择不同的课程。一般来说，第1单元和第2单元的课程，学生可以不按照顺序选读，第3单元和第4单元的课程则必须按照顺序来学习。学生通常是在高中的最后一年（12年级）修读所选课程的第3单元和第4单元。

如果学生计划申请大学，就要获得VCE证书，同时还要符合基本选课要求，即至少完成4门VCE课程（共16个单元），包括一门必修的英语类课程（至少完成3个单元的学习，并且其中至少要有一个单元是第3单元或第4单元）和三门包含有第3单元和第4单元的课程。总体说来，第1单元和第2单元的成绩由学校老师自行评价，不列入最终的VCE证书成绩，对于仅修读第1单元和第2单元课程的学生，其成绩报告由学校发放。第3单元和第4单元则由学校任课教师在平时的教学过程中，根据维州课程与评量

[①] "校本课程评量"是指语文、数学、社会科学、自然科学等学科的平时评核。"校本任务评量"和"校外任务评量"则是着重于视觉艺术、扩展研究、音乐作曲、技能设计等科目的平时评核。

管理局颁布的课程标准，进行评量与考试，依照各科的规定比例计入最终的 VCE 证书成绩。

（二）VCE 会考

"维多利亚教育证书会考"（VCE Examinations，简称 VCE 会考），是对全州高中应届毕业生进行的统一水平考试，也是该州应届高中毕业生获得 VCE 证书的必要评量，由维州课程与评量管理局负责出题、判卷和计分。维州课程与评量管理局通常在每年的 5 月、8 月、9 月和 10 月提供一系列的培训课程给新任命的考试监察主管和考试协调人员，以协助其掌握考试事务作业流程。

VCE 会考的考试科目与高中的课程相配合，以 VCE 课程的第 3 单元和第 4 单元为主，考试方式灵活机动，包括：笔试（Written Examination）、语言类口试（Language Oral Examination）、表演类考试（Performance Examination）、手语考试（Sign Examination），以及批判思维能力测验（Critical Thinking Test）。VCE 会考试时程由维州课程与评量管理局在每年的 5 月发布，通常是在 10 月至 11 月在全州范围内举行统一考试，学生必须自行上其官网查询自己的考科时程。以 2014 年为例，语言类和表演类考试从 10 月 6 日至 11 月 2 日（报考人数 15 104 人），手语考试为 10 月 28 日，笔试时间从 10 月 29 日至 11 月 21 日（报考人数 82 944 人）[①]。

（三）GAT 测验

"综合学业成就测验"（General Achievement Test，简称 GAT 测验），是 VCE 证书外部评量最基础的一部分，是为了避免内部和外部评量成绩的偏见和争议所设立。该测验主要考查学生在高中的一般知识和技能，不针对 VCE 课程的特定学科进行评量，所有进修 VCE 课程第 3 单元和第 4 单元学习的学生都需要参加 GAT 测验。GAT 测验成绩不计入 VCE 证书成绩，但被维州课程与评量管理局用来作为校本评量的统计调整、检查学生考试分数的准确性和计算"衍生考试分数"（Derived Examination Score，DES）[②]，

---

① VCAA, Media Guide for VCE Examinations, http://www.vcaa.vic.edu.au/Documents/media/Mediaguide2014.pdf, 2014-10-10.

② "衍生考试分数"（Derived Examination Score）是为不可抗拒因素（生病、受伤、家庭创伤）无参加会考的学生或会考分数低于预期的学生所设计的加分机制，其目的在于准确反映学生最终的学习成果。

以确保校本学习评量的公平性和可比性。

GAT 测验由维州课程与评量管理局统一命题，通常在每年的 6 月举行（2014 年为 6 月 11 日），12 月份发放成绩，测验范围包括人文、艺术、数学、自然科学、社会科学和书面沟通，考试时间共 3 小时，包括两个写作（各 30 分钟）和 70 道选择题（2 小时）。写作的原始分数为 40 分，选择题的原始分数为 70 分（数学和自然科学类题型 35 分；人文、艺术和社会科学类题型 35 分）。GAT 考试成绩标准化报告以 0 到 50 分的等级呈现，平均值为 30 分，标准偏差为 7 分[①]。

（四）成绩计分

1. VCE 证书成绩

VCE 证书的"成绩记录"（Statement of Results）是累积学生在 11 年级和 12 年级的最终评量成绩，由维州课程与评量管理局在 12 月时发放寄出，项目包括"单元"（Unit）、"单元成绩"（Result）、"等级"（Grade）和"学习分数"（Study Score）。"单元"项目显示学生在高中期间所修的课程单元，对应"单元成绩"。一般说来，第 1 单元和第 2 单元采取的是校本学习评量的方式，由学校和教师设计评量任务，给予"S"（Satisfactory 满意）或"N"（Not Satisfactory 差强人意）的成绩表示。第 3 单元和第 4 单元的评量结合了校本学习和 VCE 会考，除了给予 S 或 N 的成绩外，还会显示"等级"和"学习分数"两项成绩。等级成绩以"$A^+ \sim E$"、"UG"（Ungraded 不及格）和"NA"（Not Assessed 未评分）表示；学习分数成绩从 0 分到 50 分衡量，满分是 50 分。

学习分数成绩主要是结合校本学习评量和 VCE 会考两项成绩，由维州课程与评量管理局依照评量比例计算，并参考 GAT 测验成绩进行调整。以生物课程的为例，学习分数按照评量比例计算为：Unit3×20％＋Unit4×20％＋VCE 会考×60％（如前表 3-7 所示）。在计算过程中，考虑到各校内部评量的难度内容都不一样，各校之间同一门课程的分数很不相同，为了能让大家有一个共同的比较，维州课程与评量管理局采取 GAT 测验的结果来调整各校评量的差距。

---

① VCAA, GAT Results, http://www.vcaa.vic.edu.au/Pages/vce/exams/gat/results.aspx, 2013-08-02.

由于学习分数将被维多利亚高校招生中心采用转换成 ATAR，成为澳大利亚高校招生选拔的依据，因此维州课程与评量管理局会全程监督单元 3 和单元 4 的评量机制。基本上来说，学习分数平均值为 30 分，如果学生获得的分数是介于 23 分～37 分，表示是在中间范围的学生；如果是获得 38 分或以上的学生，则表示位居前 15%。根据维州课程与评量管理局 2014 年的统计，93% 的学生拿到 20 分或以上的分数；78% 的学生拿到 25 分或以上的分数；53% 学生会拿到 30 分或以上的分数；26% 的学生拿到 35 分或以上的分数；9% 的学生拿到 40 分或以上的分数；2% 的学生拿到 45 分或以上的分数，标准偏差为 7 分，和 GAT 测验一样[1]。

2. 调整计分

维州课程与评量管理局采用 GAT 测验调整校本学习评量和确认校外评量的准确性的步骤有三，第一步：需要在每一门课进行分数调整的学校，先由学校确定本校每一门课的调整分数的学生组。例如，某校所有学习"法律研究"课程的学生，就组成一组；如果某校只有极个别学生学习某门课程，建议和其他学校编成一组。对于一些需要特殊对待的学生，就先将他们剔除出来，不要编在组里，等最后调整完以后，再单独给他们分数。同时，对于没有完成校本学习评量或没有参加 VCE 会考、GAT 测验的学生，将予以排除。第二步：确定调整组学生的外部考试成绩。如果学生某科 VCE 会考的成绩明显低于 GAT 测验的结果，学生的会考成绩将被重新评估，在此基础上，学生的会考分数可能被调整上去，有利于公平地呈现学生的整体成绩。第三步：使用调整组学生的外部成绩来调整该组的学校课程成绩。调整的目标是要求调整以后的学校分数的平均分尽可能等于这些学生校外考试成绩的平均分。调整过程中需要遵循以下规则：（1）调整后的最高分等于外部考试成绩的最高分；（2）调整分数的"中间值"（Median）和"四分位数"（Quartiles）等于外部考试成绩的中间和四分位位置的分值[2]；（3）调整完以后，保证学生校内成绩的排名位置不变。

换句话说，如果参加某门课考试共有 100 个人，维州课程与评量管理局

---

[1] VCAA, VCE Frequently Asked Questions-Current Students, http://www.vcaa.vic.edu.au/Pages/faqs/vcecurrentstudents.aspx, 2014-11-13.

[2] "四分位数"（Quartiles）是指在调整学生组中位于 25% 和 75% 位置的人。

先将该门课的校外考试的 100 个成绩从高到低排序，校本学习评量的 100 个成绩从高到低排好，不管校外最高分是谁考的，把校外最高分给在校本学习评量第一名的那个人；把校外考试排在 25 名、50 名、75 名的那个分数（不管是谁考的），安在校内考试排名 25 名、50 名、75 名的那三个人。这几个位置确定好以后，开始算 100 个人的校外考试平均分，然后调整其他人的校本学习评量分数，保证调整结果的平均分等于校外考试的平均分。最后，按照本门课程规定的校内外评量分数比例，代入公式计算，得到学生在本门课程上最终的"学习分数"。

三、西澳州："校本学习评量"与"WACE 会考"

西澳州的高校招生考试制度采取综合评量方式，针对学生在高中（11 年级和 12 年级）的学习课程内容，进行 50％的"校本学习评量"和 50％的"西澳教育证书会考"（WACE Examinations，以下简称 WACE 会考）。完成高中教育并符合课程要求的学生，学校课程标准管理局（SCSA）会授予"西澳教育证书"（Western Australian Certificate of Education，以下简称 WACE 证书）和"学习成绩单"（Statement of Results），同时，对于参加 WACE 会考的学生授予"课程报告"（Course Report）。这些证书和报告为全国和国际所认可，为学生未来申请大学、TAFE、职业教育与培训或进入职场就业的资格证明与基本条件。

（一）校本学习评量

西澳州的学生从 10 年级开始就可以依照自己的兴趣和志愿选修课程，包括 WACE 课程（11 年级/12 年级）、职业教育与训练（10 年级/11 年级/12 年级）和认可课程（10 年级/11 年级/12 年级）三大类。WACE 课程分为八个领域，分别为：艺术、英文、语言、数学、科学、科技、健康与体育、人文社会，以"课程单元"（Course Unit）为学习计量单位。每个单元的学时为 55 个小时，通常完成一个课程需要两个单元，为期一学年。另外，根据学习目标和学习成就，课程单元可分为："初步阶段课程单元"（P-Stage Unit）、"阶段 1 单元"（Stage 1 Unit）、"阶段 2 单元"（Stage 2 Unit）、"阶段 3 单元"（Stage 3 Unit）。"初步阶段课程单元"提供实践性与技能性的学习机会，为即将进入阶段 1 单元或将来准备离校工作的学生奠定基础的课程，成绩不以分数呈现，仅在成绩单上表示完成。"阶段 1 单元"是为进入阶段 2 单元或准备离校后进入 TAFE、培训机构、学徒计划和职场工作的学生所设计的课程。"阶段2单元"和"阶段3单元"是为了准备进入大学、TAFE、培训机构、学徒计划和职场工作的学生所设计的课程，涵盖面广阔、学科多元且内容深入。

学生只要满足学校课程标准管理局所规定的课程学习要求（广度与深度标准、成就标准和英语能力），毕业时就可获得WACE证书。在广度与深度标准方面，学生在毕业前至少要完成20个课程单元，其中必须有至少10个单元为WACE课程。同时，为了鼓励学生多元学习，其选修的VET或认可课程最多可有50%的课程单元可以算入。在成就标准方面，学生必须要完成最少16个课程单元，平均成绩必须达到C。在英语能力方面，学生必须要有至少4个单元是选自英语、文学或英语为第二语言课程，平均成绩必须达到C。另外，在12年级结束时，完成至少一组（2A/2B, 2C/2D, 3A/3B或3C/3D）的A类和B类课程单元[①]。

学校的12年级教师在学生完成课程后，根据学生在校的作业、考试、随堂测验、课堂任务和实务工作评量，将其成绩送交学校课程标准管理局，再由该管理局于学生毕业时颁发"学习成绩单"。学习成绩单中的"课程单元成绩"记录了学生在校所修读阶段1单元、阶段2单元和阶段3单元的"学校评分"(School Grade)，以五个等级呈现：A为"非常杰出"(Excellent Achievement)、B为"优秀"(High Achievement)、C为"满意"(Satisfactory Achievement)，D为"较差"(Limited Achievement)、E为"不合格"(Inadequate Achievement)。

（二）WACE会考

"西澳教育证书会考"（WACE Examinations，简称WACE会考），是对西澳州高中应届毕业生进行的统一水平考试，由该州的"学校课程标准管理局"（SCSA）负责出题、判卷计分，并于每年7月下旬公告考程。会考科目以阶段2单元和阶段3单元的课程为主，学生不需注册报名考试，只要在12年级时选读了该类课程的学生，SCSA就会自动记录该名学生为会考考生，学生依照其选修的科目和考程参加考试即可。对于未来准备申请大学的学生而言，参加WACE会考为必需的，该考试成绩将占ATAR的50%，

[①] A类课程单元为艺术、语言、人文社会领域；B类课程单元为数学、科学、技术领域。

学生有责任确认自己选读的高中课程是否满足要申请的大学的入学要求。

WACE会考采取纸笔和实作两种考试形式。纸笔考试时间通常在每年的11月，为期约一个月（2014年从11月3日至11月28日），考试科目包括：数学，经济，化学，文学，地理，英文，心理学，古代史，近代史，健康研究，工程研究，生物科学，综合科学，专业数学，食品科技，户外教育，会计与财务，建筑与构造，职业与企业，哲学与伦理，政治与法律，宗教与生活，人类生物科学，计算机科学，地球环境科学，动物生产系统，应用信息技术，汽车工程技术，海事与海洋研究，商务与企业管理，孩童、家庭与社区①。

实作考试的时间为每年的9月开始至10月结束（2014年从9月28日至10月24日），考试科目多为语言类和艺术类。语言类的实作考试以口试方式进行，艺术类的实作考试则以表演方式进行。2014年实作考试科目包括：汉语、法语、德语、日语、舞蹈、戏剧、音乐、体育、设计、航空、意大利语、体育研究、视觉艺术、印度尼西亚语、植物生产系统、材料设计与技术、媒体制作与分析、英语为第二语言、西澳大利亚土著语言、土著民族与跨文化研究。

对于长期或是暂时处于身心障碍的学生（多动症、运动障碍、听力障碍、视觉障碍、学习障碍、心理障碍），学校课程标准管理局（SCSA）考虑其不利条件可能会影响考试成绩，准允这类学生申请考试特殊安排。这些特殊安排包括安排考试座位、考卷字体放大、使用抄写人员、延长考试时间、给予额外的休息时间、允许吃喝东西，或选择实作考试的形式。学生在规定的申请截止日之前向学校提出考试特殊安排的申请和提供相关证明文件，再由学校统一递交申请表给SCSA。2014年纸笔考试的特殊安排申请截止日为5月16日，实作考试的特殊安排申请截止日为8月1日。

（三）成绩计分

12年级应届高中毕业学生在完成阶段2单元/阶段3单元和参加WACE会考后，会收到学校课程标准管理局授予的课程报告。课程报告呈现学生所修读的学科和阶段单元，以及在该科的学习成就，包括：学校评分、学校分

---

① School Curriculum and Standards Authority, Year 12 Handbook 2014 pdf, http://www.scsa.wa.edu.au/internet/Publications/year12 information handbook, 2014-05-05.

数（School Mark）、WACE 会考分数、WACE 课程分数。学校分数以百分制计算，分为原始学校分数和"调节学校分数"（Moderated School Mark）在课程报告上呈现。原始学校分数是学校给予学生在校的评量成绩，调节学校分数是经由学校课程标准管理局调整后的调节成绩。WACE 会考分数也是依此模式评分，学生参加会考的原始成绩以百分制计算，之后学校课程标准管理局会将该分数转换为"标准化考试分数"（Standardised Examination Mark），并将两项成绩同时记录于学生的课程报告（详见图 3-2）。

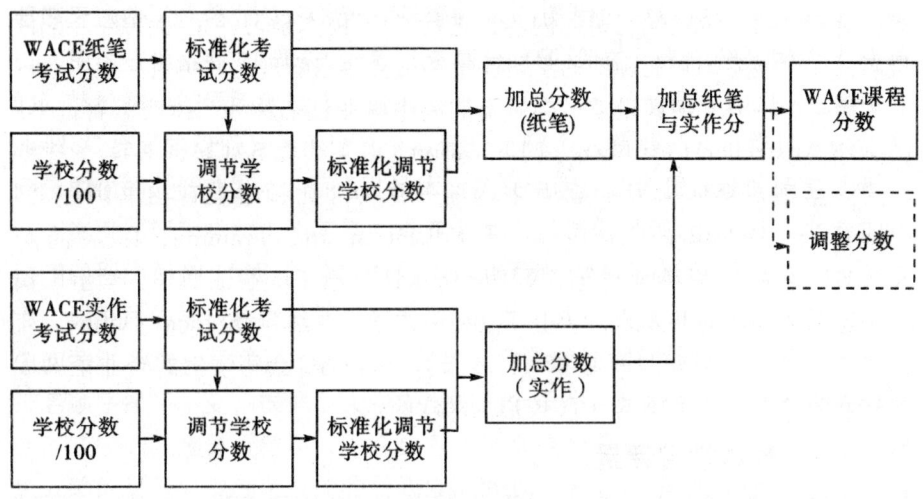

图 3-2　WACE 考试分数计分流程

资料来源：School Curriculum and Standards Authority, Your _ marks _ brochure _ PDF. pdf, http://www.scsa.wa.edu.au/internet/Senior_Secondary/WACE_ Examinations/Your _ Marks，2014-09-26.

WACE 课程分数是依照 50∶50 的百分比例，将调节过或标准化的学校分数和 WACE 会考分数加总而成。该分数以百分制呈现，分别代表 6 个不同等级的学习成就：75 分～100 分为"非常杰出"（Excellent Achievement）、65 分～74 分为"优秀"（High Achievement）、50 分～64 分为"满意"（Satisfactory Achievement）、35 分～49 分为"较差"（Limited Achievement）、0 分～34 分为"不合格"（Inadequate Achievement）。最后，西澳州的学校课程标准管理局和"大学招生服务中心"（TISC）将 WACE 课程分数进行调整，以确保各校之间和学生评量的公平性。该调

133

整分数将被用来转换成 ATAR，成为学生申请大学的重要成绩，也是各大学在招生录取时的审查条件。

四、南澳州与北领地："校本学习评量"与"外部评量考试"

南澳州与北领地采用一致的高校招生考试制度。在招生方面，统一由"南澳高校招生中心"（SATAC）负责。在考试方面，采取综合评量方式，即针对高中第二阶段学习课程内容，进行70%校本学习评量和30%外部评量考试，由南澳州和北领地的学习评量委员会各自管理，并负责高中毕业证书的授与。南澳学习评量委员会颁发的高中毕业证书称为"南澳教育证书"（South Australian Certificate of Education，以下简称 SACE 证书）；北领地学习评量委员会所颁发的高中毕业证书称为"北领地教育与培训证书"（Northern Territory Certificate of Education and Training，以下简称 NTCET 证书），两者均为全国及国际所承认。除了毕业证书外，学生申请大学还需要毕业证书成绩，学生可以利用"学生在线"（Student Online）查询成绩（2014年公布时间为12月18日）。SATAC 会将学生的毕业证书成绩转换为 ATAR，作为全国高校招生录取的依据。

（一）校本学习评量

南澳州与北领地的高中采取相同的课程学习架构，实施"阶段"（Stage）学习模式，学生一般在11年级学习"第一阶段课程"（Stage 1），在12年级学习"第二阶段课程"（Stage 2），但多数学生在10年级就开始学习第一阶段课程。第一阶段和第二阶段的课程涵盖英文、语言、数学、艺术、商务、跨学科、自然科学、健康与体育、人文与社会科学，以及自主社区学习项目。学生每完成一个科目，都会获得相应的"学分"（Credit），连续一年学习同一门课程可获得20个学分，连续一个学期学习同一门课程即获得10学分。

学生要获得 SACE 证书或 NTCET 证书都必须要完成至少200学分，并且必须满足必修课程学分和达到规定的最低成绩。SACE 证书要求学生在必修课程学分方面必须有150学分的学习是分布在以下范围：（1）个人学习计划（第一阶段10学分）；（2）各种英语科目或课程至少20学分（第一阶段或第二阶段均可）；（3）各种数学科目或课程至少10学分（第一阶段或第二阶段均可);(4)研究课题(第二阶段10学分);(5)其他第二阶段科目或课程至少60学分。剩下的90学分学生可以通过修读第一阶段或第二阶段的科目或课程,或者学习评量委员会认可的VET职业课程和社区学习来获得①。

NTCET证书则是要求学生必须有140学分符合必修课程学分,包括:(1)个人学习计划(第一阶段10学分);(2)各种英语科目或课程至少20学分(第一阶段);(3)各种数学科目或课程至少10学分(第一阶段),以及(4)其他第一阶段或第二阶段的科目或课程至少100学分。剩下的60学分学生可以自由选修,通过修读第二阶段的科目或课程来获得②。对于有志申请大学的学生而言,除了需要符合上述课程学习学分条件外,还需要注意在第二阶段课程的修读学分是否达到至少80学分,其中必须至少有60学分是属于"高等教育入学科目"(Tertiary Admissions Subjects,TAS)③,其余的20学分可以是TAS科目、学习评量委员会认可的科目,或是两者混修。同时,学生还需要注意是否符合欲申请大学院系的先决条件,比如选修相关专业科目等等。

学生完成一个第一阶段科目后,会获得一个等级分数,从A到E五个等级分数(A最高,E最低)。学生完成一个第二阶段科目后,也会获得一个从A^+到E^-的等级分数(A^+最高,E^-最低)。学生获得证书的基本成绩要求是一致的,第一阶段课程学习必须达到C或以上成绩,第二阶段课程学习必须达到C^-或以上成绩。学生在第一阶段课程的学习为100%的校本学习评量,第二阶段课程的学习为70%的校本学习评量和30%的校外统一考试。校本学习评量以书面报告和口语简报为主,由学校老师负责评分。

为了确保校本学习评量机制的公平性和可靠性,避免影响最终的高考成绩,学习评量委员会的专家会针对学生在校的必修课程成绩进行复查。学习

---

① South Australian Certificate of Education, About the SACE, http://www.sace.sa.edu.au/the-sace/Students-families/about-the-sace, 2014-10-02.

② Northern Territory Government, NT Certificate of Education and Training, http://www.Education.nt.gov.au/teachers-educators/curriculum-ntbos/ntcet, 2014-02-04.

③ "高等教育入学科目"(Tertiary Admissions Subjects, TAS)是属于高中第二阶段的学习课程,为大学和TAFE院校所认可的高等教育预备课程,该类课程成绩主要是用来转换大学入学的ATAR排名和TAFE院校的选拔分数。

评量委员会的专家通常是各校的科任教师担任，由学习评量委员会从都会区和乡村区学校的三个部门中选派。学习评量委员会的专家并不是检查所有12年级的必修课程成绩或执行重新判卷的任务，而是针对各校在12年级第一学期末和第二学期末按每班1/3的比例呈报的必修课程成绩样本进行复查，进而证实各学校的校本学习评量成绩是否正确或者是需要改正。2013年，南澳州境内高中的校本学习评量成绩有82%是被学习评量委员会的专家证实为正确，无须进行改正。[1]

（二）外部评量考试

"外部评量考试"（External Assessment and Examinations）是南澳州与北领地应届高中毕业生获得毕业证书的必要评量，以第二阶段课程为主，占综合评量的30%，考试形式依据科目可分为三类，分别为："综合考试"、"表演评量"（Performances）和"调研评估"（Investigations）。

"综合考试"以笔试为主，语言类科目则会加考口试，考试通常是在10月中旬至11月中旬在南澳州与北领地范围内举行，学生可以自行上网查询自己的考科时程。对于戏剧、舞蹈和音乐艺术类科目，学习评量委员会采取表演评量方式，分别由科任教师和学习评量委员选派的人员负责评分。另外，有些科目是采取评估学生的调查研究，先由科任教师评分，再送到学习评量委员会由该会的评审人员评分。不管是科任教师或评审员，所有的评分者都须接受过训练，并依照"学业标准"（Performance Standards）来打分数。

（三）成绩计分

借由综合评量方式所获得的第二阶段课程的 SACE/NTCET 各科成绩以 $A^+ \sim E^-$ 的等级呈现，不可以直接做为大学或 TAFE 院校在选拔过程的成绩依据。该等级成绩必须先转换成为"原始分数"（Raw Score）的数值成绩，即十进制从 0~15 的数值（详见表3-6），再通过数学程序来调节原始分数，取得"调整分数"（Scared Scores），使其成为可比的评量成绩。

---

[1] South Australian Certificate of Education, School Assessment and Moderation Fact Sheet.pdf, http://www.sace.sa.edu.au/the-sace/students-families/Stage-2, 2014-07-09.

表 3-7 SACE/NTCET 分数成绩转换对照表

等级成绩	数值成绩
A⁺	15
A	14
A⁻	13
B⁺	12
B	11
B⁻	10
C⁺	9
C	8
C⁻	7
D⁺	6
D	5
D⁻	4
E⁺	3
E	2
E⁻	1
N	0

资料来源：SATAC，Calculating the Raw Score for Scaling，http://www.satac.edu.au/pages/scaling，2014-09-16。

原始分数的计算须依照70%的校本学习评量和30%的校外评量考试的比例分别计算，即10.5∶4.5。例如学生珍妮完成第二阶段信息技术课程，其就读学校的信息技术的校本学习评量分为三部分，即课题（20%），作品（20%），以及技能与应用任务（30%）。珍妮获得的等级成绩依序分别为 C⁺，B，B⁻，转换成原始分数为1.8，2.2，3.0，该科所得的校本学习评量原始分数为7。信息技术课程的校外评量考试为统一考试，满分为200，珍妮的考试成绩为118，转换成原始分数为2.655。珍妮获得的信息技术总原始分数为9.655。计算方法如下：

<u>校本学习评量</u>

课题：C⁺（等级成绩）＝9（原始分数）　9×20%＝1.8

作品：B（等级成绩）＝11（原始分数）　　11×20％＝2.2
技能与应用任务：B⁻（等级成绩）＝10（原始分数）　　10×30％＝3.0
校本学习评量原始分数：1.8＋2.2＋3.0＝7
校外评量考试
统一考试原始分数：118×4.5÷200＝2.655
信息技术总原始分数
总原始分数：7.0＋2.655＝9.655/15

为了让所有学生的不同科目成绩都能得到公平的比较，原始分数必须经由数学程序进行调节，成为调整分数，该过程称之为"南澳逻辑调节程序"(South Australian Logistical Scaling Procedure)，由南澳州的"调节监控委员会"(Scaling Monitoring Committee)负责执行。该委员会的成员主要来自南澳州和北领地的大学以及南澳 TAFE。这个调节的过程并不会影响学生在每一个科目的成绩表现，学生在这些科目中相对于其他学生的的排名成绩还是不变。SACE 证书和 NTCET 证书成绩通常在每年的 12 月份公布，之后，会由南澳高校招生中心负责，通过复杂的换算，成为大学招生录取的 ATAR 成绩，或南澳 TAFE 的入学参考分数。

第三节　综合评量：澳大利亚高校招生考试的方法与流程（下）

　　澳大利亚的高校招生考试制度是统一与多样性并存的制度，强调校本学习评量方式，并非以一次性统考成绩作为高校入学考试的结果。这不仅避免了一次性考试带来的偶然影响，还强调了平时学习成绩的重要性，有利引导学生全面的学习发展，让学生能发展其专长和潜能，更促进高中课程的多元性。各州及领地的学习评量委员会依据全国统一的《澳大利亚课程》大纲设定课程，并且划定高中毕业和大学入学所需的基本修课要求和考试评量范围，学生可以根据个人兴趣和专长来选课和应考，无论选哪几门，分值都是平等的。这种将高校招生考试制度紧密联系高中教学是生动活泼的，教师的教学以学生为本，不仅培养学生的自信心、主动性及思考分析能力，更着重提高学生素质，包括学术能力及人际交往能力、融入社会的能力等。这种多样化的教学和评估方式做到了基础和研究并重，使高中课程和大学专业自然地衔接在一起，从而为学生进入大学顺利地学习打下了坚实的基础。

一、昆士兰州："校本学习评量"、"高中校外考试"与"QCS 测验"

昆士兰州在高校招生考试制度上实施的是校本学习评量系统，以学生在 11 年级和 12 年级高中阶段的在校学习成绩为评量基准，实施持续考核评估方式。同时，对于准备申请大学的学生，除了满足修课规定外，还必须参加"昆士兰核心技能测验"（Queensland Core Skills Test，以下简称 QCS 测验）。学生在高中阶段的学习可以依照自己的兴趣和专长自由地选读不同类别的课程，如高中科目、大学先修课、职业教育与培训，或职场与社区学习。对于选修非本校所开的课程或学科的学生（部分课程本校没有设置），还需要参加该学科的统一"高中校外考试"（Senior External Examination）。

完成昆士兰州高中教育的学生会由昆州课程与评量管理局（QCAA）授予个人的"高中教育资料概况"（Senior Education Profile），包括："昆士兰教育证书"（Queensland Certificate of Education，以下简称 QCE 证书）、"高校入学成绩声明"（Tertiary Entrance Statement）、"高中成绩声明"（Senior Statement）、"昆士兰个人成就证书"（Queensland Certificate of Individual Achievement，以下简称 QCIA 证书）。其中的 QCE 证书和高校入学成绩声明是申请大学的基本条件，也是大学在招生选拔时的依据。

（一）校本学习评量

昆士兰州的高中课程模式涵盖"核心课程"（Core Courses）、"预备课程"（Preparatory Courses）、"加强课程"（Enrichment Courses）以及"高级课程"（Advanced Courses）。"核心课程"包括：英文、数学、艺术、语言、自然科学、职业发展、商业与经济、健康与体育、人文社会科学、信息通信技术与设计九大项，以"授权学科"（Authority Subjects）和"注册学科"（Authority-Registered Subjects）方式分类。"预备课程"和"加强课程"通常是提供技能型知识，以职业教育与培训为主，奠定学生基础证书资格。"高级课程"的内容通常超越一般高中课程的学习范围，学生所学习的是大学第一或第二学期的学科、职业教育与培训的文凭课程或高级文凭课程。

学生每完成一门课程科目后，会获得相应的"学分"（Credit），通常是一门课程科目修一学期为 1 学分，修四学期为 4 学分。学生要获得 QCE 证书必须在规定的课程模式中完成至少 20 学分（最少 12 学分选自核心课程，其余 8 学分为核心课程、加强课程或高级课程混选，预备课程至多不超过 6 学分），以及满足识字与计算能力的要求。一般来说，学生在高中至少要完成 5 门课程科目，才会达到有 20 学分的要求。另外，对于未来准备申请就读大学的学生而言，在选修核心课程时必须注意以"授权学科"为主，因为只有该类学科的成绩才会被计入高校入学成绩声明的"整体位置评定等级"（Overall Positions，OP）和"各领域位置评定等级"（Field Positions，FP）。其他课程或学科的学分虽然也为 QCE 证书承认，但不列入高校入学成绩声明。

在校本学习评量中，最重要的工作之一是评定学生的科目成绩等级。成绩等级的最终判断标准是学生的知识以及对学科概念和原则的理解，以及学生在情境中的思维技能和实践技能，表明了学生达到学科大纲中规定标准的情况①。对于这些学科成绩的评定，昆士兰州高中实施的是一种持续性接受评估小组监督调控的内部评价方式，学校采用各种方式来评量学生，如监督考试、简短测验、作业、项目、实践、口头表达、听力测验、观察以及现场研究。

同时，教师根据每一门科目的教学大纲所定指标，以学生对学科知识的理解度、思维和实践能力的发展状况，结合学生学习表现和所收集到的有关学生成绩的证明材料来作为评量标准，分 5 个级别：VHA 为"非常杰出"（Very High Achievement）、HA 为"优秀"（High Achievement）、SA 为"一般"（Sound Achievement）、LA 为"较差"（Limited Achievement）、VLA 为"差"（Very Limited Achievement）。学校以档案的形式，记录那些说明学生达到标准的精确信息，档案的内容可以有选择地更新，使评量能够以学生学习过程中最全面、最新的信息为依据。

由于不同学校的任课教师对校本评量标准的掌握必然会有差异，昆州课程与评量管理局利用"调控"（Moderation）来缩小这些差异，以确保评量的可比性，以实现评量的公平客观。调控机制在全州范围内进行，建立教师对学生的评量框架，还有一套对学校决策进行认证的系统，其运作的基础是教师、"区评量小组"（District Review Panels）与"州评量小组"（State Review Panels）的密切合作关系。调控的实施过程包括了教学大纲

---

① 马丽华、刘昌坤：《澳大利亚昆士兰州的高中考试评价系统》，《上海教育科研》1999 年第 4 期，第 4~6 页。

制定、工作计划批准、监控、核实、比较、复审、随机抽样分析等部分。此外，在学校和专家组之间，需要大量的咨询和沟通。特别是如果专家组不同意一所学校的评量提案，那么与学校进行质询对话就必不可少。质询是一个过程，通过质询，学校和专家组共同磋商计划或提案，以达成双方满意的效果。

（二）高中校外考试

"高中校外考试"（Senior External Examination）为昆州课程与评量管理局根据《2014年教育法案》（The Education Act 2014）和《2014年教育法规》（The Regulation 2014）所提供的全国认可的校外统一学科考试。该考试替代校本学习评量，为选修非本校学科的12年级应届高中毕业学生或未完成高中教育的成人提供另一种评量方式，以此作为澳大利亚高校招生入学的成绩。"高中校外考试"每年举行一次，报名时间因考生身分而异。对于12年级应届高中毕业生而言，高中校外考试在每年的2月开始报名，4月底截止；非应届高中毕业生的报名时间为6月初开始，8月底截止。两者的考试报名收费相同，2015年考试报名费用每一学科为57.10澳元，逾期的报名费为每一学科62.65澳元[①]。

高中校外考试时间从10月至11月中旬，一共有21个学科，分为外语类科目（如汉语、韩语、俄语、越南语、波兰语、阿拉伯语、西班牙语、旁遮普语、现代希腊语）和非外语类科目（会计、英文、生物、物理、化学、数学A、数学B、古代历史、现代历史、视觉艺术、法律研究、哲学与理性）两大类。外语类科目考试分为笔试（读、写、听）和口试（当面或电话），非外语类科目以笔试为主。高中校外考试成绩通常于12月中旬发放（2015年于12月18日），称为"高中成绩声明"（Senior Statement），可列入OP和FP的计算。该成绩没有所谓的"及格"（Pass）或"不及格"（Fail），和校本学习评量成绩一样分为5个级别：VHA为"非常杰出"（Very High Achievement）、HA为"优秀"（High Achievement）、SA为"一般"（Sound Achievement）、LA为"较差"（Limited Achievement）、VLA为"差"（Very Limited Achievement）。

---

① QCAA，Information for Year 12 Secondary School Students，http://www.qcaa.qld.edu.au/20351.html，2015-01-14.

（三）QCS 测验

昆士兰州高中"以校为本"的评量方法虽然经过制订教学大纲，规定评定标准及督审、核验等调控步骤，但在保证公平性及可比性方面，还有作进一步科学调整的必要。为此，昆士兰州对 12 年级高中应届毕业生进行全州范围的统一学业成就测试，称为"昆士兰核心技能测验"（Queensland Core Skills Test，以下简称 QCS 测验）。QCS 测验对于 12 年级高中应届毕业生来说非常重要，它是学生获得申请大学的 OP 等级成绩和 FP 等级成绩的必要手段，由昆州课程与评量管理局制定与管理。该测验提供不同课程群体及不同学校群体校内成绩进行调整的参数（平均分及标准差），使校内各课程组之间和各学校之间的学生成就水平可以进行比较，同时达到将学生校内成绩进行调整的目的。

QCS 测验是一种成就测验，主要是测试学生跨课程的核心能力，并非考核学生在高中所学的特定学科知识。该测验以昆士兰州高中课程中的 49 个"普通课程原理"（Common Curriculum Elements，CCEs）为考试内容，包括：回忆／记忆；列表／统计；公式替换；系统观察；陈述观点；比较与对比；计算近似值；认识字母、单词和符号；解释单词或符号的意义；解释表格、图表或地图的意义；正确运用拼写、标点和语法；作文的构思与组织；数学论点的构思与组织；根据正确假设得出正确结论；识别二维和三维空间图形；验证观点与程序的策略运用等等。不同于一般的学科考试，它关注的是高级课程中的共同特性以及学习成绩的共通层面，其目的是综合考查学生高阶思维技能的状况。

QCS 测验每年举行一次，通常在每学年的第 3 个学期，考期共两天（2015 年为 9 月 1 日和 9 月 2 日）。该测验由 4 份答卷构成，包括写作（2 小时）、选择题 I（1.5 小时）、选择题 II（1.5 小时）和简答题（2 小时），一共 7 小时。写作涉及复杂的分析和综合技能，通常要求考生根据测验所提供的素材（文字或图表），采用自己喜欢的写作体裁（诗歌形式除外），完成 600 字左右的短文，侧重考查学生英语书面表达能力。选择题的内容涉及语言、文学、历史、物理、数学、艺术、科学等学科，侧重技能考查。简答题要求学生运用写句子或段落、绘制图表和数学运算等形式回答问题，强调理解能力、知识运用和实践技能。

写作答卷和简答题卷都是通过人工评分，评分过程非常严谨，每个题组都有详细的指导语和具体的评分框架，保证质量与公平。每一份写作答卷至少有 3 次不同的评卷人员的阅卷评分，同样地，每一份简答题卷则至少有 2 次的不同评卷人员的阅卷评分。这些评卷人员都经过培训，并且已经掌握了评分的标准。在阅卷评分时，评卷人员都是独立作业，不会知道其他评卷人员的评分结果。另外，选择题是基于共同的测验材料构成的单个题目或多个小题目，通过计算机来评分的，每题答对得 1 分，未答、答错或多答均得 0 分。QCS 测验成绩为 4 份答卷的成绩加总，总体成绩由高至低，以 A、B、C、D、E 五个等级（A 表示最高分，E 是最低分）呈现。

（四）成绩计分

对于符合 QCE 证书课程和完成 QCS 测验的学生，昆州课程与评量管理局会授予"高校入学成绩声明"（Tertiary Entrance Statements）做为申请高校的资格依据（参见附录八）。该成绩声明是昆士兰州 12 年级高中应届毕业生在全州的等级排序正式记录，记录包括"整体位置评定等级"（OP）和"各领域位置评定等级"（FP），为全国高校所承认。用于计算 OP 和 FP 的资料来自两个方面：一是教师对学生课程成就的评价，二是 QCS 测验的等级分数。OP 与 FP 的计算过程复杂，然而昆士兰州的教育人士认为，计算过程简单化与考试公平不可兼得，因此他们宁可使计算过程复杂以换取考试的公平。

1. OP 的计算

OP 是指学生授权科目的整体成就成绩在全州学生中的排序状况，是高校在招生选拔学生时的重要参考依据，也是评估学校办学质量的主要依据之一。每年昆州课程与评量管理局组织专家负责评定过程，从学生高中所学的各门课程的科目成绩中，选择若干项科目成绩作为评定的原始依据，按照各科目权重相等的原则，分别计算出"科目成就指数"（Subject Achievement Indicators，SAIs）和"总体成绩指数"（Overall Achievement Indicator，OAI）。SAIs 有着"顺序"和"区间"的作用，是由每所学校对每个学生的每门科目等级进行细化后所得的分数，代表了一个学生在本学校同一科目中相对其他同学的位置。OAI 则是用来呈现具有 OP 资格的学生在学校的整体成绩排名，以选取最好的五门科目来计算。两者都是计算 OP 和 FP 的主要数据。

同时，为了避免因不同科目组和不同学校组之间不同的竞争力而造成的偏差，OP 的计算还分成两阶段的"调节"（Scaling）来表现成绩数值。第一阶段，校内各科目组之间调节。每一阶段都须使用 QCS 测验成绩相关的平均分和均方差及相应的线性转换。首先，由学生选取自己成绩最好的 5 门授权科目的 SAIs 成绩上报，学校用 QCS 测验结果将学生相应科目的 SAIs 成绩进行调整后化成调节分，然后合成该学生的 OAI。第二阶段，校与校之间调节。用不同学校群体的 QCS 测验结果，对学生的 OAI 再次进行调节。最终，使全州不同学校不同科目组的学生能够以调节后的 OAI 排列为基础进行名次排序，折算出学生在全州的总体位置等级，按 25 个等级报告，OP1 为最高，OP25 为最低。

2. FP 的计算

FP 是指学生在课程学习中若干指定领域中的成绩位置，只有评定 OP 合格的学生才有资格参加各领域位置评定等级。FP 评定结果也是大学在选拔学生时的重要参考依据之一，尤其是在申请者的 OP 排序成绩相同时，就会比较申请者的 FP。FP 中的 F（Field）是指"领域"，强调专门知识和能力，分五个领域进行评定：（1）领域 A（Field A）为扩写表达，含综合分析理解；（2）领域 B（Field B）为交流短文，含阅读理解及语言表达（英语或其他外国语）；（3）领域 C（Field C）为基础数学，含简单计算及图表转换；（4）领域 D（Field D）为综合解题，含数学符号及抽象概念；（5）领域 E（Field E）为实践操作，含体育、艺术创作或表达技能[①]。

FP 的计算原理与 OP 大致相同，也要利用调节后的 SAIs 成绩，只是与 OP 计算不同的是，FP 各科使用不同的权重。昆州课程与评量管理局依据科目特点和每门课程在 5 个领域的侧重点，制定出不同的科目加权值，从而计算各科目权重分值，这些权重反映了该课程教学大纲对每个领域能力的强调程度。最后，再结合 QCS 测验中涉及的 5 个领域的题目分数值，折算出学生在各领域的评定等级。学生的 FP 按 10 个"等级"（Band）报告，从 1 到 10，其中 1 为最高等级，10 为最低等级。委员会制定的领域权重表每年由"昆士兰高校招生中心"（QTAC）负责公布，学生须细阅以了解各委颁课程在模块 A-E 的相应权重。

二、澳大利亚首都领地："校本学习评量"与"AST 测验"

澳大利亚首都领地的学生在完成"首都领地高中学习评量委员会"（ACT BSSS）规定的高中课程后，依其修课类别可以获得"首都领地十二

---

① QCAA, Field Positions, http://www.qcaa.qld.edu.au/631.html, 2015-01-15.

年级毕业证书"（ACT Year 12 Certificate，以下简称 ACT 证书）或"职业教育证书"（Vocational Certificates）。ACT 证书为申请大学的基本条件之一，学生所修的课程倾向于准备大学的升学，证书上列出学生在 11 年级和 12 年级所完成的课程、科目、单元数和成绩。职业教育证书为 TAFE、职业训练机构和雇主所承认，学生所修的课程以职业类为主，着重于实际的技能训练和未来的就业。

澳大利亚首都领地因为地缘位于新南威尔士州境内，加上高校数少，所以在高校招生方面是委托新南威尔士州的"大学招生中心"（UAC）负责。澳大利亚首都领地在高校入学考试制度上是采取 100% 校本学习评量，以学生的高中在校学习评量为基准，采用持续考核评估方式，并配合"ACT 课程成绩调整测验"（ACT Scaling Test，以下简称 AST 测验）。澳大利亚首都领地有自己的学习评量委员会负责管理该地高中的课程评量、成绩和毕业证书的授与，符合课程和测验要求的学生，除了授予 ACT 证书外，还会获得"首都领地高校入学成绩单"（ACT Tertiary Entrance Statement）。该成绩单的总成绩是换算学生 ATAR 排名的重要成绩依据。

（一）校本学习评量

澳大利亚首都领地高中课程是依照 A、T、M、H、C、E 或 R 课程来分类。A 课程适合所有学生在 11 年级和 12 年级的学习，T 课程提供的是高等教育的预备课程，M 课程为身心障碍残疾标准课程，这三类课程都或多或少包含有职业训练类课程，为 ACT BSSS 所认证。H 课程是由大学设计和认证的课程，完成这类课程的学生除了可以获得 ACT 证书外，所修的学分将被大学所承认，可列入本科学位学分。C 课程和 E 课程都是属于职业教育与培训课程，前者为 ACT BSSS 所认证，后者为 ACT BSSS 所登记，由"注册培训机构"（Registered Training Organization，ROT）负责授课。R 课程又称为"认可校外学习"（Recognition-Outside Learning），为学生在校外认可的学校所选读的正规学习计划。

1. 课程设置

澳大利亚首都领地高中课程根据课程学时的长短，分为"主修课程"（Major Courses）、"辅修课程"（Minor Courses）、"主辅修课程"（Major-Minor Courses）和"双主修课程"（Double Major Courses）。一般而言，学生在一学期里的学习量，以"标准单元"（Standard Unit）来计量，一个标准单元在一学期的学习时数至少为 55 小时,结合课程、作业、考试和户外教学等学习评量内容。ACT BSSS 规定"主修课程"要求 3.5 个标准单元,至少为 220 学时;"辅修课程"要求 2 个标准单元,至少为 110 学时;"主辅修课程"要求 5.5 个标准单元,至少为 330 学时;"双主修课程"要求 7 个标准单元,至少为 400 学时①。

学生要获得大学基本入学资格的 ACT 证书和首都领地大学入学成绩单,必须要完成 ACT BSSS 提供的任一种学习包和满足其基本选课要求。学生可以依照自身的年龄、背景和志向选择适合自己的学习包,共分为四类:"标准学习包"(Standard Package)、"熟龄学习包"(Mature Age Package)、"重读学习包"(Repeat Package)和"大龄学习包"(Older Student Package)。"标准学习包"为一般高中生必须完成的基本选课要求,学生必须在不超过 5 年的连续学习模式下完成大学认可的教育课程,这些课程该必须属于 A、T、M、H、C 或 E 类课程。学生必须满足在不同课程领域上选择至少上述三种不同类别的课程的要求,要达到至少 17 个标准单元,但如果学生选读了 C 和 E 课程,最多只能选其中一项计入成绩。

"熟龄学习包"是为 20 岁(或以上)的学习者所设计,其学习内容可分为和标准学习包一样的课程和简化课程。前者的课程类别和标准单元要求与"标准学习包"相同。后者简化课程则要求学生必须完成至少 6 个标准单元,这些单元必须是来自不同的课程领域,且至少有三种不同类别的 A、T、M、C 或 E 的"辅修课程",并且达到 A 至 E 五个分数等级成绩。

"重读学习包"的简化课程是为重读 11 年级或 12 年级的学生所设计,"大龄学习包"则是为同龄群已经毕业的学习者所设计。两者都要求学生必须完成至少 8.5 个标准单元,并且达到 A 至 E 五个分数等级成绩。这些标准学分必须是来自 A、T、M、C 或 E 课程(C 和 E 课程只会择其一计入学分),同时还必须保证这些选课是在不同的课程领域中至少有三种不同类别的辅修课程。

"标准学习包"要求学生在 11 年级和 12 年级的选课必须完成至少 20 个标准学分,同时,这些学分中至少有 18 个标准学分是选自于 A、T、M、H、C 或 E 课程,特别是 T 和 H 课程必须至少达到 12.5 个标准学分。当学

---

① ACT BSSS,What Certificates Could you Obtain? http://www.bsss.act.edu.au/_data/assets/pdf_file/0004/313843/2012_What_certificate_Booklet.pdf,2012-11-17.

生在选择 A、T、M、H、C 或 E 课程时，还必须确定要有至少 4 个主修课程和 1 个辅修课程，或是 3 个主修和 3 个辅修，C 和 E 课程最多只能选其中一项计入学分。对于 T 或 H 课程的修课学分要求则是至少达到 3 个主修课程和 1 个辅修课程。

"熟龄学习包"因学生修课的时间长短而有不同的要求。一年（或以上）学时的学生，必须在一年的时间内连续完成三种不同类别的 T 类辅修课程。对于两年到三年（或以上）学习时间的学生而言，必须满足至少有 12 个标准学分是选自于 A、T、M、C 或 E 课程，同时，这些学分中至少有 10 个标准学分是 T 课程。另外，T 课程的选修必须包含 3 个主修，或是 2 个主修和 2 个辅修的组合。

"重读学习包"要求学生必须在 A、T、M、H、C 或 E 课程中完成至少 10 个标准学分，同时，要求选修 T 课程时必须至少有 3 个主修和 1 个辅修。至于 11 年级的重读生，只有 T 或 H 课程的修课学分会被计入。"大龄学习包"要求学生必须至少完成 12 个标准学分，这些学分必须是选自 A、T、M、H、C 或 E 课程。同时，这些学分中至少要有 10 个标准学分是选自于 T 课程。另外，当学生在选择 T 课程时，还必须要满足至少有 3 个主修，或是 2 个主修和 2 个辅修的组合[1]。

2. 成绩计分

ACT 证书依据学生所修读的课程种类来呈现成绩。A、T 或 M 课程的成绩会以 A、B、C、D、E 五个分数等级呈现，代表学生对该门课程的理解程度和所获得的知识技能。A 等级表示学生达到最高水平成绩，完全理解课程知识和原理，并获得实际技能；B 等级表示学生达到高水平成绩；C 等级表示学生达到平均水平成绩，理解基本的课程知识和原理；D 等级表示学生有限理解基本的课程知识和原理；E 等级是学生非常有限理解基本的课程知识和原理。

当学生完满修读完成 R、E 或 C 课程，并达到一定的能力时，ACT 证书呈现的为"及格"(Pass) 成绩。如果在修读 C 课程时，学生只达到基本的出席和成绩要求，但没有达到该课程应具有的水平能力时，ACT 证书呈现的为"参与"(Participated) 成绩。H 课程由大学授课评分，以澳大利亚

---

[1] Board of Senior Secondary Studies，Policy and Procedure Manual 2014，http://www.bsss.act.edu.au/Publications/policies_and_procedures，2014-02-10.

大学常见的等级分表示,如:HD 为"特优"(High Distinction)、D 为"优秀"(Distinction)、C 为"中等"(Credit)、P 为"及格"(Pass)、CP 为"准许通过"(Conceded Pass)、UP 为"不及格"(Ungraded Pass)。另外,对于学生在 11 年级就完成的课程,成绩以"抵免"(Exemption) 表示。学生在其他行政辖区完成的 11 年级或 12 年级的课程,成绩以"认可"(Recognition)表示。如果学生在学习当中遭遇生病或灾难,无法完成课程,则成绩以"状态"(Status) 表示。

(二) ACT 课程成绩调整测验

"ACT 课程成绩调整测验"(ACT Scaling Test,以下简称 AST 测验),由 "澳大利亚教育研究委员会"(Australian Council for Educational Research,ACER) 所设计,用来评估澳大利亚首都领地 12 年级高中生是否具备了未来在大学就读应有的基本知识和技能。所有打算申请大学的应届高中毕业生都必须参加 AST 测验,即便是不确定是否升学的学生,学校也会建议学生参加 AST 测验,因为学生参加该考试所得的成绩对于申请大学来说非常重要。AST 测验成绩将被 ACT BSSS 用来调节学生的 T 课程分数,使不同课程与不同学校之间的评量可以相互比较。

AST 测验分为三部分,分别为选择题、简答题和写作。选择题共有 80 道题,考试时间为 135 分钟,以文字、诗词、图表、地图、数字表格等形式呈现,考题内容着重在人文、数学、社会科学和自然科学等领域。简答题大约有 19 至 25 道题,考试时间为 105 分钟,着重测验学生的思维和推理能力,学生会被要求根据问题给予观点、说明、诠释、辩护和提供总结。写作的考试时间为 150 分钟,学生根据给予的主题进行 600 字的短文写作[①]。每个学校会举行至少一次的 AST 模拟测验,帮助学生熟悉考试题型与流程。

AST 测验由 ACT BSSS 负责举办,在每年 9 月第一周的星期二和星期三举行。2014 年 AST 测验为 9 月 2 日 (早上考选择题,下午考简答题) 和 9 月 3 日两天 (早上考写作)。对于因生病、灾难或其他特殊情况无法参加 AST 测验者,ACT BSSS 可以提供第二次的考试机会,但学生必须在一定时间内提出证明与申请。例如学生在考前或考试中,因生病而无法出席或完

---

① Board of Senior Secondary Studies,ACT Scaling Test,http://www.bsss.act.edu.au/years_11_and_12/act_scaling_test,2014-06-23.

成考试，必须在 24 小时内提供医生证明。

（三）成绩计分

澳大利亚首都领地授予给达到 ACT BSSS 课程要求和参加 ACT 课程成绩调整测验的应届高中毕业学生"首都领地高校入学成绩声明"（ACT Tertiary Entrance Statement）。该成绩声明是学生申请澳大利亚高校的必要条件，成绩单呈现学生选读的"课程"、"课程时长"、"调整分数"（Scaled Scores）、"加权"（Weighting）、"加权调整分数"（Weighted Scaled Scores）、"总分"以及"ATAR 排名"。

"课程"列出的是学生在 11 年级和 12 年级完成的 T 或 H 课程名称。"课程时长"为学生完成某门课程的学时，以主修、辅修、主辅修和双主修表示。"调整分数"呈现的为学生参加 ACT 课程成绩调整测验后的调剂分数。"加权"指的是学生表现最好的 3.6 门课程。"加权调整分数"则是某门课程的"调整分数"乘以"加权"所得的成绩。"总分"为所有课程的加权调整分数的总和，用来转换成大学入学申请的 ATAR。下面举例说明首都领地大学入学成绩单计算方法：

案例：约翰选修四门课程，分别为戏剧、英文、历史以及数学方法，其加权依序为 2、1、0.6 和 0，调整分数为 184.20、165.47、155.32 和 142.81，其加权调整分数为：戏剧 184.20×2＝368.40；英文 165.47×1＝165.47；历史 155.32×0.6＝93.19；数学方法 142.81×0＝0，其成绩如表 3-8 所示。

表 3-8 首都领地高校入学成绩计算表

课程	课程时长	调整分数	加权	加权调整分数
戏剧	双主修	184.20	2	368.40
英文	主修	165.47	1	165.47
历史	辅修	155.32	0.6	93.19
数学方法	辅修	142.81	0	0
总分	368.40＋165.47＋93.19＋0＝627（四舍五入取整数）			

三、塔斯马尼亚州："校本学习评量"与"TCE 会考"

塔斯马尼亚州为澳大利亚的岛省，仅有一所塔斯马尼亚大学，因此高校在招生方面是自行负责,并由"塔斯马尼亚学历资格管理局"(TQA)和塔斯马尼亚大学合作决定大学入学结果。塔斯马尼亚州的高校招生考试采取兼并方式,以高中课程为范围,实施百分之百的内部评量和依百分比例结合的综合评量(内部评量成绩和TCE会考成绩)。一般而言,学生在高中阶段的学习可以依照自己的兴趣和专长自由选读不同类别的课程,完成高中教育的学生都会拿到TQA授与的"塔斯马尼亚资格证书"(Qualifications Certificate,以下简称QC证书)和"学习成绩单"(Statement of Results)[①]。对于未来计划申请大学的应届高中毕业生而言,则必须达到规定的高中课程学习要求,并且参加校内评量和校外评量考试,以及取得"塔斯马尼亚教育证书"(Tasmanian Certificate of Education,以下简称TCE证书)和ATAR成绩。

(一)校本学习评量

塔斯马尼亚州高中课程为TQA所认证,分为12大类,分别为:教育,建筑,健康,信息技术,创造艺术,混合领域,社会与文化,管理与商业,自然与物理科学,工程与相关技术,食品、酒店与个人服务,农业、环境和相关研究。每一类课程的学习科目依照学习内容的难易度分为四个级别:TQA级别1(TQA Level 1)、TQA级别2(TQA Level 2)、TQA级别3(TQA Level 3)、TQA级别4(TQA Level 4),共有超过100多门的科目。这四个级别的课程或多或少都包含有职业教育与训练(VET),TQA级别1属于基础性课程,适合所有学生学习,涵盖AQF一级证书学习特色;TQA级别2为基础理论和技术技能课程,涵盖AQF二级证书学习特色;TQA级别3为高等教育的预备课程,其学习评量可列入ATAR成绩计算,涵盖AQF三级证书学习特色;TQA级别4为进阶课程,提供专业理论和实践技能。

由于学生的选课途径非常多元和广泛(包括一般高中课程、VET、学徒制),因此塔斯马尼亚学历资格管理局给予各个科目制定"学分"(Credit Point)和"学时价值"(Size Value),以计算学生在一系列的学习中是否达

---

① "塔斯马尼亚资格证书"代表学生在高中阶段所完成的TQA认可的课程(包括一般高中课程和职业教育与培训)和资质能力证明。该资格证书为全国和国际所认可,可以作为学生进行终身学习时申请学校(高校、TAFE、VET)或进入职场就业的资格证明与基本条件。

到应有的数量和标准。此外，TQA 针对每一门科目制定学习成果指标，用 A，B，C 等级表示，以利科任教师在校进行"标准规范评量"（Criterion-Based Assessment）。"标准规范评量"分为五个级别：EA 为"非常优异"（Exceptional Achievement）、HA 为"优秀"（High Achievement）、CA 为"可圈可点"（Commendable Achievement）、SA 为"满意"（Satisfactory Achievement）、PA 为"不合格"（Preliminary Achievement）。

对于预备申请大学的学生，ATAR 排名和 TCE 证书是基本的必要条件。学生要取得 ATAR 必须在高中阶段圆满地完成 TQA 级别 3 中至少 4 门课，并且在最后一年完成至少 4 门 TQA 级别 3 课程。ATAR 的成绩计算将以学生表现最好的 5 门课程计算，其中必须有三门分数是学生最后一年的成绩。另外，学生必须符合五个技能标准才能取得 TCE 证书，包括：（1）日常成人阅读、写作和沟通技能；（2）日常成人数学技能；（3）日常成人计算器和互联网的使用；（4）参与教育与培训的数量和水平；（5）教育与职涯路径规划。

一般而言，澳大利亚在校高中学生可以借由选课达到上述的五个日常成人技能标准要求，少部分的学生因学校无法满足其选课或没有完成其中相关的技能课程，可以经由参加"安全网测验"（Safety-Net Test）达到标准要求。学生对于上述的（1）（2）（3）项技能标准必须达到"通过"/"满意"（或以上）成绩，对于（4）项标准则必须达到"初步成就"（或以上）成绩，同时，学生必须在教育与培训课程达到至少 120 学分（TQA 级别 1，2，3 或 4），TQA 级别 2 课程至少 80 学分。几乎所有学生都能达到第（5）项标准，只要按规定从 10 年级起开始制定教育与职涯规划，并将其建档在塔斯马尼亚学历资格管理局，于 12 年级毕业前完成记录（通常为 10 月），由校长签名认可后即可。

（二）TCE 会考

"TCE 会考"（TCE Examination）是由"塔斯马尼亚学历资格管理局"（TQA）组织的对该州高中应届毕业生进行的外部评量考试，学生依照所修科目的评量要求参加，考试成绩占整体评量成绩的 40%~60%[①]。塔斯马尼

---

① Tasmanian Qualification Authority, TQA Senior Secondary Handbook 2015, http://www.tqa.tas.gov.au/4DCGI/_WWW_doc/275988/RND01/TQA_Handbook_2015.pdf，2015-02-13.

亚州的高中课程多元丰富，会考的科目多样，考试方式灵活机动，考试形式不仅仅只有纸笔考试，还包括语言类的口语考试、表演艺术类的实践考试（展示、实作、面试）。TCE 会考的考程跨度大，学生可以上网查询自己的考科时程。以 2014 年为例，TQA 于 10 月 1 日在官网上公告各类考试的时间表，纸笔考试时间从 11 月 10 日至 11 月 20 日，口语考试时间为 11 月 3 日至 11 月 7 日，实践考试时间从 10 月 16 日至 11 月 21 日。

塔斯马尼亚学历资格管理局为了保障所有学生都能在公平、公正的情况下参加会考，和其他州/领地一样，给予特殊考生特别的评量安排。特殊考生通常是指长期或是暂时处于身心障碍的学生（如重大残疾、学习障碍、听力障碍、视觉障碍），这些考生可以依据 TQA 的规定，在高中最后一年的第二学期提供相关医生诊断证明，并提出申请。这些特殊安排包括：允许吃药、延长考试时间、安排考试座位、考卷字体放大、给予额外的休息时间、使用抄写人员或阅读人员。原则上，特殊学生在规定的时间之内提出特别评量安排申请，无须支付申请费，但如果超出申请截止日，则学生必须依照逾时的长短支付 50 澳元或 250 澳元不等的逾期费。

TCE 会考成绩的评定取决于考生在该科的考试分数和分数排位，分为五个级别：(1) EA 为"非常优异"，考试分数在该考科前 10% 的学生；(2) HA 为"优秀"，考试分数落在该考科 11%～30% 范围的学生；(3) CA 为"可圈可点"，考试分数落在该考科 31%～50% 范围的学生；(4) SA 为"满意"，考试分数落在该考科 51%～80% 范围的学生；(5) PA 为"不合格"，考试分数落后在该考科"满意"成绩之后范围的学生[①]。考生可以选择在收到会考纸本成绩前，透过电邮通知先行获知自己的会考成绩，只要考生在规定的时间内上 TQA 官网注册电邮即可。以 2014 年为例，TQA 于 12 月 16 日寄发会考成绩单和相关资格证书（学习成绩单、QC 证书、TCE 证书、ATAR、外部评量建议），考生可以在 6 月 30 日后上网提供电邮，并于 12 月 15 日前完成认证程序，就可以在 12 月 16 日先收到电邮通知其成绩。

四、其他入学考试

除了上述的考试评量方式外，澳大利亚一些大学在招生录取时，还会要

---

① Tasmanian Qualification Authority, Assessment Only Qualifications, http://www.tqa.tas.gov.au/9786，2015-02-19.

求申请某些专业科系的学生额外参加其他的大学入学统一考试。这些校外考试是由"澳大利亚教育研究委员会"(Australian Council for Educational Research, ACER) 所设计和计分，主要为："本科医学与健康科学入学考试"(Undergraduate Medicine and Health Science Admission Test, UMAT)、"特殊高等教育入学考试"(Special Tertiary Admissions Test, STAT) 和"澳大利亚法学院入学考试"(Australian Law Schools Entrance Test, ALSET)。

(一) 本科医学与健康科学入学考试

"本科医学与健康科学入学考试"(以下简称 UMAT 考试) 为澳大利亚全国统一的大学本科医学入学考试（包括医学、牙科、兽医、物理治疗和健康科学等专业），每年举行一次，考试日期由 UMAT 联盟大学设置，通常是在七月。在过去，澳大利亚大学的医学院系在选拔过程中完全是以高中学业成绩和会考成绩为标准，即申请者必须具有相当优秀的 ATAR 或 OP 成绩。然而，随着时间的转移，澳大利亚大学的医学院系考虑几点原因后，认为单靠学业成绩的选拔方式有所欠缺，因而要求申请医学专业的学生必须加考 UMAT。这些原因包括：(1) 申请者未来在医学课程的学习和医院实习能否成功，之前的学业成绩不是唯一的相关性条件；(2) 完全基于学业成绩标准的选拔方式可能不合理地歧视某些群体；(3) 社会有强烈的意愿，希望医师从业人员除了具有专业的技术与知识外，最重要的是能够展现与病患的沟通能力[1]。

澳大利亚大学入学申请一般从八月开始，申请医学院系的学生必须在递交大学申请表格时已经完成 UMAT 考试。各大学的医学院系依其招生选拔政策订定 UMAT 最低录取分数，申请者必须同时符合学校的 ATAR（或 OP）和 UMAT 考试的最低录取分数线才能进行申请和有机会进入选拔。总体而言，UMAT 考试是一种能力倾向入学考试，不针对任何特定的学科知识进行测验，主要是评估考生是否具备批判性思维能力、解决问题能力、抽象的非语言推理能力和理解他人的同理心，这些能力被认为在医学与健康科学等专业的学习和实践上是重要的条件。UMAT 的考试题型为选择题，

---

[1] Australian Council for Educational Research, UMAT 2014 Information Booklet. pdf, http://umat.acer.edu.au/register, 2014-02-04.

测验时间为三小时，计分方式以百分比呈现，其考试成绩只能用于该年的医学院系申请，来年作废。

（二）特殊高等教育入学考试

"特殊高等教育入学考试"（以下简称 STAT 考试）是 ACER 依照国际考试标准所设计的高等教育入学能力评估测验，主要是针对特殊类别的申请者，如社会人士、非澳大利亚应届高中毕业生，以及特殊入学计划的熟龄申请者。这类申请者大多没有完成澳大利亚 12 年高中教育或是不具备澳大利亚高中教育证书，借由参加 STAT 考试可以获得全国认可的高校申请入学资格。此外，澳大利亚高校有些专业会在入学条件中要求申请者必须参加额外的 STAT 考试，如悉尼大学的兽医生物课程。

STAT 考试由各州的大学招生中心负责执行，各州的考试日期不一，但总体来说，针对第一学期大学入学的 STAT 考试时间从九月到来年的一月，第二学期入学的 STAT 考试时间为 4 月到 6 月。考生在参加 STAT 考试的年龄上没有严格的限制，但是各州的大学在对 STAT 申请者招生录取时的年龄是有所限制的，换句话说，如果考生太年轻，其 STAT 考试成绩则无法满足学校的特殊招生入学条件。另外，由于 STAT 分数是有跨年度可比性，所以该考试成绩没有所谓的时效性的限制，但是有些高校会根据其招生政策对此设置年限要求。

STAT 考试有两种试题模块，一为选择题模块（70 个问题，考试时间为两小时）；另一为英文写作模块（两篇短文，考试时间为一小时），由 ACER 负责出题和计分。STAT 考试不重在测验考生的学科知识，而是着重评估考生的语言词汇能力、定量分析能力、批判思维能力和事物推理能力。多数学校的专业要求申请者必须参加两种模块的考试，但有些学校的专业只要求参加选择题模块考试。两种模块的 STAT 考试计分方式都是从 100 到 200 的量表分数，平均分为 150，没有所谓的及格或不及格分数，各高校针对专业设定对 STAT 入学录取分数的标准[1]。

（三）澳大利亚法学院入学考试

"澳大利亚法学院入学考试"（以下简称 ALSET 考试）是专为没有高中

---

[1] Australian Council for Educational Research，STAT 2014. pdf，http://www.stat.acer.edu.au/，2014-02-04。

学历或同等资格的非 12 年级申请者报考法律专业所提供的学术能力倾向测验，目前为迪肯大学法商学院所承认采用。申请者如果是澳大利亚 12 年级应届高中毕业生，或具有不超过 10 年期限的高中教育证书、大学本科学位或同等学力，则不需要参加 ALSET 考试。考生必须通过"维多利亚高校招生中心"（VTAC）报名考试，维多利亚州的考生在州内的指定地点考试，而跨州的考生则在该州的指定地点进行考试。虽然整年度都有 ALSET 考试，但考生一年只能参加一次考试，招生中心通常会建议欲申请第一学期入学的考生参加 10 月份的考试。另外，ALSET 对考生的报考年龄没有限制，但是有些大学的招生政策对 ALSET 申请者有年龄的规定。

　　ALSET 共有 70 道选择题，考试时间为两小时，题型通常为各种文字和视觉材料（如空间、图形、表格），涵盖广泛的人文和社会科学问题，借此评估申请者对于一般社会文化观念的理解力、逻辑推理能力、思考批判能力和对问题的解决能力。ALSET 考试成绩由 VTAC 发放，计分方式从 100 到 200 的量表分数，没有所谓的及格或不及格分数，考生得分的高低反映了测试项目的难度和考生的不同程度和能力。该成绩具有跨年度可比性，所以没有所谓时效性的限制，但实际申请时还是需要根据各高校的要求与标准。以迪肯大学法学院为例，该学院在选拔过程中对 ALSET 的评量比重设定是依据申请者是否有"平均分"（Grade Point Average，GPA）来决定。有 GPA 申请者的选拔评量比重为 GPA 成绩和 ALSET 成绩各占 50%；没有 GPA 的申请者其 ALSET 成绩占 100% 的比例。除了 ALSET 成绩以外，学院在选拔过程中还会考虑申请者的其他入学条件[①]。

第四节　自主多元：澳大利亚高校招生录取的程序与机制

　　澳大利亚高校在招生录取上相当自主，采取"申请"与"选拔"的方式，不同大学院校会根据自身的定位和特点制定不同的招生政策和录取标准。学生通过各州及领地的大学招生中心提交申请资料，经过一定的审核与选拔流程，最后由招生中心统一发放录取通知。由于大学申请人数往往超出

---

① Australian Council for Educational Research，ALSET 2014．pdf，http://www.acer.edu.au/tests/alset，2014-02-04．

招生名额，所以符合基本入学要求的申请者不一定会被学校录取，还必须与其他申请者竞争，由大学进行评选。一般而言，澳大利亚顶尖综合研究型大学的入学非常具有竞争性，学生在申请这类大学时，除了要有优秀的学业成绩外，还需要符合学校制定的入学先决条件。反之，澳大利亚开放大学、TAFE 和私立高校实行开放式的招生政策，入学条件比较宽松。另外，各高校在联邦政府鼓励性政策（协议性的经费补助）下，通常会制定特殊招生政策给予优秀学生、教育劣势族群、土著民族学生和乡村背景学生，以促进社会公平与提升高校竞争力。

一、招生录取要求

澳大利亚各州及领地虽然采用不同的考试评量体系，但各高校在制订其招生录取要求时还是有一个统一遵循的标准。总体来说，澳大利亚大学是依据申请者身分和院系专业来制订招生录取条件，针对"12 年级应届高中毕业生"、"海外应届高中毕业生"和"非 12 年级应届高中毕业申请者"的本国人士实施不同的招生录取要求。另外，针对特定招生对象（教育劣势学生）或不能满足一般入学条件的申请者提供多种替代入学途径，以促进澳大利亚高等教育的公平性和普及性，进而落实其终身教育学习的理念。

（一）12 年级应届高中毕业生

"12 年级应届高中毕业生"指的是在澳大利亚境内完成正规高中课程教育和非正规高中课程教育（如基督教教育、鲁道夫斯坦纳教育和家庭教育）的本国学生，为高校每年招生录取最主要的群体。针对该群学生，澳大利亚大学的基本申请入学要求为：高中毕业证书、学习成绩单、澳大利亚高校入学排名（ATAR）、整体位置评定等级（OP）。由于非正规高中课程教育的申请者，所接受的教育课程为非澳大利亚正规课程体系，无法完整提供上述的资格证书和成绩排名，因此大学在招生录取时会要求这类学生提供认可的高中教育证明和课程大纲，并参加两项校外考试，即"美国学习能力倾向测验"（American Scholastic Aptitude Test，SAT）和"特殊高等教育入学考试"（Special Tertiary Admissions Test，STAT），各大学对考试成绩的要求规定不一。申请 TAFE 或职业教育与培训类课程则没有严格的要求，学生只需要符合高中普通学习资格或获得高中毕业证书即可。

（二）海外应届高中毕业生

"海外应届高中毕业生"指的是持有认可的海外高中教育资格证书的本

国申请者。澳大利亚高校对于持有"国际文凭"(International Baccalaureate Diploma，IB)、"高级普通教育证书"(General Certificate of Education Advanced Level，GCE A-Level)和"全国教育成绩三级证书"(National Certificate of Educational Achievement，NCEA Level 3)的申请者均予以承认[①]。除此之外，对于在其他英语系国家完成高中教育的申请者，各大学有不同的要求，申请者必须向学校查询相关规定和资格。总体而言，学生在申请时必须提供海外高中教育资格证书和学习成绩单给大学招生中心，由中心审查资格和提供对应 ATAR 成绩，再由大学进行评选。

(三) 非 12 年级应届高中毕业申请者

"非 12 年级应届高中毕业申请者"是指本国的一定年龄的社会人士、非应届毕业申请者和延期入学的申请者。对于这类申请者，部分学校有年龄规定，通常为 21 岁或 23 岁以上，各校不一。同时，澳大利亚大学对于这类申请者的入学条件，以学习经历和专业资格为首要考虑，其招生录取要求可以是以下任一项资格：澳大利亚高中教育证书与之前的大学入学资格、澳大利亚大专学历（四级以上证书）、专业资格证书（如护理证书）、大学预备课程证书、通过 STAT 考试成绩、境外认可的大专院校毕业证书，或相关工作经验（一年以上全职有薪工作）。然而，多数大学对于非 12 年级应届高中毕业申请者的申请在专业上是有所限制的。TAFE 或 VET 院校对于没有完成 12 年级高中教育的社会人士的申请，通常没有最低门槛的入学要求，但部分专业会另外设置课程要求。

(四) 其他入学要求

除了上述的基本入学要求外，澳大利亚大学各个院系还会针对一些专业制订额外的招生录取要求，例如：参加校外考试或校内面试，具备预备知

---

① "高级普通教育证书"(GCE A-Level) 是英国大学预科毕业生在参加高级程度考试后所颁发的进入大学的资格证书。"国际文凭"(IB) 是毕业于两年制的国际文凭大学预科课程所授予的进入高等教育的国际证书，2007 年为止，全球有 125 个国家 1 585 间学校提供该课程。目前在澳大利亚有 63 所学校提供国际文凭课程。"全国教育成绩三级证书"(NCEA Level 3) 是新西兰中学生进入大学的资格证书，该证书分为三个级别：一级、二级和三级。学生到 11 年级（15~17 岁）开始修读新西兰中学教育成绩一级证书，12 年级为 NCEA 二级证书，13 年级为 NCEA 三级证书。

识，提交作品、个人陈述或证明文件等。一般最常见的是申请医学院系的学生必须参加7月份的全国统一UMAT考试；音乐表演类的专业需要参加校内专业考试（试唱、试奏、试演）；艺术设计类专业必须提交作品；教育和护理类专业必须提供无犯罪记录证明和儿童工作记录证明。对于跨州或海外学生所具备的预备知识要求，澳大利亚也有统一的课程对照换算表（详见表3-9）。

表3-9 澳大利亚高中规范科目对照表

QLD	NSW	ACT	VIC	WA	TAS	SA/NT	IB	NZ
英语或非母语英语	标准英语、高级英语、非母语英语、英语延展1或2	英语、世界文学、语言与文学、非母语英语	英语、文学、英文学、非母语英语	英语、英语课程、英文文学、英语阶段2或3、非母语英语、英语为附加语言或方言	英语、文学、世界文学、英语研究、英语沟通、英文写作、作家研讨会	英语、英语研究、英语沟通、非母语英语	英语A1、英语A2、英语B	英语
数学A或社会数学	普通数学、社会数学、数学实践	应用数学	高等数学	数学、数学IV、数学建模、数学阶段2C/D、数学阶段3A/B	应用数学、应用数学	定量法、数学方法	数学研究	统计与建模
数学B或数学I	数学、数学延展1和2、数学2U-4U、	数学、专门数学、数学方法	数学方法	微积分、数学II、应用数学、数学、专门数学3A/B、阶段3C/D	数学、分析与统计、代数与几何、应用数学、数学阶段2或3	数学研究、数学1	数学	数学微积分

续表

QLD	NSW	ACT	VIC	WA	TAS	SA/NT	IB	NZ
数学 C 或数学 II	数学 3U/4U、数学延展 1 和 2	专门数学、高等数学延展	专门数学	离散数学、应用数学、数学 III、专门数学 3C/D	专门数学、数学阶段 2 和 3	专门数学、数学 1	数学	
物理	物理、科学 3U 或 4U、物理 2U-4U	物理	物理	物理、物理科学、物理阶段 3	物理、物理科学、应用科学	物理	物理	物理
化学	化学、科学 3U 或 4U、化学 2U-4U	化学	化学	化学、化学阶段 3	化学	化学	化学	化学
生物	生物、生物 2U-4U	生物、生物科学、人类生物学	生物	生物、生物科学、人类生物学、人类生物科学	生物	生物	生物	生物

注：QLD 为昆士兰州，NSW 为新南威尔士州，ACT 为澳大利亚首都领地，SA/NT 为南澳州/北领地，TAS 为塔斯马尼亚州，VIC 为维多利亚州，WA 为西澳州，IB 为国际文凭，NZ 为新西兰。

资料来源：UQ Australia, Entry Requirements for Domestic Students, http://www.uq.edu.au/study/index.html?page=1098, 2014-01-12。

另外，澳大利亚多数大学会针对特定招生对象制定特殊招生政策，以提供多元的入学途径，常见的有"替代入学计划"，申请者必须是澳大利亚公民或具有澳大利亚永久居民的身分。该计划是针对 ATAR 成绩低于录取分数线、未完成高中教育或没有具备公认高中毕业证书的申请者而设置。各大学对于这类计划申请者的入学要求不尽相同，通常必须具备大学预备课程证书、TAFE 证书、通过 STAT 考试、专业资格证书或相关工作经验（一年以上全职有薪工作）任一项资格。

二、申请录取程序

澳大利亚高校的申请录取程序非常公开透明，既科学又有效率，所有应届高中毕业生的入学申请都是通过各州大学招生中心的在线申请系统进行（私立大学院校和塔斯马尼亚州的塔斯马尼亚大学例外）。对于选择在原州或领地高校就读的学生而言，只需要向该州的大学招生中心递交申请报名即可，跨州就读的学生则需要向他州的大学招生中心申请报名。考虑费用、环境以及未来就业等因素，澳大利亚多数学生还是偏好在自己的州或领地内上大学。澳大利亚各州的大学招生中心在招生录取规定上虽然不尽相同，但申请录取程序却大同小异（详见图3-3）。

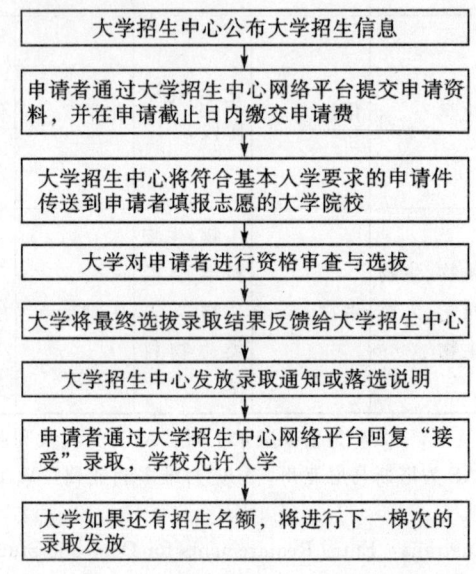

图 3-3　澳大利亚大学招生录取程序

为了配合学生的选择，澳大利亚的中学、高校和大学招生中心通常都会提供招生的相关信息与协助。学生在10年级开始就可以借由辅导教师获得升学和就业的咨询服务。同时，各高校的招生单位也会举办一连串的招生说明活动，包括：高中进行宣讲、全校开放日、招生说明讲座、职业博览会等，让学生和家长了解学校情况以及解答招生入学问题。另外，申请者还可以借由各高校发行的招生指南、网站和架设的社交媒体网络，如播客、脸书、推特、YouTube 视频等方式，实时了解学校的招生报名信息。各州的大学招生中心通常在 6 月份左右会在官网上发布该年度的招生信息，申请者可以在大学招生中心的网站上查询了解各高校的课程信息、报名时间、入学要求和往年各院系专业的"最低录取分数线"(Cut-Off)。

澳大利亚高校的入学申请简易、操作方便，申请者在了解和决定报名专业后，通过大学招生中心网络平台注册用户账号（应届学生直接用学号）、申请报名、选填志愿和接受录取。同时，申请者还可以利用该网络平台随时查询申请进度、更改专业志愿、缴交报名费和修改个人信息。各州的大学招生中心对申请时间、选填志愿、报名费用等相关规定不太一样，但总体来说都是配合澳大利亚高校的年度招生报名时间（详见表 3-10）。澳大利亚高校实施学年制，多数学校为两学期制，第一学期从 2 月到 6 月，第二学期从 7 月到 11 月结束，12 月及 1 月为暑假或第三学期。申请者可以依照个人情况考虑在任何招生时段报名，但大多数申请者，尤其是 12 年级应届高中毕业生，都是在 8、9 月这个时段申请学校，以衔接大学第一学期的课程。

大学招生中心对申请者收取一定的报名费用，各州不一，共同的是各招生中心都接受逾期申请，但申请者除了缴交报名费外，还必须按逾期时间长短支付额外的逾期费。这几年大学招生中心的报名费用几乎年年调涨，对于澳大利亚 12 年级应届高中申请者和非 12 年级申请者有不同的收费标准（详见表 3-10）。例如：2014 年—2015 年新南威尔士州和澳大利亚首都领地的大学招生中心报名时间为 2014 年 8 月 6 日至 9 月 30 日。在准时递交申请的情况下，一般应届高中毕业生的报名费用为 29 澳元，非应届高中毕业生的报名费用为 62 澳元。对于超过申请时间的申请者，第一阶段（2014 年 10 月 1 日至 10 月 31 日）一般应届高中毕业生的逾期报名费为 154 澳元，非应届高中毕业生为 187 澳元；第二阶段（2014 年 11 月 1 日至 11 月 28 日）一般应届高中毕业生的逾期报名费为 173 澳元，非应届高中毕业生为 206 澳元；第三阶段（2014 年 11 月 29 日至 2015 年 2 月 20 日）一般应届高中毕业生的逾期报名费为 183 澳元，非应届高中毕业生为 216 澳元[①]。

申请者通常会根据个人兴趣、学业成绩、未来志向、奖助学金、录取机

---

① Universities Admissions Centre，UAC Undergraduate Charges and Fees，http：//www.uac.edu.au/undergraduate/fees/uac-charges.shtml，2013-10-24。

会、学术质量、学校地点等等条件选填院校和专业，但最后是否能实现其志愿要看竞争结果。每年各大学会在招生讯息中列出前年各院系专业课程的最低录取分数线，为学生填报志愿提供参考。昆士兰州、西澳州、南澳州和北领地的大学招生中心规定的填报志愿数都相同，最多可以填报 6 个专业志愿；新南威尔士州和澳大利亚首都领地的大学招生中心最多可以填报 9 个专业志愿；维多利亚州则最多可以填报 12 个专业志愿。申请者依照志愿高低依序填写，不一定都要填完，但至少要填写 1 个专业志愿。申请者在规定时间内可以更改志愿，不限次数，不需缴交任何费用（昆士兰州的大学招生中心例外，前 3 次不收取任何费用，之后每次收取 35 澳元）。

各州的大学招生中心在接受学生的申请后，会进一步核实其材料和资格。对于澳大利亚高中应届申请者，大学招生中心会通过各州学习评量委员会的计算机联合查询服务核实其学习成绩和 ATAR 成绩。相对地，对于非 12 年级申请者或海外学历资格的申请者，招生中心要求必须在一定的时间内提交证明文件和学习成绩。最后，大学招生中心将符合基本入学要求的申请案件材料传送给申请者填报志愿的高校，由学校进行选拔和录取。

表 3-10　2014 年—2015 年澳大利亚各州招生中心入学申请相关规定

招生机构	申请时间	报名费	逾期报名费（报名费＋逾期费）	选填志愿数
大学招生中心（新南威尔士州/澳大利亚首都领地）	2014 年 8 月 6 日至 9 月 30 日	①Y12 为 29 澳元　②NY12 为 62 澳元	①10 月 1 日至 10 月 31 日：Y12 为 154 澳元/NY12 为 187 澳元　②11 月 1 日至 11 月 28 日：Y12 为 173 澳元/NY12 为 206 澳元　③11 月 29 日至 2015 年 2 月 20 日：Y12 为 183 澳元/NY12 为 216 澳元	9
维多利亚高校招生中心	2014 年 8 月 4 日（9AM）至 9 月 30 日（5PM）	①Y12 为 28 澳元　②NY12 为 42 澳元	①9 月 30 日（7PM）至 11 月 7 日（5PM）：所有申请者为 93 澳元　②11 月 7 日（7PM）至 12 月 5 日（5PM）：所有申请者为 119 澳元	12
昆士兰高校招生中心	2014 年 8 月 5 日至 9 月 30 日	①Y12 为 35 澳元　②NY12 为 65 澳元	10 月 1 日至 2015 年 1 月 31 日：Y12 为 130 澳元，NY12 为 149 澳元	6

续表

招生机构	申请时间	报名费	逾期报名费（报名费＋逾期费）	选填志愿数
大学招生服务中心（西澳州）	2014年8月5日至9月30日	①Y12为25澳元 ②NY12为54澳元	9月30日11PM后：所有申请者均为130澳元	6
南澳高校招生中心（南澳州/北领地）	2014年8月4日至9月30日	①Y12为26澳元 ②NY12为59澳元	9月30日后：所有申请者均为105澳元	6

注：Y12（Year 12）代表12年级应届高中申请者；NY12（Non-Year 12）代表非12年级申请者。

三、选拔录取机制

申请者除了需要符合基本入学要求外，在大学的选拔录取过程中还需要和其他申请者竞争。每年各大学录取学生时，都会以专业划出专业课程的最低分数线，达到最低线的学生就有机会被申请的大学录取。另外，各专业也会在最低分数线的基础上通过不同的方式如问卷、面试等挑选考生。澳大利亚大学各院系专业招生录取的最低分数线每年都不一样，主要有三个决定影响因素，即专业的招生录取名额、专业的申请报名人数、申请者的质量，每年度实际的最低录取分数线只有在完成选拔且正式进行发放录取时才会知道[①]。各大学不同科系的最低录取分数线可能高、低或相同于往年。

（一）ATAR 与 OP

澳大利亚为了让各州不同招生考试制度的评量成绩能公平公正地相互评比，于2009年至2010年逐步推行全国统一的评比标准，即"澳大利亚高校入学排名"（Australian Tertiary Admission Rank，ATAR）。该排名成绩是由各州的大学招生中心依据当地"学习评量委员会"所提供的学生学业成绩，将其计算转换成的，为目前各州及领地所采用的大学入学选拔录取机

---

① Universities Admissions Centre，Undergraduate Fact Sheet 2：Admission Requirements and Selection. pdf，http://www.uac.edu.au/，2013-10-20.

制。各大学在评选时，在最终的最低录取分数线上都采用统一的 ATAR。虽然昆士兰州仍然坚持实施"整体位置评定等级"（Overall Positions，OP），但两者之间的成绩可以相互对照换算，不影响各地大学的评选和学生的录取。各州的大学招生中心的 ATAR 成绩发放时间相近，大约集中在 12 月，学生可以登录招生中心的网站查询。

ATAR 是衡量一个学生就其年龄层在高中 12 年级的整体高中毕业学业成绩在该州所有高中毕业生中所处的等级排位，以 0.05 为间隔、从 0.00 到 99.95 之间的一个百分比数值。也就是说，当学生的 ATAR 分数为 98 时，表示该学生的高中毕业总成绩处于所有 12 年级应届生高中毕业生的前 2% 的等级水平。同样地，OP 是指学生授权学科的整体成就成绩在全昆士兰州学生中的排序状况，是在学生高中学习期间的各科学业成绩和昆士兰核心技能考试成绩的基础上经过复杂计算得出来的。OP 分为 25 个等级，从 OP1 到 OP25，OP1 最好，OP25 最差。各州的"大学招生中心"每年会发布 ATAR 与 OP 的对应换算表，以适应学生跨州申请大学的需要（详见表3-11）。

大学以 ATAR 在做筛选时通常会有两个阶段，第一阶段是评选人员先审核申请者是否已符合学校规定的所有入学要求和先决条件，排除那些没有达到专业要求的申请者。第二阶段是确定哪些申请者一定能够被录取（ATAR 高分群），并且针对"中间带"申请者进行选拔，评选人员会考虑申请者的其他入学条件，如预备课程成绩、面试表现、个人作品、能力倾向测验和教育劣势程度等等。因此，ATAR 或 OP 成绩的高低对于澳大利亚 12 年级应届高中毕业生具有相当的意义，尤其是在申请顶尖大学和热门科系时。

表 3-11 2014 年新南威尔士州高中 12 年级 ATAR 与 OP 成绩换算

澳大利亚高等教育入学排名（ATAR）	整体评量（OP）
99.95/99.50/99.00	1
98.50/98.00/97.50	2
97.00/96.50/96.00	3
95.50/95.00/94.00	4
93.00/92.00	5
91.00/90.00	6

续表

澳大利亚高等教育入学排名（ATAR）	整体评量（OP）
89.00/88.00	7
87.00/86.00/85.00	8
84.00/83.00	9
82.00/81.00/80.00	10
75.00	12
70.00	14
65.00	15
60.00	17
55.00	19
50.00	20
45.00	21
40.00/35.00	23
30.00	24

资料来源：UAC，Year 12 Conversion.pdf，http://www.uac.edu.au/undergraduate/atar/，2014-01-05。

（二）特别招生录取

澳大利亚大学为了吸引精英学生和照顾弱势学生或多或少都会提供一些特别的招生录取政策，比如，"前期录取计划"、"加分奖励计划"、"教育公平入学计划"等。"前期录取计划"是针对12年级应届高中毕业生、非12年级申请者和先前延期入学的申请者的特殊招生录取计划。该计划的录取名额占主要录取名额的少数，以12年级应届毕业生为例，通常是精英学生在参加毕业会考之前，由就读高中的校长推荐或参加大学的面试，通过学校评选的学生将在"主要录取梯次"（Main Round）之前获得录取通知。

"加分奖励计划"是大学为了吸引精英学生或促进偏远地区学生的入学所提供的选拔加分，各校的奖励加分多寡不一，依其招生政策和学生条件，为1分~10分。该项计划的申请者必须是澳大利亚应届高中毕业生。精英学生的评选条件是依据在校的科目成绩或是在运动、音乐、艺术等方面展现国家或国际层级的杰出成就。此外，招生中心会根据学生居住地的邮政编码或就学地的相关学校档自动审核偏远地区学生的资格并进行加分。

"教育公平入学计划"是大学对长期处于教育劣势的学生提供的特殊入学计划，大部分的澳大利亚大学都有执行，各州/各校的称谓不一，但性质类似。只要是处于无法控制的教育劣势条件或遭遇困难环境的澳大利亚学生（如身心障碍、长期患病、经济困难、难民身份、英语语言困难、家人病重/去世、就读于乡村偏远地区），都适用于申请该计划。这类学生在申请入学时仍然需要符合各校的入学要求和选拔标准，但学校会在选拔过程中考虑学生所经历的教育劣势程度，予以补偿性的入学加分或在预备知识的要求上给予较宽松的条件。

（三）录取分发

澳大利亚大学对于12年级应届高中毕业生的录取原则是根据学校制定的选拔标准对应学生填报志愿的顺序，分批向学生发出录取通知。也就是说学校在选拔时以择优录取为基准，对于满足入学要求并获得ATAR最高分的学生予以优先考虑，其他学生依次类推。之后，大学招生中心会根据各大学确定的录取分数线，按学生填报的志愿顺序加以考虑，如果第一志愿已满，就考虑第二志愿，依此类推，直至录取或被淘汰，再分批向考生发出大学录取通知。各州的大学招生中心发放录取通知的梯次和时间不完全一致，但整体而言，都是配合澳大利亚高校的招生入学时间分梯次发放。对于澳大利亚12年级应届高中毕业生的大学录取发放主要是集中在1月中旬的"主要录取"梯次。第二学期入学的录取梯次发放通知时间从3月开始到7月结束，但多数的主要录取梯次发放时间还是在6月至7月之间。

以2013年—2014年新南威尔士州和澳大利亚首都领地大学的"大学招生中心"（UAC）的录取发放情况为例，对于在第一学期入学的招生录取而言，其录取发放分为"前期录取"、"主要录取"和"后期录取"，第二学期入学的录取发放为"终期录取"，申请者在规定时间内仍可上网更填志愿（详见表3-12）。"前期录取"指的是大学对非12年级申请者、延期入学的申请者和非ATAR选拔入学途径的12年级应届高中毕业生所提供的早期录取名额。该批录取名额数量通常相对较少，2014年UAC共发放6批录取通知书，23 983个名额数。"主要录取"为每年最主要的录取分发，2014年UAC共发放50 814份录取通知书。"后期录取"是大学针对仍有招生名额的专业所提供的录取名额，2014年UAC共发放5批录取通知书，8 718个名额数①。

表 3-12　2013 年—2014 年新南威尔士州/澳大利亚首都领地大学录取通知

录取发放梯次	录取发放日	志愿更改截止日
前期录取	第一批次：2013 年 9 月 5 日	第一批次：2013 年 9 月 3 日
	第二批次：2013 年 9 月 26 日	第二批次：2013 年 9 月 24 日
	第三批次：2013 年 10 月 24 日	第三批次：2013 年 10 月 22 日
	第四批次：2013 年 11 月 14 日	第四批次：2013 年 11 月 12 日
	第五批次：2013 年 12 月 5 日	第五批次：2013 年 12 月 3 日
	第六批次：2014 年 1 月 3 日	第六批次：2014 年 1 月 1 日
主要录取	2014 年 1 月 16 日	2014 年 1 月 4 日
后期录取	第一批次：2014 年 1 月 30 日	第一批次：2014 年 1 月 23 日
	第二批次：2014 年 2 月 6 日	第二批次：2014 年 1 月 31 日
	第三批次：2014 年 2 月 12 日	第三批次：2014 年 2 月 10 日
	第四批次：2014 年 2 月 19 日	第四批次：2014 年 2 月 17 日
	第五批次：2014 年 2 月 26 日	第五批次：2014 年 2 月 24 日
终期录取	第一批次：2014 年 3 月 12 日	第一批次：2014 年 3 月 10 日
	第二批次：2014 年 4 月 2 日	第二批次：2014 年 3 月 31 日
	第三批次：2014 年 5 月 7 日	第三批次：2014 年 5 月 5 日
	第四批次：2014 年 5 月 21 日	第四批次：2014 年 5 月 19 日
	第五批次：2014 年 6 月 11 日	第五批次：2014 年 6 月 9 日
	第六批次：2014 年 6 月 25 日	第六批次：2014 年 6 月 23 日
	第七批次：2014 年 7 月 2 日	第七批次：2014 年 6 月 30 日
	第八批次：2014 年 7 月 16 日	第八批次：2014 年 7 月 14 日
	第九批次：2014 年 7 月 30 日	第九批次：2014 年 7 月 18 日

资料来源：Universities Admissions Centre，Undergraduate Fact Sheet 3：Important Dates for 2013-14 Admission. pdf，http://www.uac.edu.au/，2013-10-20。

最终的录取通知是由各州的大学招生中心统一发放，申请者按其志愿只

---

① UAC，Comparison of 2015 and 2014 University Offers，http://www.uac.edu.au/documents/media-releases/undergraduate/2015-Main-Round-Offers-Released.pdf，2015-01-20.

会收到一个录取通知和该校的入学信息手册（注册时间、地点和手续等）。一般而言，申请者会先收到大学招生中心的电邮通知，翌日，各大学的录取名单、专业的最低录取分数线和尚有余额的专业名单也会详细公布在澳大利亚各大报纸上，如《每日电讯报》(The Daily Telegraph)、《悉尼晨锋报》(The Sydney Morning Herald)、《纽卡斯尔先锋报》(The Newcastle Herald) 和《堪培拉时报》(The Canberra Times)。申请者在收到录取通知书后的一定时间内，必须通过中心网络平台回复"接受"录取，否则将视为放弃。基本上，对于落选的学生，大学招生中心也会寄发通知书说明申请不成功的原因，学生可以直接联系相关高校，对其未来的学习途径进行咨询。

第四章 澳大利亚土著民族与国际学生的高校招生考试政策

澳大利亚作为典型的多元文化国家,追求民主平等以及文化的多样性是国家发展的价值观所在,教育政策、民族政策的价值导向也与其一致。在此背景下,澳大利亚土著民族与国际学生高校招生考试政策的制定与实行,不仅是多元文化政策在高等教育领域中的一种具体呈现,也使澳大利亚的高等教育事业得到迅速提升与发展。本章将从历史与现实两方面入手,对澳大利亚土著民族和国际学生的高校招生考试政策的历史沿革、出台背景、发展进程以及具体操作进行探讨。

第一节 澳大利亚土著民族高校招生考试政策的渊源

澳大利亚土著人(Indigenous People)是澳大利亚大陆最早的居民,其祖先在公元前五万年左右,从亚洲乘独木舟,跨越印度尼西亚群岛,进入了澳大利亚北部地区,最初是游牧、狩猎和采集的生活形态,以小团体群居的方式逐水草而居,漫游生活于各自的传统区域内。在1788年白人移民到澳大利亚之前,大陆地区约有340 000名土著人,塔斯马尼亚地区大约有4 000名土著人,他们散居在700个左右的部落中。各土著部落拥有自己的语言和地盘,具有自己的社会组织,遵循各自组织所规定的法律规范和风俗习惯,人数从200人至700人不等。传统的澳大利亚土著民族没有创造文字,无正规教育,人们从事原始的劳动,没有什么社会分工。当时澳大利亚土著民族的教育、生活和劳动常常是融为一体的,主要是教导下一代四个方面的知识和技能:第一,了解社会制度,明白个人应该履行的义务和应该采取的态度;第二,掌握有关自然环境的实际知识;第三,学会劳动技能;第四，学习传说、礼仪和宗教知识①。

一、澳大利亚土著民族教育政策的历史沿革

大量欧洲殖民者的涌入，打断了土著民族安逸与平静的生活和自由发展的历史，西方文化与土著文化之间的矛盾开始在澳大利亚产生。从殖民时期以来，澳大利亚政府就一直针对土著民族问题提出不同的政策，从最初的针锋相对，到文化渗透，最后形成共生的多元文化主义理想，土著民族经历了侵占屠杀政策、同化政策、一体化政策和多元文化政策四个时期。这些不同历史阶段的政策，也是根据不同历史阶段的政治、经济、文化等综合情况制定的。

（一）侵占屠杀政策（1788年—1925年）

在殖民时期初（18世纪末），英国殖民者为了抢占土地资源，对澳大利亚土著民族进行种族打击，实行侵占屠杀政策，企图建立一个纯种的澳大利亚社会。大部分土著人的家园被霸占，被迫向西部和内地自然条件恶劣的地区迁移或者被杀尽。澳大利亚学者科林·赛尔在其著作中指出，"凡是欧洲殖民者最多的地方——特别在东南部——土著部落的数量减少最快，而在偏远的中部和北部减少较慢。塔斯马尼亚殖民区的全部土著部落于1888年底以前就都灭绝了。维多利亚殖民区的土著部落几乎全部灭绝，新南威尔士殖民区的纯血统土著人也所剩无几"②。

当时澳大利亚的土著民族除了自然原因外，在欧洲殖民者的屠杀和所带来的疾病的侵袭下，人口锐减。土著民族人口从原来的30万多人，减少到4万人，包括混血后裔也只有6至7万人，濒临灭绝③。侵占和战争是当时的社会主题，为了争夺土地和生存机会，在解决民族问题上是通过强硬的手段解决矛盾，直到19世纪30年代欧洲殖民者才停止对土著民族的驱赶和大肆残杀的行为。这时期的土著民族连最起码的生存都困难，更不用说教育，当然也就没有所谓的土著民族教育政策可言。

---

① 王斌华：《澳大利亚教育》，华东师范大学出版社，1996年，第1~2页。
② Purcell, Colin, Australia the Land and its Development, Canberra, 1975: 38.
③ 吴明海：《中外民族教育政策史纲》，中央民族大学出版社，2006年，第333页。

（二）同化政策（1930年—1965年）

1930年代，由于国际社会的施压以及土著民族的强烈反抗，澳大利亚政府迫于形势开始对土著民族采取同化政策，不再进行驱赶和屠杀。同化政策允许土著人保留自己的生存权和生命权，并在自己的土地上生活，但是要消灭其民族的身份，即要求土著人放弃自己的种族文化身份和传统生活方式，接受澳大利亚白人的宗教、价值、思想、文化和教育，采取白人的生活方式。澳大利亚政府希望借此断绝土著人的民族文化，使其完全融入澳大利亚主流社会之中。在这个时期，土著民族的人权开始有所改善，澳大利亚政府成立土著民族事务机构，给予土著民族应有的政治权利和社会福利等措施，部分土地归还给原属的土著居民，各方面有了不同程度的改进。

澳大利亚政府为了落实该政策，对土著儿童实行强制同化，最具代表性的是"失窃的一代"（Stolen Generations）。当时土著儿童不能学习自己的语言与文化，被拒于正规教育之外，只能接受隔离式的初等学校教育。澳大利亚白人统治者采取强迫、威胁和施加压力的方式，将土著儿童从他们的父母身边带走，把他们送到白人家中或专门由白人建立的培训机构中进行教化，这期间不允许他们与自己的父母见面，使他们脱离自己的社区和文化，彻底融入主流社会，企图从根本上同化土著民族。只有在个别情况下，土著儿童才被允许进入综合学校，但学习的却是以增强同化和提高文化自卑感为目的的课程[①]。

澳大利亚政府对土著民族实施的同化政策是对其基本权利的侵犯，反映了主流群体在教育中的强势主导地位，罔顾弱势群体的利益和文化，企图削减其他民族在社会中所占的比重，这种政策直接毁灭了土著民族传统的语言与文化。相较于霸占与屠杀政策，同化政策从表面看来是一种进步，但是该政策的实施并没有真正缓解土著民族和澳大利亚白人之间的矛盾，反而促使他们之间的隔阂越来越深，激发了种族之间的矛盾和斗争。

（三）一体化政策（1965年—1973年）

1950—1960年代，澳大利亚白人与土著民族的关系日趋紧张，为土著民族争取平等与权利的运动蓬勃展开，这迫使澳大利亚联邦政府与各州政府相继进行改革，以改善土著民族的地位和待遇。1970年代是澳大利亚民族

---

① Bennett, David, Multicultural State, Rethinking Difference and Identity, Routledge, 1998: 32.

政策的大转变时期，在整个澳大利亚社会中同化政策并未达到预期的效果，澳大利亚政府开始对土著民族实行一体化政策，强调白人与土著人之间的融合。一体化政策尊重土著民族的文化价值，允许土著民族文化的存在，并以保留他们独特的社会特点为基础，最终目的是达到文化趋同。

1967年5月27日，澳大利亚国会以90.77%的全民公投民意通过修改《宪法》第51条26款，废除《宪法》第127条中涉及对土著民族的歧视条文[①]。这次的全民公投被视为澳大利亚历史上的一个重要里程碑，修正条款规定：把土著民族当作澳大利亚公民列入全国人口普查的序列，宣布废除对土著民族的限制性法规和行政体系，并且在相关文件政策中删除了拒绝接受土著民族子弟入学的规定。在这次公投中也首次给予联邦政府与各州政府权利来制定有关土著民族权利和福利的特殊法令。至此，联邦政府第一次对土著民族行使立法的权利，正式承认了土著民族享有平等的公民权利，使他们和其他澳大利亚公民一样享有选举权和一些社会保障，土著民族接受高等教育的权利也得到一定程度的保护。

更值得关注的是，在实施一体化政策过程中，联邦政府设立了相关的土著民族机构，如土著事务局、土著民族事务办公室和土著民族事务理事会等官方机构，开始为土著民族提供一些金钱和法律上的援助，推行土著民族的住房、教育、地权、商业、法制和行政等方面的计划和政策。这些机构的设立得到各州政府的积极响应，民间土著民族团体和组织也相继成立。

（四）多元文化政策（1973年至今）

澳大利亚是一个多民族组成的国家，在这民族复杂人口构成中，土著民族历史悠久，创造了澳大利亚重要的文化遗产，但不可否认的是，澳大利亚土著民族歧视问题一直不同程度地存在。随着时间推移，考虑现实的种种原因，澳大利亚政府开始正视土著民族问题，重新考虑新的民族政策。1973年，移民部长格拉斯访问加拿大，归国后发表《民族大家庭》的演讲和《一个未来的多元文化社会》的声明，首次将多元文化概念正式引入澳大利亚，开启了澳大利亚多元文化政策的制定和实施。

澳大利亚多元文化主义以澳大利亚国家政策和法规为基础，承认、接

---

① Australian Government Department of Foreign Affairs and Trade, Australia in Brief: The Land and its People, http://www.dfat.gov.au/aib/the-land-and-its-people.html#indigenous_australia, 2013-09-07.

受、尊重和包容文化的多样性，继承土著居民、早期欧洲移民的文化遗产，尊重澳大利亚风俗习惯以及来自世界各地新移民的语言和文化①。伴随着澳大利亚多元文化政策的提出与实行，使国内的土著民族教育得以受重视和发展，各州及领地政府开始提倡民族平等、文化共同繁荣，并且出台了一系列促进土著民族教育均衡发展的优惠政策，尤其是表现在拓宽受教育机会的土著民族高校招生考试政策。

澳大利亚通过移民咨询理事会主席朱伯勒斯的《对澳大利亚定居者离去的调查》、《作为一个多元文化社会的澳大利亚》、《多元文化主义和它对移民政策的影响》、《为所有澳大利亚人的多元文化主义》等报告的宣传和1975年的《反种族歧视法》出台，使多元文化主义的概念和内涵不断充实和丰富，促成了澳大利亚多元文化政策的问世②。1979年，澳大利亚多元文化事务学院成立，旨在加深人们对文化多样性的认识，增强澳大利亚社会的凝聚力，促进理解和宽容。

1989年，联邦政府制定了《一个多元文化的澳大利亚国家议程》，将多元文化上升为澳大利亚的基本国策，并在总理领导下设立了多元文化事务办公室和土著民族事务办公室，负责移民、劳工、福利、卫生和教育等事务。这一政策的定型对促进澳大利亚土著民族高等教育的发展和建构"多民族、多文化"社会起了举足轻重的作用，标志着澳大利亚高校土著民族招生考试政策的产生③。

1992年6月3日，澳大利亚高等法院通过了"马博裁决"（Mabo Decision），这是第一次在澳大利亚的历史上承认土著民族的土地权，即土著人民享有土地的拥有、占用、使用和享受的权利，这个裁决是决定澳大利亚的土著民族和解的一个转折点④。1996年，联邦众议院代表一致通过一

---

① 刘丽莉：《澳大利亚土著民族教育新政策研究》，西北师范大学硕士学位论文，2010年，第14页。

② 刘额尔敦吐：《中国高校少数民族招生考试政策研究》，华中师范大学出版社，2012年，第108~109页。

③ 刘额尔敦吐：《中国高校少数民族招生考试政策研究》，华中师范大学出版社，2012年，第109页。

④ Australian Government Department of Foreign Affairs and Trade, Australia in Brief: The Land and its People, http://www.dfat.gov.au/aib/the-land-and-its-people.html#indigenous_australia, 2013-09-07.

项决议，强调阐释多元文化政策必须遵循的一些社会中心价值观念，并强调国家的民主制度。1999年，在国家多元文化咨询理事会的报告《走向新世纪的澳大利亚多元文化：无所不包》中，重申自由和民主制度是多元文化政策的基础，公民义务、文化尊重、社会平等和有效益的多样性是其发展的基本原则。

2003年颁布《澳大利亚多元文化：多样性的统一》，强调促进社会和谐与有效益的多样性。在该政策基础上，澳大利亚教育、科学和培训部部长于2004年宣布，在以后的四年中，将拨款2.1亿美元用于学前、中小学、第三级教育机构的土著教育，其中1.4亿美元用于提高土著学生的识字能力，17.9亿美元用于学校为土著学生提供辅导①。在多元文化政策下，澳大利亚的民族问题被妥善处理，澳大利亚的民族教育也得到了很大的发展，多元文化的和谐共存成为其立国之本。

二、澳大利亚土著民族高校招生考试政策的出台原因

1980年代以来，为了提升土著民族高等教育的入学率，澳大利亚政府相继制定一系列促进土著民族高等教育的政策，其中包括了土著民族高校招生考试政策。澳大利亚多元文化的发展使土著文化与白人文化和其他民族的文化逐渐融合，但土著民族问题在澳大利亚仍然是一个受关注的议题。一些学者已经突出强调了土著民族教育的重要性，认为教育提供了关键的自我决定和积极地、公平地参与到社会中的动力，可以缓解土著民族面对的重大的社会不利因素。因此，澳大利亚政府针对土著民族的处境，提出了减少土著与非土著居民之间的教育差距的政策。土著民族高校招生考试政策就是专门为了土著民族学生而制定的优惠教育政策之一，从某种意义上来说，它也是对处于弱势群体的土著学生的一种补偿。

澳大利亚实施高校土著民族招生考试政策的目的在于通过制度设计来增加土著民族高等教育入学机会，从而促进土著民族的个体成长和就业发展，改善其生活质量和经济条件，进而提升其社会地位和政治地位，最终构建一个文化多元、和谐统一的民主社会。就澳大利亚政府推行土著民族高校招生考试政策的背景原因，除了上述的多元文化社会的形成以及多元文化政策的

---

① 刘丽莉：《澳大利亚土著民族教育新政策研究》，西北师范大学硕士学位论文，2010年，第16页。

提出外,可归纳为以下三点。

(一)澳大利亚土著民族人口的增加以及民族意识的高涨

20世纪中后期以来,澳大利亚土著民族中为数不多的人仍保持着比较传统的部落生活方式,维持着基本生活,但绝大多数土著人现在的生活早已跨进了现代化的生活轨道,和其他澳大利亚人的生活方式无异。澳大利亚土著民族散居在全国各地,以北领地居多,目前约有31%人口生活在澳大利亚的大城市,42%生活在郊区或城镇,26%则居住在边远岛屿和偏远地区[①]。近年来澳大利亚的人口结构发生了很大变化,土著人口的数量直线上升,据统计:1947年为6.95万,1954年为7.45万,1961年为8.53万,1966年为10.20万,1971年为11.60万,1981年为16万,2000年为38.4万[②]。2013年土著民族人口占澳大利亚总人口的3.0%,大约为67万人[③]。

伴随着土著民族人口的增长,澳大利亚土著民族主体意识逐渐增强,政治力量也在逐步加强,他们要求澳大利亚联邦政府维护国际法承认土著民族权利。他们渴望其文化身份得到认可,享有民族自决权,维护自身的权利,保护自己的土地、语言以及种族传统的生活方式,渴求社会的公平与正义,并要求建立平等的教育政策体系。在此背景下,澳大利亚政府出台了相应的民族政策,以适应土著民族的需求,教育政策作为民族政策的一部分,也适时作出相应的调整,包括提升土著民族高等教育的高校招生考试政策。

(二)国家发展战略以及社会进步人士的支持

澳大利亚土著民族并不是主流群体,他们的文化也不是主流文化,但是作为澳大利亚人口构成的一部分,土著民族有他们自身的发展历史和文明。基于建立一个正义、团结的未来社会,所有的澳大利亚人都有必要了解澳大利亚土著民族,了解他们的过去,尊重他们,考虑他们的利益,这是双方达成和解的基础。随着社会经济和国家的发展,澳大利亚的土著民族得到联邦

---

① 苏立维:《澳大利亚政府对土著居民的教育政策即对我区少数民族教育政策的启示》,内蒙古农业大学硕士学位论文,2011年,第7页。

② 阮西湖:《澳大利亚民族志》,青海人民出版社,1987年,第67页。

③ Australian Bureau of Statistics, 2011 Census Counts-Aboriginal and Torres Strait Islander People, http://www.abs.gov.au/ausstats/abs@.nsf/Lookup/2075.0main+features32011, 2013-12-18。

政府和社会进步人士越来越多的重视和支持。为了让土著民族取得平等的社会地位和民族认同，提升其高等教育是极其必要的。同社会其他的同龄学生相比，土著民族学生在接受高等教育方面是相对弱势的，要想取得更大的进步还要做出更大的努力，政府有必要为土著民族学生提供特殊的高等教育入学途径，以及提高土著民族对各个层次教育的期望值。

（三）实现土著民族教育公平以及教育机会均等

由于历史与现实的种种原因，澳大利亚土著民族歧视问题一直不同程度地存在。近年来，澳大利亚政府积极采取了一些措施发展土著人和岛民教育，但土著民族仍是澳大利亚处境最为不利的群体。为了使土著民族的社会权利和地位赶上主流群体的水平，发展土著民族高等教育和实现其教育机会均等是极为重要的。教育机会均等作为一项制度安排要反对的是基于种族、肤色、性别、文化、阶级等社会区隔基础上的教育特权、教育歧视或教育排斥，向所有人平等开放某种公共教育资源[①]。

为实现教育公平，确保土著民族与同龄的其他澳大利亚学生一样具有平等进入高等教育机构的权利与机会，澳大利亚政府创造条件，通过土著民族高校招生考试政策给土著民族提供一个公平的发展渠道。该政策体现了教育机会均等的理念，关注土著民族的发展，禁止社会歧视，使土著民族群体能够平等地接受、参与、决策教育，也使得土著民族教育公平问题得到广泛的重视。同时，实现这一政策不但可以提高土著民族的教育质量，使土著民族教育和其他的澳大利亚居民的教育一致，而且可以保留土著民族自身的传统和文化，使澳大利亚多元文化的教育政策得到最大程度的体现。

三、澳大利亚土著民族高校招生考试政策的发展进程

澳大利亚政府对土著民族教育的关注程度在1960年代以前几乎是看不到的，直到1969年，政府开始进行联邦教育体制改革，提出加强土著民族教育，并推出了支持土著民族教育的一系列措施，在某种程度上促进了土著民族高等教育的发展和土著民族高校招生考试政策的形成。1969年，澳大利亚联邦政府针对土著民族面对教育的不公平和不利处境，推出了《土著研

---

① 刘丽莉：《澳大利亚土著民族教育新政策研究》，西北师范大学硕士学位论文，2010年，第41页。

究资助计划》(The Aboriginal Study Assistance Scheme),其目的是通过提高教育结果来解决土著人和托雷斯海峡岛民面对的教育困境,鼓励土著民族学生充分利用可得的教育机会,从而增加就业机会。

1973年,澳大利亚移民部长格拉斯访问加拿大,之后,将多元文化概念引入国内,开始实施高校民族倾斜政策,以促进澳大利亚民族高等教育发展。1988年,政府相继颁发两部法案,即《澳大利亚土著人和托雷斯岛民学习基本原理法案》和《反歧视法》。基本原理法案第九条明确规定:"保障土著民族能够接受义务教育之后的高中教育、专科技术教育及高等教育的机会。"这是澳大利亚土著民族教育的基本政策,其主要目的是增加土著民族的就学机会,促进教育公平。同时,《反歧视法》也明确规定:"禁止对其他人种肤色、宗教信仰、政治主张、婚姻状况、智力、精神和身体缺陷等方面直接或间接地歧视,文化教育和就业等方面也遵循这些规定。"[1]

1989年,澳大利亚通过《21世纪学校教育国家目标:阿德莱德宣言》(The Adelaide Declaration on National Goals for Schooling in the Twenty-First Century)明确规定:"学校教育应该具有社会公正性,使土著人和托雷斯海峡岛民的学生拥有均等的入学机会及教育过程,让其学习成果逐步改善,以赶上其他学生的程度,达到同等的水平",从而"使所有学生理解与认同土著人和托雷斯海峡岛民的文化对澳大利亚社会的价值,拥有和受益于这些知识、技能,并为此作出贡献,最终使土著民族和澳大利亚人之间达到和谐"[2]。

同年,澳大利亚政府还正式出台了《土著人与托雷斯海峡岛民国家教育政策》(National Aboriginal and Torres Strait Islander Education Policy),这是澳大利亚关于土著民族教育的国家政策,期望实现土著民族教育平等。该政策基于四个大方向阐明21项国家长期目标,分别为:(1)土著人与托雷斯海峡岛民在制定教育决策中的参与权;(2)接受教育服务的平等权;(3)参与教育的平等权;(4)平等的适当的教育成果。

---

[1] 刘额尔敦吐:《中国高校少数民族招生考试政策研究》,华中师范大学出版社,2012年,第110页。

[2] MCEECDYA, The Adelaide Declaration on National Goals for Schooling in the Twenty-First Century, http://www.mceetya.edu.au/mceecdya/adelaide_declaration_1999_text,28298.html, 2013-09-09.

1990年,"教育、培训、就业和青年事务部"(Ministerial Council on Education, Employment, Training and Youth Affairs, MCEETYA)提出了《土著民族教育战略性举措计划》(Indigenous Education Strategic Initiatives Program)。该计划旨在提供补充性经费给予改进土著民族学生教育成效的机构,其资金由各州及领地所提供,用于大学和职业教育与培训等机构,为以通讯的方式学习的土著民族学生提供额外的在校支持,超过90%的土著民族学生从200个教育机构中接受了教育服务[1]。

1991年,经内阁批准设立《土著民族教育直接资助计划》(Indigenous Education Direct Assistance),旨在与一些提供教育与就业方案选择的指导协助与信息方案相结合,以及奖助学校为基础的家长委员会。此项计划由三个部分组成:(1)"土著民族学生辅导帮助方案"(Aboriginal Tutorial Assistance Scheme),为中小学教育、职业教育、大学教育阶段和正式培训计划中的土著民族学生提供额外的学习辅导帮助;(2)"土著民族职业和教育引导方案"(Vocational and Education Guidance for Aboriginal Scheme),为教育参与者的职业选择和深入学习提供信息帮助;(3)"土著民族学生资助和父母参与计划"(Aboriginal Student Support and Parent Awareness Programme),为促使土著民族学生在适龄阶段参与到学校中和其父母参与到教育决定中提供的资助,以及同年联邦政府通过的《社会安全法案1991》(Social Security Act 1991)中的《土著民族学习方案》(Aboriginal and Torres Strait Islander Study Assistance Scheme),旨在给予土著民族学生就学及生涯发展的相关津贴,以协助克服面临的特殊不利情境。

1998年,澳大利亚联邦政府颁布的《高等教育资助法案》规定,联邦政府将设立土著民族资助金,主要资助那些致力于提高土著民族高等教育入学机会和各种成功机会的活动。1999年,联邦、州和领地的部长在土著人和托雷斯海峡岛民事务部长理事会中提出,提高国家的土著民族教育被列为紧迫的国家优先的事业,政府企图通过知识和技能赋予土著民族更多的权利。联邦政府教育培训部长戴维·肯普(David Kemp)在颁布的《发现民主:公民学与公民教育》公文中关于"国家所面临最主要的教育挑战之一仍

---

[1] 王兆璟、陈婷婷:《澳大利亚土著人教育优惠政策:进程、动因及价值取向》,《当代教育与文化》2010年第6期,第26页。

然是土著民族教育平等"的声明指出:"我们有必要出台缩小土著民族与非土著民族教育水平之间的差距以及确保土著民族学生受教育的政策。"①

2000年,澳大利亚政府出台了《土著民族教育(目标援助)法案》[Indigenous Education (Target Assistant) Act 2000],规定为土著民族教育战略行动规划提供适当的经费资助,对发展土著民族教育提出明确目标,为土著民族参与教育提供了法律保障。该法案的第二章"目标"中明确规定了五大目标:"为土著民族提供公平合适的教育结果、提高土著民族在教育决策中的参与程度、使土著民族获得平等参与教育成为可能、为土著民族提供均等的参与教育的机会、为土著民族发展合适的文化教育服务。"② 同时,该法案规定了土著民族学习资助计划的认证课程,包括土著民族的远程教育课程、聚居地课程、高等教育机构或职业教育与培训机构的课程等。

另外,教育、科学及训练部认为高等教育提供者有责任达成并展现土著民族教育政策的目标,在2005年的机构评鉴架构中要求机构提出《土著民族教育论述》(Indigenous Education Statement),借以衡量达成土著民族教育政策目标的进展。该目标内容主要包含下列几点:(1)在教育决策方面,对于土著民族教育参与建立作有效安排;(2)增加土著民族接受教育与训练的名额;(3)确保土著民族教育与训练的入学公平;(4)确保土著民族教育与训练的参与率;(5)确保土著学生拥有适当的成就;(6)促进、维持并支持全体学生对土著民族文化与语言的学习③。

2005年,在召开的澳大利亚土著民族高等教育研讨会后,土著民族高等教育顾问理事会根据当时的土著民族高等教育发展形势提出创新政策——《2006—2008澳大利亚土著民族高等教育战略计划》。为了在高等教育系统内部建立一个多元的体系,促进土著民族高等教育的发展,进而提升土著民族对高等教育的参与和完成水平,该计划的措施分为七个方面:(1)鼓励高校与各级院校、TAFE、注册培训组织合作建立一些进入

---

① Powell, J. M, A Historical Geography of Modern Australia: the Restive Fringe, Cambridge University Press, 1988: 102.

② 陈立鹏、孔瑛:《美国、澳大利亚少数民族教育立法研究》,《民族教育研究》2008年第4期,第72页。

③ 李家宗:《澳洲高等教育评鉴制度》,台湾评鉴协会,2009年,第80~81页。

高等教育的特殊路径和计划;(2)发展合适的策略以提高土著民族学生高等教育的入学水平;(3)提高土著民族研究生的入学水平,增加土著民族文化的研究和土著民族研究者的数量;(4)提高土著民族学生在高校中的续读和毕业水平;(5)提高校园中土著文化、知识和研究的地位;(6)增加土著民族在大学中工作的人数;(7)增强土著民族在大学管理、领导和经营事务中的参与力①。

以上这些法案的颁布和实施,充分显示了澳大利亚政府越来越关注土著民族教育,也为澳大利亚土著民族高校招生考试政策的出台和发展提供了法律依据和政策保障。在2008年2月13日,当时的澳大利亚总理陆克文(Hon Kevin Rudd)对土著民族公开发表道歉,特别是正视对"失窃的一代"过去的不公正的对待,这让土著民族与非土著族群有着深刻的感受,这一举动帮助建立起土著与非土著族群之间的桥梁。

第二节 澳大利亚土著民族高校招生考试政策的实施

近年来澳大利亚政府一直大力推动土著民族教育的发展,制定并实施一系列政策来提高土著民族参与教育的机会。根据澳大利亚统计局数据显示,2011年土著民族人口约有548 400人,其中有56%年龄3岁~5岁的孩童上小学,61%年龄15岁~17岁的学生上中学,并且有超过37%的学生获得12年级毕业证书或同等级的二级证书资格②。同时,借由对土著民族高等教育的财政资助政策,澳大利亚为土著族群兴办学校,提高其参与教育过程的积极性;设置土著民族高等教育的相关机构,如在全国范围内创建土著民族和托雷斯海峡岛民族研究所、土著民族和托雷斯海峡岛民族委员会,为国家制定相关土著民族高等教育政策和出台相关法律,并提供政策建议和理论依据;专门制订并实行增加土著民族高等教育入学机会和保障土著民族高等教育质量的活动和计划,进而有力地推进了土著民族

---

① 刘丽莉:《澳大利亚土著民族教育新政策研究》,西北师范大学硕士学位论文,2010年,第21~24页。

② Australian Bureau of Statistics, Education, http://www.abs.gov.au/ausstats/abs@.nsf/Lookup/2076.0main+features302011, 2012-11-28。

高等教育的发展①。

尽管澳大利亚土著民族高等教育已经有相当大的改善，但现在仍然有许多土著民族不了解他们受高等教育的权利、不相信他们有成功完成高等教育的能力、进入高等教育的可能也没有进入他们的视线。高校这时就需要配合政策扮演重要的角色，与各级学校、TAFE、注册培训组织合作，建立土著民族学生的信心，提高他们可以进入和完成高等教育的期望。使土著民族学生享有完全平等的教育权利，还需要长期的努力。

一、澳大利亚土著民族高校招生考试政策实施的现状

现今大多数的澳大利亚土著族群生活在城市和城镇，但仍然有很多土著人选择生活在农村和偏远地区，并遵循传统的生活方式。在以人为本、教育公平和均衡发展的基本价值诉求下，澳大利亚政府根据土著民族学生的家庭经济和学习环境等不利因素，积极实行土著民族高校招生考试政策，以增加土著民族子弟的高等教育入学机会，确保土著民族在社会中拥有同样的竞争机会，也提高他们参与教育决策的意识，帮助他们发展适合他们自身的文化教育服务。

土著民族高中毕业生除了可以和一般澳大利亚高中生一样，选择按照各州及领地学习评量委员会的高等教育入学评量标准（即根据中学提供的评定成绩和会考成绩决定是否录取）进入大学外，还可以通过各高校提供的土著民族招生计划来申请入学。总体上来说，为了支持土著民族的高等教育学习，澳大利亚各高校采取的土著民族招生计划形式多样，主要表现为替代入学途径、学费补助及奖学金资助。

（一）替代入学途径

澳大利亚大学对土著民族采取替代入学途径，以申请审核、面试、专业预备课程、内部选拔考试为主要选拔机制，土著民族学生无须和一般高中应届毕业生一样采用 ATAR 或 OP 排名成绩作为选拔标准。澳大利亚各大学几乎都设立有土著民族教育中心，负责执行土著民族学生本科招生计划和学习支持，包括处理入学申请、审核就学资格、发放录取通知和奖学金资助。

---

① 刘额尔敦吐：《中国高校少数民族招生考试政策研究》，华中师范大学出版社，2012年，第114页。

表 4-1 为昆士兰州的大学的土著民族招生入学办法，其他各州的大学对土著学生的招生入学办法相去不远。

表 4-1　澳大利亚昆士兰州大学的土著民族招生入学办法

大学及其土著民族教育相关单位	招生入学办法
昆士兰大学：土著民族研究中心（Aboriginal and Torres Strait Islander Studies Unit）	土著民族替代入学方案（ATSIS Alternative Entry Scheme）：申请审核
昆士兰科技大学：乌哲鲁土著中心（Oodgeroo Unit）	土著民族集中评估选拔方案（Centralised Assessment Selection Program）：申请审核、面试
阳光海岸大学：布兰加土著中心（Buranga Centre）	土著民族直接入学方案（Indigenous Direct Entry and Access Scheme）：申请审核、面试
南十字星大学：澳大利亚土著民族学生服务中心（Indigenous Australian Student Services）	替代考试评量入学方案（Alternative Testing and Assessment Entry Scheme）：专业预备课程
格里菲斯大学：格里菲斯土著民族学生支持中心（GUMURRII Student Support Unit）	格里菲斯土著民族学生招生入学方案（GUMURRII Admission Scheme）：大学预备课程（Tertiary Preparation Program）
新英格兰大学：欧罗拉土著民族中心（Oorala Aboriginal Centre）	土著民族入学方案：内部选拔考试、面试
中央昆士兰大学：土著民族办公室（Office of Indigenous Engagement）	大学入学预备课程（Tertiary Entry Program）
詹姆斯库克大学	土著民族入学方案：土著民族健康事业预备课程（Indigenous Health Careers Access Program）、大学预备课程（Tertiary Access Course）、小学教师预备课程（RATEP）
南昆士兰大学	土著民族高等教育就学途径课程（Indigenous Higher Education Pathways Program）
澳大利亚天主教大学	土著民族特殊入学方案（Aboriginal and Torres Strait Islander Special Entry Scheme）：申请审核、面试

资料来源：根据 Queensland Tertiary Admission Centre 网站资料整理。http://www.qtac.edu.au/Applying-SAS/ATSI.html。

在申请审核方面，澳大利亚大学对于土著民族学生的专业选择是有所限制的，也就是说不是所有专业课程都可以直接申请入学。在申请程序上，土著民族学生要向各州的招生中心和大学的土著民族教育中心递交报名表、书面报告和相关文件资料。学校会评估该申请者在学科专业上的学习能力，包括受教育经历、工作经验、学术潜力、个人兴趣、自律能力和家人支持等条件。除了资格审核外，澳大利亚大学还会要求土著民族申请者参加学校的面试。在面试时，申请者必须要根据提交的书面报告说明学习计划。借由面试，学校可以进一步了解申请者的学习条件与意愿，同时，申请者也可以有机会与招生中心及高校的工作人员面对面沟通，了解大学校园、学习课程、住宿与奖学金等事项。学校最终的选拔录取将依据申请者的申请材料和面试成绩决定，再由大学招生中心发出录取通知。

另外，有些大学会要求土著民族学生先上大学预备课程，储备基本的专业知识后再申请入学。各大学所提供的专业预备课程要求的学习时程不一，有的是密集短期的几个月，有的是半年或一年半的学期制学习，但共同点都是免费。土著民族学生可以依其专业志愿自由选读，学生完成课程后，学校会对其进行评量，合格后才可以正式进入大学学习。部分澳大利亚大学会针对土著民族申请者进行内部选拔考试，通常是在校内举行，为期一天，申请者必须在规定时间内完成个人陈述、学习计划和文化水平测验。除此之外，澳大利亚大学的医学院为了培养并鼓励土著民族学生能在毕业后回乡或到医疗资源相对匮乏的土著居民地区行医，通常会对这类土著民族申请者放宽入学条件。

（二）学费补助及奖学金资助

澳大利亚联邦政府对土著民族学生在学费方面给予很大照顾，除了和本国学生一样享有"联邦高等教育学费补助"（Commonwealth Supported Place，CSP）的资格和一系列优惠贷款计划外，还有联邦政府提供的"联邦政府福利署"（Centrelink）补助金，以及各大学提供的奖学金。土著民族学生可以向各州及领地的大学招生中心或大学申请，受惠于 CSP 的土著民族学生，联邦政府补助 3/4 的教育费用，学生仅缴交"成本分担费"，无须缴交全额学费。学生成本分担费由各大学依据每年联邦政府设置的专业学科三级制来制定，对于交不起学费者还可以申请政府贷款（如 HECS-HELP），学成后有了收入再偿还学费。

为了帮助土著民族学生的就学，联邦政府还提供"土著民族助学金"（ABSTUDY）和"土著民族联邦奖学金"（Indigenous Commonwealth

Scholarships)。"土著民族助学金"是联邦政府福利署为就读于高校或参加学徒计划培训的土著民族学生所提供的经济援助,包括教育、住宿、生活、交通、医疗等方面的补助。依申请者的年龄、身分、经济、选读专业和就学情况(全日制/兼读)给予不同津贴(详见4-2)。获得ABSTUDY补助的学生还可以申请联邦政府福利署其他相关的津贴补助,比如学期津贴、学费津贴、杂费津贴等等。

表4-2 澳大利亚土著民族 ABSTUDY 补助

学生(经济上依靠父母)	最高补助金额(两周/澳元)
16岁以下,就读高等教育	32.20
1. 16岁以下或16岁至17岁,有国家保险和寄养津贴 2. 16岁至17岁,无国家保险 3. 16岁以下,不住家里	233.60
1. 16岁以下或16岁至21岁,有国家保险,无寄养津贴 2. 16岁至21岁,不住家里	426.80
1. 18岁至21岁,有国家保险和寄养津贴 2. 18岁至21岁,无国家保险	281.00
22岁或以上,住或不住家里	519.20
独立学生(经济独立,单身,没有孩子)	最高补助金额
1. 16岁以下 2. 16岁至21岁	559.20
22岁或以上	561.80
独立学生(经济独立,结婚,有孩子)	最高补助金额
1. 16岁以下 2. 16岁至21岁 3. 22岁或以上	468.70

资料来源:Australian Government Department of Human Services. Payment Rates for ABSTUDY,http://www. humanservices. gov. au/ customer/enablers/centrelink/abstudy/payment-rates,2015-03-18。

"土著民族联邦奖学金"是政府为了帮助来自低社会经济背景的土著民族学生进入高等教育的学习补助,包括:(1)"土著民族联邦教育费用奖学金"(Indigenous Commonwealth Education Costs Scholarship),为全日制计划内学生提供连续 4 年的教育资助，每年 2 492 澳元；（2）"土著民族联邦住宿奖学金"(Indigenous Commonwealth Accommodation Scholarships)，为农村及偏僻地区的全日制计划内学生提供连续 4 年的住宿资助，每年 4 985 澳元；（3）"土著民族入学奖学金"（Indigenous Access Scholarship），为新生提供 4 702 澳元的入学资助①。这三类联邦奖学金不影响土著民族学生享有既有的社会福利补助，但第三项土著民族入学奖学金规定一生仅有一次额度。

澳大利亚各大学也会提供各种奖学金帮助土著民族学生在学习期间的学习和生活。以悉尼大学为例，除了提供经济困难的土著民族学生财务支持外，学校还提供多项的土著民族奖学金，如："悉尼大学土著民族入学奖学金"、"悉尼大学土著民族学生进步奖"、"悉尼大学土著民族学生国际交流奖学金"、"悉尼大学土著民族澳大利亚研讨会资助奖学金"、"康斯坦汀奖学金"，奖学金金额从 2 000 澳元～10 000 澳元不等，依申请奖项而定（详见表4-3）。此外，土著民族学生还可以针对各院系和外部机构提供的奖助学金进行申请，比如"土著民族健康奖学金"、"玛格莉特霍依奖学金"、"艾伦邓肯奖学金"。

表 4-3　2015 年澳大利亚悉尼大学土著民族奖学金

奖学金	申请资格	金额（澳元）
悉尼大学土著民族入学奖学金	土著民族身分，入学 ATAR 成绩至少为 85	10 000
悉尼大学土著民族学生进步奖	土著民族身分，全日制本科，年平均成绩至少 65	2 000
悉尼大学土著民族学生国际交流奖学金	土著民族身分，本科，参加国际交流计划	5 000
悉尼大学土著民族澳大利亚研讨会资助奖学金	土著民族身分，本科，参加研讨会	2 000
康斯坦汀奖学金（Konstantin Gawrilow Scholarship）	土著民族身分，女性，不超过 25 岁，学习俄罗斯语或文学	7 500

---

① The University of Sydney, Scholarships for Aboriginal and Torres Strait Islander Students, http://sydney.edu.au/scholarships/current/indigenous_students.shtml, 2015-03-19.

续表

奖学金	申请资格	金额（澳元）
土著民族健康奖学金	土著民族身分，就读医学或健康相关专业	5 000
玛格莉特奖学金（Margaret Ida Howie Scholarship）	土著民族身分，女性	5 000
艾伦邓肯奖学金（Alan Duncan Scholarship）	土著民族身分，男性	5 000

资料来源：The University of Sydney. Scholarships for Aboriginal and Torres Strait Islander Students. http://sydney.edu.au/scholarships/current/indigenous_students.shtml，2015-03-19.

二、澳大利亚土著民族高校招生考试政策实施的成效

就本质而言，澳大利亚土著民族高校招生考试政策的实施，充分体现了教育公平的价值诉求，强化了各族群的认同感，得到社会普遍的理解和支持。该政策自实施以来，让更多的土著民族学生拥有了接受高等教育的机会，增加了就业竞争力，也推动了土著民族高等教育的迅速发展，对澳大利亚的经济和文化教育的发展及整个国家的发展产生了积极的影响。

澳大利亚借由土著民族高校招生考试政策，让土著民族高校学生的总数有相当大的增长。土著民族大学生从无到有，数量逐渐增多。根据统计，1975 年土著民族大学生为 223 名，1977 年为 373 名，1979 年为 748 名，1980 年达到 881 名[1]。1991 年至 2001 年间，各州及领地的土著民族学生接受高等教育的人数显著增加，从 4 807 人增加到 7 342 人，增长率为 53%[2]。自 2001 年以来，澳大利亚参加高等教育的人口增长了 29.3%，其中土著民族学生的高等教育入学人数增长了 18%。

澳大利亚高校通过对土著民族招生考试政策的调整，对土著民族提供多

---

[1] 郑信哲：《澳大利亚的民族教育发展特色》，《世界民族》2000 年第 3 期，第 33~36 页。

[2] 吴明海：《中外民族教育政策史纲》，中央民族大学出版社，2006 年，第 343 页。

样的课程选择和灵活的课程标准，提高土著民族学生的学业成就，使得土著民族学生学士学位和本科毕业每年增长 4%～6%，完成本科学历的比例达到 43.6%。从 2001 年以来，随着土著民族学生的招生模式发生变化及研究生奖学金的增加，土著民族学生修读更高程度课程的人数显著增加，有越来越多的土著民族学生学习本科课程或本科以上水平的课程，博士和硕士学位获得人数以每年 10% 的速度增长①。

2004 年，土著民族高等教育的统计数据指出，土著民族接受高等教育的学生人数从前年的 8 661 人增加到了 8 895 人，增幅 3%，其中完成课程学习的学生人数从 1 045 人扩大到 1 191 人，增幅 14%②。2005 年，土著民族学生共有 8 370 人进入高等教育机构；2006 年，土著民族学生接受高等教育人数增加至 8 854 人。完成全部课程的土著民族学生人数显著增加，从 1 205 人增长到 1 360 人，涨幅为 12.9%③。除了接受大学教育外，更多的年轻土著民族参与职业技术教育。2007 年，澳大利亚联邦政府提供了额外的 2.14 亿美元来增加教育及培训资金以支持土著民族教育，特别是支持生活在偏远地区的土著民族学生。2010 年，有大约 74 700 名土著民族接受职业技术教育，约 9 500 人接受大学教育④。

从以上数据可以得出，在过去的几十年中，澳大利亚土著民族学生在高等教育领域的入学率和完成率有很大的提升，反映了土著民族高校招生考试政策的成功。然而，尽管接受高等教育的土著民族学生人数有所增长，但土著民族和非土著民族之间的差距还是很显著的。根据 2010 年土著民族高等教育入学与毕业调查，土著民族人口占全澳大利亚人口的 2.2%，但仅有 1.4% 的土著民族大学入学率（其中 1.1% 为研究型高等学历），其数量占比

---

① 刘丽莉：《澳大利亚土著民族教育新政策研究》，西北师范大学硕士学位论文，2010 年，第 34 页。

② Summary of Analysis for IHEAC by DEST on 2001-2004 Indigenous Tertiary Education Data，http://www.desk.gov.au/，2013-11-09.

③ 陈婷婷：《澳大利亚土著人教育优惠政策研究》，西北师范大学硕士学位论文，2010 年，第 41 页。

④ Ministerial Council for Education, Early Childhood Development and Youth Affairs, Aboriginal and Torres Strait Islander Education Action Plan 2010-2014，http://www.sseec.edu.au/site/DefaultSite/filesystem/documents/ATSI% 20documents/ATSIEAP_web_version_final.pdf，2013-04-16.

仍大大低于澳大利亚人口的平均值①。这也显示接下来的土著民族高校招生考试政策还有需要完善的空间，需要澳大利亚政府继续在实施土著民族教育优惠政策中做出长期的努力。

第三节 澳大利亚高校国际学生招生考试政策的分析

澳大利亚毗邻亚洲，蕴含西方文化和语言优势，其多元文化的背景、友善安全的环境、开放的移民政策，优质的教育质量，以及相较英、美、加等英语系国家较低的学费和生活费，在面对广大的国际教育市场上，具有相当的竞争优势。澳大利亚通过推动高等教育国际化来吸引海外学生，不仅直接获得经济利益，而且间接吸引国际优秀人才，扩大自身在国际上的影响力。目前，在所有英语系国家中，澳大利亚的国际学生人数位居第三，每年给澳大利亚带来50多亿澳元的收入。澳大利亚高等教育国际化的成功，政府主导的政策发挥极大作用，尤其是与国际学生相关的招生考试政策，使各类高校有效率地招收海外学生赴澳留学，为国家获取收益及建立政经关系。

一、澳大利亚高等教育国际化的动因

伴随着全球化，国际经济流动性日益增强，社会分工逐渐细化，跨文化国际交往不断增长，高等教育也因而获得了在国际加强沟通的发展空间，衍生出的高等教育国际化成为世界教育发展的一种潮流和趋势，而且为各国政府和国际社会所关注。高等教育国际化历史悠久，大学自中世纪开始发展以来，就一直具备国际化的元素，但由于不同的历史背景及时代架构，使得不同阶段都有各自的目的及方式，其规模、概念及发展速度也会因不同的掌权者或利害关系人而改变。研究者对高等教育国际化有不同的定义。总的来说，高等教育国际化指全球范围内的各国大学立足国内、面向世界的跨国界、跨民族、跨文化的多边交流、合作与援助的一种活动过程或发展趋势。

---

① Australian Government, Review of Higher Education Access and Outcomes for Aboriginal and Torres Strait Islander People: Final Report, http://www.innovation.go.au/Higher Education/Indigenous Higher Education/Review of Indigenous Higher Education/Final Report/IHER Final Reort.pdf, 2013-03-19.

高等教育国际化的目的,对于国家而言,就是使本国的高等教育提升品质、走向世界、培养具有较强全球意识和时代观念、知识面宽、适应性强、具有创新精神的人才,以适应国家发展的多方面需要[①]。

高等教育国际化成为世界许多国家的高等教育政策和高等教育机构的发展重心之一,许多高等教育机构不断开发新形态的教育方式来吸引国际学生的加入。自1980年代开始,澳大利亚高等教育急速扩张,国际化进程也一直保持快速的发展势头。澳大利亚每年不仅从国际学生身上获得可观的外汇,并且引进了大批优秀人才,为本国科技和经济的发展做出了重大贡献。澳大利亚高等教育国际化有其动因,包括全球化的推动、政治与经济发展的需要、高等教育发展战略的需要,新自由主义与新管理主义的兴起等等。

(一) 全球化的推动

全球化的大环境是近年澳大利亚高等教育国际化快速且蓬勃发展的重要因素之一。在全球化的趋势下,高等教育机构的市场及竞争不再局限于各国国境之内,而是跨越国境而存在。同时,在信息技术发展的推动下,知识传输越来越不受国界的限制,而经济的全球化产生新形态的劳动力需求,各国对劳动人口能力的需要转向以具备国际性的知识与能力为导向的高素质人才。因此,一个国家要想在世界民族之林占有一席之地,其高等教育必须参与全球人才市场的竞争,进一步加强各国在教育资源方面的交流与合作,培养出通晓国际规则、具备跨文化沟通能力和战略思维及世界眼光的人才。

面对全球化的激烈竞争,澳大利亚积极推进高等教育国际化进程,高度重视国际教育市场的开拓,特别是进入1990年代以后,更是将高等教育国际化放在了突出的战略地位。在继续扩大国际学生招收和推动国际教育合作进程的同时,澳大利亚针对不同议题与地区参与不同的国际组织,比如:有关教育服务出口的自由贸易协议是通过"世界贸易组织"(World Trade Organization,WTO) 的协商机制;讨论全球教育合作议题是通过"联合国教科文组织"(United Nations Educational Scientific and Cultural Organization) 及"经济合作与

---

① 杨舒:《澳大利亚高等教育国际化的发展及启示》,《煤炭高等教育》2008年第4期,第60~62页。

发展组织"(Organization for Economic Co-operation and Development, OECD);进行亚太地区教育合作是通过"亚太经济合作会议"(Asia-Pacific Cooperation)、"东南亚教育部长会议"(South East Asian Minister for Education Organization)或"亚太大学交流会议"(University Mobility in Asia and the Pacific Ocean)。

(二) 政治与经济发展的需要

澳大利亚的经济依赖出口,过去的出口经济主要依赖西方国家,以农业、矿石资源和畜业初级产品占出口量大宗。这种比较单一的经济结构,在第二次世界大战后使澳大利亚的经济变得非常艰难,在1970年代的国际石油危机中更是受到了严重的影响。1990年代之后,世界经济加快了区域化和集团化的趋势,和平与发展成为了国际社会的主题,亚太地区经济特别是东亚经济的飞速发展备受瞩目。随着世界经济的相互联系日益紧密,东亚给澳大利亚经济的发展注入了巨大的活力,对澳大利亚经济发展的重要影响日益突出,这一切促使澳大利亚增强了与亚太国家建立密切联系的意识,决定实行新的外交政策,建立在亚太地区的地位。

1995年,"经济合作与发展组织"(OECD)高等教育体制管理项目会议指出,国际教育投资不仅具有增加国际竞争的直接的实践价值,它还能培养融合东西方的新一代力量。同年,"世界贸易组织"(WTO)通过的《服务贸易总协定》(General Agreement on Trade in Services, GATS)明确规定:除了由各国政府彻底资助的教学活动外,凡收取学费、带有商业性质的教学活动均属于教育贸易服务范畴,教育服务被视作十二类服务贸易中的第5项。这标志着早在90年代中期,世贸成员国就达成共识,把教育作为一种服务贸易,可以按照商业的模式运作并带来可观的利润。

在此世界潮流下,澳大利亚政府将国家政治经济利益与国际高等教育的发展紧密联系在一起,将国际高等教育提高到国家战略发展的高度。发展国际高等教育不仅成为澳大利亚实现自身政治目标的必然要求,也是其追求自身政治利益的有效途径。澳大利亚大力发展国际高等教育,积极开拓海外教育市场,通过招收来澳留学生、开办海外校园、网络课程、合作办学等方式创造巨大的经济效益,从中获得丰厚的收入。

有关统计数字显示,在1990年—1991年澳大利亚国际教育收入来自学费达 3.92 亿澳元，通过向国际学生销售各种商品和服务收入有 2.7 亿澳元[①]。1996 年，澳大利亚大学的国际学生数量已增加到 5.3 万名，占学生总数的 8.4%，其出口量大大超过了羊毛，与其钢铁出口持平，接近小麦出口，产值达到 30.4 亿美元[②]。到了 2002 年，澳大利亚教育服务出口规模已经达到 50 亿澳元收入，成为该国第三大服务贸易产业[③]。2004 年，当时的澳大利亚外交部部长亚历山大·唐纳（Alexander Downer）和教育部部长布兰登·尼尔森（Brendan Nelson）共同表示，国际学生的学费收入已占澳大利亚大学总收入的 15%，而国际学生人数则占澳大利亚高等教育总人数的 18%[④]。

随着澳大利亚国际高等教育发展的不断深入，教育的政治功能的范围从国内走向国际，成为和平时期增强澳大利亚的国际影响力、改善澳大利亚国际形象的有效手段。部分教育出口收入缓解了公共教育系统的财政危机，减少了政府的财政负担，也为澳大利亚的产业结构升级和国民经济的发展作出了不可忽视的贡献。另外，教育出口消费间接地刺激了澳大利亚旅游、房产等经济活动，也进一步增加了就业机会。

（三）高等教育发展战略的需要

第二次世界大战后，由于受到全球人口增加、教育机会均等、现代化理论与人力资本理论等因素的影响，世界各国纷纷致力于发展高等教育，以满足社会民众对高等教育的需求。借由接受高等教育产生社会流动的需求造成高等教育快速的扩张，不论是发达还是发展中国家的高等教育就学率皆大幅增长。在高等教育扩张的过程中，高等教育的环境、机构、人员、行政及服务对象等各方面皆会产生本质及形态上的改变，这些改变对高等教育国际化的程度及方式必然产生影响。澳大利亚高等教育的扩张造成瓜分教育经费大

[①] 张铁明：《澳、新发展教育贸易的理念和制度考略》，《广州大学学报（社会科学版）》2008 年第 4 期，第 61～65 页。

[②] 杨尊伟、杨昌勇：《澳大利亚高等教育国际化发展及动因探析》，《外国教育》2008 年第 8 期，第 60～63 页。

[③] 张民选：《澳大利亚：迅速崛起的教育出口大国》，《职业技术教育》2003 年第 36 期，第 62～65 页。

[④] 江爱华：《澳洲高等教育质量保证制度：背景、政策与架构》，高等教育出版社，2007 年，第 45 页。

饼的高等教育机构数量增加，其所需要的运作经费同时也跟着增加，该笔庞大资金成为国家的负担。因此，澳大利亚政府进行高等教育改革，给予高等教育机构更多的自主权力，实施教育出口战略，使其高等教育趋向国际化。

此后，澳大利亚不断出台新政策，吸引国际学生前来学习。1988年，《高等教育资金筹措法》颁布，澳大利亚对国际学生使用了差别收费标准，鼓励大学扩招国际学生，增加经济收益。澳大利亚高等教育机构在经费的压力下，愿意针对国际学生以及本地学生的需求做调整，寻求政府以外的资金来源，在国际学生的招收上采取积极的态度。由此可知，澳大利亚高等教育扩张所产生的高等教育系统改变和高等教育经费稀释迫使澳大利亚高等教育机构做出调整，对高等教育国际化有其正向的帮助。

（四）新自由主义与新管理主义的兴起

"新自由主义"（Neoliberalism）为产生于1920年至1930年代的经济学理论，强调公共政策的市场化及私有化，重视消费者的选择权，认为竞争可以使供需维持平衡，可以创造更有效率的机制、减少管理的成本，并促成资源有效的分配[①]。除了强调对市场的重视以及对公部门权力缩减的要求外，新自由主义将经济力量凌驾一切，世界等同于大型市场，选择及消费为这个市场运行的规则。由于在1960年代后期欧美各国经济衰退以及1970年代石油危机所引发的通货膨胀，新自由主义成为优势理论。1970年代后期和1980年代初期，在新自由主义的原则之下，美国与英国等国家由福利国家政策转向为新自由主义，强调政府权力下放、规定松绑、私有化、追求效率以及减少政府支出。

"新管理主义"（New Managerialism）出现在1980年代与1990年代。1980年代，世界经济衰退，各国政府在财政紧缩的情况下，纷纷进行改革，提倡政府部门的管理向企业学习，以提升政府效率，达到"用最少成本，做最多事情"的目标，促成了新管理主义产生。新公共管理以市场取向的公共选择理论为基础，发展出一套有别于传统公共管理的论述内涵，主要有三项重点：(1) 新公共管理以市场取向为起点，强调将人民视为消费者，标榜以顾客导向做为政府行动的方针；(2) 相信市场的运作较官僚体制更为有效

---

① 李昱莹：《澳洲高等教育国际化：政府及大学之策略》，暨南国际大学硕士学位论文，2007年，第13页。

率，因此新公共管理的支持者认为，行政改革的正确道路应该是将竞争的概念注入公共组织中，即所谓的"组织内部市场化"；（3）鉴于成功企业的经验，新公共管理的论者认为政府的成败与民选首长、政务官以及行政人员是否具有企业家精神息息相关，此意谓大胆创新、追求变革、前瞻的视野以及接受挑战①。

在澳大利亚，有关新自由主义及新管理主义的讨论源于 1970 年代后期，至 1985 年形成促进政府改革的一股压力。新自由主义及新管理主义的影响在澳大利亚高等教育部分，始于 1987 年至 1989 年间，以其财政系统及经费来源组成最为显著。由于新自由主义相信政府权力缩减有助于高等教育机构成长，因此在政府权力缩减的同时削减政府对高等教育支出。1990 年代中期开始，澳大利亚高等教育系统已经由原先国家主导逐步转变为教育机构自我管控，具体行动包括建立大学间竞争机制、解除原先对学费管制限制、减少政府补助、增加国家质量管理。澳大利亚政府对高等教育机构管控及经费补助的方式改变，使得高等教育机构重视经费来源的多元、学生的需求以及相互竞争的本地市场及国际市场。

在新自由主义及新管理主义观念的运作下，澳大利亚高校拥有更多的自主权，能够各自针对其国际教育追求目标订定发展所需要的措施，包括设立海外分校、开办联合学位、决定招收国际学生数量及学费等方面，以增加国际学生接受澳大利亚高等教育的可能性。2004 年，澳大利亚国际学生的学费收入已经占整个高等教育系统经费来源的 14.5%，成为澳大利亚政府补助之外，高等教育机构最重要的经费来源②。澳大利亚高等教育机构对经费的追求相当程度上增加了其对国际学生的重视，也促进了高等教育国际化的发展。

二、澳大利亚国际学生招生政策的发展

自 1904 年以来，澳大利亚就有来自英国、爱尔兰、新西兰及南非的零

---

① 许立一：《解构公共行政当中管理主义的后设事》，http://www.npf.org.tw/PUBLICATION/IA/092/IA-R-092-018.htm。

② Department of Education, Science and Training, Finance 2004, http://www.dest.gov.au/sectors/Higher_education/publications_resources/profiles/finance_2004.htm, 2013-10-20.

散流动国际学生,只要申请的大学同意,且学生保证能负担学费和生活费,并作为全日制学生,澳大利亚政府即无条件核发签证,可以算是澳大利亚国际教育发展的开端。此后的 40 余年间,受到独立初期的国内局势及二次世界大战的影响,再加上"白澳政策"(White Australia Policy)的实施,当时的澳大利亚国际教育发展缓慢、不具规模,留学生教育活动以个人行为为主,呈现出自发、零散的特点,国际学生总数不到 500 人[①]。近年来,澳大利亚在全球经济一体化的大背景下,积极发展国际教育,成功地吸引大量的国际学生赴澳留学,同时让澳大利亚的高等教育走出去,这与政府在高等教育国际化上的国际学生招生政策的推动有莫大的关系,其国际学生招生政策的发展大致可分为四个阶段。

(一) 对外援助阶段 (1949 年—1974 年)

1949 年以后,出于对外国的政治、国防、贸易、商业等因素的考虑,澳大利亚政府开始采取各种措施促进同外国的文化交流和国际友谊,特别是在亚太地区。第二次世界大战结束后,部分亚洲国家脱离殖民宗主国独立,这些国家普遍面临经济萧条、食物短缺、渴求医疗和教育资源等情况。对于西方国家而言,这样的情况严重威胁区域稳定,因此,为了维持东南亚地区的和平与稳定,澳大利亚在其他先进西方国家的支持下,肩负起教育援助亚洲的责任,于 1951 年推动以自立、互助及共同繁荣为理念的"科伦坡计划"(The Colombo Plan for Co-operative Economic and Social Development in Asia and the Pacific,简称 Colombo Plan)。

"科伦坡计划"是有关澳大利亚与东亚及东南亚国家间的协议,分为发展计划和技术合作两个方案。前者旨在参与公共投资;后者则是给予技术和设备上的援助,以及提供奖学金培训人才。澳大利亚通过"科伦坡计划"协助国际学生所在国培育其人力资本,给发展中国家的学生提供国际奖学金和前往澳大利亚大学就读的机会。该计划具有明显的国际政治目的,也是澳大利亚和亚洲关系的重要转折点,不但开启了亚洲学生就读澳大利亚大学之门,也使人们对澳大利亚种族歧视的态度有了改变。

"科伦坡计划"的实施直接刺激了国际学生赴澳留学的积极性,提升了

---

① 李昱莹:《澳洲高等教育国际化:政府及大学之策略》,暨南国际大学硕士学位论文,2007 年,第 29 页。

澳大利亚国际学生数量，亦间接刺激了自费国际学生的增加。在1950年之后，大多数前往澳大利亚的国际学生都是由该计划提供经费资助，也有少数国际学生为自费生。"科伦坡计划"对国际学生的入学人数有严格的限制，每年大约有500名的国际学生在澳大利亚政府的援助下免费进入澳大利亚大学就读。尽管如此，1959年，赴澳大利亚接受高等教育的国际学生总数已经增长至2 350人[1]，到了1965年，国际学生人数更是增长到5 000人[2]。

1966年，自由党哈罗德·霍尔特（Harold Holt）组阁执政，废止白澳政策，引进《1966移民法案》（Migration Act 1966）放宽非欧洲裔人士移民澳大利亚的相关规定，自费的国际学生人数开始逐渐增加。在此之前，澳大利亚仅有少数欧洲裔自费的国际学生，以缴交和澳大利亚学生相同的低学费进入大学就读。到了1974年，基于人力资本论与现代化理论，澳大利亚将教育视为发展基础，积极扩张高等教育，劳工党政府宣布取消大学收费制度，大学学费由联邦政府全额负担，并将此项免除高等教育学费的政策扩及至澳大利亚就读的国际学生，但规定全澳国际学生人数不得超过1万人的上限[3]。这项国际学生免缴学费的政策进一步推动了对外援助政策的深入，也直接刺激了澳大利亚高校国际学生的数量，其人数约占全部高等教育受教学生的10%[4]。

总体上来说，澳大利亚于援助阶段将其高等教育视为扶持亚太地区国家经济发展以及建立关系的重要手段。此时期的国际学生招生政策大都出自政治利益的考虑，在教育援助计划的影响之下，国际学生数量有所增长。当时澳大利亚针对国际学生的招生依然存在名额的限制，高等教育机构也无法通过招收国际学生获得直接的经济利益，对高等教育机构而言不具有发展的经济诱因。然而，借助这些政策，澳大利亚促进了国际高等教育的发展，建立

---

[1] 李昱莹：《澳洲高等教育国际化：政府及大学之策略》，暨南国际大学硕士学位论文，2007年，第29页。

[2] Australia as Major Higher Education Explorer，http：//www. iff. ac. hofo/CHER_2002/pdf/ch02harm. pdf，2012-05-24。

[3] 苏建洲：《澳洲扩展高等教育国际市场作法之研究》，《教育研究学报》2006年第2期，第75～95页。

[4] Smart, D. & Ang, G, The Origins and Evolution of Commonwealth Full Fee Paying Overseas Policy 1975-1992, In Peachment et al. (Eds), Case Studies in Public Policy, Curtin University, 1993.

了初步的国际学生教育体系,与南亚、东南亚多国的高校建立了良好的交流与合作关系,无形之中编织了一张广阔的关系网,为此后扩张国际教育奠定了充分的地缘基础。

(二) 转换过渡阶段 (1975年—1983年)

1975年,马尔科姆·弗雷总理 (Malcolm Fraser) 组阁执政,澳大利亚的国际学生招生政策处于"对外援助"转变为"出口贸易"的过渡时期,政府开始调整国际学生学费政策及移民政策。澳大利亚对国际学生学费免除措施实施以后,就受到了一些批评,特别是指责政府这种做法会导致有些国际学生借留学之名,行移民之实。为此,澳大利亚政府于1979年颁布《海外学生收费办法》(Overseas Student Charge),规定国际学生必须缴纳培养成本1/3的费用。当时这笔费用的款项仅占到大学经费总额的10%,后从1982年起逐渐增多,到1988年已增加到55%[①]。

《海外学生收费办法》的主要内容为:(1) 取消国际学生总数1万名的限制,并根据外事关系的密切程度向未建交的国家提供国际学生招生配额;(2) 国际学生必须在申请签证前缴交一笔"国际学生费用"给澳大利亚政府的国际学生办公室。依领域不同,国际学生费用约占全额学费的25%～33%,相当于1 500澳元～2 500澳元[②];(3) 规定所有国际学生在澳大利亚完成学业取得学位后,必须回国工作至少两年,才有资格申请移民澳大利亚。这样的改变,确实造成申请居留率的下滑,从1970年代的75%下降到1983年的65%[③]。

尽管这一时期澳大利亚政府认识到国际高等教育的潜在经济收益,开始向国际学生征收一定费用,但政府教育援助主导的政策基调并没有实质改变,多数国际学生依然接受澳大利亚资助。总体来看,1980年代中期以前的澳大利亚国际高等教育改革主要还是由政府推动,大学并不能借由招收国

---

① 张慧君:《澳大利亚海外学生教育服务法体系构建研究》,首都师范大学硕士学位论文,2008年,第14页。

② 戴晓霞、杨岱颖:《高等教育国际学生市场新趋势》,高等教育出版社,2012年,第81页。

③ Megarrity, L, A Highly-Regulated "Free Market": Commonwealth Policies on Private Overseas Students from 1974-2005, Australian Journal of Education, 2007 (51): 39-53.

际学生而获得额外经费,由于难以从中获利,因此在国际学生招生上表现得并不积极,大学处于国际教育发展的从属地位。

(三) 贸易导向阶段 (1984年—1990年)

长期以来澳大利亚依赖西方国家和地区的出口经济,矿石资源和农畜业初级产品占据了出口量的很大比例。当70年代国际石油危机到来时,这种较为单一的经济结构和联系使澳大利亚的国家经济遭受重创,进而影响了政府对国际学生教育的经济援助。再加上,冷战结束后,世界政治格局发生变化,在国际关系中,原来基于冷战思维的教育援助越来越不适应新的形势。基于上述因素以及1980年以后受到英国撒切尔政府和美国里根政府走向新自由主义的影响,1983年鲍勃·霍克(Robert Hawke)上台后,澳大利亚政府重新审视国际学生招生政策和学费政策,希望通过国际教育的经济收益渡过社会经济发展的难关。至此,澳大利亚政府对其国际学生招生政策的态度由教育援助转为贸易倾向。

1984年,澳大利亚政府请杰克逊(Jackson)和谷德令(Goldring)两个委员会分别对自费留学生教育政策和澳大利亚援助项目进行研究,最终采纳了《杰克逊委员会关于澳大利亚海外援助项目的考察报告》(Committee to Review the Australian Overseas Aid Program) 的论点。该报告提出将国际教育定位为贸易商品的论点,主张开放教育服务给国际学生,而国际学生交费不应该超过全部学费的30%,鼓励高校有效行销竞争,争取更多的生源和资金,借此改善国际收支平衡[①]。经过一年的审议,澳大利亚政府在1985年修正国际学生招生政策,同年,公布对国际学生收取全额费用的指南书,鼓励大学收取国际学生学费的利润差额,以创造收入。这一开创性决定是澳大利亚国际教育发展历程中的一个重要分水岭,澳大利亚从此将海外学生教育作为一种产业来发展,商业目的越来越明显,而国际援助的目的在其政策中的重要性越来越低。

自1986年开始,为了加快推动国际教育的转变和刺激国际教育市场的成长,澳大利亚政府更是不断宣布新的国际学生招生政策,比如大幅放宽申请签证的条件,取消国际学生招收名额的限制等。1987年澳大利亚"就业、

---

① 张慧君:《澳大利亚海外学生教育服务法体系构建研究》,首都师范大学硕士学位论文,2008年,第16页。

教育暨培训部"（Department of Employment, Education and Training, DEET）部长约翰·岛金斯（John Dawkins）在教育绿皮书《高等教育：政策讨论书》（Higher Education：A Policy Discussion Paper）中正式表示，全额自费的国际学生将是增加大学收入的主要来源。1988年，岛金斯更在教育白皮书《高等教育：政策声明》（Higher Education：A Policy Statement）中再次强调，由于外部经济环境、政策和行政环境的改变，澳大利亚与其继续赞助发展中国家教育和培训需求，不如担任伙伴关系的角色，以便追求个人和国家的共同利益①。

同年，澳大利亚政府公布了《高等教育经费法》，对国际学生全额缴费和高校收费标准等问题进行了规定，所有国际学生必须缴纳全部培养成本，所有高校均不得收取低于政府规定的收费标准，只有经过澳大利亚就业、教育与培训部特批的学校可以不在此范围内。另外，澳大利亚政府解除海外教育市场的管制，将相关的国际招生政策及行政权交给大学，允许各大学直接招收国际学生，并且在不会动摇各大学原先享有的政府经费的基础上，可以自行订定并保留国际学生所缴纳的学费和学杂费。澳大利亚国际学生招生政策的转向反映新自由主义的思维，强调市场竞争、降低大学对招收国际学生招生的限制、减少政府对高等教育的投资，并增加大学自筹经费的责任。

随着澳大利亚政府对海外学生市场的开放，自费国际学生只要符合澳大利亚高校的入学资格，政府不再有其他限制，国际学生人数因此快速增加。根据统计，从1986年到1990年短短4年间，澳大利亚缴交全额学费的国际学生人数，从2 330人快速上升至19 000人②。另外，为了保持澳大利亚对国际学生的吸引力，澳大利亚政府还推出了一系列补助交通费、学费和生活津贴的奖学金措施，如"澳大利亚发展与合作奖学金"（Australian Development Cooperation Scholarships，ADCOS）。在此过程中，由于澳大利亚政府赋予各大学自主招生、收费及保留经费的权力，各大学认为这既可以从国际学生

---

① Back, K. J. & Davis, D. M, Internationalization of Higher Education in Australia, In De Wit et al. (Eds.), Strategies for Internationalization of Higher Education: A Comparative Study of Australia, Canada, Europe and the United States of America, Amsterdam: EAIE, 1995.

② Burke, R, Constructions of Asian International Students: The "Casuality" Model and Australia as "Educator", Asian Studies Review, 2006 (30): 333-354.

身上赚取大量学费，又可以提高学校的国际知名度，因而积极投入招收国际学生，大学逐渐代替政府成为推动高等教育国际化的主体，澳大利亚国际教育进入产业化阶段。

然而，澳大利亚政府此一开放做法却也产生国际学生逾期居留的严重问题。为了遏阻签证到期逾期居留的发生，自1988年7月起，政府规定国际学生若是申请短期课程，就必须先预缴全额学费；若为长期课程，则必须预缴一学期学费。同时，为了有效降低非法居留率，澳大利亚政府在1989年8月开始，拒发签证给来自高逾期居留率国家的学生，并要求申请入学的国际学生年龄必须不超过35岁、具备等同澳大利亚高中程度，且申请的课程要和未来工作有关等条件①。

（四）国际化立法完善时期（1991年至今）

1991年，"澳大利亚产业委员会"（Industry Commission）针对澳大利亚国际学生成长状况提出《教育服务出口状况》（Exports of Education Services）调查报告，在报告中明白指出澳大利亚政府不但将其高等教育视为出口产业，并将大学称为积极的教育"出口者"。在澳大利亚强调国际学生所带来的经济价值的同时，也削弱了高等教育国际化的学术及教育意义，带来了市场无序等问题。为此，澳大利亚政府自觉既然要将国际教育视为重要输出产业，就应该通过立法手段加强对国际学生教育市场的管理，确保国际教育质量，进一步走向制度化和规范化的教育贸易服务，以维护澳大利亚在国际上的声誉。

1. 教育服务法案的制定

澳大利亚政府重新审视了先前的国际学生招生政策，开始进行对高等教育国际化目标的重新检讨，并设立专职机构，通过补助及立法规定推行澳大利亚高等教育国际化。1991年，澳大利亚政府颁布《1991海外学生教育服务法案》（Education Service for Oversea Students Act 1991，ESOS 1991），明确联邦和地方政府各司其职，共同保障国际学生的权益，落实学费与经济保障措施。该法案针对国际学生预缴的学费，大学有义务在必要时，退还全

---

① Megarrity, L, A Highly-Regulated "Free Market": Commonwealth Policies on Private Overseas Students from 1974-2005, Australian Journal of Education, 2007 (51): 39-53.

额学费。另外，借由该法案规范澳大利亚各高校对国际学生提供的教育服务，实行全国统一的院校审核登记制度，即"澳联邦招收海外学生院校及课程注册系统"（Commonwealth Register of Institution and Courses for Overseas Students, CRICOS）[①]。

1992年，澳大利亚就业、教育和培训部部长凯姆·贝里（K. Beazley）在发表的《1990年代的澳大利亚国际教育》（International Education in Australia through the 1990s）政策宣言中明确提出，澳大利亚国际教育应该脱离仅专注于追求在提供国际学生教育服务过程之中所带来的直接经济价值，而重新关注澳大利亚教育系统国际化过程中所带来更广泛而非直接的国家及社会利益[②]。在此教育政策宣言中，澳大利亚政府重新确认国际教育对澳大利亚国际关系建立及维持的重要性，认为国际教育在国际关系的运作上具有文化、经济与个人交流的特性，有利于充实本国的教育和培训体系及社会体制，使澳大利亚与世界相连，也显现澳大利亚政府意图将教育国际化的意义加以转化。

2000年，"澳大利亚教育、科学与培训部"（Department of Education Science and Training，以下简称DEST），在原有的基础上通过修订《2000海外学生教育服务法案》（Education Services for Overseas Students Act 2000），为招收国际学生的学校制定全国统一的行业准则，以落实澳大利亚国际教育常态性的体制。该法案具有强制性的法律效力，全文8个部分177条，分别规定：（1）国家有运用法律手段监督国际教育服务提供者的权利与义务；（2）建立国家的国际教育服务机构的认可与注册制度；（3）规定所有

[①] "澳联邦招收海外学生院校及课程注册系统"（CRICOS）是官方设立的资料网站，提供国际学生所有澳大利亚教育机构和课程的讯息。所有欲招收国际学生的澳大利亚教育机构都必须先在CRICOS中登录，未注册而提供服务的机构或进行的课程都被视为违法。各学校在登录之前，州及领地政府会依据其课程内容、国际学生福利、学校财务状况等标准，审核是否有资格在该系统上登录。通过审核后，由州及领地政府向联邦单位提出登录的建议。之后，若学校有违反法令情时，州及领地政府亦有权向联邦建议，针对其注册身份部分，依其违反情况对高校所认可的教学权力施以警告、停权或注销登录资格；针对违反法律规定部分，视情况可能处以罚款或需入狱服刑。

[②] Beazley, K, International Education in the Australia through the 1990s, AGPS, 1992.

招收国际学生的教育机构，必须设立国际学生保障基金制度①；（4）政府有权追踪调查提供者和担保者的资格，甚至取消合法认可资格的权力②。这一举措不仅保护了持学生签证来澳大利亚留学的国际学生的权益，同时也对保障本国教育出口产业的质量起到了极其重要的作用。

DEST 负责监管《2000 年海外学生教育服务法》的执行情况，并对违反规定的学校进行处罚，处罚措施包括罚款、监禁、暂停或取消招生资格。另外，基于该法案澳大利亚设立了签证通报制度，DEST 和移民部联合开发了一个电脑数据管理系统，称之为"大专院校注册及国际学生管理系统"（Provider Registration and International Student Management System, PRISMS）③，用于学生信息管理。对于已经在 CRICOS 中登录的高校，必须在 PRISMS 系统中先确认国际学生是否已完成各校注册要求，才能核发申请学生签证的"电子注册确认通知书"（Electronic Confirmation of Enrollment）。课程开始后，学生的出勤情况和学习表现也要被记录在管理系统，借此掌握国际学生在澳大利亚的相关信息，减少假学生人数。

2001 年，"澳大利亚大学校长委员会"（The Australian Vice-Chancellors' Committee, AVCC）颁布《国际学生教育条例：澳大利亚大学指导方针》（Provision of Education to International Students: Code and Guidelines for Australian Universities），2005 年 4 月完善修订。这是一部针对在澳大利亚本土和海外接受高等教育的国际学生的教育服务法律条文，目的是保证澳大利亚高等教育的质量与信誉，保护教育消费者的合法权益，最终提升澳大利亚高等教育的国际竞争力。该指导方针允许澳大利亚大学可以在法则的基础上实行自治，但要求各大学的招生必须公开透明，提供申请相

---

① 澳大利亚的国际学生保障基金制度规定，招收国际学生的高校必须缴付保证金让政府统筹运用。当学校无法提供注册国际学生报读的课程时，通过该保障制度，国际学生可以被安排转读其他学校的相应课程或得到退款。万一学校倒闭时，学生也可获得应有的赔偿或补救措施，确保国际学生的教育消费权益。

② 张存玉：《澳大利亚跨国高等教育质量保障体系探析》，厦门大学硕士学位论文，2009 年，第 48 页。

③ "大专院校注册及国际学生管理系统"（PRISMS）是一个让各大学和"移民公民事务部"（Department of Immigration and Citizenship）得以进行数据交换，并实时管控国际学生状况的信息平台。

关信息（包括入学要求、报名程序、课程内容、学费、住宿）。同时，大学应该确保为在跨国分校中的国际学生提供相当国内高等教育水平的教育服务。

2. 高等教育国际化的提升

澳大利亚国际高等教育在实现了贸易额的增长后，开始进一步强调教育品质的提升。澳大利亚政府认为高等教育国际化应该由单纯的商业主义转为教育的专业主义，着重于澳大利亚教育国际化的价值与质量，以及教育国际交往与合作中所蕴含的社会价值。在推动国际学生流动的同时，也开始重视高等教育国际化活动中的教学与科学研究合作，实施互惠的师生交换政策，促进不同国家的文化、经济、社会体系之间的相互了解。各大学在政府的鼓励下，在课程国际化上有了重大的进步，例如增加课程中的国际性内容、开设涉及多国的交叉学科项目、引进语言学习和地区研究。

2003年，为了支持澳大利亚国际教育事业的发展，政府出台了《高等教育未来发展财政预算》，在预算中明确提出政府拨款113亿澳元，专门用于国际教育的研究开发工作，着重研究高等教育的质量保障问题，以确保澳大利亚的长期利益。该发展重点为：(1) 实施质量保障措施，确保招收国际学生的澳大利亚高校的教学质量，杜绝违法行为；(2) 发展自我规范体系，确保澳大利亚的境外办学质量；(3) 优化学生签证的管理，杜绝舞弊和作假行为；(4) 向从事教育、科学创新和旅游领域研究的国际知名研究中心提供拨款；(5) 建立研究项目奖学金，吸引海外优秀学生赴澳深造；(6) 向澳大利亚语言教学人员的短期海外培训项目提供资助[1]。

2005年，澳大利亚教育与培训部部长商议建立国际质量战略框架，明确表示教育的国际交往对于建立各国社会、文化、知识以及经济领域有着巨大意义，并指出优质教育在其中的重要作用。2007年，凯文·拉德（Kevin Rudd）政府上台后，委托墨尔本大学布兰德立（D. Bradley）检视澳大利亚高等教育的情况，于2008年提出《澳大利亚高等教育回顾：布兰德立评论》(Review of Australian Higher Education: the Bradly Review)。他在其中的一章"国际教育与全球参与"（International Education and Global Engagement）指出，澳大利亚已成功地将国际教育作为重要输出产业，但若想继续保持高

---

[1] 张慧君：《澳大利亚海外学生教育服务法体系构建研究》，首都师范大学硕士学位论文，2008年，第19页。

度的全球竞争力，除了必须拓展国际学生来源外，还必须增加就读研究型学位的国际学生人数、提升国际学生支持服务、确保国际学生工作准备程度、改善跨政府单位协调以及聚焦国际研究合作[①]。

为了确保澳大利亚国际教育的质量并淘汰表现不佳的教育机构，澳大利亚政府决心对整个国际教育产业进行审查整顿。2009年8月，时任教育部长的朱莉娅·吉拉德（J. Gillard）委托布鲁斯·贝尔德（B. Baird）针对《2000海外学生教育服务法案》进行全面性检讨，并就国际教育产业的可持续发展提供建议，希望更有效地规范教育机构，以及更完善地保护国际学生的权益。贝尔德在与相关规范单位咨询后，于2010年3月9日提交《更强力、更简明、更敏捷的海外学生教育服务法案架构：支持国际学生》（Stronger, Simpler, Smarter ESOS: Supporting International Students）报告书。该报告书针对"保障学生权益"、"质量为澳大利亚教育基石"、"有效规范"以及"国际教育的永续性"提出总计19项建议。同年，教育部采纳了贝尔德报告书的建议，着手进行国际学生教育服务法案架构的修订。

澳大利亚政府于2010年3月公告《2010海外学生教育服务机构再注册及其他措施修正案》[Education Services for Overseas Students Amendment (Re-registration of Providers and Other Measures) Bill 2010]，要求澳大利亚全数教育机构必须在2010年12月31日前，重新申请登录于"招收海外学生院校课程联邦注册系统"（CRICOS）的资格，且各教育机构必须详列一张在本土招生负责人及海外代办机构的明细。在这波改革中，有1 100家教育机构达到标准而获得注册，约有200家教育机构无法证明教育为主要目的，也无法证明是否具备提供优质教育的能力，或者没能证明有长期可持续发展的经营模式，因而无法通过再注册的审核[②]。

另外，澳大利亚政府对法案架构进行了两阶段修订。2011年3月21日国会通过第一阶段《2011海外学生教育服务法案修正案》（Education Services for Overseas Students Legislation Amendment Bill 2011）。此阶段

---

① The University of Melbourne, Review of Australian Higher Education: the Bradly Review, https://www.unimelb.edu.au/publications/docs/2008 bradleysubmission. pdf, 2008 July, 2015-04-24.

② 李晓东：《澳大利亚留学生教育政策研究——以高等教育为研究对象》，中央民族大学硕士学位论文，2013年，第11页。

改革内容为：(1) 增加欲招收国际学生教育机构在 CRICOS 系统登录的申请条件，以促进国际教育产业的永续发展；(2) 限制教育机构在 CRICOS 系统登录的有效期限，并依据风险高低决定其注册条件；(3) 采用风险管理策略规范国际教育产业；(4) 扩大不遵守既行法规即遭罚款的惩处范围；(5) 公告国际学生教育服务法案改革，并报导调整项目；(6) 扩大联邦政府申诉机构的管辖权，除了原先仅受理对政府单位的投诉外，也接受对私立教育机构的申诉①。

第二阶段的修法重点在于改革对国际学生学费缴纳的三层保障机制，这三层依序为教育机构、民间办理的"学费保证计划"（Tuition Assurance Scheme，TAS），以及政府负责的"海外学生教育服务法案保证基金"（ESOS Assurance Fund）。该机制的启动是当国际学生面临教育机构无法提供课程或恶性倒闭时，教育机构必须在学生的书面同意下，依其意愿退回全额学费或协助安置至其他课程。若第一层保障失效，则通过"学费保证计划"协助安置。若第二层保障仍然失效，则由"海外学生教育服务法案保证基金"负责，先安置到其他院校学习相应的课程，若无法安置则退还学费。这些措施适用于各类院校，包括公私立高校、TAFE、职业教育与培训院校、语言培训院校。

然而，三层保障机制繁复的程序在面临学校倒闭的问题时，不必然能立刻解决国际学生的问题，且一旦许多学校同时关闭，现行制度是否能立即回应，也值得商榷。为了解决此一问题，贝尔德提出新的"学费保障服务"（Tuition Protection Service，TPS），教育部采用其观点，提出三个修正案，于国会通过后，在 2012 年 7 月 1 日实施。这三个修正案分别为：(1)《2011 海外学生教育服务（学费保障服务及其他措施）修正案》[Education Services for Overseas Students Legislation Amendment (Tuition Protection Service and Other Measures) Bill 2011]；(2)《2011 海外学生教育服务〈学费保障服务注册费〉修正案》 [Education Services for Overseas Students (Registration Charges) Amendment (Tuition Protection Service) Bill 2011]；(3)《2011 海外学生教育服务（学费保障服务征收费）法案》[Education Services for

---

① Australian Education International，ESOS Review，http：//www. aei. gov. au/About-AEI/Current-Initiatives/ESOS-Review/Pages/default. aspx，2014-04-03.

Overseas Students (TPS Levies) Bill 2011]①。

澳大利亚积极地通过相关立法及制度的建立促进澳大利亚国际学生招生政策的健全发展。除了让澳大利亚高等教育在国际中享有良好的声誉外，更是大大增强澳大利亚大学在全球国际学生市场的竞争力，然而不可否认经济利益依然为澳大利亚政府积极促进教育国际化的重要因素。

三、澳大利亚国际学生招生政策的特点

澳大利亚的国际教育几经战略与政策变迁，无疑都走在世界的前列，其国际学生招生政策在发展过程中有几个特点，具体分析如下。

（一）将亚太地区作为战略重点，发挥其地域优势

从 1951 年的科伦坡计划，澳大利亚政府就开始向东南亚部分发展中国家赴澳的国际学生提供教育援助奖学金，该计划奠定了澳大利亚留学生教育成功发展的基础。1990 年代后，世界多极政治的形成和亚太地区成为经济增长的热点，使澳大利亚增强了与亚太国家建立密切联系的意识。澳大利亚政府意识到，当今教育国际化的重要市场是经济正在迅速发展中的一些亚洲国家，澳大利亚与亚洲是邻居，其地理位置靠近亚太地区，特别是临近东南亚，同其他英语背景的西方国家相比，有地缘上的优势，在距离上和经济上都便于学生前往。另外，澳大利亚高校在进行市场调查后发现，在亚洲经济飞速发展的进程中，国际性人才需求旺盛，再加上亚洲国家的家庭普遍重视对子女的教育，舍得投资，因此将生源重点放在亚洲。

2005 年 9 月，澳大利亚外交部发表了《教育无国界：教育领域的国际贸易》一书，明确表示，澳大利亚应该成为东亚地区教育中枢，国家的各项战略目标都应该围绕这一重点来制定。2011 年 10 月，澳总理授命就澳大利亚在"亚洲世纪"中的位置制定一份白皮书，将对亚洲各国当下以及未来的经济、政治和战略改变进行研究，审查这些改变对于澳大利亚政治、经济及教育的影响，并且从中寻找出关键的挑战和机遇。澳大利亚对亚太地区的重视，将其地域优势发挥到了极致，促进了澳大利亚国际教育的飞跃发展。《教育概览 2011-OECD 指标》显示，澳大利亚于 2009 年时已成为"经济合

---

① 戴晓霞、杨岱颖：《高等教育国际学生市场新趋势》，高等教育出版社，2012年，第 88 页。

作与发展组织"（OECD）国家中接收亚洲国际学生最多的国家，约有79.1%的国际学生来自亚洲①。

（二）通过立法加强国际教育管理，保障国际学生学习权益

自 1980 年代中期澳大利亚确立了教育服务贸易输出策略以来，澳大利亚政府十分重视履行对在澳留学的国际学生的责任，制定了《海外学生教育服务法》（Education Services for Overseas Students Act，ESOS）和相关法规来规范各院校对国际学生提供的教育与培训服务。这些政策和法规设置了全国统一的教学质量规范与标准，由澳大利亚联邦政府、州及领地政府共同执行，目的在保护持学生签证到澳大利亚就读的国际学生的权益，对保障本国教育出口产业的质量以及澳大利亚移民政策的完整性起到了极其重要的作用。

澳大利亚海外学生教育服务相关法案及其补充条例，包括：《海外学生教育服务（教育服务提供方登记和财务规章）法（1991）》、《2000 海外学生教育服务法案》、《2010 海外学生教育服务机构再注册及其他措施修正案》、《2011 海外学生教育服务法案修正案》、《2011 海外学生教育服务（学费保障服务及其他措施）修正案》、《2011 海外学生教育服务〈学费保障服务注册费〉修正案》、《2011 海外学生教育服务（学费保障服务征收费）法案》以及《国家院校登记注册机关与招收海外学生的教育培训机构行为准则》等等。除此之外，澳大利亚政府也为国际学生的医疗权益制定相关法令，例如"外国学生健康保险制度"（Overseas Student Health Cover，OSHC）。OSHC 保障学生在澳大利亚的医疗开支，包括住院费用、药费和紧急救护运送服务，但牙科和视力测试则不包括在内。

（三）建立澳大利亚国际教育质量保障体系

澳大利亚政府意识到为了提升澳大利亚在高等教育国际化领域的声誉，需要注重教育质量和国际学生权益的保障。除了通过设立相关机构和制定一系列相关法案外，澳大利亚政府更是借由质量保障体系严格的监控国际高等教育质量。2011 年，由英国文化委员会发布的"高等教育国际化指数"中，澳大利亚的高等教育质量保障和认证体制得分最高。澳大利

---

① 经济合作与发展组织：《教育概览 2011—OECD 指标》，教育科学出版社，2011 年。

亚的高等教育质量保障体系是五位一体，由联邦政府、州及领地政府、大学、澳大利亚学历资格框架（AQF）和澳大利亚大学质量保障署（Australian University Quality Assurance，AUQA）组成，明确规定各部分的职责（详见图4-1）。本书第一章第三节针对澳大利亚高等教育质量保证制度做了详细阐述。

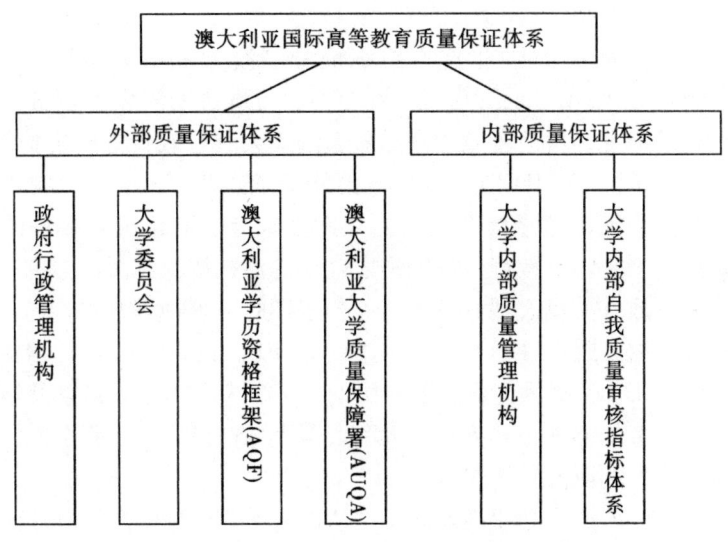

图4-1　澳大利亚国际高等教育质量保证体系

（四）采取"政府为主导，大学为主体"的策略，积极参与国际教育活动

澳大利亚国际教育之所以发展迅速与政府的积极主导以及大学的广泛参与是密不可分的。在澳大利亚国际学生招生政策的发展历程中，澳大利亚政府长期处于主导地位，一方面通过立法和制定政策来促进高等教育国际化的发展，另一方面，通过建立专门机构，整合海外招生资源，开拓国际市场，使高校的国际学生招生考试信息公开透明。澳大利亚在国内建立包括教育部、外交暨贸易部、移民暨多元文化、本土事务部等在内的跨部门国际教育推广协调机制，有效地进行大学间的营销整合。

澳大利亚政府为了更进一步加强对国际教育海外的宣传与服务，吸引更多的国际学生来澳大利亚自费留学，于1994年成立专职国际教育事务的"澳大利亚国际教育基金会"（Australian International Education

Foundation，AIEF）。AIEF 主要职责为：（1）就澳大利亚参与国际教育交流活动的方针和政策提出意见和建议；（2）与本国工商企业及其他政府部门合作，向海外宣传推广澳大利亚的教育与培训服务；（3）掌握海外各地教育市场动态，不断调整澳大利亚国际教育政策；（4）设立小额奖学金和短期培训援助项目，择优发给来澳留学的学者和学生；（5）提供专款资助澳大利亚海外校友会开展各类活动①。

另外，澳大利亚鼓励非官方组织成立"澳大利亚教育国际开发署"（IDP Education Australia，以下简称 IDP），负责协助澳大利亚各大学的对外营销和海外招生，目前已成为全球最大的澳大利亚教育推广机构②。在澳大利亚政府的承认下，IDP 对澳大利亚国际教育的发展和管理发挥着重大作用，主要职责为制定国际教育重要的导向性政策、监督国际教育的进展情况，以及预测未来国家教育市场的需求变化。该机构透过面谈咨询、举办大学博览会、发放有关澳大利亚教育课程与培训的出版物等方式，提供澳大利亚多样的教育信息服务（如大学、中学、TAFE、语言中心）给学生。为方便国际学生，IDP 也提供英语测验和协助签证、大学入学申请以及学生健康保险等相关事务的办理，并且在澳大利亚各大城市设立学生服务点，提供国际学生抵达澳大利亚的后续服务。

同样的，作为澳大利亚高等教育主体的大学，对推动澳大利亚国际教育的发展起着重要作用。澳大利亚大学在宏观上实现政府高等教育的目标，在微观上可以自主制订运营策略。自 1990 年起，澳大利亚政府意识到了大学自治权发展的重要性，从而放松了对大学的管制，也撤销了对留学生市场的管制，使其具有自主权力和独立性，允许大学自行直接招收国际学生，并且自定学费。在不影响政府拨款的条件下，澳大利亚大学积极开拓国际教育市

---

① 杨尊伟：《澳大利亚高等教育国际化探析》，东北师范大学硕士学位论文，2004年，第 30 页。

② "澳大利亚教育国际开发署"（IDP Education Australia）前身为 1969 年成立的"澳大利亚大学合作方案"（Australian-Asian Universities' Cooperation Scheme，AAUCS），成立之初是作为澳大利亚大学校长委员会（AVCC）的一个常设委员会，使命是加强高等教育机构在印度尼西亚、马来西亚、菲律宾和泰国的教育项目的教学和研究。1991年，由 38 所澳大利亚大学共同出资成立，为 AVCC 主导的非营利的全球教育推广组织，是介于澳大利亚高等教育机构与外国政府、公司、个人以及多边投资机构之间的代理机构，在全球 55 个国家和地区设立了 101 个办事处。

场，招收完全自费的国际学生，制定自己的中长期国际教育发展规划和发展目标，从而刺激了教育经费来源的多元化进程，同时也保证了大学自身所应当拥有的学术自由和办学特色。

（五）改革留学生签证制度，优化签证管理，制定有利于学生的移民政策

澳大利亚政府除了借由修改海外学生教育服务法案外，也通过改革留学生签证制度，降低留澳门槛和防止作假行为，以增强在全球招生市场的竞争力。1998 年，约翰·霍华德（John Howard）政府开始放宽技术移民条件，松绑澳大利亚缺乏人才行业的技术移民条件（如工程、计算机、会计等领域），鼓励符合资格的国际学生学成后留在澳大利亚就业，填补劳动市场职务空缺。这些国际学生不需要先回国再申请永久居留，也不需要有工作经验。在有利的移民条件和亚洲对高等教育的需求持续增加下，国际学生涌入澳大利亚，留学澳大利亚的国际学生人数从 1990 年的 28 993 人增加到 2000 年的 105 764 人。大学从国际学生获得的学费收入，从 1996 年的 3.89 亿美元增加到 2002 年的 9.41 亿美元，短短六年就增加 2.4 倍，占大学收入的比例从 6.6% 提升到 12.5%[1]。

2011 年 1 月 14 日，政府委托前新南威尔士州工党厅长奈特（M Knight）负责对学生签证制度进行全面独立检讨，这是澳大利亚至今为止第一次对学生签证制度进行检讨。在平衡澳大利亚的经济、教育、移民利益的前提下，奈特于 2011 年 6 月 30 日提交总计 41 项建议的《2011 年学生签证策略检讨》(Strategy Review of the Student Visa Program 2011)。2011 年 9 月 22 日，澳大利亚"高等教育、技能、工作与劳资关系部"部长克里斯·埃文斯（C Evans）与"移民及公民事务部"部长克里斯·宝文（C Bowen）联合宣布联邦政府接受检讨报告中提出的全部建议，分两阶段执行。

第一阶段于 2011 年 11 月 5 日完成，调整内容主要为：(1) 简化前来澳大利亚大学攻读学士及以上学位的学生的签证申请和注册入学流程；(2) 若国际学生申请签证的"风险评估级别"（Assessment Level, AL）为 AL3 或 AL4，即可降低学生申请来澳就读的财力要求，其财力证明至多可减少

---

[1] Megarrity, L, A Highly-Regulated "Free Market": Commonwealth Policies on Private Overseas Students from 1974-2005, Australian Journal of Education, 2007 (51): 39-53.

36 000 澳元；（3）欲申请学生签证者必须同时符合"真实学生"和"真实暂时居留"两项资格。前者依申请者的英语能力、财力证明、学历资格、年龄限制等条件判断；后者则依其回祖国及留在澳大利亚的动机、是否曾移民等因素决定；（4）若属于 AL4 和 AL5 级别的国际学生欲申请"海外学生密集英语课程"（English Language Intensive Courses for Overseas Students, ELICOS），不再需附上英语能力证明；（5）将"研究型硕士学位"与"博士学位"的签证有效期限延长 6 个月；（6）放宽对学生打工时间的限制，从现阶段的每周不超过 20 小时调整为更加灵活的每 2 周不超过 40 小时；（7）废止移民及公民事务部原先针对不在澳大利亚境内的 AL3 和 AL4 申请者的签证预审政策[①]。

第二阶段于 2012 年中期开始实施，澳大利亚修改重点为放宽毕业后工作签证，希望借由"学习后工作签证"的差异化，鼓励国际学生前来澳大利亚攻读研究型学位。在先前制度下，取得学士学位以上的国际学生，可获得为期 18 个月的毕业后工作签证。新的"学习后工作签证"改革实施后，准许国际学生在修读完课程后，留在澳大利亚 2 到 4 年积累工作经验。例如：取得"学士学位"与"授课型硕士学位"的国际学生，其毕业后工作签证时效为 2 年；取得"研究型硕士学位"与"博士学位"者，其毕业后工作签证时效分别为 3 年及 4 年。

对许多国际学生而言，让其有在澳大利亚就业的机会，甚至成为公民等移民政策，能深深影响其留学澳大利亚的意愿。澳大利亚政府一方面提高对教育机构的规范标准，另一方面，松绑学生签证的条件，提供较简便的学生签证流程给国际学生，并延长毕业后工作签证的有效期限，借此帮助澳大利亚的教育机构更灵活地进行有效的营销策略，也为澳大利亚吸引了更多优秀的国际学生至澳大利亚留学，并且留住优秀的国际学生在澳大利亚就业。

---

① Department of Immigration and Citizenship, Fact Sheet: Stage One Implementation of the Knight Review Changes to the Student Visa Program, http://www.immi.gov.au/students/_pdf/stage-one-knight-reivew-changes-fact-sheet.pdf, 2014-05-12.

第四节 澳大利亚高校国际学生招生考试政策的实施

进入21世纪，澳大利亚的国际教育战略确定为将澳大利亚打造成国际学生的首选目的地，目标是到2025年招收100万国际学生，占全球国际学生总数的1/8。为此，澳大利亚政府采取了一个主导的、整合各种项目和资源的战略方针，由教育部负责国际教育服务方面的战略、规划、政策和整体推广，为各级各类教育机构与中介机构提供全方位的支持，鼓励这些学校按照商业模式去吸引海外生源，开拓海外市场。在高等教育国际化与国际教育产业化战略的双重推动下，澳大利亚高校积极地扩展国际学生招生，吸引大批优秀人才前往就读，不仅提升了学校国际化的程度和学生之间的跨文化交流能力，也为澳大利亚高等教育的发展注入了新的血液，同时为学校和国家带来了可观的经济回报。1980年代澳大利亚国际学生人数仅止于寥寥数千人，90年代以来国际学生逐年成长，从1993年的6.1万人，到2000年增至10.8万人，增幅16%，这远远超过美国（5%）和英国（2%）。2009年，澳大利亚国际学生数达到历史新高631 935人，使国际教育成为澳大利亚经济的主要收入来源之一[①]。

目前，澳大利亚成为拥有国际学生人数居世界第三的大国，仅次于美国和英国。从国际学生的增长速度来看，澳大利亚远远超过了美国和英国，同时其国际学生占高校学生总数的比例已经位居世界第一，每5名自费大学生中就有一名国际学生。"澳大利亚教育国际开发署"（IDP）连同国际经济中心一起预测了2025年全球学生流动情况。在2000年至2025年间，全球对澳大利亚教育的需求将增加9倍，也就是说，澳大利亚占全球教育需求的份额将从2000年的3%增加到2025年的8%。据预测，到2025年，澳大利亚境内、外高等教育机构中将拥有99.6万多名国际学生，澳大利亚境内的高等教育机构将拥有56万多名国际学生。亚洲国家将继续成为澳大利亚高等

[①] Australian Government Department of Education and Training, International Student Enrollments in Australia 1994-2011, https://internationaleducation.gov.au/research/International-Student-Data/Pages/InternationalStudentData2012.aspx#1, 2014-04-02.

教育的主要需求者，亚洲的需求将从 2000 年的 83％增长到 2025 年的 92％①。

一、澳大利亚高校国际学生招生考试政策实施的现状

澳大利亚大学在高等教育国际化的政策推动影响下，对国际学生的招生是相当积极的，各大学均设有国际学生办公室负责招生相关事务，包括海外招生宣传活动、招生出版物编印、解答招生问题以及发放录取通知等等。澳大利亚大学在国际学生招生录取方面拥有相当的自主权，不同形态的大学会根据自身的定位和发展制定招生考试政策。整体而言，澳大利亚大学对国际学生的招生考试政策是以入学申请和资格评选为主，虽然各校的招生录取标准有所差异，但申请程序大致相同。

澳大利亚大学面向全国和全球招生，其国际学生招生信息公开透明，申请者可以通过各校的招生网站或 IDP 澳大利亚留学教育机构了解相关信息，如系所课程、申请办法、入学要求、录取标准、学费收费、奖学金资助等。国际学生一般是直接向各大学提出申请或是通过学校承认的海外代表机构代办申请，也有向各州负责的澳大利亚招生中心递交申请的。近年来，由于国际学生人数逐年增加，部分澳大利亚大学的国际学生招生网页除了英语版外，还提供了他国语言的网页，如重视国际教育的新南威尔士大学和莫纳什大学就设有中文的国际学生招生网页，方便学生和家长进一步了解学校课程和获得入学讯息。

（一）入学要求

澳大利亚大学对国际本科生的基本入学要求主要是学历资格证书、学术考试成绩和英语能力，部分专业会有额外的申请条件。一般来说，澳大利亚大学接受的学历资格证书为高中毕业证书或至少一年全日制大专院校学历资格。由于各个国家的教育制度不尽相同，澳大利亚大学对各国学历资格证书的认可和学术考试成绩要求也有其一套标准，目前承认的海外资格证书和学术考试成绩多达 40 多个国家，对就读于澳大利亚大学预科课程的资格也予以承认。在学术考试成绩方面，各大学院系在不同的专业上有其最低分数要

---

① 张慧君：《澳大利亚海外学生教育服务法体系构建研究》，首都师范大学硕士学位论文，2008 年，第 22 页。

求，通常是以"澳大利亚大学入学排名"（ATAR）或"整体位置评定等级"（OP）为基准，来对国际学生的学术考试成绩进行换算，进而对申请者进行评估与选拔。

以悉尼大学为例，该校承认的资格证书考试成绩共有16类，对各类资格证书的学术考试成绩都有等值换算（详见表4-4），包括：国际文凭（International Baccalaureate Diploma, IB）、英国和新加坡的高级普通教育证书（General Certificate of Education Advanced Levels, GCE A-Level）、美国的学习能力倾向测验（Scholastic Aptitude Test, SAT）、加拿大的安大略中学毕业文凭（Ontario Secondary School Diploma, OSSD）、香港中等教育文凭（Completed Hong Kong Diploma of Secondary Education, HKDSE）、马来西亚高级毕业文凭（Sijil Tinggi Pelajaran Malaysia, STPM）、德国高考（Abitur）、挪威高中结业证书考试（Norwegian Certificate of Completion of Upper Secondary School Examinations）、瑞典中学毕业证书（Swedish Secondary School Leaving Certificate）、南非的国家高中毕业证书（Award of National Senior Certificate, NSC）、印度的中等教育证书（Central Board of Secondary Education, CBSE）、法国文凭（French Baccalaureate）、悉尼大学预科证书（University of Sydney Foundation Program, USFP）。近年来中国赴澳的留学生人数急剧增加，成为澳大利亚国际学生的大宗，澳大利亚大学开始承认中国高考（Gaokao Examination），接受学生用高考成绩来申请。

表4-4 2015年悉尼大学人文暨社会科学学院国际本科生基本成绩要求

科系	ATAR	IB	SAT	USFP	OSSD	HKDSE	STPM	CBSE
人文	77	28	1530	6.8	62	16	9	12
人文（语言）	94.35	37	1890	7.9	89	23	19	18.5
人文（媒体与通讯）	90.50	34	1790	7.6	82	20	17	17
人文/法律	94.70	37	1910	8.0	89	23	19	18.5
人文（媒体与通讯）/法律	94.70	37	1910	8.0	89	23	19	18.5
人文/经济	89	33	1740	7.5	78	20	16	16
人文/社会工作	80	29	1580	6.9	66	17	11	13
国际与全球研究	90.05	34	1790	7.6	82	20	17	17

续表

科系	ATAR	IB	SAT	USFP	OSSD	HKDSE	STPM	CBSE
国际与全球研究/法律	94.70	37	1910	8.0	89	23	19	18.5
政治、经济与社会工作	78.05	28	1560	6.9	64	17	10	12.5
经济	87.15	32	1720	7.4	78	20	15	16
经济/法律	94.70	37	1910	8.0	89	23	19	18.5
经济/医学	99.50	43	2180	—	—	29	—	20

注：以上表格参考悉尼大学公告数据制作，该校在中国各地区高考录取分数线在一本线以上，不在此展示。

资料来源：The University of Sydney, Guide to International Undergraduate Entry Requirement 2015, http://sydney.edu.au/future-students/documents/international/undergraduate/Sydney-Uni-2015-Guide-to-International-UG-Entry-Requirements.pdf, 2015-05-28。

在英语能力方面，澳大利亚大学要求申请者提供英语水平能力证明，包括：英语语言测试成绩、TAFE或其他英语系国家承认的高等教育机构所获得的一年以上全日制大专文凭证书。澳大利亚大学承认的英语语言测验主要为：雅思（IELTS）、网考托福（TOEFL IBT）、纸笔托福（TOEFL PBT）、培生英语测试（PTE）、剑桥高级英语证书（CAE）、剑桥最高级英语证书（CPE）和剑桥高级商务英语（BEC），各大学自定义其英语能力最低标准分数要求。一般而言，澳大利亚顶尖的综合研究型大学（如悉尼大学、西澳大学、墨尔本大学、昆士兰大学、新南威尔士大学、澳大利亚国立大学）对申请者的英语能力要求会比一般学校高。这类"高选拔型高校"对国际学生的英语能力的基本要求大致范围为：雅思6.5分至7.5分（听、说、读、写各项不得低于要求分数）、网考托福85分至105分（听、说、读、写各项不得低于要求分数）、纸笔托福565分至615分、培生英语测试61分至76分（听、说、读、写各项不得低于要求分数）、剑桥英语CPE证书45分至56分、剑桥英语CAE证书58分至74分（详见表4-5）。各院系通常会针对不同专业课程的英语需求予以分数调整，医学/外科、法律、教育、商业等专业通常会对申请者有较高的英语水平要求。

表 4-5 2015 年澳大利亚大学英语语言测验成绩换算表

雅思	网考托福	纸笔托福	培生	剑桥 CAE	剑桥 CPE	剑桥 CAE & CPE
5.5	506	62	46	47	X	162
6.0	534	73	54	52	X	169
6.5	565	85	61	58	45	176
7.0	592	96	68	67	51	185
7.5	615	105	76	74	56	191
8.0	635	112	79	80	60	200
8.5	651	117	84	87	X	205
9.0	664	120	88	93	96	209

资料来源：以上表格参考悉尼大学公告数据制作。The University of Sydney, English Language Proficiency Requirements, http://sydney.edu.au/ab/standards/ELS_conversion.pdf, 2015-02-26。

(二) 国际学生学费政策

澳大利亚高校对本国学生和国际学生采取不同的学费标准。由于澳大利亚政府对本国高校学生提供"联邦高等教育学费补助"（CSP），而国际学生不享有此待遇，故国际学生所缴的学费远比本国学生要高，为学校的主要经费来源之一。国际学生缴交的费用主要为"学费"（Tuition Fees），其他费用包括"学生服务与设施费"（Student Services and Amenities Fee, SSAF）、"学杂费"（Incidental Fees）、"外国学生健康保险费"（OSHC）等等。澳大利亚各高校依其国际学生招生政策制订学费，除了覆盖培养成本外，还考虑市场需求以及国内外高校的收费，不同学院专业的学费收费也不一样，学费几乎每年都会调涨。部分澳大利亚大学会针对兄弟姊妹为校友的国际学生给予学费优惠，如莫纳什大学就给予10%的学费折扣。

一般而言，澳大利亚高校学费是以学习量（即学分）来计算，但学校的排名、知名度和所在的城市也是决定学费高低因素。高选拔型高校的学费通常会比一般选拔型高校来得高；位于东岸大都会高校的学费也会比其他地区或离岛高校的学费高。根据2010年官方统计，多数国际学生选择就读于东岸的学校,有超过 1/3 的国际学生就读于新南威尔士州,其次是维多利亚州,国际学生就读的比例为 30%[①]。2014 年澳大利亚大学本科生的学费一学年平均在 32 879 澳元～17 985 澳元,位于东岸新南威尔士州首都悉尼的澳大利亚八大名校之一的悉尼大学学费为全国最高,而位于北领地的查尔斯达尔文大学的学费为全国最低(详见表 4-6)。

表 4-6　2014 年澳大利亚大学国际本科学生各科平均学费(单位:年/澳元)

州/领地	大学	文科	理科	商科	年均学费
新南威尔士州	悉尼大学	30 500	38 400	34 000	32 879
	新南威尔士大学	26 400	34 320	33 360	28 940
	麦考瑞大学	27 288	26 160	29 733	28 156
	悉尼科技大学	21 504	28 992	24 240	24 075
	纽卡斯尔大学	20 650	26 105	20 290	23 859
	卧龙岗大学	21 000	26 000	23 600	22 930
	西悉尼大学	20 360	23 200	21 160	21 911
	南十字星大学	17 920	22 400	16 560	20 465
	查尔斯特大学	15 600	23 920	19 200	19 680
	新英格兰大学	18 712	22 016	17 024	19 292
昆士兰州	昆士兰大学	23 760	30 840	32 160	26 703
	昆士兰科技大学	24 600	30 200	24 600	26 596
	邦德大学	31 856	31 856	31 856	31 046
	詹姆斯库克大学	20 500	25 000	21 500	22 632
	格里菲斯大学	20 480	24 960	20 000	20 789
	阳光海岸大学	17 800	20 800	17 800	19 888
	中央昆士兰大学	18 480	24 000	19 080	19 577
	南昆士兰大学	18 080	—	17 940	18 969

---

① Australian Bureau of Statistics, International Students, http://www.abs.gov.au/AUSSTATS/abs@.nsf/Lookup/4102.0Main+Features20Dec+2011#INTRODUCTION, 2011-12-05.

续表

州/领地	大学	文科	理科	商科	年均学费
维多利亚州	墨尔本大学	27 722	33 354	33 594	30 066
	莫纳什大学	25 700	32 600	35 200	29 131
	皇家墨尔本理工大学	21 120	28 800	24 960	23 358
	迪肯大学	19 576	28 024	22 032	22 544
	拉筹伯大学	21 350	25 810	22 080	22 491
	斯威本科技大学	20 480	25 120	21 760	22 458
	维多利亚大学	18 900	19 000	20 940	20 088
	澳大利亚联邦大学	15 700	21 200	16 700	18 626
	MCD神学大学	10 360	X	X	12 738
西澳州	西澳大学	26 230	32 290	30 870	28 427
	科廷科技大学	28 800	26 800	28 500	28 244
	莫道克大学	22 600	26 400	24 500	24 379
	澳大利亚圣母大学	18 568	27 853	18 568	23 393
	埃迪斯科文大学	21 450	23 050	24 000	22 335
南澳州	阿德莱德大学	24 500	28 500	30 000	28 069
	南澳大学	22 400	25 500	23 880	23 528
	弗林德斯大学	21 000	26 600	20 200	22 730
塔斯马尼亚州	塔斯马尼亚大学	20 263	22 226	20 763	21 297
澳大利亚首都领地	澳大利亚国立大学	25 984	30 111	30 111	29 397
	堪培拉大学	20 520	22 470	21 180	21 040
北领地	查尔斯达尔文大学	16 320	19 840	16 880	17 985
跨州	澳大利亚天主教大学	18 200	X	21 600	20 137

注：澳大利亚天主教大学分别在新南威尔士州、昆士兰州、维多利亚州、澳大利亚首都领地都设有分校。资料来源：All Unis, University Tuition Fees, http://alluniversities.com.au/tuition-fees-list.html，2015-01-28。

（三）国际学生奖学金

澳大利亚相当重视国际学生奖学金制度的完善，由教育部门、大学院校、学术团体和私人基金的资助设立多种国际学生奖学金,为优秀国际学生提供经济支持,鼓励更多的国际学生赴澳学习。申请者除了可以通过政府官网和各大学网站查询奖学金相关信息外,还可以通过"联合学术在线网络奖学金搜索引擎"(Joint Academic Scholarships Online Network, JASON)查询最新奖学金讯息。澳大利亚政府提供的国际学生奖学金可以分为三大类,分别为:"澳大利亚政府奖学金"(Australia Awards)、"国际研究生科研奖学金"(International Postgraduate Research Scholarships)以及"澳大利亚亚太经济合作组织妇女研究奖学金"(Australia APEC Women in Research Fellowship),申请者直接向各负责机构或组织递交申请。至于澳大利亚大学所提供的校内奖学金依各校的国际学生招生政策有所不同,申请者必须向就读学校查询和申请。

1. 澳大利亚政府奖学金

"澳大利亚政府奖学金"(Australia Awards)旨在通过覆盖全面的国家级奖学金计划促进知识交流和教育联系,提供国际学生、亚太地区的专业学人和领导人在澳大利亚学习、研究及培训的机会,以促进亚非地区的可持续性发展和教学质量的提高,同时,维护澳大利亚与邻国之间的合作伙伴关系,符合双边和地区的长期发展需要与协议。该奖学金由外交暨贸易部、教育部和澳大利亚国际农业研究中心(Australian Centre for International Agricultural Research,ACIAR)共同提供与管理,汇集了"澳大利亚奖助学金"(Australia Awards Scholarships and Fellowships)和"澳大利亚奋进奖助学金"(Australia Awards Endeavour Scholarships and Fellowships)。

"澳大利亚奖助学金"包括两个项目:"澳大利亚奖学金"(Australia Awards Scholarships,以下简称 AAS)和"澳大利亚领导人奖学金"(Australia Awards Fellowships,以下简称 AAF)。AAS 主要面向的是来自亚洲、中东、非洲和太平洋地区的国际学生,申请者必须是就读于澳大利亚大学或 TAFE 全日制的本科生或研究生。澳大利亚政府希望通过 AAS 的资助,促进发展中国家人力资源素质的提升,以利发展中国家的社会稳定和经济成长。该奖学金涵盖学费、学术支持费、回国机票(一次)、田野调查来回机票(一次)、海外学生医疗保险费(OSHC)、生活费(每年 30 000 澳元)、就学津贴(一次性支付 5 000 澳元)、学术介绍课程(正式课程开始之前所提供的4至5周义务课程,内容为介绍澳大利亚的生活和学习信息)①。获奖者必须与澳大利亚联邦政府签切结书,履行完成学业后离开澳大利亚至少两年的承诺,违约者将必须承担奖学金债务。

AAF是澳大利亚政府为了深化和扩展与亚太地区发展中国家的当前或未来领导者、专家学者的关系,所设立的一项区域性领导人才奖学金计划。该奖项针对将成为亚太地区具有影响其社会、经济政策改革和发展进程的潜在领导人才,提供每人最多35 000澳元的在澳短期学习、培训或专业发展研修的支持,希望借由双方关系的强化,支持澳大利亚的经济外交目标,增加澳大利亚在亚太地区的影响力。申请者的母国必须满足位于亚太地区并且是澳大利亚"国外发展援助"(Overseas Development Assistance)国家的条件。此奖学金通过为这些未来领导人提供培训机会,从而增进亚太各国之间的相互理解、激励各国共享知识、增强创新能力、建立合作关系。

"澳大利亚奋进奖学金"着眼于国际教育有助于学生开拓视野及培养国际竞争力,不仅以吸引优秀国际学生进入澳大利亚进行学习研究,同时也提供研究及专业人员至澳大利亚进修的机会,借此增加国际研究的合作以及专业人才的流动。该计划支持的范畴为本科生和研究生学习、职业教育和培训、研究生/博士后研究以及专业发展,同时也适用于符合相同资格条件的澳大利亚本国学生及相关人员至国外学习进修。国际学生获奖者将可以得到全额学费资助(包括学生服务与设施费用)、月津贴(3 000澳元)、出差补贴(3 000澳元,在特殊情况下可高达4 500澳元)、建置津贴(依项目类别分2 000澳元或4 000澳元)、旅行保险和海外学生医疗保险费(OSHC)②。

2. 国际研究生科研奖学金

"国际研究生科研奖学金"(International Postgraduate Research Scholarships, IPRS)是针对来自海外做研究课题的硕士或博士研究生所提

---

① Australian Government Department of Foreign Affairs and Trade, Australia Awards Scholarships, http://dfat.gov.au/people-to-people/australia-awards/Pages/australia-awards-scholarships.aspx, 2015-06-16.

② Australian Government Department of Education and Training, International Applicants, https://internationaleducation.gov.au/endeavour%20program/scholarships-and-fellowships/international-applicants/pages/international-applicants.aspx, 2015-06-16.

供的资金支持,旨在吸引优异的国际研究生赴澳研究,以提高澳大利亚高校的研究质量,协助澳大利亚各式研究的发展。国际学生不仅可以求得学位,并可由研究中向澳大利亚顶尖的研究学者学得宝贵的经验。澳大利亚国各大学每年会根据获得的 IPRS 研究分类财政补贴,规划 IPRS 申请名额和申请条件,国际学生直接向就读的大学申请 IPRS,由各大学自行进行选拔和发放给学习成绩优异的申请者(详见表 4-7)。除了新西兰以外的海外学生,有计划在澳大利亚的大学从事全职研究工作以取得学位者可以提出申请。该奖学金包括学费、海外学生医疗保险费(OSHC)和赴澳伴读的家属医疗保险费。

表 4-7　2015 年度澳大利亚大学 IPRS 研究分类财政补贴

州/领地	大学	IPRS 奖学金(澳元)
新南威尔士州	悉尼大学	2 193 473
	新南威尔士大学	1 969 492
	麦考瑞大学	510 266
	纽卡斯尔大学	504 602
	卧龙岗大学	472 163
	悉尼科技大学	366 609
	西悉尼大学	269 807
	新英格兰大学	202 356
	查尔斯特大学	134 904
	南十字星大学	134 904
昆士兰州	昆士兰大学	1 959 194
	昆士兰科技大学	693 570
	格里菲斯大学	520 564
	詹姆斯库克大学	288 859
	南昆士兰大学	134 904
	中央昆士兰大学	67 452
	阳光海岸大学	67 452
	邦德大学	67 452

续表

州/领地	大学	IPRS奖学金（澳元）
维多利亚州	墨尔本大学	2 211 494
	莫纳什大学	1 740 361
	皇家墨尔本理工大学	464 439
	拉筹伯大学	423 762
	迪肯大学	369 698
	斯威本科技大学	221 407
	维多利亚大学	183 304
	澳大利亚联邦大学	67 452
	MCD神学大学	67 452
西澳州	西澳大学	1 049 881
	科廷科技大学	539 615
	莫道克大学	250 756
	埃迪斯科文大学	153 955
	澳大利亚圣母大学	67 452
南澳州	阿德莱德大学	973 675
	南澳大学	472 163
	弗林德斯大学	337 259
塔斯马尼亚州	塔斯马尼亚大学	539 615
澳大利亚首都领地	澳大利亚国立大学	1 230 095
	堪培拉大学	134 904
北领地	查尔斯达尔文大学	134 904
跨州	澳大利亚天主教大学	67 452

资料来源：Australian Government Department of Education and Training，International Postgraduate Research Scholarships，http：//education. gov. au/international-postgraduate-research-scholarships，2014-12-19。

3. 澳大利亚亚太经济合作组织妇女研究奖学金

"澳大利亚亚太经济合作组织女性研究奖学金"（Australia APEC Women in Research Fellowship）主要是面向APEC成员国科研成果丰硕的

女性研究人员开放，借此提供与澳大利亚教育和研究机构合作的机会。该奖学金旨在提升亚太地区女性的经济权利以及在科学、技术、工程和数学等科研领域的榜样形象。从 2015 年—2019 年，澳大利亚教育与培训部将为此项奖学金提供每年最多 10 人的额度，总计 100 万澳元。获奖者可以得到平均 8 000 澳元至 23 300 澳元的奖学金资助，包括：月津贴（3 000 澳元）、建置津贴（2 000 澳元）、家庭月津贴（1 200 澳元）、出差补贴（3 000 澳元，在特殊情况下可高达 4 500 澳元）、旅行保险和海外学生医疗保险费（OSHC）①。

申请者于每年 2 月时可以在网上开始申请，4 月截止，申请者必须具备以下资格：(1) APEC 成员国的女性公民或永久居民（中国、泰国、越南、印度尼西亚、智利、秘鲁、菲律宾、墨西哥、马来西亚、巴布亚新几内亚）；(2) 具有硕士研究学位或博士学位；(3) 有澳大利亚学术机构或组织的提名书。该奖学金于 5 月公布录取名单，其选拔标准和相对权重为：(1) 申请者相关研究经历和高端学术成就记录，占 30%；(2) 研究项目与预期结果声明书，占 40%；(3) 说明该项国际研究如何促进申请者未来的学术发展和专业生涯的声明书，占 15%；(4) 说明该项国际研究机会如何有利于澳大利亚和申请者潜能，进而促进澳大利亚与申请者母国两者之间的经济合作的声明书，占 15%②。

二、澳大利亚高校国际学生招生考试政策实施的成效

澳大利亚国际学生高校招生考试政策的成功使其大学的国际学生人数与年俱增，并带来了可观的财政利益。同时，该政策影响到澳大利亚大学的许多倾向，包括提高学校的知名度、丰富教师与学生的国际经历、促进国际研究合作与技术转让、吸引国际优秀研究人才等等。根据统计数据显示，澳大利亚大学的国际学生人数从 1950 年最初的 300 人逐年上升到

---

① The Australian APEC Study Centre, Australia APEC Women in Research Fellowship 2015 Round Guide, http://www.rmit.edu.au/media/public-site-media-production/documents/college-of-business/industry/apec/APEC-Research-Fellowship-Guidelines.pdf, 2015-06-20.

② RMIT University, Australia APEC Women in Research Fellowship, http://www.rmit.edu.au/about/our-education/academic-colleges/college-of-business/industry/australian-apec-study-centre/projects/ australia—apec-women-in-research-fellowship/, 2015-06-20.

2000年的95 540人，大学的国际学生占所有大学生人数的比例由0.83%攀升至13.74%，国际学生增长幅度居世界第一（详见表4-8）。另外，澳大利亚各个高校在积极招收海外学生的同时，不仅改变澳大利亚国际学生的比例结构和教育出口收入的比例，同时也将澳大利亚各个高校独有的办学理念、文化底蕴以及价值观念等向外输出，从而实现不同地区高校之间的相互认可和理解。

表4-8　1950年—2000年澳大利亚大学国际学生人数（单位：人）

年份	所有大学生人数	国际学生人数	国际学生占比例
1950	36 000	300	0.83%
1960	81 000	5 000	6.17%
1970	180 000	7 500	4.16%
1980	324 000	8 777	2.71%
1990	485 066	24 998	5.15%
1992	559 381	34 076	6.45%
1994	604 176	40 494	6.92%
1996	634 094	53 188	8.39%
1998	671 853	72 183	10.74%
2000	695 445	95 540	13.74%

资料来源：张民选：《澳大利亚：迅速崛起的教育出口大国》，《职业技术教育》，2003年第36期，第62~65页。

根据澳大利亚官方统计，2014年在澳大利亚境内的国际学生注册人数为390 131人，开始上课人数为153 992人；2015年境内的国际学生注册人数为433 936人，开始上课人数为168 023人。这两个年度的国际学生注册人数和开始上课人数都呈正向成长，分别增加了11.2%和9.1%。总体来说，赴澳就读的国际学生当中，以就读高等教育为大宗，其次为职业教育与训练课程，其余国际学生分别就读于"海外学生英语专修课"（English Language Intensive Courses for Overseas Students, ELICOS）、学校教育（幼儿园、小学和中学）和其他非学位专业课程（详见表4-9）。

表 4-9　2014 年—2015 年澳大利亚境内国际学生人数统计（单位：人）

类别	注册人数			开始上课人数		
	2014 年	2015 年	成长率	2014 年	2015 年	成长率
高等教育	198 134	216 815	9.4%	56 996	61 398	7.8%
职业教育与训练	89 817	103 692	15.4%	39 726	44 994	13.3%
ELICOS	68 194	74 452	9.2%	38 260	40 661	6.3%
一般学校教育	14 082	15 855	12.6%	5 304	6 337	19.5%
非学位专业课程	19 904	23 122	16.2%	13 736	14 633	6.5%
总计	390 131	433 936	11.2%	153 922	168 023	9.1%

资料来源：Australian Government Australian Trade Commission，ISD_MonthlySummary_April2015.pdf，http://www.austrade.gov.au/Education/Student-Data/2015,2015-05-17。

2014 年澳大利亚大学的入学人数资料显示，该年度的大学总人数为 1 232 364 人，其中国际学生占 299 437 人，为整体大学学生数比例的 24.3%。该年度皇家墨尔本理工大学的国际学生人数的比例最高，占该校学生总量的 46.3%，而西澳洲的澳大利亚圣母大学由于是私立天主教大学，国际学生人数比例仅有 3%（详见表 4-10）。

表 4-10　2014 年澳大利亚大学本国学生与国际学生人数及比例（单位：人）

州/领地	大学	本国学生人数	国际学生人数	总计人数	国际学生占比例
新南威尔士州	悉尼大学	42 028	12 278	54 306	22.6%
	新南威尔士大学	39 194	13 132	52 326	25.1%
	麦考瑞大学	28 724	10 069	38 793	26%
	悉尼科技大学	27 584	10 054	37 638	26.7%
	纽卡斯尔大学	30 544	5 904	36 448	16.2%
	卧龙岗大学	18 194	12 360	30 554	40.5%
	西悉尼大学	37 531	4 333	41 864	10.4%
	南十字星大学	12 427	1 942	14 369	13.5%
	查尔斯特大学	33 149	5 944	39 093	15.2%
	新英格兰大学	19 833	1 079	20 912	5.2%

续表

州/领地	大学	本国学生人数	国际学生人数	总计人数	国际学生占比例
昆士兰州	昆士兰大学	37 252	11 519	48 771	23.6%
	昆士兰科技大学	38 423	7 157	45 580	15.7%
	格里菲斯大学	33 980	9 216	43 196	21.3%
	詹姆斯库克大学	14 857	7 032	21 889	32.1%
	邦德大学	3 695	2 367	6 062	39%
	阳光海岸大学	9 546	1 210	10 756	11.2%
	中央昆士兰大学	14 450	4 399	18 849	23.3%
	南昆士兰大学	21 536	5 183	26 719	19.4%
维多利亚州	墨尔本大学	38 091	14 166	52 257	27.1%
	莫纳什大学	42 339	22 140	64 479	34.3%
	皇家墨尔本理工大学	30 843	26 590	57 433	46.3%
	迪肯大学	38 432	7 468	45 900	16.3%
	拉筹伯大学	26 263	7 629	33 892	22.5%
	斯威本科技大学	22 770	9 016	31 786	28.4%
	维多利亚大学	17 969	9 199	27 168	33.9%
	澳大利亚联邦大学	6 609	6 332	12 941	48.9%
西澳州	西澳大学	20 596	5 241	25 837	20.3%
	科廷科技大学	32 665	15 598	48 263	32.3%
	莫道克大学	14 329	9 809	24 138	40.6%
	澳大利亚圣母大学	10 633	327	10 960	3%
	埃迪斯科文大学	22 202	4 239	26 441	16%
南澳州	阿德莱德大学	19 448	6 935	26 383	26.3%
	南澳大学	25 520	7 428	32 948	22.5%
	弗林德斯大学	18 995	3 812	22 807	16.7%
塔斯马尼亚州	塔斯马尼亚大学	21 940	4 872	26 812	18.2%

续表

州/领地	大学	本国学生人数	国际学生人数	总计人数	国际学生占比例
澳大利亚首都领地	澳大利亚国立大学	15 368	5 566	20 934	26.6%
	堪培拉大学	12 523	3 811	16 334	23.3%
北领地	查尔斯达尔文大学	9 687	1 161	10 848	10.7%
跨州	澳大利亚天主教大学	22 758	2 920	25 678	11.4%
总计		932 927	299 437	1 232 364	24.3%

资料来源：Australian Education Network, International Student Numbers at Australian Universities, http://www.australianuniversities.com.au/directory/international-student-numbers/, 2015-02-04。

澳大利亚国际学生人数的增加不仅增强了与其他国家的交流，同时提高了澳大利亚在政治、经济、外交、文化和人才等方面与他国的合作进程，为澳大利亚创造了促进相互友好关系的机会，尤其以亚太国家的关系发展最为显著。从整体上说，澳大利亚高等教育国际学生一直以亚太地区国家为主要来源，由表4-11数据可见，从2001年到2005年，亚洲国际学生人数占总数的比例不断攀升，由57.5%增加到79.0%，近年间可以见到其他地区的国际学生数量亦有增加的趋势。

表4-11　2001年至2005年澳大利亚国际学生来源分布（单位：人）

年份	亚洲	美洲	欧洲	非洲	大洋洲	其他	总数
2001	90 368 (57.5%)	5 624 (3.6%)	3 989 (2.5%)	5 977 (3.8%)	1 988 (1.3%)	48 473 (30.8%)	157 208
2002	148 368 (80.2%)	12 234 (6.6%)	4 586 (2.5%)	7 170 (3.9%)	2 584 (1.4%)	2 984 (1.6%)	185 058
2003	167 427 (79.6%)	14 318 (6.8%)	4 586 (2.2%)	7 169 (3.4%)	2 583 (1.2%)	3 157 (1.5%)	210 397
2004	182 419 (79.8%)	14 726 (6.4%)	4 551 (2.0%)	7 098 (3.1%)	2 547 (1.1%)	3 356 (1.5%)	228 539
2005	189 300 (79.0%)	15 055 (6.3%)	4 720 (2.0%)	7 435 (3.1%)	2 715 (1.1%)	6 800 (2.8%)	239 495

资料来源：李昱莹：《澳洲高等教育国际化：政府及大学之策略》，暨南国际大学硕士学位论文，2007年，第45页。

第四章 澳大利亚土著民族与国际学生的高校招生考试政策

从 1990 年起，澳大利亚国际学生以来自马来西亚、中国香港的占主要部分，至 2015 年，在澳大利亚境内国际学生人数排名前 5 个国家的分别是中国、印度、越南、韩国、马来西亚。依据表 4-12 澳大利亚官方统计数据显示，中国籍的国际学生人数最多，有 118 902 人，占澳大利亚国际学生总数的 27.4%；其次为印度国籍的国际学生，人数为 48 311 人，占澳大利亚国际学生总数的 11.1%。来自越南、韩国和马来西亚三个国家的国际学生人数差距不大，人数和占澳大利亚国际学生总数的比例分别为 20 843 人（4.8%）、18 584 人（4.3%）、18 204 人（4.2%）。这前五名国家的在澳国际学生人数占澳大利亚国际学生总量的 51.8%。同时，在澳大利亚教育市场呈倍数增长的国际学生分别来自泰国、意大利、尼泊尔、巴基斯坦、斯里兰卡等国家和地区，每年有超过 4 000 人注册就学[①]。

表 4-12　2014 年—2015 年澳大利亚国际学生前五名国家人数统计（单位：人）

国籍	2014 年	2015 年	成长率	占总数比例
中国	105 278	118 902	12.9%	27.4%
印度	37 944	48 311	27.3%	11.1%
越南	20 382	20 843	2.3%	4.8%
韩国	18 496	18 584	0.5%	4.3%
马来西亚	17 095	18 204	6.5%	4.2%
其他	190 936	209 092	9.5%	48.2%
总计	390 131	433 936	11.2%	100.0%

资料来源：Australian Government Australian Trade Commission，ISD_MonthlySummary_ April2015. pdf，http://www. austrade. gov. au/Education/Student-Data/2015，2015-05-17。

澳大利亚国际学生高校招生考试政策的推动极大地增加了澳大利亚出口收入以及改善了高等教育经费不足的问题。巨大的教育出口给澳大利亚带来了丰厚的经济收益。据有关统计资料显示，澳大利亚教育出口贸易带来的外汇收入 1988 年为 1 亿澳元，1989 年 1.74 亿澳元，1993 年增至 15 亿澳元，

---

① Australian Government Australian Trade Commission，ISD_ MonthlySummary_ April12015. pdf，http://www. austrade. gov. au/Education/Student-Data/2015，2015-05-17.

1994年澳大利亚教育输出所获得的外汇已达到20亿澳元。1999年,澳大利亚在教育出口赚得32亿澳元,是所有出口产业中增长最快的,为当时澳大利亚第八大出口创汇产业。经过十几年的发展,2001年澳大利亚教育出口的总收入为42.5亿澳元,2002年达到50多亿澳元,占服务贸易出口的15%,成为该国仅次于运输和旅游的第三大服务贸易产业①。

澳大利亚的教育出口提供了一批劳动就业岗位,包含国际学生所带来的就业机会、旅游、房地产、通讯甚至金融服务业的蓬勃发展。以2009年为例,在当年度,国际学生就为澳大利亚创造165亿澳元的产值,创造超过180 000份工作,其中在高等教育阶段的国际学生所创造的产值和工作机会更是远高于其他阶段的教育,分别为96亿澳元和104 705份工作②。2010年—2011年政府数据显示,国际教育活动为澳大利亚经济贡献了163亿澳元的出口收入③。预测估计,2025年澳大利亚教育出口将增加到380亿澳元。

另外,随着澳大利亚大学国际学生招生规模的日益增大,澳大利亚大学从国际学生的学费中获得的收入也逐年增加,而且极大地改变了澳大利亚大学的经济收入结构,甚至占了部分大学年度财政收支的1/4,成为澳大利亚政府补助之外,高等教育机构最重要的经费来源之一。以2013年新南威尔士州的大学学费数据统计为例,澳大利亚国际学生的学费收入已经占整个大学学费收入相当重的比例(详见表4-13),西悉尼大学的国际学生学费收入是该州大学中比例最高的,达到85.79%,占该年度学校财政收支(650 083 000澳元)的8.87%。澳大利亚其他各州及领地的大学也是类似的情形。

总的来说,澳大利亚国际学生高校招生考试政策带动了澳大利亚国际教育的发展,大多数(84%)在澳大利亚高等教育领域学习的国际学生对澳大利亚整体的学习和生活经验感到满意。澳大利亚政府意识到除了经济利益

---

① 安任峰:《澳大利亚加快高等教育国际化步伐》,《世界教育信息》2001年第6期,第9~13页。

② 戴晓霞、杨岱颖:《高等教育国际学生市场新趋势》,高等教育出版社,2012年,第78页。

③ Australian Bureau of Statistics, International Students, http://www.abs.gov.au/AUSSTATS/abs@.nsf/Lookup/4102.0Main+Features20Dec+2011#INTRODUCTION, 2011-12-05.

外，未来必须从多维的角度来看待留学生教育，该产业的长期可持续发展应该是今后的战略重点，而塑造全新的"澳大利亚品牌"应该是今后政府制定战略、基础设施建设以及出台政策应该全力支持的重点。

表4-13 2013年新南威尔士州大学学费收入及其比例（单位：$'000澳元）

大学	本国学生	国际学生	非学位生	继续教育	其他课程	SSAF	其他	总计
悉尼大学	27 476 (6.43%)	334 001 (78.18%)	1 165 (0.27%)	12 410 (2.90%)	25 604 (5.99%)	8 356 (1.96%)	18 188 (4.26%)	427 200
新南威尔士大学	28 464 (6.54%)	303 351 (69.68%)	—	15 491 (3.56%)	—	4 727 (1.09%)	83 346 (19.14%)	435 379
麦考瑞大学	19 801 (7.51%)	202 944 (76.96%)	2 048 (0.78%)	752 (0.29%)	21 185 (8.03%)	2 997 (1.14%)	13 966 (5.30%)	263 693
悉尼科技大学	13 859 (7.11%)	156 690 (80.39%)	—	4 187 (2.15%)	13 720 (7.04%)	2 766 (1.42%)	3 679 (1.89%)	194 901
纽卡斯尔大学	10 181 (9.60%)	75 181 (70.92%)	428 (0.40%)	—	2 390 (2.25%)	4 096 (3.86%)	13 728 (12.95%)	106 004
卧龙岗大学	4 162 (2.92%)	97 827 (68.55%)	—	426 (0.30%)	—	1 836 (1.29%)	38 455 (26.95%)	142 706
西悉尼大学	3 116 (4.64%)	57 669 (85.79%)	1 078 (1.60%)	—	325 (0.48%)	2 412 (3.59%)	2 620 (3.90%)	67 220
南十字星大学	2 071 (11.65%)	14 562 (78.41%)	114 (0.61%)	6 (0.03%)	—	830 (4.47%)	896 (4.82%)	18 572
查尔斯特大学	10 482 (11.23%)	44 164 (47.31%)	—	1 262 (1.35%)	—	4 514 (4.84%)	32 932 (35.28%)	93 354
新英格兰大学	3 922 (9.90%)	13 457 (33.97%)	241 (0.61%)	—	886 (2.24%)	1 825 (4.61%)	19 283 (48.68%)	39 614

注：（1）本国学生的学费收费包括本科生及研究生，该数据及比例相对国际学生数据小是因为本国学生的学费多由政府补助，全额自费生少。（2）SSAF（Student Services and Amenities Fee）为学生服务与设施费。

资料来源：Australian Government Department of Education and Training，2013 Finance Publication and Tables，http://www.education.gov.au/finance-publication，2014-12-15。

第五章 澳大利亚高校招生考试制度的个案研究

澳大利亚高校在招生录取上相当自主，不同类型的院校会根据自身的定位有不同的招生政策和录取标准，但整体而言都是以入学申请与资格评选为主。一般来说，公立大学对应届高中毕业生的招生录取标准主要是根据其高中毕业证书、"澳大利亚高校入学排名"（ATAR）或"整体位置评定等级"（OP），而对非应届高中毕业生则采取多元入学管道。私立高校、开放大学和技术与继续教育学院（TAFE）则采取开放招生的做法。本章是对前四章研究结果的验证和充实，笔者将从高校招生的角度，把澳大利亚高校分为"高选拔型高校"、"一般选拔型高校"和"开放招生型高校"，并从这三个类型高校中分别选取两所代表性的学校为个案进行分析。通过学校的入学要求、选拔录取标准、替代入学途径、特殊招生计划、申请办法、招生机构及其运作、学费和奖学金资助等方面的具体情况介绍，总结这三类高校在招生考试制度上的共性和差异。

第一节 高选拔型高校案例

澳大利亚的"八校联盟"是全国知名的精英大学，由八所澳大利亚顶尖的研究型综合性大学所组成，包括墨尔本大学、悉尼大学、阿德莱德大学、昆士兰大学、西澳大学、澳大利亚国立大学、新南威尔士大学、莫纳什大学。这八所大学享有卓越的国际学术声誉，更享有澳大利亚政府将近七成的教育和研究预算。"八校联盟"拥有庞大的学术资源、丰硕的研究成果和一流的科研人才，对澳大利亚各个领域的贡献不可磨灭，不仅在全球各地政商界的杰出校友众多，亦曾培育出多名诺贝尔奖得主。这类顶尖大学每年在本科招生时，申请人数往往超过录取名额，竞争激烈，学校通过高选拔招生制度来筛选学生,在本书研究中称之为"高选拔性高校"。本节选择"新南威尔士大学"和"昆士兰大学"作为高选拔型招生考试制度的案例分析,主要是因为这两所学校具有强大的学术研究实力,每年吸引许多优秀的国内外学生申请。所有申请者在满足基本入学条件后,都必须经过学校的入学选拔,竞争激烈,其热门学科的最低录取分数线都很高。同时,新南威尔士大学也是笔者的母校和实地调查访谈的学校之一。

一、新南威尔士大学

"新南威尔士大学"(The University of New South Wales,UNSW)创立于1949年,自1951年开始向国际学生敞开大门,是澳大利亚第一所招收国际学生的大学。该校以医、法、理工及商业学科著名,是澳大利亚高科技和高等研究的先驱领导大学之一,也是澳大利亚最具国际化特色的大学之一。该校在2013年澳大利亚《优秀大学指南》(2013 Good Universities Guide)中被评列为五星级大学,2014年"QS世界大学排名"(QS World University Rankings)为48名。

新南威尔士大学共有三个校区(Campus),主校区位于悉尼的肯辛顿(Kensington),占地38公顷,另有两处校区,分别为悉尼近郊的帕丁顿(Paddington)艺术学院和首都堪培拉的国防军事学院。大学共有9个学院(Faculty):医学院、法学院、科学学院、工程学院、艺术学院、建筑环境学院、澳大利亚商学院、文学暨社会学院和澳大利亚国防学院,提供全面多样的本科生和研究生课程,包括约300种本科专业,600种研究专业。

根据校方统计,2012年全校学生共有50 516人(本科生31 695人,研究生18 821人),本国学生有37 422人,国际学生有13 094人(分别来自120余个国家),全职教职员共有5 300名。新南威尔士大学的就业率相当不错,毕业后三个月内可以找到全职工作的本科生占84%,平均基本年薪约55 000澳元;研究生则占92%,平均基本年薪约100 000澳元[①]。

(一)入学要求

新南威尔士大学对澳大利亚本国学生(12年级应届高中毕业生、非12

[①] UNSW, UNSW at a Glance, http://www.unsw.edu.au/about-us/unsw-glance, 2013-12-20.

年级申请者）和国际学生的入学申请有不同的资格要求和选拔标准。本国学生指的是具有澳大利亚或新西兰公民身分、澳大利亚永久居民或持有澳大利亚人道主义永久签证者。国际学生泛指非以上条件之人士、持有或打算申请学生签证者或澳大利亚临时居民。学校对未达到基本入学要求的申请者亦提供多元的入学管道。

1. 本国学生

澳大利亚大学对完成 12 年级高中教育的应届毕业生的申请者要求提供高中毕业证书和 ATAR 成绩。学校对持有认可的海外应届高中教育证书的申请者也予以承认，如"国际文凭"（International Baccalaureate，IB）、"英国剑桥高级普通教育证书"（GCE A-Level）和"新西兰全国教育成绩三级证书"（NCEA Level 3）。除上述条件外，各院系的某些专业也会有额外的入学要求，比如参加校外考试和校内面试，提交作品和个人陈述等。

另外，新南威尔士大学的一些专业也会要求申请者具备相关专业知识，即在高中先修读过相关专业课程，例如 2014 年该校商学院"精算学"的招生要求，除了申请者的高中毕业证书和 ATAR 达到 97 的基本成绩要求外，还要求申请者最好在高中修读过"扩展数学 2"（Mathematics Extension 2），以符合进入该专业所需要的基本知识和能力水平。如果申请者已符合录取标准，但不具备相关专业知识，通常还是可以进入该专业，但是在未来学习上可能会有困难。一些院系会在入学前提供相关的短期预备课程，但学生不一定要参加。

新南威尔士大学虽然实施高选拔招生制度，但对于本国的非应届高中毕业生或不具备公认高中毕业证书的社会人士，学校提供多元的入学管道，承认申请者的学习资历，如大学预备课程或大专资格证书。对于持有大专资格证书的申请者，学校要求其证书必须是公认的海内外大学、私立学院或 TAFE 等高等教育机构所颁发的至少一年（或以上）全日制的学历证书，如四级证书、专科文凭、专科进阶文凭等以上大专学历。另外，学校对通过"特殊高等教育入学考试"（Special Tertiary Admissions Test，STAT）的申请者的资格也予以承认，但目前仅开放文科和理科专业的申请，且规定申请者的年龄必须是 21 岁（或以上）。

2. 国际学生

新南威尔士大学对国际学生的入学要求主要是根据申请者的资格证书、学业成绩和英语能力。学校对各国申请者的资格证书和学业成绩要求各不相同，各院系在不同的专业上对国际学生也有不同的录取标准。学校承认的资格证书除了海外40个国家的高中毕业证书、大专学历资格证书和新南威尔士大学基础课程以外，也认可中国的高考成绩。大学对所有申请者都要求提供英语水平能力证明，该证明可以是英语语言测试成绩、澳大利亚大学预备课程的英语成绩，或是在TAFE、其他英语系国家公认的高等教育机构所获得的一年以上全日制大专文凭证书。学校对国际学生英语语言测验的基本成绩要求为：雅思（IELTS）6.5分（听、说、读、写各项不得低于6分），网考托福（TOEFL IBT）90分（听、说、读不得低于22分，写作不得低于23分），纸笔托福（TOEFL PBT）577分，培生英语测试（PTE）64分（听、说、读、写各项不得低于54分），剑桥CPE英语能力证书等级B，剑桥CAE高级英语证书等级A[1]。各院系通常会针对不同专业课程的英语需求予以分数调整，可能会对申请者有更高的英语水平要求。

（二）选拔录取标准

新南威尔士大学针对不同的申请者身份给予不同的录取选拔标准。对于主要就读群体，即本国应届高中毕业生，学校以"澳大利亚大学入学排名"（ATAR）、"整体位置评定等级"（OP）和"国际文凭"（IB）为选拔依据。国际学生部分，除了上述ATAR等成绩外，学校主要是以各国的学业考试成绩为选拔依据。对于非应届毕业申请者（含社会人士）或没有上述ATAR等成绩的申请者，学校基本上采取多元入学的选拔方式，以其学习资历和工作经验为主要依据。新南威尔士大学承认申请者在本校和部分高校（悉尼大学、纽卡斯尔大学、澳大利亚国立大学、TAFE）所修的大学预备课程成绩，但要求申请者的年龄必须是21岁（或以上），但不是所有的专业都可以申请。目前本校的大学预备课程的学习资历包括："大学预备课程"（University Preparation Program，UPP）、"新南威尔士大学预科课程"（UNSW Preparation Program，UNSW Pre）和"新南威尔士大学基础课程"（UNSW Foundation Studies，UFS）。

1. 本国应届高中毕业生的入学选拔

新南威尔士大学选拔的主要依据是申请者的学术潜力，对本国12年级

---

[1] UNSW Australia, English Language Requirements, http://www.unsw.edu.au/english-requirements-policy, 2014-01-01.

应届高中毕业生以 ATAR 为选拔标准，对昆士兰州的 OP 等级和国际学校的 IB 成绩也有对照换算成 ATAR 排名成绩的机制。大学部分院系在一些专业上有不同的选拔程序，除了需要有 ATAR 成绩外，申请者还必须参加额外的校内或校外考试。以音乐和美术等艺术专业为例，该类专业的申请者除了要达到 ATAR 最低录取分数线之外，还必须要参加校内的术科考试或提交作品。同样地，医学院的申请者则必须参加每年 7 月举行的全国统一"本科医学与健康科学入学考试"（The Undergraduate Medicine and Health Sciences Admission Test，以下简称 UMAT）和进一步的校内面试。

由于医学专业的竞争性强，学校在选拔时先将申请者的 ATAR 和 UMAT 两项成绩组合，再按其组合的成绩高低排名，从排名最高者依序安排面试，直到面试名额完成为止（大约为 500 名）。学校通常会安排两轮面试，主要一轮的面试在 11 月底，最后一轮面试在来年的 1 月初（1 月中下旬为跨州申请者面试），国际学生则以电话或视频方式面试。2013 年，新南威尔士大学的医学学士学位有超过 3 500 名符合资格的申请者，在激烈的竞争下，500 余位能够参加面试的申请人中，医学院仅录取 156 名学生[①]。

新南威尔士大学通常会在学校网页上公布上一年度各学院各专业的最低录取分数，提供给申请者作为填选志愿的参考。以下表格中的各项成绩是 2014 年新南威尔士大学各学院本科学位的录取标准参考公告，各专业最终的实际录取分数可能高于或低于指标，学校有权根据招生申请情况作调整（详见表 5-1、5-2、5-3、5-4、5-5、5-6、5-7、5-8）。

表 5-1　2014 年艺术学院本科学位录取标准参考

学位名称（含双学士、荣誉学士）	ATAR	IB	OP	预备知识
美术教育	80.45	29	10	视觉艺术
美术＋法律	99.65	43	1	视觉艺术
美术＋商务	96.30	38	3	视觉艺术、扩展数学 1
设计＋美术教育	80.45	29	10	视觉艺术，提交作品集
设计（荣誉）	80.15	29	10	视觉艺术，提交作品集

---

① UNSW Australia，Selection Criteria-Local Applications，http://med.unsw.edu.au/selection-criteria-local-applicants，2014-01-02.

续表

学位名称 （含双学士、荣誉学士）	ATAR	IB	OP	预备知识
媒体艺术（荣誉）	75.20	27	10	视觉艺术，提交作品集
美术教育、艺术理论、艺术理论＋文学、艺术理论＋社会研究与政策	75.00	27	12	视觉艺术，提交作品集
美术＋文学、美术（荣誉）	70.00	25	14	视觉艺术，提交作品集
艺术理论＋法律	99.65	43	1	无

表 5-2　2014 年法学院本科学位录取标准参考

学位名称（双学士）	ATAR	IB	OP	预备知识
法律＋文学、法律＋商务、法律＋经济、法律＋工程、法律＋理学、法律＋美术、法律＋媒体、法律＋规划、法律＋理学（高等数学）、法律＋艺术理论、法律＋国际研究、法律＋社会工作、法律＋计算机科学、法律＋社会政策与研究、法律＋犯罪学与刑事司法	99.65	43	1	法律专业无要求，其他专业依其院系规定

表 5-3　2014 年文学暨社会学院本科学位录取标准参考

学位名称（含双学士）	ATAR	IB	OP	预备知识
商务＋教育（中等教育）	96.30	38	3	数学、标准英语 4 级或任何比 HSC 英语高或同等级的英语课程
经济＋教育（中等教育）	93.00	35	5	数学、标准英语 4 级或任何比 HSC 英语高或同等级的英语课程
理学＋教育（中等教育）	84.05	31	8	数学、标准英语 4 级或任何比 HSC 英语高或同等级的英语课程

续表

学位名称（含双学士）	ATAR	IB	OP	预备知识
文学+教育（中等教育）	78.00	28	10	标准英语4级或任何比HSC英语高或同等级的英语课程
国际研究	93.20	35	4	无
文学与商学	90.00	33	6	无
媒体（传媒产品/传播与新闻/公关与广告/影视与音响）	84.00	31	9	无
犯罪学与刑事司法、社会工作+犯罪学与刑事司法	83.00	30	9	无
文学	78.00	28	10	无
社会工作、社会工作+文学、社会工作+社会研究与政策	77.00	28	10	无
社会研究与政策	75.00	27	12	无

表5-4　2014年建筑环境学院本科学位录取标准参考

学位名称	ATAR	IB	OP	预备知识
建筑	95.00	37	4	无
室内建筑	80.70	29	10	无
建设与物业管理	80.15	29	10	无
规划、工业设计、景观设计、建筑计算机	80.00	29	10	无

表5-5　2014年科学学院本科学位录取标准参考

学位名称（含双学士）	ATAR	IB	OP	预备知识
心理学	98.00	40	2	数学
心理科学	87.00	33	8	数学
航空（运营管理）	80.00	29	10	数学
材料科学与工程+商务	96.30	38	3	物理、扩展数学1

续表

学位名称（含双学士）	ATAR	IB	OP	预备知识
材料科学与工程＋生物医学工程、材料科学与工程＋化学工程	91.00	34	6	物理、扩展数学1
纳米技术	85.30	31	8	物理、扩展数学1
材料科学与工程	84.00	31	9	物理、扩展数学1
高等数学、高等数学＋文学	95.00	37	4	扩展数学1
医学科学	94.00	36	4	化学、数学
药物化学	90.65	34	6	化学、数学
生物技术、环境科学、环境科学＋文学	83.00	30	9	化学、数学
高等科学、高等科学＋文学、高等科学＋社会研究与政策	95.00	37	4	化学、数学以及至少一科与专业相关课程（物理、生物、地球与环境科学、扩展数学1）
理商学	90.00	33	6	化学、数学以及至少一科与专业相关课程（物理、生物、地球与环境科学、扩展数学1）
理学（国际）	89.05	33	6	化学、数学以及至少一科与专业相关课程（物理、生物、地球与环境科学、扩展数学1）
理学＋文学、理学＋社会研究与政策	83.25	30	9	化学、数学以及至少一科与专业相关课程（物理、生物、地球与环境科学、扩展数学1）
理学	83.05	30	9	化学、数学以及至少一科与专业相关课程（物理、生物、地球与环境科学、扩展数学1）

237

表 5-6 2014 年工程学院本科学位录取标准参考

学位名称（含双学士、荣誉学士）	ATAR	IB	OP	预备知识
工程＋商务	96.30	38	3	物理、扩展数学 1
工程（土木建筑）	95.90	37	3	物理、扩展数学 1
环境工程	93.25	35	4	物理、扩展数学 1
土木工程、土木工程＋环境工程、土木工程＋探勘工程	92.05	35	5	物理、扩展数学 1
光伏发电与太阳能工程、再生能源工程	91.50	34	5	物理、扩展数学 1
化学工程、工业化学	91.45	34	5	物理、扩展数学 1
石油钻采工程	91.25	34	5	物理、扩展数学 1
航天工程、机械工程、机电工程、海事工程、生产工程与管理	91.20	34	5	物理、扩展数学 1
工程＋文科、工程＋理科、计算机科学＋工程	91.05	34	5	物理、扩展数学 1
电信、测量、电子工程、探勘工程、计算机工程、地质信息系统、生物信息工程	91.00	34	6	物理、扩展数学 1
软件工程、计算机科学、计算机科学＋文学、计算机科学＋理学、计算机科学＋媒体艺术（荣誉）	91.00	34	6	扩展数学 1
食品科技	91.00	34	6	化学、数学

表 5-7 2014 年澳大利亚商学院本科学位录取标准参考

学位名称（含双学士）	ATAR	IB	OP	预备知识
商务（国际）	97.05	39	2	数学
信息系统	90.20	33	6	数学
商务、商务＋文学、商务＋经济、商务＋理学、商务＋信息系统、商务＋媒体（公关与广告）	96.30	38	3	数学

续表

学位名称（含双学士）	ATAR	IB	OP	预备知识
经济、经济＋文学、经济＋理科、经济＋理学（高等科学）	93.00	35	5	数学
商务＋理学（高等数学）	96.65	38	3	扩展数学1
经济＋理学（高等数学）	93.00	35	5	扩展数学1
精算、精算＋经济、精算＋理学（高等数学）	97.00	39	3	扩展数学2

表 5-8　2014 年澳大利亚国防学院本科学位录取标准参考

学位名称	ATAR	IB	OP	预备知识
工程（航空）、工程（土木）、工程（电子）、工程（机械）、技术（航空）	85.00	31	8	英语、数学、物理（化学）
技术（飞行）	80.75	29	10	英语、数学、物理（化学）
商学	75.00	27	12	英语
文学	70.00	25	14	英语
理学、信息技术	70.00	25	14	英语、数学
首席国防部队学生计划（Chief of Defence Force Students Program，CDF）				
信息技术	98.00	40	2	英语、数学
工程（航空/CDF）、工程（土木/CDF）、工程（电子/CDF）、工程（机械/CDF）、理学、技术（航空/CDF）	98.00	40	2	英语、数学、物理（化学）
文学、商学	95.00	37	4	英语

注："澳大利亚高校入学排名"（Australian Tertiary Admission Rank，ATAR），成绩从最高 99.95 到最低 0.00。"整体位置评定等级"（Overall Positions，OP），成绩从最

239

高 1 到最低 25。"国际文凭"（International Baccalaureate，IB），每个科目以 1 至 7 分来评分，合计 42 分；在知识理论及拓展论文中成绩优异的同学会获得最多 3 分，因此，学生可以在 IB 中得到最多 45 分。

资料来源：以上表格参考新南威尔士大学公告数据制作。Degrees at UNSW 2014, http：//www.unsw.edu.au/future-students/domestic-undergraduate/what-makes-us-us/our-degrees, 2013-12-25。

2. 国际学生的入学选拔

新南威尔士大学对国际学生的录取标准比本国学生稍微宽松。目前，学校除了承认国际学生在澳大利亚取得的 ATAR 和 "新南威尔士大学基础课程"（UFS）成绩外，还接受 14 个主要国家的学业考试成绩，其中包括了"中国高考"（Chinese National Higher Education Entrance Examination, Gaokao）。新南威尔士大学将高考成绩转换为百分比制来进行选拔。例如某位中国学生 2013 年上海高考成绩为 508 分，想要以高考成绩申请新南威尔士大学，学校会将其成绩依照 2013 年上海的考科总分 600 分进行计算，将分数转换为 84.67%（508/600×100%）。如果该名学生的申请学科是文科，而 2014 年文科的公告最低录取标准为 80%，其高考成绩百分比达到学业成绩申请录取标准。

以下为新南威尔士大学 2014 年各学院的国际学生最低录取成绩标准，在这里仅列五项标准作为参考比较（详见表 5-9，5-10，5-11，5-12，5-13，5-14）。

表 5-9　2014 年澳大利亚商学院本科学位国际学生录取标准参考

学位名称（含双学士）	ATAR	A Level	IB	UFS	中国高考（%）
精算、商务（国际）	92.50	15	35	8.5	88
商务、商务＋理学（高等数学）	92.00	14	34	8.0	88
经济＋信息系统	90.00	13	33	8.0	85

表 5-10　2014 年建筑环境学院本科学位国际学生录取标准参考

学位名称（含双学士）	ATAR	A Level	IB	UFS	中国高考（%）
工程＋商务	92.00	15	34	8.0	88
理科（食品科技）、工程＋生物医学、工程＋文学工程＋理学、工程、理学（计算机）	88.00	12	32	7.5	83

表 5-11　2014 年文学暨社会学院本科学位国际学生录取标准参考

学位名称（含双学士）	ATAR	A Level	IB	UFS	中国高考（%）
商务＋教育（中等教育）	92.00	14	34	8.0	88
音乐＋高等科学、经济＋教育（中等教育）、理学＋教育（中等教育）	90.00	13	33	7.5	85
国际研究	88.00	12	32	7.5	83
文科与商科	85.00	11	31	7.5	83
媒体（传播与新闻/传媒产品/公关与广告/影视与音响）	79.00	10	29	7.5	80
音乐＋理学、犯罪学与刑事司法	78.00	10	28	7.0	80
音乐、音乐＋教育	75.00	10	27	7.0	80
文学、文学＋教育（中等教育）	73.00	10	27	7.0	80
社会工作	72.00	10	28	7.0	80
社会研究与政策	70.00	10	27	7.0	80

表 5-12　2014 年科学学院本科学位国际学生录取标准参考

学位名称（含双学士）	ATAR	A Level	IB	UFS	中国高考（%）
心理学	93.00	15	35	8.0	88
材料科学与工程＋商务	92.00	14	34	8.0	88
理学（高等数学）＋文学、理学（高等数学）	91.00	14	34	8.0	88
医学科学、理学（高等科学）、理学（高等科学）＋文学	90.00	13	33	8.0	85
材料科学与工程＋生物医学工程、材料科学与工程＋化学工程	88.00	12	31	7.5	83
药物化学	85.50	12	31	7.8	83
理学/商学	85	11	31	7.5	83

续表

学位名称（含双学士）	ATAR	A Level	IB	UFS	中国高考（%）
理学（国际）	84	11	31	7.0	80
心理科学	82.00	10	30	7.5	80
航空（飞行）、理学（纳米技术）	80.00	10	29	7.5	80
材料科学与工程	79.00	10	28	7.0	80
理科、环境科学、环境科学+文学、理学+文学、理学（生物技术）、理学+社会研究与政策	78.00	10	28	7.0	80
航空（管理）	75.00	10	27	7.0	80

表 5-13　2014 年艺术学院本科学位国际学生录取标准参考

学位名称（含双学士、荣誉学士）	ATAR	A Level	IB	UFS	中国高考（%）
设计（荣誉）、设计（荣誉）、美术教育	75.00	10	27	7.0	80
美术+文学	73.00	10	27	7.0	80
美术教育、艺术理论、美术（荣誉）、媒体艺术（荣誉）	70.00	10	27	7.0	80

表 5-14　2014 年建筑环境学院本科学位国际学生录取标准参考

学位名称	ATAR	A Level	IB	UFS	中国高考（%）
建筑	90.00	13	33	8.0	85
规划、工业设计、室内建筑、景观设计、建筑计算机、建设与物业管理	75.00	10	27	7.0	80

注："英国剑桥高级普通教育证书"（GCE A-Level），成绩分为 A、B、C、D、E、U 六个等级，A 为最优，E 为通过，U 为不及格，以 A=5、B=4、C=3、D=3、E=1 来加总计算。"新南威尔士大学基础课程"（UNSW Foundation Studies，UFS），成绩最高为 $A^+=10$，最低为 E=0。

资料来源：以上表格参考新南威尔士大学公告数据制作。2014 International Undergraduate Direct Entry Requirements，http://www.international.unsw.edu.au/study/degree-programs/undergraduate/undergradate-deree-entry-requirements/，2014-01-02。

（三）替代入学途径

新南威尔士大学对于未达入学要求的申请者提供衔接式的入学途径，主要是由本校提供一系列的大学预备课程来帮助这类申请者获得入学的要求资格。大学本身提供且承认的预备课程包括："大学预备课程"（University Preparation Program，UPP）、"新南威尔士大学预科课程"（UNSW Preparation Program，UNSW Pre）和"新南威尔士大学基础课程"（UNSW Foundation Studies Program，UFS）。

"大学预备课程"（UPP）是针对20岁（或以上）的本国人士的大学预备课程。UPP申请者通过网络向"大学招生中心"（UAC）提交课程申请，并提出符合新南威尔士大学"英语要求政策"（English Requirements Policy）的英语水平证明，如高中英语修课证明或英语语言测验成绩。UPP的修课年限因申请者所选择的专业类别而异，人文学科和理科为2个学期（2×13周），工程学科为3个学期（3×13周）。完成UPP的本国人士可以凭成绩证书申请大部分新南威尔士大学的本科课程，但医学、验光、法律、心理学、药物化学、医学科学、高等数学、高等科学、工程/商务和澳大利亚商学院专业课程除外[1]。

"新南威尔士大学预科课程"（UNSW Pre）是由澳大利亚政府完全资助的大学预备课程，修课年限为一年（工程专业为18个月），适用于"教育公平入学方案"（ACCESS Scheme）的非应届毕业年轻高中生。UNSW Pre申请者必须是17岁~19岁的本国人士，ATAR成绩要求至少为50。UNSW Pre就学者无须支付学费，只需缴交学生服务与设施费（2013年为273澳元）[2]。该课程每年8月初开始在UAC网站上开放申请，9月下旬截止，申请者通过网络直接向UAC提交申请表。UNSW Pre学习成绩优异的科目学

---

[1] UNSW Australia, Domestic Undergraduate, http://www.unsw.edu.au/future-students/domestic-Undergraduate/upp，2014-01-02。

[2] UNSW Australia, UNSW Preparation Program, http://www.unsw.edu.au/unswprep17-19，2014-01-01。

分将可转抵未来大学本科相关专业的学分。

"新南威尔士大学基础课程"（UFS）是专门为未达到大学入学门槛的学生所提供的本科预科课程，本国学生和国际学生都可以申请。UFS为全国和世界多数国家的大学所承认，完成预科课程的学生除了可以申请进入新南威尔士大学的本科课程外，也可以申请其他澳大利亚的大学或新西兰的大学。符合资格的申请者必须年满16岁，并且达到新南威尔士大学该课程的入学要求，申请者通过新南威尔士大学的网站直接在线申请。由于各国学制不尽相同，学校针对各国申请者的申请入学要求也不完全一样，但主要还是考核其高中学业成绩和英语成绩。以中国申请者为例，如果申请者为高二学生，其高二成绩的所有主科必须达到平均90分；高三申请者则其高三成绩的所有主科必须达到平均80分。

（四）特殊招生计划

新南威尔士大学为了提升其高等教育的竞争力和达到教育公平的原则，对本国优秀的应届高中毕业生、教育劣势族群、土著民族学生和乡村背景学生提供特殊招生计划，分别说明如下。

1. 加分奖励计划

新南威尔士大学为了吸引精英学生和提升学校整体的学术水平，对本国高中应届毕业生实施鼓励性的"加分奖励"（Bonus Points），即"精英奖励计划"（Elite Athletes and Performers Program, EAP）和"HSC奖励加分"（HSC Plus）两项。EAP的申请者必须具有澳大利亚公民、永久居民、新西兰公民身份或人道主义永久签证持有者，且在运动、领导、音乐或学术等方面展现国家或国际层级的杰出成就。该奖励申请在每年的8月份开始，11月底截止，申请者通过"大学招生中心"（UAC）网络申请，通过申请的学生可以获得最多5分的奖励加分，该积分将计入ATAR或相关入学成绩。不过，医学和任何有关带薪实习的本科课程不在此列。

"HSC奖励加分"的申请者必须是澳大利亚公民或永久居民，在HSC某科目的成绩表现优异的应届高中毕业生，并且该科目必须与入学申请的专业有关。HSC科目成绩是否优异，主要是根据学生毕业证书成绩单上各科成绩的分数段等级来评定。申请者通过UAC的网络申请，对于跨州申请者的科目成绩，由UAC提供换算。由于学生填报的专业志愿不同，其加分也不一样，将视其优异HSC科目与申请专业的相关性而定。符合资格的申请者最多可获得5分的奖励加分。该积分自动计入ATAR或相关入学成绩，但法律、医学、精算、精算（双学位）、精算（合作课程计划）、商务（国际）、商务（合作课程计划）、心理学、心理科学、信息系统（合作课程计划）、首席国防部队学生计划等专业除外①。下面通过具体案例来说明学生的"HSC奖励加分"情况。

案例：艾伦为新南威尔士州12年级的高中应届毕业生，其ATAR成绩为85，打算申请2014年新南威尔士大学的室内建筑学士学位课程。该专业的学业最低录取标准为ATAR80.70，HSC奖励加分科目为"进阶英语"、"视觉艺术"、"纺织设计"、"设计与科技"，加分范围为六级（Band6）成绩加3分，五级（Band5）成绩加2分，四级（Band4）成绩加1分。艾伦在高中时完成"进阶英语"和"纺织设计"两门课，分别获得六级成绩和五级成绩，他将获得5分的奖励加分（3+2=5），ATAR成绩将成为90。

2. 教育公平入学计划

新南威尔士大学一直致力于教育机会均等和教育平权的目标，1987年设立"教育公平入学计划"（ACCESS Scheme），为长期处于教育劣势的学生提供高等教育就学机会。只要是处于无法控制的教育劣势条件的学生，如身心障碍、长期患病、经济困难、难民身份、低社会经济地位、英语语言困难、家人病重/去世，或就读于农村/弱势高中，都适用于此计划②。申请者必须是澳大利亚公民、永久居民、新西兰公民身分或人道主义永久签证持有者的澳大利亚高中应届毕业生。

由于这些教育劣势条件可能会影响学生在高中11和12年级的学习成绩和大学入学成绩，"大学招生中心"（UAC）将根据申请者所经历的教育劣势的程度给予加分，入学奖励加分最高可达到10分。如果申请者就读的新南威尔士州的高中是参与"优先学校计划"（Priority Schools Program，PSP）或"乡村地区计划"（Country Areas Program，CAP）的学校，其入学奖励加分将自动计入ATAR或相关入学成绩。如果申请者的教育劣势是在上述条件之外或就读的高中不属于上述PSP或CAP，则必须向UAC提出申请。

---

① UNSW Australia, HSC Plus, http://www.unsw.edu.au/domestic-undergraduate/hsc-plus，2013-12-25。

② UNSW Australia, ACCESS Scheme, http://www.unsw.edu.au/access-scheme，2013-12-25。

3. 土著民族招生计划

"土著民族招生计划"（Indigenous Admission Scheme）是新南威尔士大学针对澳大利亚土著居民和托雷斯海峡岛民所提供的入学方式。借由该计划，土著民族学生无须和一般高中应届毕业生一样采用 ATAR 或 OP 等入学成绩的选拔标准，大学将采用申请审核的方式来评估申请者在学科专业的学习能力，包括考虑其教育经历、工作经验、学术潜力、个人兴趣、自律能力和家人的支持机制等等。该计划由大学的"努拉吉利土著中心"（Nura Gili Centre）和"本科招生办公室"（Undergraduate Admissions Office）联合执行，其入学评估也是该中心和各院系协同合作。

申请者除了通过网络向"大学招生中心"（UAC）和"努拉吉利土著中心"递交申请外，还需要参加学校的面谈和提交书面报告。校内面谈主要是让申请者有机会与中心和学院的工作人员面对面地沟通，以了解大学校园、学习课程、住宿与奖学金等学校服务事项。申请者在面谈时需要针对提交的书面报告说明对选择科系或课程的学习计划。此外，学校还提供"土著学生预科课程"（Preparatory Programs），让选择商业、教育、法律、医学或社会工作专业的土著学生可以通过一个月的密集学习课程，奠定专业的预备知识和技能。

4. 乡村学生医科入学计划

澳大利亚的医疗分布不均，在偏远地区几乎没有医疗服务。"乡村学生医科入学计划"（Rural Student Entry Scheme，RSES）是新南威尔士大学对具有乡村地区背景的本国学生所提供的医科招生政策，从 1997 年开始推行。该计划提供医科学额总数的 25% 的分配名额[①]。RSES 申请者可以是应届高中毕业生或目前正在进行或已经完成大学学位的本国人士，但都必须符合乡村学生的身分规定，即申请者必须居住在"乡村地区"（RRMA3-7 地区）有至少连续或累计五年的乡村户口[②]。此外，申请者的 ATAR 成绩必

---

① UNSW Australia, Rural Student Entry Scheme, http://rcs.med.unsw.edu.au/rural-student-entry-Scheme, 2013-12-30.

② 1994 年，澳大利亚健康与老龄部门根据人口和地区的区域统计分类制定"乡村偏远大都市区"（Rural Remote Metropolitan Area，RRMA）分类系统，分为三个区：都市、乡村或偏远。之后，这些区域被进一步分为七个类别：（1）RRMA1 省会城市；（2）RRMA2 其他大城市中心；（3）RRMA3 大乡村中心；（4）RRMA4 小乡村中心；（5）RRMA5 其他乡村中心；（6）RRMA6 偏远中心；（7）RRMA7 其他偏远地区。

须达到该计划的选拔标准（2014年RSES最低ATAR要求为91），和一般医科申请者一样，RSES申请者也必须参加UMAT考试和学校的面试。

（五）申请办法

新南威尔士大学的本科生入学方式主要是采用申请入学，澳大利亚的本国人士（指具有澳大利亚公民、永久居民身分或人道主义永久签证持有者）、新西兰公民身分和在澳大利亚境内完成高中教育的国际生，都必须通过"大学招生中心"（UAC）的网络系统在线申请。UAC根据申请者的身分收取一定的申请费。2013年本国人士和新西兰公民身分的应届高中毕业生的申请费用为28澳元，非12年级申请者的申请费用为60澳元，澳大利亚境内完成高中教育的国际生的申请费用为68澳元。海外学生直接向大学递交申请，缴交一定的申请费用，通过大学国际学生网站申请的费用为50澳元，纸本申请则须缴交250澳元。新南威尔士大学的本科申请通常于8月初开始，9月底截止，申请者必须自行确认日期。学校在某些条件下会接受逾期申请，但申请者必须支付逾期费，从122澳元~150澳元不等，依照超过的时间长短而定。

（六）招生机构及其运作

新南威尔士大学面向全国和全球招生，非常重视精英学生的招募，其招生单位分工明确，信息透明。大学除了在学校网站上提供招生信息外，同时委托新南威尔士州的"大学招生中心"（UAC）负责学校的招生报名工作，向申请者提供学校的招生信息，处理入学申请和发放录取通知。大学其他相关的招生单位有"本科招生办公室"、"国际与全球招生办公室"（International Office and Global Recruitment）、"努拉吉利土著中心"和"学生权益与身心障碍处"（Student Equity and Disabilities Unit）。

"本科招生办公室"和"国际与全球招生办公室"分别是学校面向国内和国外的招生单位。学校国内的招生宣传活动多集中在1、5、6和11月，由"本科招生办公室"负责。该招生办公室除了协同UAC实施正常的招生工作外，还负责招生出版物编印、安排校内外的招生宣传活动、提供申请入学信息、执行入学流程和制定处理特别的招生计划。"本科招生办公室"通常会在每年的1月初组织各学院举办全校性的"信息日"（Information Day），在学校设立摊位和举行讲座，进行院系和专业课程介绍和提供面对面的招生说明，包括入学要求、申请程序、学费和奖学金等事项，让公众对新南威尔士大学有具体的了解。此外,招生办公室和各学院也会陆续在学校或到外地的高中举办一系列的"家长信息之夜"(Parents Information Evening)和参加职业博览会,让学生和家长了解学校情况以及解答相关招生问题。"国际与全球招生办公室"是负责海外国际学生的招生单位,其职能和"本科招生办公室"类似,但其招生宣传活动多在海外,并设有海外代表。近年来,由于中国留学生人数逐年增加,因此其国际招生网页除了英语版网页外,还提供了中文版官网,方便学生和家长进一步了解学校。

另外,新南威尔士大学为了保障土著民族和弱势族群的公平入学权益,设立了"努拉吉利土著中心"和"学生权益与身心障碍处"。"努拉吉利土著中心"向土著民族学生提供明确清晰的本科生招生计划和处理其入学申请、审核和录取事宜,并给予土著学生从入学到毕业的一系列学习支持,包括大学预备课程、奖学金资助和学生服务,以提升土著民族接受高等教育的机会和融入澳大利亚社会各方面的能力。"学生权益与身心障碍处"的目标是促进新南威尔士大学的教育平等政策,提供澳大利亚教育劣势族群特殊就学方案,协助弱势族群和身心障碍生进入大学就读,并确保学校是一个安全、包容、多样性和多元文化的学习环境。

(七) 学费

新南威尔士大学本科生缴交学费是以学分计算,各院系因专业性质不同所收取的学分费也不一样,费用几乎每年都会调涨。学生实际缴交的学费因其所选修的专业类别和学分数而定,2014年各学院的学分收费分别为:澳大利亚国防学院为460澳元/学分,艺术学院为560澳元/学分,文学暨社会学院为575澳元/学分,建筑环境学院为645澳元/学分,法学院为680澳元/学分,澳大利亚商学院为725澳元/学分,工程学院为740澳元/学分,科学学院为750澳元/学分,医学院为750澳元/学分~1165澳元/学分①。

1. 本国学生学费

由于新南威尔士大学属于"联邦高等教育学费补助"(Commonwealth Supported Place, CSP)学校,因此,所有的澳大利亚学生都可以享有联邦

---

① UNSW Australia, 2014 Tuition Fee by Faculty, http://my.unsw.edu.au/student/fees/ScheduleTuitionFees.html, 2014-01-02.

政府的学费资助政策。换句话说，澳大利亚本国学生在注册入学时可以申请CSP成为"联邦资助生"，只需缴交"学生成本分担费"（Student Contribution Charges），无须负担全额学费。新南威尔士大学根据联邦政府每年制定的专业学科三级制向本国学生收取学生成本分担费，2014年本科全日制学生的收费为：一类收费等级的学科6 044澳元/学年，二类收费等级的学科8 613澳元/学年，三类收费等级的学科10 085澳元/学年（详见表5-15）。

表5-15 2014年新南威尔士大学本科全日制学生成本分担费

等级	学科	费用（学年/澳元）
等级一	教育、外语、人文、社会学、行为科学、临床心理学、视觉表演艺术	6 044
等级二	工程、测量、数学、统计、计算机、科学、建筑环境、其他健康学、综合医疗保健	8 613
等级三	法律、医学、会计、管理、经济、商业	10 085

资料来源：UNSW Australia, Fees, http://www.unsw.edu.au/future-students/domestic-undergraduate/putting-the-you-in-unsw/fees, 2014-01-02。

学生利用学校公告的学生成本分担费表即可算出每门课程应缴交的费用。例如：文学学士学位课程通常一门课为6学分，全日制学生一学期需要修四门课，即24学分，一学年为48学分，按一类等级收费计算，学生一门课须缴755澳元（\$6 044÷48×6＝\$755）。同时，本国的联邦资助生还可申请"高等教育受益分担贷款计划"（HECS-HELP），由联邦政府先行支付学生成本分担费给大学，学生只需在向学校申请时注明个人的"税务档案号码"，该笔贷款将自动计入申请者的税务纪录。HECS-HELP贷款不收取利息，但学生所贷的钱数每年会按"消费者物价指数"（CPI）浮动累计。毕业后，学生的年收入达到高等教育贷款计划还款门槛时（2013/14财政年度为51 309澳元），税务局即开始依税制比率征收还款。

另外，联邦资助生每学期还须缴交"学生服务与设施费"（Student Services and Amenities Fee，SSAF），该笔费用主要用于支持大学的非学术类的学生服务与设施，如：学生职业咨询、儿童照护、财务咨询、保健服务、餐饮服务、学生宣传、法律服务和体育康乐活动等。2014年新南威尔士大学规定全日制学生一学期缴交的SSAF为140.50澳元，非全日制学生则一学期为70.25澳元①。同样地，联邦资助生也可以申请联邦政府的"学生服务设施贷款计划"(SA-HELP)来支付SSAF，只需要在大学的申请网站上提供税务档案号码和提交申请表即可。SA-HELP贷款将自动计入申请者的税务纪录，和其他的高等教育贷款计划一起进行累计，实施同样的还款方式。

2. 国际学生学费

国际学生在学费方面和本国学生有很大的差距，比本国学生高出许多。由于国际学生非本国人士，不享有澳大利亚联邦政府的学费资助政策，因此必须缴交全额的学费。2014年新南威尔士大学一般本科生的学费一学年平均在27 360澳元～35 790澳元，医学院的费用通常是最高的，如完成8年制的医学、外科和文科学士学位的学费共计约为460 340澳元。其他学院完成学业的学费总额分别为：文学暨社会学院的学费是90 840澳元～201 060澳元；澳大利亚商学院学费为113 880澳元～204 440澳元；建筑环境学院学费是104 250澳元～180 320澳元；艺术学院学费是90 120澳元～159 800澳元；工程学院学费是116 760澳元～228 700澳元；法学院学费是181 400澳元～278 350澳元；科学学院学费则为116 760澳元～228 520澳元（详见表5-16，5-17，5-18，5-19，5-20，5-21，5-22，5-23）。

表5-16　2014年文学暨社会学院本科学位国际学生学费

学位名称（含双学士）	修业年限（年）	学费总额（澳元）
文学、文学与商学、媒体（传媒产品/影视与音响/公关与广告/传播与新闻）、社会研究与政策、犯罪学与刑事司法	3	90 840
社会工作	4	127 480
国际研究、文学＋教育（中等教育）	4	128 800
经济＋教育（中等教育）、商务＋教育（中等教育）	4	144 400

---

① UNSW Australia, Student Services and Amenities, https://student.unsw.edu.au/ssaf, 2014-01-02.

续表

学位名称（含双学士）	修业年限（年）	学费总额（澳元）
理学＋教育（中等教育）	4	146 230
国际研究＋媒体（影视与音响）、国际研究＋媒体（传播与新闻）、国际研究＋媒体（公关与广告）	5	163 490
音乐＋文学	5	166 490
音乐＋理学、音乐＋理学（高等）	5	184 760
音乐＋教育（中等教育）	5	170 080
社会工作＋文学、社会工作＋犯罪学与刑事司法	5.5	182 020
社会工作＋社会研究与政策	6	201 060

表 5-17　2014 年艺术学院本科学位国际学生学费

学位名称（含双学士、荣誉学士）	修业年限（年）	学费总额（澳元）
艺术理论	3	90 120
美术（荣誉）、设计（荣誉）、媒体艺术（荣誉）	4	123 760
美术＋文学、艺术理论＋文学	4	124 270
艺术理论＋社会研究与政策	4.5	142 140
设计（荣誉）＋媒体（公关与广告）	5	159 800

表 5-18　2014 年工程学院本科学位国际学生学费

学位名称（含双学士、荣誉学士）	修业年限（年）	学费总额（澳元）
计算机科学	3	116 760
计算机科学＋文学	4	143 500
工程（航天/机械/海事/机械电子/生产工程与管理）、电信、再生能源、食品科技、工业化学、化学工程、环境工程、土木工程、电机工程、探勘工程、石油工程、软件工程、计算机工程、生物信息工程、土木建筑工程、计算机科学＋理学、光伏发电与太阳能、测绘与地质信息系统	4	160 240

续表

学位名称(含双学士、荣誉学士)	修业年限(年)	学费总额(澳元)
计算机科学+媒体艺术(荣誉)	5	177 560
工程+理学(航天/机械/海事/机械电子/生产工程与管理)、电信+理学、再生能源+理学、工业化学+理学、石油工程+理学、化学工程+理学、探勘工程+理学、土木工程+理学、软件工程+理学、环境工程+理学、光伏发电与太阳能+理学、土木工程+环境工程、土木工程+探勘工程、电机工程+理学、计算机工程+理学、生物信息工程+理学	5	206 360
工程+文学	5.5	210 400
工程+商务(航天/电子/机械/机电/光电/制造/化学/土木/环境/海事/探勘/石油/计算机/生物信息/工业化学/太阳能光伏)	5.5	228 700

表 5-19 2014 年法学院本科学位国际学生学费

学位名称(含双学士、荣誉学士)	修业年限(年)	学费总额(澳元)
法律+美术、法律+艺术理论	5	181 400
法律+文学、法律+媒体、法律+犯罪学与刑事司法	5	183 680
法律+商务、法律+经济	5	197 360
计算机科学+媒体艺术(荣誉)	5	177 560
食品科技(荣誉)	5	197 000
法律+理学、法律+理学(计算机科学)	5	199 480
法律+社会研究与政策	5.5	201 160
法律+国际研究	6	224 580
法律+理商学、法律+理学(荣誉)、法律+理学(荣誉)	6	248 040
法律+社会工作	6.5	248 000
法律+工程	6.5	273 380
法律+规划	7	278 350

表 5-20 2014 年建筑环境学院本科学位国际学生学费

学位名称	修业年限（年）	学费总额（澳元）
建筑计算机	3	104 250
建筑	3	108 360
工业设计、室内建筑	4	138 820
景观设计、建设与物业管理	4	139 600
规划	5	180 320

表 5-21 2014 年医学院本科学位国际学生学费

学位名称（含双学士）	修业年限（年）	学费总额（澳元）
运动生理学	4	161 470
医学＋外科	6	390 600
医学＋外科＋文学	8	460 340

表 5-22 2014 年澳大利亚商学院本科学位国际学生学费

学位名称（含双学士、荣誉学士）	修业年限（年）	学费总额（澳元）
商务、经济、信息系统	3	113 880
精算	3	115 120
商务＋美术	4	140 080
经济＋文学、商务＋文学、商务＋媒体（公关与广告）	4	140 560
商务（荣誉）	4	149 680
商务＋经济、商务（国际）、商务＋信息系统	4	156 400
精算＋经济、精算＋商务	4	156 640
精算＋理学、经济＋理学、商务＋理学	4	158 320
商务＋航空（管理）、商务＋理学（计算器科学）	4	158 440
商务＋理学（高等数学）	5	204 440

表 5-23 2014 年科学学院本科学位国际学生学费

学位名称（含双学士）	修业年限（年）	学费总额（澳元）
理学、理学（环境管理）、航空（运营管理）、心理科学	3	116 760
理商学、医学科学	3	118 300

续表

学位名称（含双学士）	修业年限（年）	学费总额（澳元）
航空（飞行）	3	230 760
理学（国际）、理学＋文学	4	142 480
心理学、环境科学、生物技术、纳米技术、高等数学、高等科学、药物化学、材料科学与工程	4	160 240
理学＋社会研究与政策	4	160 560
高等数学＋文学	5	187 740
高等科学＋文学、环境科学＋文学、高等科学＋社会科学	5	188 840
验光＋理学、材料科学与工程＋化学工程	5	206 300
材料科学与工程＋商务	5.5	228 520

资料来源：以上表格数据参考新南威尔士大学 http://indicativefees.unsw.edu.au/ 制作。

（八）奖学金及其他资助

除了学费外，学生还须要支付生活费（含食宿、交通、手机、水电等杂项），根据不同的住宿选择，学生一学年（37 周）大约需要 21 275 澳元～27 935 澳元（每周平均花销 575 澳元～755 澳元），在加上一年大约 1 000 澳元的书本费，对许多学生来说经济压力不算轻松，因此，学生都会争取申请奖学金或其他的补助[①]。新南威尔士大学提供范围广泛的奖学金支持学生在学习期间的学习和生活，针对本国学生的奖学金分为："一般奖学金"、"学院奖学金"、"公平奖学金"和"身心障碍生奖学金"四大类，每年在学校奖学金网站上开放申请，通常在 9 月底截止。

"一般奖学金"是针对学业优异的学生、运动表现杰出的学生、土著民族学生以及偏远地区的学生给予的奖励补助，金额从 2 000 澳元～25 000 澳元不等，依申请奖项而定。"学院奖学金"是各学院针对特殊课程或学习计划提供给学生的奖学金，金额从 1 000 澳元～20 000 澳元不等，依各学院的奖项而定。"公平奖学金"则是针对经济困难学生、土著民族学生或是以

---

① UNSW Australia International, Cost of Living, http://my.international.unsw.edu.au/living-sydney/cost-living/, 2014-01-02.

"公平入学方案"就学的学生所提供的津贴补助,奖学金从 2 500 澳元~10 000 澳元,按奖项等级而定。"身心障碍生奖学金"是学校对于身心障碍学生给予的学习资助,每年有 1 500 澳元的金额。除了上述的奖学金外,教育弱势学生和土著民族学生还可以申请"联邦政府福利署"(Centrelink)给予的福利津贴(详见第一章第三节高等教育学费资助政策)。

国际学生可以申请的奖学金项目有限,主要有:"澳大利亚奖学金"(Australia Awards Scholarships)、"金禧年奖学金"(Golden Jubilee Scholarships)、"体育奖学金"(Sports Scholarships)和"新南威尔士大学香港校友奖"(UNSW Hong Kong Alumni Award)。"澳大利亚奖学金"是联邦政府为了帮助来自发展中国家的学生的全日制学习所提供的资助,该资助涵盖学生的学费、机票、住宿、书籍、保险等等。"金禧年奖学金"和"体育奖学金"都是属于学校奖学金,前者提供学士学位两年课程全额学费补贴(最多96个学分)。后者属于学校的精英运动员支持计划之一,目的在鼓励具有运动天分或资优的体育学生申请新南威尔士大学,提供合格的申请者最好的设施、教练指导和奖助学金。"新南威尔士大学香港校友奖"则是由香港校友捐助提供为期一年 4 000 澳元的奖学金。

二、昆士兰大学

"昆士兰大学"(The University of Queensland,UQ)是澳大利亚规模最大的学府之一。澳大利亚联邦政府建立之后,昆士兰州政府在 1909 年于昆士兰州首府布里斯班(Brisbane)成立了昆士兰大学,为该州的第一所综合型大学,也是六所"砂岩大学"(Sandstone Universities)之一①。该校的学术评比不论在本国或世界都是属于顶尖大学,其研究经费及学术水平在澳大利亚大学之中,始终位居前四位。在 2014/2015 年的"QS 世界大学排

---

① "砂岩大学"(Sandstone Universities)是指澳大利亚六所最古老的高等教育学府,其中有 4 所成立于殖民地时期,如悉尼大学(1850 年)、墨尔本大学(1853 年)、阿德莱德大学(1874 年)和塔斯马尼亚大学(1890 年)。另外两所于独立建国后成立的学校分别为昆士兰大学(1909 年)和西澳大学(1911 年)。这些大学除了历史年代久远,另一特色是其主要的建筑物都是由沙岩所建造。此外,当时就读于沙岩大学的学生多来自高收入家庭,毕业后大多具有较高收入或影响力的职位,促进精英主义发展和社会分工要求。

名"（QS World University Rankings）中名列全球第 43 名，属于世界前 0.5% 的超级顶尖大学。

昆士兰大学负责教学与研究的校区共有三个，主校区圣鲁西亚（St. Lucia）位于布里斯班市郊，占地 114 公顷，另两处校区分别为加顿校区（Gatton）和赫斯顿校区（Herston），其余校舍还包括分散在昆士兰州各地的实验矿场、物理研究站、海事研究站、地震侦测站、农业科学农场、兽医科学中心、教学医院与保健中心等等。昆士兰大学共有 6 个学院，9 个跨学科研究机构，提供 400 余种课程，其学院包括：商业、经济及法律学院；工程、建筑与信息技术学院；健康与行为科学学院；医学与生物医学学院；人文与社会科学学院，以及自然科学院。该校除了致力于发展全国最先进的学习空间，赢得多项"澳大利亚教学与教学卓越理事奖"（Australian Teaching and Learning Council Awards for Teaching Excellence）外，根据 2012 年"澳大利亚卓越研究"（Excellence in Research for Australia，ERA）的评估，昆士兰大学拥有比任何其他澳大利亚大学"远高于世界标准"的专业化的研究领域[①]。

昆士兰大学是个教学科研并重的综合研究型大学，每年吸引许多国内外品学兼优的学生到此就读。根据校方统计，2014 年全校学生共有 50 749 人，全职教职员共有 6 816 名。学校本科生占多数，有 36 168 人，毕业生就业率（全职）平均达到 74.5%，研究生有 13 118 人，其他类课程学生共 1 463 人。全校本国学生有 38 555 人（76.0%），国际学生有 12 194 人（24.0%），国际学生分别来自 140 个国家，以中国、马来西亚和新加坡学生人数最多[②]。

（一）入学要求

昆士兰大学对于本国学生和国际学生的本科课程入学申请要求有所不同。本国学生必须满足三个基本申请条件，即具备澳大利亚高中毕业证书、完成先修科目和达到最低录取分数。国际学生则必须具备等同澳大利亚高中的学历资格，并满足录取分数、先修科目、英语能力等基本条件。另外，昆

---

① UQ Australia, University Profile, http://www.uq.edu.au/about/university-profile, 2014-01-06.

② The University of Queensland, UQ Key Statistics, http://www.mis.admin.uq.edu.au/Content/UQKey Statistics.aspx, 2015-02-20.

士兰大学部分系所会针对其专业领域提出特殊入学要求。

1. 本国学生

澳大利亚所有12年级应届毕业生在申请昆士兰大学的本科学位课程时，除了必须具备高中毕业证书外，都必须符合学校的基本入学要求，即"先修科目"（Prerequisites）和"录取分数"（Entry Scores）。昆士兰州的"先修科目"是由"昆州课程与评量管理局"（Queensland Curriculum and Assessment Authority，QCAA）根据教学大纲所制定批准通过的"授权学科"（Authority Subjects），属于高中核心课程，包括：英语或非母语英语、数学A或数学社会、数学B或数学I、数学C或数学II、物理、化学、生物。对于欲申请就读昆士兰大学的该州12年级应届高中毕业生而言，这些科目是专业学习所需要的基本知识和先决条件，必须达到至少20学分，也只有该类学科的成绩才会被计入大学入学成绩声明的"整体位置评定等级"（Overall Positions，OP）和"各领域位置评定等级"（Field Positions，FP）。

"录取分数"通常是昆士兰大学前一年各院系专业的最低录取成绩，以OP或"QTAC选拔排名"（QTAC Selection Rank）为标准。学校对于昆士兰州12年级应届毕业生的入学申请采用的录取分数是以OP为依据。对于跨州的12年级应届毕业生或持有等同高中学历替代资格成绩的申请者，大学以"昆士兰高校招生中心"（Queensland Tertiary Admissions Centre，QTAC）换算的"QTAC选拔排名"为录取分数标准（详见表5-24）。对于年龄超过18岁的非应届高中毕业人士的入学申请，昆士兰大学提供多元的替代入学管道，承认申请者的学习资历和相关工作经历。学校承认的学习资历包括："特殊高等教育入学考试"（STAT）成绩、"高中校外考试"（Senior External Examination）成绩、TAFE或高校提供的衔接课程成绩、大专资格证书（三级证书、四级证书、专科文凭）和完成至少大学一年级的学业成绩。

表5-24　2013年昆士兰州12年级应届毕业生大学入学排名成绩换算对照表

QTAC选拔排名	ATAR	IB	OP
99	99.95/99.40/99.00	45/42	1
98	98.80/98.15	41/40	
97	97.35/97.00	39	2

续表

QTAC 选拔排名	ATAR	IB	OP
96	96.35	38	
95	95.45/94.95	37	3
94	94.05	36	
93	92.90		4
92	92.80	35	
91	91.45/90.85	34	5
90	89.85	33	
89	88.80		6
88	87.95	32	
87	86.75		7
86	85.95	31	
84	83.65		8
83	83.00	30	
81	80.50		9
80	80.25	29	
79	78.35		10
78	77.90	28	
76	75.40/75.00	27	11
74	72.70		12
71	69.65/69.05	25	13
69	66.45		14
68	66.10	24	
66	62.25		15
64	59.00		16
63	57.05		17

续表

QTAC 选拔排名	ATAR	IB	OP
61	52.30		18
60	48.95		19
59	42.70		20
58			21
57			22
56			23
55			24
54			25

资料来源：UQ Australia，Australian Undergraduate Study UQ Guide 2016，http://future-students.uq.edu.au/publications-and-forms，2015-02-15。

2. 国际学生

昆士兰大学对于在澳大利亚境内或跨境完成澳大利亚高中教育的国际学生的入学要求基本上和本国学生相同，只有在入学选拔时对其最低录取分数有所放宽，但在竞争较强的热门科系上差异不大。对于在他国完成高中（或以上）学历的国际学生，学校主要考虑其学历资格、英语能力和所申请的科系专业要求。大学依照各国学制对于各国申请者的学历资格有不同的要求，如：英国的剑桥高级普通教育证书（GCE A-Level）、美国的高中毕业证书与 SAT 成绩、中国的高考成绩、日本和菲律宾则是至少完成大学一年级的学业成绩。

大学对所有国际学生都要求提供英语水平能力证明，该英语能力证明可以是相当于昆士兰州的"授权英文学科"四学期的英文分数成绩，或是英语语言测试成绩。学校对于国际学生等同于澳大利亚的高中英文成绩的认定有其规范，依照其国家的学制和课纲有所区别，例如对于美国申请者就要求其高中所有年级的英文成绩必须达到"及格"，加拿大申请者则是高中最后一年的英文成绩必须达到 60% 或以上。在英语语言测验成绩方面，学校承认的英语能力考试有雅思、托福、剑桥 CAE 高级英语证书、剑桥 CPE 英语能力证书、培生英语测试（PTE）和昆士兰大学预备课程。

昆士兰大学对各类英语能力考试的基本成绩要求为：雅思 6.5 分（听、

说、读、写各项不得低于6分),网考托福(TOEFL IBT)87分(听、说、读不得低于19分,写作不得低于21分),纸笔托福(TOEFL PBT)570分(听、读不得低于54分,写作不得低于5分),PTE测试64分(听、说、读、写各项不得低于60分),剑桥CPE英语能力证书等级C(58分),剑桥CAE高级英语证书等级C(58分)。昆士兰大学预备课程则是根据申请者所修读的衔接课程有所不同的标准,例如"UQ基础年级"(UQ Foundation Year)课程的申请者就必须满足所修读的学术英语至少达到等级5。各院系通常会针对不同专业课程的英语需求予以分数调整,可能会对申请者有更高的英语水平要求。例如法律学士就要求申请者的雅思至少要达到8分,同时听、说、读、写各项不得低于7分①。

(二)选拔录取标准

对于本国应届高中毕业生,昆士兰大学以OP等级和QTAC选择排名为选拔基准。国际学生部分,除了上述成绩外,学校主要是以各国的学业考试成绩为选拔依据。对于非应届毕业申请者(含社会人士),大学采取多元入学的选拔方式,以其学习资历为主要依据,包括"特殊高等教育入学考试"(STAT)成绩、衔接课程成绩、大专院校证书成绩。

1. 本国应届高中毕业生的入学选拔

昆士兰应届高中毕业生在完成12年级高中教育后,将被授予"昆士兰教育证书"(Queensland Certificate of Education,QCE)和"高中教育资料概况"(Senior Education Profile,SEP),而SEP中的"高等教育入学指数"(Tertiary Entrance Statement)涵盖了学生在高中的OP成绩,为申请大学、TAFE和其他高等教育机构的学业水平基准。申请者达到先修科目条件之后,昆士兰大学对于该州12年级应届高中毕业生就以"OP等级"的高低来做为评比和选拔,OP成绩从OP1到OP25分为25个等级,OP1最高,OP25最低。对于跨州的12年级应届高中毕业生,大学则以"QTAC选拔排名",其最高成绩为99,最低成绩为1。

除了以"OP等级"和"QTAC选拔排名"为选拔标准外,昆士兰大学部分院系在某些专业上有不同的选拔程序,申请者必须在满足先修科目的条

---

① University of Queensland, English Proficiency Requirements Tables,https://ppl.app.uq.edu.au/content/3.40.14-english-language-proficiency-admission-and-concurrent-support#Procedures,2014-02-17.

件下，参加额外的校内或校外的专业入学考试。以医学专业为例，申请者不仅要达到完成英语先修科目和获得 OP1 最高等级分的选拔标准，另外还必须在每年一次的全国统一"本科医学与健康科学入学考试"（UMAT）中获取优异的成绩。同样的，音乐专业的选拔更是着重在申请者音乐才能的展现。基本上，申请者都必须参加校外的"澳大利亚音乐考试委员会"（Australian Music Examination Board，AMEB）举办的实务考试，并获取至少 AMEB 7 级成绩，另外还需要参加院系举办的校内考试（如试奏、试唱、面试等）。

昆士兰大学通常会在学校网页上公布上一年度各专业的最低录取成绩，提供给申请者做为该年度填选志愿的参考。以下表格中的各项成绩是 2015 年昆士兰大学本科各类专业的录取标准参考公告，2016 年各专业最终的实际录取分数可能高于或低于指标，学校有权根据招生申请情况作调整（详见表 5-25、表 5-26、表 5-27、表 5-28、表 5-29）。

表 5-25 2015 年健康卫生本科专业录取标准参考

学位名称（含荣誉学士）	修业年限	OP	QTAC选拔排名	先修科目
护理学	3F/P	8	85	英语，加上生物、化学或物理任一科
助产学	3F/P	3	95	英语，加上生物、化学或物理任一科
运动与营养科学	3F/P	8	84	英语，加上生物、化学或物理任一科
健康科学	3F/P	9	81	英语（推荐选修化学、物理或综合科学）
社会工作	4F/P	12	74	英语
职业治疗（荣誉）	4F/P	3	95	英语，加上生物、化学或物理任一科
药剂学（荣誉）	4F/P	7	87	英语、数学 B、化学
职业健康与安全科学（荣誉）	4F/P	11	76	英语、数学 B、化学
生物医学科学（荣誉）	4F/P	7	87	英语，数学 B，加上化学或物理任一科目

续表

学位名称（含荣誉学士）	修业年限	OP	QTAC选拔排名	先修科目
言语病理学（荣誉）	4F/P	3	95	英语，加上生物、化学或物理任一科
运动与体育科学（荣誉）	4F/P	5	91	英语，加上生物、化学或物理任一科
健康、运动与体育（荣誉）	4F/P	9	81	英语，加上生物、化学或物理任一科
物理治疗（荣誉）	4F/P	2	98	英语，加上生物、化学或物理任一科（推荐选修物理）
医学	4F/P	1	99	OP1、英语、UMAT考试
牙医（荣誉）	5F/P	1	99	OP1、英语、UMAT考试

表5-26 2015年农业经济、农业、环境与科学本科专业录取标准参考

学位名称（含荣誉学士）	修业年限	OP	QTAC选拔排名	先修科目
农业	3F/P	12	74	英语
理学	3F/P	10	79	英语，数学B，加上化学或物理任一科
应用科学	3F/P	13	71	英语，加上数学A或B任一科
农业经济	3F/P	12	74	英语，加上数学A、B或C任一科
食品技术（荣誉）	4F/P	11	76	英语、化学、数学B
农业科学（荣誉）	4F/P	10	79	英语，加上化学或数学B任一科
生物技术（荣誉）	4F/P	9	81	英语，数学B，加上化学或物理任一科
环境科学（荣誉）	4F/P	10	79	英语，数学B，加上化学或物理任一科
高等科学（荣誉）	4F/P	3	95	英语，数学B，加上农业科学、生物、化学、地球科学、数学C或物理任两个科目

续表

学位名称（含荣誉学士）	修业年限	OP	QTAC选拔排名	先修科目
环境管理（荣誉） 1. 自然系统和野生动物 2. 可持续发展	4F/P	11	76	1. 英语（推荐选修数学 B，生物或化学） 2. 英语（推荐选修农业科学、生物或地理）
兽医（荣誉）	5F/P	1	99	英语，化学，数学 B，加上物理或生物任一科

表 5-27　2015 年人文、教育、心理与音乐本科专业录取标准参考

学位名称	修业年限	OP	QTAC选拔排名	先修科目
文学	3F/P	12	74	英语
传播学	3F/P	10	79	英语
新闻学	3F/P	8	84	英语
人类服务	3F/P	13	71	英语
社会科学	3F/P	13	71	英语
国际研究	3F/P	8	84	英语
心理科学	4F/P	5	91	英语
教育（初等教育）	4F/P	11	76	英语，数学 A、B 或 C，加上生物、化学、物理、农业科学、海洋科学、地球科学或科学 21 任一科
音乐	4F/P	选拔根据试奏、试唱、面试和学术成果		英语和音乐，AMEB 7 级，AMEB 5 级加上实务考试获高分，音乐理论或技能获高分

表 5-28　2015 年商业、经济与法律本科专业录取标准参考

学位名称（含荣誉学士）	修业年限	OP	QTAC选拔排名	先修科目
商业	3F/P	6	89	英语、数学 B
经济	3F/P	6	89	英语、数学 B
商业管理	3F/P	9	81	英语，数学 A、B 或 C

续表

学位名称（含荣誉学士）	修业年限	OP	QTAC选拔排名	先修科目
国际酒店与旅游管理	3F/P	11	76	英语，数学A、B或C
法律（荣誉）	4F/P	1	99	英语

表5-29 2015年工程、建筑和规划与信息技术本科专业录取标准参考

学位名称（含荣誉学士）	修业年限	OP	QTAC选拔排名	先修科目
建筑设计	3F/P	5	91	英语
信息技术	3F/P	12	74	英语、数学B
多媒体设计	3F/P	12	74	英语（推荐选修数学A或B）
区域与城市规划	4F/P	12	74	英语
工程（荣誉）	4F/P	6	89	英语，数学B，加上物理或化学任一科目（推荐选修化学、物理和数学C）

注："F"（Full-time Study）为全日制；"P"（Part-time Study）为兼读制。

资料来源：以上表格参考昆士兰大学公告数据制作。UQ Australia, Australian Undergraduate Study UQ Guide 2016，http://future-students.uq.edu.au/publications-and-forms，2015-02-15。

2. 国际学生的入学选拔

国际学生在申请昆士兰大学本科学位课程时，不仅必须符合入学要求，还必须达到该专业的最低录取分数，才有机会进入学校就读。大学在进行选拔时，除了以昆士兰州的OP或跨州的QTAC选择排名为基准外，还接受部分国家的国家学业考试成绩。本案例将针对IB成绩、QTAC选择排名，以及五个主要的国家学业考试成绩做为参考比较（详见表5-30、表5-31、表5-32、表5-33、表5-34）。五个国家学业考试包括英国的"剑桥高级普通教育证书"（GCE A-Level）考试、新加坡的"高级普通教育证书"（A-Level）考试、马来西亚的"高等学校文凭"（STPM）考试、法国的"高中毕业证书"（Baccalaureat）考试和香港的"中学文凭"（HKDSE）考试。在中国学生的入学选拔上，昆士兰大学是以每年中国一本大学高考分数线为基准来进行选拔，故不列在此表比较。

表 5-30 2015 年健康卫生本科专业国际生录取标准参考

学位名称（含荣誉学士）	QTAC选拔排名	IB	GCE A-Level	香港 HKDSE	法国 Bacc	新加坡 ALS	马来西亚 STPM
医学	99	42	15	29	18.8	17	12
护理学	87	32	10	20	12.9	12	10.33
助产学	90	34	11	22	13.6	13	10.67
社会工作	83	30	9	19	11.9	11	10
公共事业	83	30	9	19	11.9	11	10
健康科学	81	30	8	18	11.4	10	9.67
运动与营养科学	88	33	10	21	13.1	12	10.33
牙医（荣誉）	99	42	15	29	15.8	17	12
药剂学（荣誉）	90	34	11	22	13.6	13	10.67
物理治疗（荣誉）	98	40	14	27	15.5	16	11.67
职业治疗（荣誉）	95	37	13	25	14.8	14	11.33
言语病理学（荣誉）	95	37	13	25	14.8	14	11.33
运动与体育科学（荣誉）	92	35	12	23	14.1	14	11
生物医学科学（荣誉）	87	32	10	20	12.9	12	10.33
健康、运动与体育（荣誉）	83	30	9	19	11.9	11	10

表 5-31 2016 年农业经济、农业、环境与科学本科专业国际生录取标准参考

学位名称（含荣誉学士）	QTAC选拔排名	IB	GCE A-Level	香港 HKDSE	法国 Bacc	新加坡 ALS	马来西亚 STPM
理学	83	30	9	19	11.9	11	10
应用科学	83	30	9	19	11.9	11	10
农业经济	83	30	9	19	11.9	11	10
农业科学（荣誉）	83	30	9	19	11.9	11	10
生物技术（荣誉）	83	30	9	19	11.9	11	10
环境管理（荣誉）	83	30	9	19	11.9	11	10

续表

学位名称（含荣誉学士）	QTAC选拔排名	IB	GCE A-Level	香港HKDSE	法国Bacc	新加坡ALS	马来西亚STPM
环境科学（荣誉）	83	30	9	19	11.9	11	10
食品技术（荣誉）	83	30	9	19	11.9	11	10
职业健康与安全科学（荣誉）	83	30	9	19	11.9	11	10
兽医科学（荣誉）	96	38	13	25	15.0	15	11.3
高等科学（荣誉）	96	38	13	25	15.0	15	11.3

表 5-32　2016 年人文、教育、心理与音乐本科专业国际生录取标准参考

学位名称	QTAC选拔排名	IB	GCE A-Level	香港HKDSE	法国Bacc	新加坡ALS	马来西亚STPM
文学	74	26	6	15	10.0	8	9
社会科学	74	26	6	15	10.0	8	9
传播学	77	28	7	16	10.5	9	9.33
教育（初等教育）	77	28	7	16	10.5	9	9.33
国际研究	82	30	9	19	11.7	10	10
新闻学	82	30	9	19	11.7	10	10
心理科学	92	35	12	23	14.1	14	11

表 5-33　2016 年商业、经济与法律本科专业国际生录取标准参考

学位名称（含荣誉学士）	QTAC选拔排名	IB	GCE A-Level	香港HKDSE	法国Bacc	新加坡ALS	马来西亚STPM
商业	89	33	10	21	13.8	12	10.33
经济	89	33	10	21	13.8	12	10.33
商业管理	81	30	9	18	12.2	10	10
国际酒店与旅游管理	76	27	9	15	12.2	10	10
法律（荣誉）	99	42	13	29	15.3	15	11.67

表 5-34　2016 年工程、建筑和规划与信息技术本科专业国际生录取标准参考

学位名称（含荣誉学士）	QTAC 选拔排名	IB	GCE A-Level	香港 HKDSE	法国 Bacc	新加坡 ALS	马来西亚 STPM
建筑设计	91	34	11	22	13.8	13	10.67
信息技术	80	29	8	18	11.2	9	9.67
多媒体设计	80	29	8	18	11.2	9	9.67
区域与城市规划	83	30	9	19	11.9	11	10
工程（荣誉）	90	34	11	22	13.8	13	10.67

注："新加坡高级普通教育证书"（A-Level，简称 ALS），成绩分为 A、B、C、D、E、U 六个等级，A 为最优，E 为通过，U 为不及格，以 A＝5、B＝4、C＝3、D＝3、E＝1来加总计算。"香港中学文凭考试"（Hong Kong Diploma of Secondary Education Examination，简称 HKDSE），满级分为 30。"法国高中毕业证书"（Baccalaureat，简称 Bacc），满分为 20 分，总成绩平均达 10 分（或以上）者为"通过"考试，达 12 分（或以上）者为"尚优等级"，达 14 分（或以上）者为"优良等级"，达 16 分（或以上）者为"极优等级"，8 分以下者为"不达通过标准"。"马来西亚高等学校文凭"（Malaysian Higher School Certificate，简称 STPM），选最好成绩的三门科目计分，以 A＝4.00，A⁻＝3.67，B⁺＝3.33，B＝3.00，B⁻＝2.67，C⁺＝2.33，C＝2.00 来加总计算，满级分为 12。

资料来源：以上表格参考昆士兰大学公告数据制作。University of Queensland, International UQ Guide 2016；Undergraduate Program Supplement，http://future-students.uq.edu.au/publications-and-form，2015-02-21。

3. 非应届高中毕业申请者的入学选拔

对于年满 18 岁的非应届高中毕业申请者，或未完成高中学历的社会人士，昆士兰大学提供替代的入学方案，即申请者可以用 STAT 入学考试成绩、衔接课程成绩、大专院校证书成绩或相关工作经验证明进行入学申请。学校通过公平透明的转换机制，将这些学习资历成绩转换为 QTAC 选择排名后进行比较。例如 STAT 考试成绩转换录取等级成绩最高为 88。在衔接课程方面，学校承认的成绩主要以 TAFE 的"成人预备高等教育四级证书"（Certificate IV in Adult Tertiary Preparation）和本校的"大学预备课程"（Tertiary Preparation Program）。前者转换录取等级成绩最高为 91；后者以"平均分"（Grade Point Average，GPA）成绩进行转换，其录取等级成绩最高为 88。如果申请者同时拥有四级证书和 STAT 成绩，两项成绩可以合

并计算，转换录取等级成绩最高为 98（详见表 5-35）。

表 5-35 QTAC 选择排名成绩换算对照表

QTAC 选择排名	昆士兰学院高等教育预备课程 GPA 成绩	STAT 成绩
88	6.5 或以上	167 或以上
87	6.00～6.49	
86	5.75～5.99	
85	5.50～5.74	165
84	5.25～5.49	
83	5.00～5.24	162
82	4.75～4.99	
81	4.50～4.74	
80		160
79		157
78	4.25～4.49	
76	4.00～4.24	
75		155
73		154
71	3.75～3.99	
70		151
68		149
67	3.50～3.74	
66		147
63	3.25～3.49	145
59	3.00～3.24	
58		144
53		141
55	2.75～2.99	
51	2.50～2.74	
50		141 以下
46	2.25～2.49	
45	2.00～2.24 或以下	

注：昆士兰大学将"平均分"分为七个等级：杰出（High Distinction）＝7、优（Distinction）＝6、良（Credit）＝5、及格（Pass）＝4、不及格（Fail）＝3、不及格

(Fail) =2、不及格 (Fail) =1。

资料来源：University of Queensland, Entry Options 2016, http://www.uq.edu.au/international-students/study-guide-app, 2015-02-22。

对于持有大专院校证书资格的申请者，昆士兰大学也予以接受，但其证书资格必须是"澳大利亚学历资格框架"（AQF）学历级别认证体系所承认，主要为：三级证书（Certificate III）、四级证书（Certificate IV）、专科文凭（Diploma）、专科高级文凭（Advanced Diploma）、副学士学位（Associate Degree）。其他承认的学习资历包括：一年（或以上）的全日制专科高级文凭学习成绩、一年（或以上）的全日制副学士学位学习成绩、一学期（或以上）大学本科全日制的学习成绩。同样，在选拔程序上，学校先通过将申请者所持有的 GPA 成绩转换计算为 QTAC 选择排名，再与其他申请者一起进行选拔。由于课程程度和学习年限的不同，各类证书转换后的 QTAC 选择排名的最高成绩也不尽相同，例如：三级证书为 82，四级证书为 89、专科文凭为 91、专科文凭学习资历（至少一年全日制）为 87、专科高级文凭和副学士学位为 98（详见表 5-36）。

表 5-36 QTAC 选择排名成绩换算对照表

GPA 成绩	专科文凭学习资历	专科文凭	专科高级文凭/副学士学位/学习资历
6.5 或以上	87	91	98
6.25～6.49			97
6.00～6.24	86	90	96
5.50～5.74	85	89	95
5.25～5.49			94
5.00～5.24	84	88	
4.75～4.99	83	87	93
4.50～4.74	82	86	
4.25～4.49	80	84	92
4.00～4.24	78	82	91
3.75～3.99	76	80	86
3.50～3.74	71	75	83

续表

GPA 成绩	专科文凭学习资历	专科文凭	专科高级文凭/副学士学位/学习资历
3.25~3.49	67	71	80
3.00~3.24	64	68	77
2.75~2.99	61	65	76
2.50~2.74	57	61	71
2.25~2.49	51	55	65
2.00~2.24	45	45	59
2.00 或以下	40	41	45

资料来源：University of Queensland. Entry Options 2016，http://www.uq.edu.au/international-students/ study-guide-app，2015-02-22。

（三）替代入学途径

对于非应届高中毕业或未具备入学要求的申请者，昆士兰大学提供多元的入学途径，包括："进阶入学"（Upgrading）、"衔接课程"（Bridging Programs）、"高中校外考试"（Senior External Examinations）、STAT 考试成绩、相关工作经验等。然而，对于像一些热门科系（如医学、牙医、兽医、法律、物理治疗）原本入学排名就要求满分，并需要符合附加条件的高竞争性专业，这些入学途径并不适用。"进阶入学"是申请者的 OP 成绩或录取分数未达其填报专业分数的标准时，学校所提供的条件式入学。换句话说，申请者可以先接受就读其他非热门专业，在大一的课程中完成 16 个学分，并争取获得优异的成绩。在此条件下，学生在来年可以重新申请原本想念的专业，其大一成绩可以提升录取分数，增加录取的机会。

"衔接课程"是为未达入学要求申请者装备适当程度的专业知识的强化课程。目前学校承认的衔接课程包括：本校的商业副学士课程和"大学预备课程"（Tertiary Preparation Program）、TAFE 的成人预备高等教育四级证书、开放大学的"远程大学预科学习"（UNILEARN）、昆士兰科技大学的衔接课程，以及南昆士兰大学的大学预备课程。这些专业课程的成绩将以 GPA 成绩计算，可以转换为 QTAC 选择排名，做为录取分数，以协助非应届高中申请者或成人学习者的入学。例如商业副学士课程是为未来的商界领袖和经理所设计提供的 16 个月专业课程。如果学生完成该课程，且 GPA 成绩达到 4，就有资格申请本校的商业管理学士，录取入学后可以抵免该课程 24 学分。

另外，对于没有完成高中教育的申请者，昆士兰大学接受其高中校外考试成绩、STAT 考试成绩和工作经验。高中校外考试是由"昆士兰课程与评量管理局"（QCAA）所举办的年度统考，考期通常在每年的 10 月至 11 月，考科涵盖 21 个科目，考生依据欲就读的专业要求选择考科。STAT 考试由各州的大学招生中心负责执行，各州的考试日期不一，但总体来说，第一学期入学的考试时间从 9 月到来年的 1 月，第二学期入学的考试时间为 4 月到 6 月。本书第三章第三节对这两项考试有详尽的介绍。在工作经验方面，学校的审核主要是根据年资长短和技能程度来进行选拔，该工作必须是至少 6 个月的有薪全职工作，为此申请者必须提供雇主说明或相关文件。

（四）特殊招生计划

昆士兰大学为了提升学校竞争力与维护教育公平原则，提供一系列的特殊招生计划以帮助不同学习经历和生活背景的澳大利亚学生的入学机会，主要针对的族群为精英学生、教育劣势学生和土著民族学生。目前学校提供的特殊招生计划有："UQ 加分奖励计划"（UQ Bonus Rank Scheme）、"OP 保障计划"（OP Guarantee Scheme）、"教育公平入学计划"（Educational Access Scheme）、"土著民族替代入学计划"（Aboriginal and Torres Strait Islander Alternative Entry Scheme）、"航天学校入学计划"（Aerospace Gateway Schools Program）。

1. UQ 加分奖励计划

"UQ 加分奖励计划"是昆士兰大学为了提升学生学习素质和偏远地区学生就学机会所实施的鼓励性政策。申请者必须是在澳大利亚完成 12 年高中教育的学生或是在海外完成认可高中教育的澳大利亚人民。该计划的申请是透过"昆士兰高校招生中心"（QTAC）的网络申请，但因为昆士兰州应届高中毕业生已通过 QTAC 申请大学，所以就无须提出申请，中心的计算机系统将自动计算加分。符合加分奖励资格的学生将依其条件获得加分，如：完成并通过大学程度的强化课程加 1 分，完成并通过 LOTE 课程（非英语类语言课程）加 2 分，完成并通过昆士兰学习机构认可的数学 C 课程（或由昆士兰大学认定等同程度的数学课程）加 2 分，农村背景欲就读医学专业的学生加 2 分。该分数可以累计并计入入学等级成绩，学生最多可以获得 5 分的奖励加分①。

2. OP 保障计划

"OP 保障计划"是昆士兰大学为了吸引和争取精英学生来校就读所实施的保障入学措施。该计划申请者的 OP 成绩必须达到 OP1～OP5，其身分为：在澳大利亚完成 12 年高中教育的学生、在海外完成认可高中教育的澳大利亚人民、澳大利亚非应届高中毕业者，或熟龄申请者申请者。符合上述条件的申请者将获得昆士兰大学的入学保障，即第一轮录取一月入学。由于本身优异的成绩条件，参加该计划的申请者基本上是可以进入昆士兰大学大多数本科专业课程，但不括 17 个热门竞争科系，如医学、牙医、兽医、法律、音乐、物理治疗、职业治疗、建筑设计等。该计划的是通过 QTAC 的网络申请，申请者只要在申请大学填写 6 个志愿时将昆士兰大学列入优先志愿学校即可。

3. 教育公平入学计划

"教育公平入学计划"是昆士兰大学为长期处于教育劣势的学生所提供的加分入学政策，目的在解决教育劣势学生的就学困境，以达到教育机会均等和教育平权的目标。只要是澳大利亚公民、永久居民、新西兰公民身分，处于无法控制的教育劣势条件的学生，如身心障碍、长期患病、经济困难、低收入背景、家庭环境困难、英语语言困难、教育中断，或就读于农村/弱势高中，都适用于此计划。该计划是透过 QTAC 的网络申请，申请者必须提供相关证明文件，通过审核并符合该计划者将可以获得最多 5 分的奖励加分和每年 3 000 澳元（为期三年）的奖学金补助。

4. 土著民族替代入学计划

"土著民族替代入学计划"是昆士兰大学针对澳大利亚土著居民和托雷斯海峡岛民所提供的高等教育替代入学方式。对于土著民族申请者，大学除了采用传统的 OP 或入学等级成绩的选拔标准外，还采用申请审核的方式来评估申请者的专业学习能力，包括学术能力、工作经验、生活经历、社区参与和个人兴趣等等。申请者除了通过网络向 QTAC 递交申请外，还需向昆士兰大学的"土著居民与托雷斯海峡岛民研究中心"（Aboriginal and Torres Strait Islander Studies Unit）提交申请表和相关证明文件（自传、个人陈述、毕业证书、成绩单、土著民族身分证明）。通过该计划审查的申请者将

---

① University of Queensland，UQ Bonus Rank Scheme，http://future-students.uq.edu.au/apply/undergraduate/special-entry-programs/uq-bonus-rank-scheme，2015-07-16.

可以获得最多 5 分的奖励加分，该分数可计入 OP 或入学等级成绩。

5. 航天学校入学计划

"航天学校入学计划"是昆士兰大学与附设航天学校的高中所合作的资优生直接入学途径。通过该计划的实施，2016 年大学提供 25 个入学名额给 12 年级应届高中毕业生申请就读工程（荣誉）学士和信息技术学士课程。学生在申请该计划时必须获得就读高中校长的签署、同意背书，并将此同意书寄给昆士兰教育部航天工业主管核可。一般而言，每所学校最多可以推荐 3 个名额参加此计划。申请该计划的学生在高中时并不一定要选修和航天相关的科目，但必须完成欲就读专业的先修科目，并且其高中成绩至少有五科是达到"特优"（High Achievement）。此外，在选拔过程中，学校会借由从申请者在校的学习表现、课外活动，以及社区活动来考虑申请者是否对申请的专业（工程或信息技术）有明显强烈的兴趣。同时，学校可能会要求申请者参加校内委员会的面试，以进一步了解其特质，如良好的沟通、人际交往技巧和领导潜力。

（五）申请办法

昆士兰大学的本科招生录取主要是采用申请审查方式，澳大利亚本国学生和国际学生的申请办法不同。本国学生必须透过"昆士兰高校招生中心"（QTAC）的网络系统在线报名，并缴交相关资料和申请费。国际学生则是直接向大学报名，透过学校系统填写报名讯息，并缴交相关证明文件和 100 澳元申请费。在澳大利亚境内完成高中教育的国际学生仍必须和本国学生一样透过 QTAC 报名。一般而言，每年的 6 月中旬 QTAC 开始在网站上公布大学招生讯息，8 月初开放网络系统申请，9 月底申请截止，来年的 1 月中旬公布录取名单，部分学院专业的招生录取日期另行规定，申请者必须自行确认日期。2015 年 12 年级应届高中毕业生的申请费用为 36 澳元，非 12 年级申请者的申请费用为 67 澳元，逾期报名者通常需缴交较高的申请费。申请者完成报名流程后，后续可以透过注册账号查询报名进度、缴交报名费用、更改学校志愿和接收录取通知。申请者通常有三次免费更改志愿的机会，之后每次更改志愿必须缴交 36 澳元手续费[①]。

---

① QTAC, Key Dates and Fees, http://www.qtac.edu.au/key-dates-fees, 2015-08-21.

(六) 招生机构及其运作

昆士兰大学除了委托"昆士兰高校招生中心"（QTAC）负责学校的招生报名和发放录取通知工作外，学校本身的也会透过各种不同方式和活动让学生和家长了解学校情况以及解答相关招生问题。学校除了在网站上提供招生相关信息外，每年从 7 月中旬开始都会参加一系列的博览会，如昆士兰州年度大型的"高等教育博览会"（Tertiary Studies Expo）、"成人高等教育博览会"（Adult Tertiary Entry Expo）和其他跨州的职业会展，提供直接面对面的招生说明、课程信息、申请办法、学费和奖学金等讯息。

昆士兰大学负责招生事务的单位有："昆士兰大学招生事务处"（UQ Admissions）、"土著民族与托雷斯海峡岛民研究中心"、"昆士兰大学国际办公室"（UQ International）。"昆士兰大学招生事务处"负责组织招生说明会和出版相关招生刊物，通常在 8 月初开始在大学各校区举办"昆士兰大学开放日"（UQ Open Days），让学生和家长了解学校情况和院系课程。一般来说，学校在昆士兰州的 OP 成绩公布后，招生事务处会在 12 月份中下旬举办"昆士兰大学 OP 成绩建议之夜"（UQ OP Results Advice Night），说明 QTAC 报名程序和如何达到学校的基本入学要求，以及其他的替代入学方案。另外，招生事务处和各学院也会陆续到各地的高中举办招生说明会，提供院系专业信息和回答相关申请问题。

大学为了保障土著民族的公平入学权益，于 1984 年成立"土著居民与托雷斯海峡岛民中心"。该中心与学校各院系的招生活动密切配合，提供并协助土著学生从入学到毕业的一系列学习服务和学术支持，并给予实习、奖学金和学生资助的建议。此外，中心还负责处理土著民族申请者的本科课程入学申请、审核和录取。昆士兰大学国际办公室负责的是面向海外的国际学生招生工作，其招生业务和上述招生事务处差不多，除了提供申请入学信息外，还负责海外招生宣传活动。近年来大学积极发展国际教育，不仅在海外设立"国际教育办事处"（International Education Representatives）外，学校的招生网页还提供包括中文等 11 个国家的语言的招生信息。

（七）学费

昆士兰大学属于"联邦高等教育学费补助"（CSP）学校，几乎大部分的本科课程都有联邦政府的学费补贴，凡是澳大利亚公民、永久居民或是新西兰公民身分的学生都可以算是本国学生，符合申请 CSP 的资格。换句话说，本国学生的大部分学费将由联邦政府的 CSP 学费补助承担，学生仅需支付少部分的学费，称之为"学生成本分担费"。在申请 CSP 补助的同时，本国学生还可以因为经济收入等因素，申请"高等教育受益分担贷款计划"（HECS-HELP），由联邦政府先行支付学生成本分担费给大学。学生只需在向学校申请时注明个人的"税务档案号码"，该笔贷款将自动计入申请者的税务纪录，政府将于学生毕业后，按照其年收入是否达到高等教育贷款计划还款门坎，由税务局依税制比率征收还款。

昆士兰大学根据澳大利亚联邦政府每年制定的专业学科三级制向本国学生收取学生成本分担费，各院系因专业性质不同所收取的学费也不一样，费用几乎每年都会调涨。2015 年本科全日制学生的收费为：等级一学科的学费为 8 768 澳元/学年，等级二学科的学费为 8 768 澳元/学年，等级三学科的学费为 10 266 澳元/学年（详见表 5-37）。同时，学生可以借由学校提供的在线学费计算系统算出实际缴交的学费。

表 5-37　2015 年昆士兰大学本科全日制学生成本分担费

等级	学科	费用（澳元/学年）
等级一	教育、外语、人文、护理、社会学、行为科学、临床心理学、视觉表演艺术	6 152
等级二	工程、农业、科学、测量、数学、统计、计算机、建筑环境、其他健康学、综合医疗保健	8 768
等级三	法律、医学、牙科、兽医、会计、管理、经济、商业	10 266

资料来源：Australian Government Department of Education，HECS-HELP，http://studyassist. gov. au/sites/StudyAssist/HelpfulResources/Documents/2015％20CSP％20HECS-HELP％20booklet. PDF，2015-07-07。

国际学生因不享有澳大利亚联邦政府的学费资助政策，所以必须缴交全额的学费，其负担比本国学生高出许多倍。2015 年昆士兰大学本科国际学生的学费一学年（16 学分）平均大约为 22 560 澳元～54 080 澳元，每学分大约为 1 410 澳元～33 80 澳元，依照学生选择的专业而异。商业、经济与法律类专业和工程、建筑和规划与信息技术类专业的一学年学费大约为 33 280 澳元，健康卫生类专业的一学年学费大约为 23 120 澳元～35 740 澳元，农业经济、农业、环境与科学类专业的一学年学费大约为 33 280 澳元～54 080 澳元，人文、教育、心理与音乐类专业的一学年学费大约为 22 560 澳元～27 360 澳元（详见表 5-38、表 5-39、表 5-40、表 5-41、表 5-42）。

表 5-38 2015 年健康卫生本科专业国际学生学费

学位名称（含荣誉学士）	修业年限（年）	一学年学费（澳元）	每学分费（澳元）
护理学	3	27 360	1 710
助产学	3	27 360	1 710
健康科学	3	29 400	1 838
运动与营养科学	3	31 120	1 945
社会工作	4	23 120	1 445
健康、运动与体育（荣誉）	4	30 000	1 875
运动与体育科学（荣誉）	4	30 000	1 875
言语病理学（荣誉）	4	30 720	1 920
生物医学科学（荣誉）	4	33 280	2 080
职业健康与安全科学（荣誉）	4	33 280	2 080
职业治疗（荣誉）	4	33 540	2 097
物理治疗（荣誉）	4	34 200	2 138
药剂学（荣誉）	4	35 740	2 234

表 5-39 2015 年农业经济、农业、环境与科学本科专业国际学生学费

学位名称（含荣誉学士）	修业年限（年）	一学年学费（澳元）	每学分费（澳元）
理学	3	34 880	2 180
农业经济	3	34 120	2 133
应用科学	3	35 277	2 205
食品技术（荣誉）	4	33 280	2 080
环境科学（荣誉）	4	33 280	2 080
生物技术（荣誉）	4	33 280	2 080
环境管理（荣誉）	4	33 280	2 080
高等科学（荣誉）	4	33 280	2 080
农业科学（荣誉）	4	34 480	2 155
兽医（荣誉）	5	54 080	33 80

表 5-40 2015 年人文、教育、心理与音乐本科专业国际学生学费

学位名称（含荣誉学士）	修业年限（年）	一学年学费（澳元）	每学分费（澳元）
文学	3	24 700	1 544
传播学	3	25 940	1 622
新闻学	3	25 080	1 568
人类服务	3	23 100	1 444
国际研究	3	23 580	1 474
社会科学	3	25 300	1 582
心理科学	4	24 840	1 553
教育（初等教育）	4	22 560	1 410
音乐（荣誉）	4	27 360	1 710

表 5-41 2015 年商业、经济与法律本科专业国际学生学费

学位名称（含荣誉学士）	修业年限（年）	一学年学费（澳元）	每学分费（澳元）
商业	3	33 280	2 080
经济	3	33 280	2 080
商业管理	3	33 280	2 080
国际酒店与旅游管理	3	33 280	2 080
法律（荣誉）	4	33 280	2 080

表 5-42 2015 年工程、建筑和规划与信息技术本科专业国际学生学费

学位名称（含荣誉学士）	修业年限（年）	一学年学费（澳元）	每学分费（澳元）
建筑设计	3	33 280	2 080
信息技术	3	33 280	2 080
多媒体设计	3	33 280	2 080
区域与城市规划	4	33 280	2 080
工程（荣誉）	4	33 280	2 080

资料来源：以上表格参考昆士兰大学公告数据制作。University of Queensland，Indicative Undergraduate Fees for International Students，http://www.uq.edu.au/study/indicative-fees.html? level= ugrd&nationality=international&dual_degree=False，2015-02-20。

除了学费外，学生还必须缴交一笔"学生服务与设施费"（SSAF）。学校根据联邦议会于2011年通过的法规向学生收取SSAF，并依照学生就学模式制定不同的收费标准。2015年昆士兰大学规定全日制学生一学期缴交的SSAF为143澳元，兼读制学生一学期的SSAF为107澳元，校外课程学生一学期的SSAF为54澳元①。同样的，澳大利亚学生享有"学生服务设施贷款计划"（SA-HELP），可以申请由联邦政府先支付SSAF。澳大利亚学生只需要在大学的申请网站上提供税务档案号码和提交申请表即可，和HECS-HELP贷款一样，该笔借贷将自动计入申请者的税务纪录，和其他的高等教育贷款计划一起进行累计，实施同样的还款方式，国际学生则无法享受此福利。

（八）奖学金及其他资助

根据2015年昆士兰大学指南，申请就读于该校学生除了学费外，其生活费（如食宿、书籍、交通、水电、娱乐等杂项支出）也是一项主要支出。一学年（36周）的生活费大约为15 120澳元～20 105澳元，依据不同的住宿选择而有所差异，其他书籍和相关学习资料费一年大约为500澳元～850澳元②。为了减轻学生的经济负担，昆士兰大学提供多种奖学金和经济援助来帮助学生的求学。澳大利亚学生除了可以申请联邦政府提供的"高等教育受益分担贷款计划"（HECS-HELP）和"学生服务设施贷款计划"（SA-HELP）来支付学杂费外，教育弱势群体和土著民族学生还可以申请政府的Centrelink福利金，如"青年津贴"（Youth Allowance）、"澳大利亚助学金"（Austudy）和"土著民族助学金"（ABSTUDY）。

昆士兰大学提供范围广泛的奖学金支持学生在学习期间的学习和生活，针对本国学生的奖学金主要有六大类：学业奖学金、公平奖学金、学院奖学金、本科研究奖学金、精英运动员奖学金和土著民族奖学金。这六大类中的学业奖学金的申请竞争激烈而且有名额限制，申请者的高中学业成绩必须达到OP1～OP3，同时必须在11年级或12年级时参与过重要社区活动和展现其领导能力。该类奖学金每年在学校网站上开放申请，通常在10月底截止，

---

① The University of Queensland, SSAF Charges for 2015, http://www.uq.edu.au/myadvisor/ssaf-charges-for-2015, 2014-10-01。

② The University of Queensland, Daily Living, http://future-students.uq.edu.au/daily-living, 2015-1-6。

获奖者将可以获得每年 6 000 澳元～12 000 澳元不等的资助，金额和年限依申请奖项而定。国际学生申请的奖学金以"澳大利亚政府奖学金"(Australia Awards) 为主，该奖学金涵盖学费、学术支持费、回国机票、田野调查来回机票、海外学生医疗保险费、生活费（每年 30 000 澳元）、就学津贴（一次性支付 5 000 澳元）等等[①]。另外，学校根据其国际学生招生政策提供各种奖学金资助，申请者必须向学校查询和申请。

第二节 一般选拔型高校案例

澳大利亚大学除了在上一节提及的八所顶尖研究型大学的入学竞争性较高以外，其余多数的大学都是采取一般选拔性的招生政策。学校对 12 年级应届高中毕业生也要求 ATAR 或 OP 成绩，但学业成绩的要求相对较低，学生的录取率较高，对于未达到入学要求的学生提供多元的入学途径。本节选择塔斯马尼亚州的"塔斯马尼亚大学"和南澳州的"弗林德斯大学"作为实行一般选拔型高校政策的案例分析。两所大学除了符合一般选拔型高校的标准外，在 2013 年—2014 年的"泰晤士高等教育世界大学排名"(Times Higher Education World University Rankings) 的澳大利亚国内大学排名均名列第 17 位，其招生录取方面的一些作法具有参考价值。

一、塔斯马尼亚大学

"塔斯马尼亚大学"(University of Tasmania) 成立于 1890 年，是澳大利亚历史名校"砂岩大学"之一，也是《英国泰晤士报高等教育增刊》(TIMES) 近年评选出的全球 200 强大学之一。该校在塔斯马尼亚州共有三个校区，分别为在首府城市霍巴特的沙湾（Sandy Bay）校区、北部城市朗塞斯顿的纽纳姆（Newnham）校区和伯尼的摇篮海岸（Cradle Coast）校区，生活费用比澳大利亚其他大城市低。大学共有 9 个学院及研究机构，包括：文学院、教育学院、健康学院、法律学院、科学、工程与技术学院、澳大利亚海事学院、塔斯马尼亚商与经济学院、海洋与南极研

---

① Australian Government Department of Foreign Affairs and Trade, Australia Awards Scholarships, http://dfat. gov. au/people-to-people/australia-awards/Pages/australia-awards-scholarships. aspx, 2015-06-16.

所、孟席斯医学研究所，分别提供从学士、硕士到博士学位的课程。塔斯马尼亚大学的本科专业设置相当广泛，超过100种课程，最热门的专业是医学和法律，其次是计算机、工程、建筑、旅游、护理。目前在校学生共有22 000多名，海外留学生约有2 300名，来自世界70多个国家和地区[①]。

（一）基本入学要求

塔斯马尼亚大学依申请者的身分设定"基本入学要求"（General Entry Requirements），其目的是确认申请者是否已经具备进入大学本科专业课程的背景知识和学习能力，以下对澳大利亚本国学生和国际学生的申请资格分别说明。

1. 本国学生

塔斯马尼亚大学对于澳大利亚12年级应届高中毕业生的基本入学要求是高中教育证书和ATAR成绩。塔斯马尼亚州的应届高中毕业生必须具备"塔斯马尼亚教育证书"（TCE）和ATAR成绩，并且必须至少有4门课程是符合塔斯马尼亚资格认证管理局所认可的3级课程。其他跨州的申请者同样必须具备该州高中毕业证书的资格和ATAR成绩的条件。学校对于持有等同TCE的海外高中教育资格证书的本国申请者也予以承认。大学对于未达到ATAR成绩标准的申请者采取其他的资格认定，即要求完成两年的全日制中等后义务教育和至少4门TCE高等教育预备课程。另外，大学对于一些参与非标准课程（如家庭教育、基督教教育）的学生，则采取单独评估的方式来审核其资格。

对于非应届高中毕业生或没有具备公认高中毕业证书的申请者，学校采取不同的入学要求标准，主要是取决于申请者的学习资历或相关工作经验。除了本校名为"促进计划"的大学预备课程外，学校也承认TAFE和VET所颁发的三级证书或专科文凭，以及大学的文凭或以上程度的学历证书。对于在大学修过副学士或更高级别部分课程的申请者，学校要求其一学期的GPA必须达到37.5%的学习量，一学年的GPA至少必须达到

---

① University of Tasmania，院校介绍，https://www.utaschina.net.cn/2011-11-18-03-43-25.html，2014-01-12。

50%的学习量①。同时，学校对于通过"特殊高等教育入学考试"（STAT）的申请者的资格也予以承认。此外，对于没有完成高中教育、也没有任何大专或 TAFE/VET 学习资历的申请者，学校接受其相关工作经验或生活体验的证明文件，但该文件必须能展示这些经历是符合大学的一般入学要求或能够证明在未来的专业课程学习上有学习的能力。

2. 国际学生

塔斯马尼亚大学对于国际学生的基本入学要求是根据申请者的资格证书、学业成绩和英语能力。目前，学校承认的海外资格证书共有 18 个国家，这些资格证书在程度上相当于澳大利亚的第 12 年级高中毕业证书，主要是高中毕业证书或大专学历资格证书。在学业成绩方面，塔斯马尼亚大学不像高选拔型高校要求一定成绩（如中国学生就不需提供高考成绩），但部分院系仍会针对专业来要求申请者必须有预备知识或修读过相关科目。另外，所有申请者都必须提供英语水平能力证明，该证明可以是英语语言测验成绩或过去两年内在英语系国家正式教育机构就学的成绩，该成绩必须能证明英语是教学和考试中唯一的官方语言。

学校对非英语系国家的国际学生要求的英语语言测验成绩为：雅思 6.0 分（听、说、读、写各项不得低于 5.5 分），网考托福 80 分（听、说、读、写各项不得低于 20 分），纸笔托福 550 分，PET 英语学术测试 50 分（听、说、读、写各项不得低于 42 分），剑桥英语 CAE 证书等级 B，剑桥英语 CPE 证书等级 C，剑桥高级商务英语等级 C，塔斯马尼亚大学入学英语等级 7（各项成绩不得低于 55%）②。部分本科课程，如医学/外科、法律、教育、护理、药剂学、社会服务和痴呆看护等，通常对申请者有更高的英语水平要求。

（二）选拔录取标准

对本国应届高中毕业生，塔斯马尼亚大学以 ATAR 为选拔基准，另外各院系会对一些专业课程附加特殊入学要求，如参加校内外考试或具备专业

---

① UTAS, Admission Requirements, http://www.utas.edu.au/admissions/undergraduate/admission-requirements，2014-01-12.

② UTAS, English Language Requirements, http://www.utas.edu.au/international/how-to-apply/entry-requirements/english-language-requirements，2014-01-12.

的预备知识。国际学生部分，除了上述成绩外，学校主要是以各国的学业考试成绩为选拔依据。由于塔斯马尼亚大学是一般选拔性高校，国际学生基本上只要在学业成绩和英文程度上符合入学要求，多数专业的入学竞争不会太激烈。对非应届高中毕业申请者，大学采取多元入学的选拔方式，以其学习资历和工作经验为主要依据。

1. 澳大利亚大学入学排名（ATAR）

塔斯马尼亚大学对于国内 12 年级应届高中毕业生以 ATAR 为选拔标准，一些专业课程会附加特殊入学要求。大学通常会在学校网页上公布前年各学院的录取分数线，提供给申请者作为参考。以下表格中是 2014 年塔斯马尼亚大学各学院的录取标准参考公告，实际录取分数可能高于或低于指标，学校有权根据招生申请情况作调整。部分院系会建议申请者在高中修读过相关专业科目，以具备该专业的预备知识，这些虽然不是必要条件，但将是申请者在进行选拔时的一个优势（详见表 5-43、表 5-44、表 5-45、表 5-46、表 5-47、表 5-48、表 5-49、表 5-50）。

表 5-43 2014 年法律学院本科学位录取标准参考

学位名称（含双学士）	修业年限	ATAR	预备知识
法律	4F/4P	90	无
理学＋法律	5F/5P	90	无
商务＋法律	5F/5P	90	无
经济＋法律	5F/5P	90	无

表 5-44 2014 年教育学院本科学位录取标准参考

学位名称	修业年限	ATAR	预备知识
体育活动研究	3F/3P	65	建议高中修读数学、科学、英语、信息与通信技术等科目
教育（幼儿教育）	4F/4P	65	建议高中修读数学、科学、英语、信息与通信技术等科目
教育（小学）	4F/4P	65	建议高中修读数学、科学、英语、信息与通信技术等科目
教育（应用学习）	4F/4P	65	无

续表

学位名称	修业年限	ATAR	预备知识
教育（保健体育）	4F/4P	65	无
教育（保健体育及健康科学）	4F/4P	65	无
教育（保健体育及户外教育）	4F/4P	65	无

表 5-45　2014 年健康学院本科学位录取标准参考

学位名称（含双学士）	修业年限	ATAR	预备知识
护理（快捷课程）	2F	75	建议 12 年级申请人具备包括数学、英语、生物学、卫生学、社会学、心理学知识
护理	3F	65	建议 12 年级申请人具备包括数学、英语、生物学、卫生学、社会学、心理学知识
辅助练习	2F	75	建议学生学习英语、人文与科学等科目
老年痴呆症护理	3F/3P	60	建议学生学习英语、人文与科学等科目
行为科学	3F/3P	65	数学、自然科学
健康科学	3F/3P	65	生物、化学、物理、卫生学、物理科学、应用数学或体育科学任一门科目
生物技术与医学研究	3F/3P	85	应用数学（或数学方法）、化学
健康科学（环境卫生）	3.5F/3.5P	70	物理科学或相关经验背景。化学、数学方法、应用数学任一门科目
生物医学	3.5F/3.5P	75	应用数学、化学

续表

学位名称（含双学士）	修业年限	ATAR	预备知识
运动科学	3.5F/3.5P	75	物理或物理科学，以及另外一门科学（卫生学、运动科学、生物、化学）或数学
药剂学	4F/4P	78	应用数学、数学方法，建议学习生物学
健康科学＋医疗放射科学（医学影像）	5F/5P	80	应用数学、物理科学
医学＋外科	5F/5P	95	数学方法、英语、化学
心理学	4F/4P	90	无
健康	F3	65	无

表 5-46　2014 年人文学院本科学位录取标准参考

学位名称	修业年限	ATAR	预备知识
文学	3F/3P	65	无
社会科学	3F/3P	65	无
社会科学（治安研究）	3F/3P	65	无

表 5-47　2014 年海洋与南极研究所本科学位录取标准参考

学位名称	修业年限	ATAR	预备知识
海洋和南极科学	3F/3P	65	化学、物理或数学

表 5-48　2014 年经济工商管理学院本科学位录取标准参考

学位名称（含双学士）	修业年限	ATAR	预备知识
商务	3F/3P	65	预科数学
经济	3F/3P	65	应用数学
商务＋法律	5F/5P	90	无
经济＋法律	5F/5P	90	无

表 5-49　2014 年科学工程技术学院本科学位录取标准参考

学位名称	修业年限	ATAR	预备知识
理学	3F/3P	65	数学、自然科学

续表

学位名称	修业年限	ATAR	预备知识
自然环境和原野研究	3F/3P	65	数学、自然科学
测绘与空间科学	3F/3P	65	数学方法
信息与通信技术	3F/3P	65	应用数学、计算机科学
应用科学（环境科学）	3F/3P	65	化学、数学
应用科学（食品科学与创新）	3F/3P	65	化学、数学
生物技术和医学研究	3F/3P	85	应用数学（或数学方法）、化学
农业科技	4F/4P	65	化学、应用数学
工程	4F/4P	70	物理科学、数学方法
农业	3F/3P	65	无
环境设计	3F/3P	65	无

表5-50　2014年澳大利亚海事学院本科学位录取标准参考

学位名称	修业年限	ATAR/OP	预备知识
应用科学（海洋科技管理）	3F/3P	50/20	应用数学或任何一门理科科目
应用科学（海洋环境）	3F/7P	60/17	英语、应用数学、任何一门理科科目或相关经验
工程（船舶和海洋工程）	4F/4P	70/14	数学方法、物理或化学任何一门理科科目
工程（船舶设计）	4F/4P	70/14	数学方法、物理或化学任何一门理科科目
工程（海洋工程）	4F/4P	70/14	数学方法、物理或化学任何一门理科科目
应用科学（海洋工程）	4F	60/17	10年级英语，12年级应用数学、物理、化学或任何自然科学科目
应用科学（航海科学）	4.5F	60/17	10年级英语，12年级应用数学、物理、化学或任何自然科学科目

续表

学位名称	修业年限	ATAR/OP	预备知识
工程（海洋与近海工程—合作教育）	5F	85/8	中级或高级数学、物理或化学任何一门理科科目
工程（船舶设计—合作教育）	5F	85/8	中级或高级数学、物理或化学任何一门理科科目
工程（海洋工程—合作教育）	5F	85/8	中级或高级数学、物理或化学任何一门理科科目
商务（海事与物流管理）	3F/3P	50/20	无
国际物流（货运代理）	3F/3P	50/20	无

注："F"（Full-time Study）为全日制；"P"（Part-time Study）为兼读制。

资料来源：以上表格数据根据 UTAS. Undergraduate Courses 网站资料整理。http://www.utas.edu.au/future-students/undergraduate-courses，2014-01-12。

2. 定额选拔

塔斯马尼亚大学的本科入学申请虽然不像高选拔型高校竞争激烈，但仍有些专业，如医学和法律，非常有竞争力，有名额限制。满足大学的入学要求并不能保证申请者一定能进入所选择的课程，学校主要是根据每名申请者的 ATAR 和先决条件进行排位和选拔。每年的分级选拔成绩标准会依据当年课程的配额、申请者人数和其水平来决定。以 2014 年法学院的法律/商务双学位为例，12 年级应届高中毕业生的 ATAR 成绩至少要达到 90，其他申请者必须通过商业学士学位第一年的课程并修读过法学概论和法律制度，或拥有澳大利亚的学士学位或同等学力。

3. 校内及校外外考试

医学院的医学/外科课程的申请者除了符合基本入学要求外，还必须参加"澳大利亚教育研究委员会"专为澳大利亚大学本科医学、牙科、兽医学、物理治疗和健康科学课程所举办的"本科医学与健康科学入学考试"（UMAT），国际学生参加的为"国际学生入学考试"（ISAT）。两者都不针对任何特定的学科知识进行测验，主要是评估申请者的逻辑推理能力、问题解决能力、形式判断能力和理解人与抽象的非语言推理能力。这些能力被认为在医学与健康科学等专业的学习和实践上是重要的条件，其测试成绩也是入学的重要参考依据。另外，人文学院音乐专业的申请者还必须参加学校的理论和听觉测试。

另外，大学对于人文学院艺术类专业的选拔通常会进行面试或提交作品的选拔程序。以音乐课程的选拔为例，申请者必须参加学校的面试（如试奏或试唱），但跨州和海外的申请者可以提交经过认证的 DVD 或 CD。参加试奏的候选人必须准备 15 分钟的演奏曲，评审会根据其展现的技巧、能力和音乐品位进行评选。对于音乐技术专业（如作曲）的申请者，学校要求提交三首最近的录音作品以进行审查。除了专业技能的评选外，评审还会在面试时针对申请者的音乐文化背景和职业生涯规划进行评估。学院院长（或系主任）和课程顾问会根据主审给申请者的成绩报告进行最后审查，以确定每个申请者的课程。

4. 工作经验及学习资历

塔斯马尼亚大学在招生录取时采取多元的选拔方式，申请者的学习资历或工作经验是一些专业所重视的。澳大利亚海事学院的"商务（海事与物流管理）"和"国际物流（货运代理）"课程就接受有 2 年相关工作经验的申请者的入学申请，申请者只要提供工作单位的证明。同样地，经济工商管理学院的"工商管理（酒店管理）"和"工商管理（旅游管理）"课程要求申请者必须具备该专业的 TAFE 专科高级文凭。

（三）替代入学途径

塔斯马尼亚大学对于未达到本科入学要求的申请者提供多元的替代入学途径，如衔接课程、通识教育学士、副学士等入学方式。

1. 衔接课程

学校为不同申请者（本国人士、国际学生、土著民族）提供不一样的衔接课程，其主旨都是在协助申请者提升学术技能，满足入学条件和奠定顺利完成大学一年级课程的基础。这些衔接课程包括"大学预备课程"（University Preparation Program，UPP）、"预科课程"（Foundation Studies Program，FSP）和"缪芮纳入学课程"（Murina Pathway Program）。

"大学预备课程"是针对本国的社会人士和未完成 11 或 12 年级高中教育的申请者所设计的衔接课程，土著民族学生也可以申请。该课程分为两种学习模式，一是学期学习模式，另一是密集学习模式。学期学习模式一年有两个学期，共 13 周，第一学期通常在 2 月下旬开始，3 月底结束；第二学期在 7 月中旬开始，10 月中旬结束。学期学习模式一学期修 4 个学分，相当于本科全日制学生的学习量，学生可以自由分配学分，但学校建议最少一学期不少于 2 学分，最多不超过 4 学分。密集学习模式的课程通常是在暑期一月份开始，共为期 3 周。成功完成 8 个学分 UPP 课程的学生，即达到大学的基本入学要求，可以申请入学。对于少于 8 个学分的学生，学校也接受其申请，但以个案审核，申请者必须提交其他相关学习证明[①]。

"预科课程"是提供给国际学生的先修课程，在每年的 2 月开始，共 28 周，学生依照未来进入大学的专业来选择课程，如科学与工程、商业与金融、艺术与传播研究，借此建立良好的学术能力和社交网络。FSP 课程要求申请者的英文成绩必须达到一定的程度，如雅思至少 5.5 分（听、说、读、写各项成绩不低于 5.0），成功完成 FSP 课程的学生可以凭其成绩直接进入所有本科学位课程，医学除外。

同样的，大学的土著民族学习中心也专门为土著学生设立了相关的衔接课程，称之为"缪芮纳入学课程"，协助土著民族学生具备进入大学本科学习的基本知识和技能。该课程借由两方面来协助土著民族学生，首先学生先学习入门知识，让学生熟悉大学的教学和学习的类型，以及他们将遇到的科目的难易程度。再者，提供基础课程以培养学生的研究、交流、写作和计算机的技能[②]。土著民族学生完成该课程后，可以直接向该中心申请进入大学本科学位课程。

2. 通识教育学士及副学士

塔斯马尼亚大学的"通识教育学士"（Bachelor of General Studies）课程是专为 VET 毕业生、熟龄复学者或 ATAR 低分者所设计的大学替代课程。该课程由各学院针对其专业开设，包括文科、理科、教育、商业、工程、护理、健康科学、信息与通信技术，为期一年。申请者需要经过学校的面试和学习评估。学生在第一学期主要是学习广泛的通识课程；第二学期学生参加由相关学院提供的基础和入门专业课程。完成该课程的学生可以获得专业文凭，并且可以直接进入大学的本科相关课程就读。类似的入学途径还有副学士课程，为两年的全日制课程，完成该课程的学生不仅可以用副学士资格申请本科学士学位相关课程。还可以抵免最多三学期的相关专业学分。

---

① UTAS，2014 UPP Information Booklet，http://www.utas.edu.au/centre-for-university-pathways-and-partnerships/upp，2013-08-24.

② UTAS，Murina Pathway Program，http://www.utas.edu.au/support-services/murina-preparation-pathway，2014-01-20.

但并不是所有的专业都有副学士课程，目前仅有理科、音乐研究、辅助教育、家具设计、水产养殖、海事与物流管理、应用科学（海洋环境）和信息与通信技术。

（四）申请流程

申请者在了解和决定报名专业后，通过塔斯马尼亚大学网络系统在线注册、递交申请表和相关证明文件，不需缴交任何费用。在完成提交申请后，申请者会收到一张收据和确认的电子邮件。申请者必须记住自己账户的用户名和密码，以便管理和接收相关信息，如上传和追踪申请文件、更改申请志愿、更新个人资料、接受录取通知、申请宿舍和奖学金。大学在收到申请者的申请资料后，将由学校的招生中心进行讯息审查，即根据申请者提供的信息和文件评估其资格，包括是否符合基本入学要求和满足专业课程的先决条件。学校处理入学申请的所需的时间大约为两周，但仍须根据申请者的类型（高中应届毕业生、非12年级申请者、国际学生），以及视申请者提交的材料完备与否而定，学校有时会要求申请者提供进一步的详细资料。成功的申请者将会收到学校的录取通知书，对于没有达到入学要求但具备学术潜力的申请者，学校通常会提供一些替代课程建议，让申请者有其他的入学管道和就学机会。

（五）招生机构及其运作

塔斯马尼亚大学除了在学校网站上提供招生信息外，国内的招生宣传活动主要是8月份的"开放日"（Open Day），由招生办公室组织各学院举办，各分校在同一日举行。学生和家长可以就近参加，通过直接的校园参观和招生说明，进一步了解学校情况和院系课程。大学的招生办公室除了负责招生宣传活动外，还处理全国各地的本科入学申请和发放录取通知。另外，海外学生办公室是为海外学生提供支持的机构，负责帮助新生熟悉环境、提供语言和学习技巧的咨询、编辑服务、社团与家庭的联系、学习指导和其他系列服务。

大学许多课程的招生周期一年开放多次，但对于应届高中毕业生而言，申请报名时间通常是在8月初开始开放网络报名，9月底截止（国际学生在10月底）。学校对于内科/外科学士的报名时间要求严格，逾期申请者将不被接受。学校在评估申请者的申请资料后，在12月中旬对塔斯马尼亚州的应届高中毕业生的申请发放第一轮的录取通知；来年1月发放跨州应届高中毕业生和塔斯马尼亚 IB 成绩申请者的第一轮录取通知。录取者将在 2 月中旬参加学校举办的迎新周熟悉学校和课程，于 2 月底正式开始第一学期的课程学习。

（六）学费

塔斯马尼亚大学是公立大学，属于"联邦高等教育学费补助"（CSP）补助学校，在本科学费制定上对于本国学生和国际学生采取不同的收费政策。本国学生或新西兰公民身分者因享有联邦政府 CSP 学费资助政策，可以向大学申请成为联邦资助生，无须负担全额学费。反之，国际学生不享有澳大利亚联邦政府的 CSP 学费补助，因此需缴交全额的学费。

大学依据联邦政府公告的专业学科三级制制订每年本国学生的"成本分担费"。2014 年塔斯马尼亚大学本科全日制学生需缴交的成本分担费为：一类收费等级学科 6 044 澳元/学年，二类收费等级学科 8 613 澳元/学年，三类收费等级学科 10 085 澳元/学年，学生依照所修的专业课程缴费（详见表5-51）。本科全日制学生的学生服务与设施费为一学年 281 澳元，非全日制学生一学年为 140.50 澳元/学期[①]。联邦资助生还可以申请 HECS-HELP 和 SA-HELP 贷款，由联邦政府先行支付学生成本分担费和学生服务与设施费给学校。学生只需要在大学的申请网站上提供税务档案号码和提交申请表即可。

表 5-51　2014 年塔斯马尼亚大学本科全日制学生成本分担费

等级	学科	费用（学年/澳元）
等级一	护理、教育、外语、人文、社会学、行为科学、临床心理学、视觉表演艺术	6 044（每门课 755）
等级二	工程、测量、数学、统计、计算机、科学、建筑环境、其他健康学、综合医疗保健	8 608（每门课 1 076）
等级三	法律、医学、牙医、兽医、会计、管理、经济、商业	10 080（每门课 1 260）

资料来源：UTAS, Course Costs, http://www.futurestudents.utas.edu.au/course-costs, 2014-01-12。

---

① UTAS, Fee Schedule 2014, https://www.utas.au/students/student-services-and-amenities-fee-ssaf/fee-shedule-2014, 2014-01-12。

塔斯马尼亚大学对国际学生的收费标准除了覆盖培养成本外，还综合考虑市场需求以及其他国外和国内高校收费水平，不同学院专业和修业年限的学费收费也不一样。2014年本科全日制国际学生一学年学费大约为19 513澳元～25 112澳元，医学外科专业为51 505澳元，比起一些高选拔型大学的收费相对较低（详见表5-52、表5-53、表5-54、表5-55、表5-56、表5-57、表5-58、表5-59）。除了学费外，学生还须要支付生活费，但塔斯马尼亚州的生活成本相对其他州比较低，一学年大约为13 500澳元～19 000澳元。另外，书本及文具费，一学年大约为1 000澳元。

表5-52　2014年科学工程技术学院本科学位国际学生学费

学位名称（含双学士、荣誉学士）	修业年限（年）	一学年学费（澳元）	学费总额（澳元）
环境设计（荣誉）、环境设计（室内设计/荣誉）	1	18 680	18 680
信息与通信技术（荣誉）	1	21 036	21 036
理学、生物技术、环境科学、生物技术与医学研究（荣誉）	1	22 226	22 226
测绘与空间科学（荣誉）	1	23 812	23 812
农业（荣誉）	1	31 051	31 051
环境设计	3	18 680	58 022
信息与通信技术	3	21 036	65 342
理学、行为科学、生物技术与医学研究、自然环境与原野研究	3	22 226	69 037
测绘与空间科学	3	23 812	73 964
农业	3	31 051	96 449
工程	4	23 812	100 363
农业科学	4	31 051	130 874
信息与通信技术＋视觉传达	4	21 263	89 621
信息与通信技术＋理学	4	22 263	93 678
理学＋工程	5	23 812	127 685

表 5-53　2014 年法律学院本科学位国际学生学费

学位名称（含双学士）	修业年限（年）	一学年学费（澳元）	学费总额（澳元）
法律	3	21 763	67 5939
法律	4	21 763	91 726
文学＋法律、理学＋法律、商务＋法律、经济＋法律、信息与通信技术＋法律	5	21 763	116 697

表 5-54　2014 年健康学院本科学位国际学生学费

学位名称（含双学士、荣誉学士）	修业年限（年）	一学年学费（澳元）	学费总额（澳元）
健康科学	1	20 972	20 972
行为科学、心理学（荣誉）、医学研究（荣誉）	1	22 226	22 226
护理、生物医学（荣誉）	1	23 042	23 042
药剂学（荣誉）	1	25 112	25 112
护理（快捷课程）	2	23 042	46 890
健康	3	19 937	61 927
护理	3	23 042	71 572
健康科学（环境卫生）	3.5	20 972	72 978
生物医学、运动科学	3.5	23 042	84 344
心理学	4	22 226	93 678
药剂学	4	25 112	105 841
医学＋外科	5	51 505	276 188

表 5-55　2014 年澳大利亚海事学院本科学位国际学生学费

学位名称（含荣誉学士）	修业年限（年）	一学年学费（澳元）	学费总额（澳元）
商务(海事与物流管理/荣誉)	1	20 763	20 763
应用科学（海洋环境/荣誉）	1	22 226	22 226
应用科学（海洋工程）	3	17 878	65 620

续表

学位名称（含荣誉学士）	修业年限（年）	一学年学费（澳元）	学费总额（澳元）
应用科学（海洋环境）	3	22 214	69 000
商务（海事与物流管理）、应用科学（海洋科技管理）、国际物流（货运代理）	3	20 763	64 493
工程（海洋工程）、工程（船舶设计）、工程（船舶和海洋工程）	4	25 103	105 805
应用科学（航海科学）	5	17 878	67 350

表 5-56　2014 年海洋与南极研究所本科学位国际学生学费

学位名称（荣誉学位）	修业年限（年）	一学年学费（澳元）	学费总额（澳元）
海洋科学、南极科学	1	22 226	22 226

表 5-57　2014 年教育学院本科学位国际学生学费

学位名称	修业年限（年）	一学年学费（澳元）	学费总额（澳元）
体育活动研究	3	19 513	60 609
教育、教育（幼儿教育）、教育（小学）、教育（保健体育）、教育（保健体育及健康科学）、教育（保健体育及户外教育）	4	19 513	82 241

表 5-58　2014 年经济工商管理学院本科学位国际学生学费

学位名称（双学士、荣誉学士）	修业年限（年）	一学年学费（澳元）	学费总额（澳元）
商务、经济（荣誉）	1	20 763	20 763
工商管理（酒店管理）、工商管理（旅游管理）	2	20 763	42 253
商务、经济	3	20 763	64 493
商务＋经济、商务＋理学、经济＋理学	4	20 763	87 512
商务＋信息与通信技术、经济＋信息与通信技术	4	21 036	88 664

表 5-59　2014 年人文学院本科学位国际学生学费

学位名称（双学士、荣誉学士）	修业年限（年）	一学年学费（澳元）	学费总额（澳元）
文学（荣誉）	1	20 263	20 263
美术、音乐、当代艺术（荣誉）	1	21 263	21 263
自然环境与原野研究（荣誉）	1	22 226	22 226
社会福利工作	2	20 263	41 235
文学、社会科学、社会科学（治安研究）	3	20 263	62 941
美术、音乐、当代艺术、音乐艺术、视觉传达	3	21 263	66 047
文学＋商务、文学＋经济	4	20 263	85 406
文学＋信息与通信技术	4	21 036	88 664
文学＋美术、文学＋理学	4	21 263	89 621

资料来源：以上表格数据根据 UTAS Courses by Types and Fees 网站资料整理。http://www.utas.edu.au/international/courses/courses-by-type，2014-01-12。

3. 奖学金及其他资助

澳大利亚本国学生除了享有澳大利亚联邦政府的 CSP 学费资助外，"联邦政府福利署"（Centrelink）对于教育弱势群体和土著民族学生还提供 Centrelink 福利津贴，帮助减轻其就学的经济负担。该资助涵盖教育、生活、交通、书籍和搬迁等，相关内容详见第一章第三节高等教育学费资助政策的其他学费津贴补助。此外，塔斯马尼亚大学奖学金计划提供超过 900 项的奖学金来奖励优秀人才和资助土著民族、教育弱势群体的就学。大部分的奖学金都是在 8 月初开始开放申请，10 月底截止，本科生奖学金一学年至少有 5 000 澳元。

国际学生在学费方面虽然不能享有澳大利亚联邦政府的 CSP 资助，但塔斯马尼亚大学是设置和颁发国际奖学金最宽泛的大学之一，国际学生除了申请联邦政府的"澳大利亚政府奖学金"外，还可以申请学校的"塔斯马尼亚国际奖学金"（Tasmanian International Scholarship，TIS）。学校大部分的本科课程都为国际学生设置了 TIS，医学、教育和应用科学专业例外。申请者的基本条件是整体成绩必须达到 B^+ 的水平，同时，不同的专业课程还会有不同的要求。TIS 申请者不需要填写任何额外的申请表，当国际学生在申请入学时，大学就对申请者进行了奖学金资格评估。通过评估并获得 TIS 奖学金的学生将在接获学校录取通知时被告知授予奖学金，即可以免除总学习费用 25%①。

另外，国际学生可以就自己就读的学院申请"学院特别奖学金"(Faculty and Institute Special Bursaries)。例如澳大利亚海事学院为了鼓励女性参与海事专业，提供"女性海事工程奖学金"(Women in Maritime Engineering Scholarship) 给就读造船、海洋工程、船舶及海洋系统课程的女留学生。该学院根据申请者的高中或大专成绩为选拔基准，获奖者有 6 150 澳元的奖学金用来负担 75% 的校内住宿费或第一学年的学费②。对于无法申请 TIS 或学院特别奖学金的学生，学校采取另一种资助方案，给予之前或目前有兄弟姊妹在本校就读，或完成本校基础课程的申请者 10% 的学费折扣。学生只要向国际招生办递交申请材料和文件证明即可。

二、弗林德斯大学

"弗林德斯大学"(Flinders University) 位于南澳州，建于 1966 年，以 1802 年探索南澳海岸的英国航海家马修·弗林德斯 (Matthew Flinders) 命名，与亚洲、欧洲、北美和南美的许多大学和研究机构保持着紧密的国际合作关系。弗林德斯大学是"澳大利亚创新研究大学联盟"(Innovative Research Universities Australia，IRU Australia) 创始成员之一，是一所以"勇于实验，科技创新"为兴学宗旨的现代化大学，以其卓越的教学、科研和社区参与而享誉全球③。在 2013 年该大学被《上海交通大学世界大学学术排名》评为世界顶尖大学前 400 强。

---

① University of Tasmania, Tasmanian International Scholarship, http://www.utas.edu.au/international/scholarships/tasmanian-international-scholarship, 2014-01-12.

② UTAS, Women in Maritime Engineering Scholarship, https://www.utas.au/students/international-scholarships/women-in-maritime-engineering-scholarship, 2014-01-12.

③ "澳大利亚创新研究大学联盟"(Innovative Research Universities Australia, IRU Australia) 是由六所以创新为办学宗旨的大学所组成的校际联盟。加入 IRU Australia 的六所学校分别为麦考瑞大学、纽卡斯尔大学、福林德斯大学、拉筹伯大学、格里菲斯大学和莫道克大学，皆成立于 1960 年代到 1970 年代之间，运作模式相仿。六所院校的学生总数占全国大学入学率的 15%。

弗林德斯大学的主校区为阿德莱德的贝德福德公园校区（Bedford Park），另有跨州的校区，并在一些国家和地区提供离岸课程，包括中国、中国香港、新加坡和马来西亚。该校目前共有4个学院，分别为：科学暨工程学院、社会暨行为科学学院、教育，人文暨法律学院、医学，护理暨健康科学学院，提供大约350门本科和研究生课程，以及各个领域的高层次研究课题。该大学也是全世界第一所提供纳米技术学士课程的大学。根据2013年校方统计，全校学生共有23 261人，本国学生有19 356人，国际学生有3 905人（分别来自100多个国家），全体教职员共有2 616人，校友超过60 000人①。

（一）入学要求

弗林德斯大学在学术上除了致力于创新研究和教学卓越外，其目标着重在促进公平、正直、道德、社会正义、多样性和跨文化的理解和尊重。学校的招生原则虽然是以学业成绩和学习表现为准则，但有别于高选拔型高校的精英招生政策，鼓励来自不同教育环境和社会阶层的学生申请，并且提供透明的入学信息和制定公平的弹性入学要求。

1. 本国学生

大学对于该州12年级应届高中毕业生的入学要求是"南澳教育证书"（SACE）以及ATAR成绩。申请者的ATAR成绩除了必须达到各系所专业的最低录取分数外，还必须满足南澳州的ATAR选课学分标准，即在高中最后一年的第二阶段学习必须完成至少80学分，而其中必须有20学分是"高等教育入学科目"（Tertiary Admissions Subjects, TAS）②。其他跨州的学生同样必须具备该州的高中毕业证书和符合ATAR成绩条件，昆士兰州的学生则采用OP等级。学校对于持有认可的海外应届高中毕业证书的本国申请者也予以承认，如："国际文凭"（IB）、"英国剑桥高级普通教育证书"（GCE A-Level）和"新西兰全国教育成绩三级证书"（NCEA Level 3）。除上述条件外，各院系的一些专业也会有额外的入学要求，如要求申请者必须

---

① Flinder University, Our Facts and Figures, http://www.flinders.edu.au/about/our-university/our-facts-and-figures.cfm, 2014-03-21.

② Flinder University, School Results Guide, http://www.flinders.edu.au/future-students/how-to-apply/undergraduate-study-applications/year-12-qualifications/school-results-guide.cfm, 2014-03-21.

在高中修读并完成相关专业科目、参加校外考试、校内面试、提交作品/试镜或个人陈述等。

弗林德斯大学对于非应届高中毕业生申请者采取不同的入学要求，主要是取决于申请者的学习资格。学校除了接受澳大利亚12年级高中毕业证书外，还承认以下资格，包括："特殊高等教育入学考试"（STAT）、"弗林德斯大学基础课程"（Flinders Foundation Studies）、TAFE/VET证书（三级证书或以上文凭）、大专学历证书或曾在大学选读的GPA。基本上，具备以上资格的申请者可以申请学校多数本科课程，但不是所有的专业课程都可以申请。此外，部分院系的专业会有附加要求，如"护理学学士学位"需要申请者提出自我声明、无犯罪记录证明和免疫接种记录。

2. 国际学生

学校对国际学生的入学要求主要是根据申请者的高中毕业证书和英语能力，部分院系的一些专业会要求申请者具备相关知识和参加校内外考试。目前，大学承认157个国家的海外高中毕业证书，这些证书在程度上相当于澳大利亚的第12年级高中毕业证书，同时，学校也接受中国学生用高考成绩申请入学。另外，对于母语非英语的申请者，学校要求提供英文能力证明，该英文能力证明可以是英语语言测试成绩、在官方语言为英语的国家/地区的高等教育机构所获得的大专以上学历资格证书，或在澳大利亚认可教育机构完成的"海外学生英语密集精读课程"（English Language Intensive Course for Overseas Students，ELICOS）。

国际学生的英语语言测试成绩必须达到学校规定的七个等级英语水平要求。学校多数课程要求申请者必须具备等级一的英语水平，即：雅思6.0分（说、写项目不得低于6.0分），纸笔托福450分（写作项目不得低于4.5分），网考托福60分（说、写各项不得低于18分），剑桥英语CAE成绩52分，培生英语测试50分（听、说、读、写各项不得低于50分）[①]。学校院系的一些专业对申请者有更高的英语水平要求（等级三、等级四、等级五），这些专业主要为教育、人文、护理、助产学、心理学、营养与饮食、言语病理学、医学/临床医学、法律与法律实务等。

---

① Flinder University, English Language Requirements, http://www.flinders.edu.au/international-Students/study-at-flinders/entry-and-english-requirements/english-language-requirements.cfm, 2014-03-22.

（二）选拔录取标准

1. 澳大利亚大学入学排名（ATAR）

弗林德斯大学对于澳大利亚 12 年级应届高中毕业生主要是以 ATAR 为选拔标准，有些院系的专业在选拔时会附加额外的入学要求。大学通常会在各学院网页上公布前年各专业的 ATAR 最低录取标准给申请者作为入学申请参考。以下表格为 2014 年弗林德斯大学各学院本科课程的录取标准参考公告（详见表 5-60、表 5-61、表 5-62、表 5-63）。

表 5-60　2014 年医学，护理暨健康科学学院本科学位录取标准参考

学位名称（含双学士）	修业年限（年）	ATAR	预备知识
残疾与发展教育	3	62.00	无
护理学（预注册）	3	62.00	无
健康科学	3	75.10	无
医学科学	3	85.00	无
救护科学	3	92.75	无
言语病理学	4	92.15	无
助产学（预注册）	3	94.50	无
营养学与饮食学	4	97.35	无
临床科学＋医学	6	95.00	无
医学科学（视觉科学）＋直硕计划（验光）	5	95.00	无一定要求，建议物理和化学
健康科学（职业治疗原理）＋直硕计划（职业治疗）	5	91.40	无一定要求，建议生物学
健康科学（理疗原理）＋直硕计划（物理治疗）	5	96.60	无一定要求，建议生物学

表 5-61　2014 年教育，人文暨法律学院本科学位录取标准参考

学位名称（含双学士）	修业年限（年）	ATAR	预备知识
语言	3	81.95	无
考古学	3	65.15	无

续表

学位名称（含双学士）	修业年限（年）	ATAR	预备知识
媒体艺术	3	70.50	无
文学、文学（菁英计划）	3/3	60.20/90.10	无
创造艺术（创意写作）、（舞蹈）、（数字媒体）、（戏剧）	3	60.00	无
教育（幼儿）＋文学、教育（中学）＋语言	4	70.20	无
教育（小学）＋文学	4	72.10	无
教育（中学）＋文学	4	70.15	无
教育（中学）＋理学	4	70.65	无
教育（幼儿）（特教）＋残疾	4	75.65	无
教育（小学）（特教）＋残疾	4	75.55	无
教育（中学）（特教）＋残疾	4	78.55	无
国际旅游、运动，健康与体育活动	3	70.15	无
正义与社会	3	60.15	无
正义与社会（犯罪学）	3	70.20	无
法律与司法实践	4	90.25	无

表 5-62　2014 年社会暨行为科学学院本科学位录取标准参考

学位名称	修业年限（年）	ATAR	预备知识
社会工作与规划	4	70.15	无
商业	3	60.15	无
商业（营销）	3	66.20	无
商业（会计）	3	70.55	无
商业（金融）	3	74.00	无
商业（高级领导）	3	86.15	无
商业（商业经济）、（国际商务）	3	67.30	无
商业（人力资源管理）	3	65.30	无

续表

学位名称	修业年限（年）	ATAR	预备知识
国际研究	3	60.70	无
心理学	3	70.20	无
行为科学（心理学）	3	70.30	无
政府与公共管理	3	61.45	无

表 5-63　2014 年科学暨工程学院本科学位录取标准参考

学位名称（含荣誉学士）	修业年限（年）	ATAR	预备知识
环境	3	65.30	无
工程科学	3	60.55	无
信息技术、信息技术（荣誉）	3/4	62.00/89.95	无
应用地理信息系统	3	86.80	无
理学、理学（荣誉）	3/4	60.25/81.15	无
理学（动物行为）、理学（动物行为）（荣誉）	3/4	70.30/82.30	无
理学（海洋生物）、理学（海洋生物）（荣誉）	3/4	70.80/84.60	无
理学（生物技术）、理学（生物技术）（荣誉）	3/4	75.70/90.35	无
理学（水产养殖与海洋生物学）、（荣誉）	3/4	75.25/83.95	无
理学（荣誉）菁英计划	4	95.15	生物、化学、物理、地理、数学研究、专门数学以上任三门科目
工程（机器人）	4	75.00	数学研究、专门数学或数学方法
工程（机器人）直硕计划	5	95.15	数学研究、专门数学或数学方法
工程（机械）	4	75.45	数学研究、专门数学或数学方法

续表

学位名称（含荣誉学士）	修业年限（年）	ATAR	预备知识
工程（机械）直硕计划	5	98.05	数学研究、专门数学或数学方法
工程（生物医学）	4	75.70	数学研究、专门数学或数学方法
工程（生物医学）直硕计划	5	99.00	数学研究、专门数学或数学方法
工程（土木）	4	76.05	数学研究、专门数学或数学方法
工程（电子）	4	77.05	数学研究、专门数学或数学方法
工程（计算机系统）	4	79.15	数学研究、专门数学或数学方法
工程（电气）	4	79.85	数学研究、专门数学或数学方法
理学（纳米技术）、理学（纳米技术）（荣誉）	3/4	95.25/83.70	（1）生物医学纳米技术组：化学 （2）量子纳米结构组：化学、物理、数学研究
计算机科学、计算机科学（荣誉）	3/4	70.55/95.95	数学研究或数学方法
数学科学、数学科学（荣誉）	3/4	73.00/93.50	数学研究或数学方法

注：预备知试的科目程度需等同SACE第二阶段。

资料来源：以上表格数据根据弗林德斯大学网站 http://www.flinders.edu.au/ 资料制作。

2. 校内及校外考试

弗林德斯大学除了以ATAR为选拔标准外，有些院系的专业在选拔时会有附加的要求（如参加校内或校外考试）。医学、护理暨健康科学学院的"医学、临床医学"和"医学科学"一直是比较热门和竞争激烈的专业，学校要求本国医科类双学位申请者的ATAR成绩至少为95，同时必须参加全国统一的"本科医学与健康科学入学考试"（UMAT）。大学在选拔时将结合申请者ATAR（占90%）和UMAT（占10%）两项成绩为最终入学的排名成绩，依其排名高低筛选。对于申请该学院上述医科专业的国际学生，除了高中成绩须达到招生委员会所定的基本门坎外，则需要参加"国际学生入学考试"（ISAT）。学校根据其 ISAT 排名成绩决定是否给予面试机会，最后，大学在选拔时将结合申请者高中成绩、ISAT 成绩和面试成绩为最终入学的排名成绩，依其排名高低进行选拔。

3. 面试与工作经验

弗林德斯大学部分学院的专业招生录取会要求申请者参加面试以及提供附加信息。以教育，人文暨法律学院为例，艺术类专业（舞蹈、戏剧、创作艺术、数字媒体）的申请者除了需要满足大学的基本入学要求外，通常会进行面试或作品审查的选拔程序，或进一步要求申请者提供其创造能力的证明，包括个人简历、作品选集、书面声明和推荐意见。此外，申请者的工作经验是学校部分院系在招生录取时所考虑的条件之一。教育，人文暨法律学院的教育类课程就要求申请者提出个人能力声明、儿童就业审查证明、工作经历证明和"虐待与忽视——促进安全与健康"的出席证书。同样地，医学，护理暨健康科学学院的助产学和护理学专业则要求申请者必须提出自我身体健康情况声明、无犯罪记录证明和免疫接种记录。

（三）特殊招生计划

弗林德斯大学为帮助并加大不同学习经历和生活背景的澳大利亚学生（如精英学生、教育劣势学生、土著民族学生和农村学生）和未达到入学要求的申请者的就学机会，拟定并提供特殊的招生政策，包括加分奖励计划、公平入学计划和特别入学计划，以下将分别说明。

1. 加分奖励计划

"加分奖励计划"有助于学生的 ATAR 入学成绩排名，主要为"科学与数学加分奖励计划"（Science and Mathematics Bonus Points Scheme）和"非英语语文科目加分奖励计划"（LOTE Bonus Points Scheme）两类。申请者通过"南澳高校招生中心"（SATAC）网络申请，由 SATAC 审核资格和评定加分。"科学与数学加分奖励计划"主要是针对选择就读科学或数学相关专业的申请者，申请人必须是本国 12 年级的应届高中毕业生，同时必须符合南澳州 SACE 选课标准，即完成生物、化学、物理、数学研究和专门数学科目的学习。"非英语语文科目加分奖励计划"和上述的方案类似，申请者除了必须是澳大利亚应届高中毕业生，还需符合南澳州 SACE 选课标准，即在 12 年级时选修完成任一种（或以上）的非英语语文科目，且成绩至少须达到等级C。符合并成功通过加分奖励计划的申请者将可获得每科2分的奖励加分，最多为9分（包含公平入学计划），该积分自动计入ATAR入学成绩。

2. 公平入学计划

"公平入学计划"是弗林德斯大学对于处于教育劣势的乡村、孤立地区和低社会经济背景学生所制定的加分政策，主要有两类，分别为"乡村与孤立地区学生公平入学计划"（Rural and Isolated Student Access Scheme）和"都会地区学生公平入学计划"（Student Equal Access Scheme）。这两类公平入学计划的申请者都必须是澳大利亚人士，申请时间通常是在每年的12月中旬，申请者必须在截止日前将申请表和相关材料寄给大学的招生办公室。符合并成功通过公平入学计划的申请者最多可获得9分的加分。

"乡村与孤立地区学生公平入学计划"的申请者如果是12年级应届高中毕业学生，且就读于大学承认的澳大利亚境内任一所乡村或孤立地区的高中，将获得8分的入学奖励加分，该积分将自动计入ATAR或相关入学成绩，无须提出申请。此外，如果申请者就读的高中是属于南澳州或北领地的乡村或孤立地区学校入学计划的范畴，且在校时修读完成一科或以上的开放课程，将获得2分的加分，同样地，该积分将自动计入ATAR或相关入学成绩，无须提出申请。

"都会地区学生公平入学计划"针对的是在都市地区就读高中的低社会经济背景学生。如果申请者就读的高中是位于南澳州阿德莱德，并且符合低社会经济背景条件，将有资格获得6分的入学加分，该积分将自动计入ATAR或相关入学成绩，无须提出申请。如果申请者除了符合上述条件外，并拥有医保卡或接受青年津贴，则可以向大学提出申请，通过资格审核者将获得额外的2分入学加分。此外，所有在澳大利亚境内享有医保卡或接受青年津贴的高中应届毕业生，也都可以向大学提出申请，符合资格并通过材料审查后，就可以获得6分的入学加分。再者，如果申请者是12年级应届高中毕业生，且正在修读一科或以上的开放课程，将可以自动获得2分的入学加分，无须递交申请表。

3. 特别入学计划

弗林德斯大学除了采取传统的招生录取方式外，也提供多元的特别入学计划，主要有："大学入学考试"（uniTEST）、"校长推荐计划"（Principals Recommendation Program）、"大学基础课程"（Foundation Studies Program）、

"成人入学计划"(Adult Entry)和"土著民族招生入学计划"(Indigenous Admissions Scheme)。

"大学入学考试"和"校长推荐计划"是弗林德斯大学为了扩大12年级应届高中毕业生就学机会所提供的另一种录取选拔方式。"大学入学考试"是评估申请者是否具备在高等教育专业领域学习的推理和思维能力。该入学考试的时间通常在每年的7月到10月之间,考试题型为95道选择题,分纸笔考试和在线考试两种形式,测验时间为2.5小时。考生可以选择在就读的高中或弗林德斯大学参加测验,其成绩为两年的时效。参加"大学入学考试"的申请者,弗林德斯大学在入学选拔时将考虑两部分成绩,即"大学入学考试"成绩占40%,12年级的高中学业成绩(含ATAR排名)占60%[①]。另外,"校长推荐计划"是大学承认申请者就读的高中所给予的学术能力推荐。该推荐计划的申请者必须是12年级应届高中毕业生,大学除了评估申请者的ATAR排名外,在选拔过程时会考虑其学校声明、个人申请陈述、11年级和12年级整体高中学习成绩,以及其他相关学术潜力的证明。

"大学基础课程"和"成人入学计划"是针对想要进入大学学习但未达到一般入学标准或未完成高中教育的申请者所设计的。"大学基础课程"没有入学要求或需要预备知识,为免费课程,但申请就读者必须是澳大利亚公民、永久居民或新西兰公民身分,同时未曾在大学就读过。学生在完成"大学基础课程"的四个主题课程后,且出席率达到至少75%,则可以凭其成绩申请进入弗林德斯大学多数的本科学位课程[②]。然而,有些专业比较热门和竞争激烈,如商业、教育、护理、行为科学、社会工作与规划、法律与司法实践,申请者除了需要达到上述条件外,学校还会评比其大学基础课程成绩。同样的,"成人入学计划"的申请者只要满18岁或以上,即可以用参加"特殊高等教育入学考试"(STAT)的成绩,或提出个人能力证明/工作经历等方式申请入学。STAT考试由各州的大学招生中心负责执行,各州的考试日期不一,弗林德斯大学对该考试成绩没有时效的限制。

---

① Flinder University, uniTEST, http://www.flinders.edu.au/future-students/how-to-apply/special-entry/ Unitest.cfm, 2014-03-25.

② Flinder University, Foundation Studies Program, http://www.flinders.edu.au/future-students/how-to-apply/special-entry/foundation-course.cfm, 2014-03-25.

由于澳大利亚的许多土著民族和托雷斯海峡岛民在传统的招生考试制度下没有竞争能力进入大学就读,弗林德斯大学提出了"土著民族招生入学计划"以解决此类问题。凡是具有土著民族或托雷斯海峡岛民身分的 12 年级应届毕业生或已经离校者,都可以在"南澳高校招生中心"(SATAC)网上报名和下载申请表,申请"土著民族招生入学计划"。第一轮的申请截止时间在每年的 11 月底,第二轮申请的截止时间则是在来年的 1 月初。申请者将填妥的申请表格和相关证明文件(土著民族身分证明、高中或 TAFE 等大专院校学历证书、工作经历证明、社区活动参与声明、个人陈述)邮寄递交给大学的"扬格瑞迪第一民族中心"(Yunggorendi First Nations Centre)评定审核,并等候中心的进一步的面试。学校最终的选拔录取标准将根据申请者的申请材料和面试成绩给予录取,并由 SATAC 发出确认信或录取通知。

(四)申请办法

弗林德斯大学的本科申请针对第一学期和第二学期开放两个招生报名时段。第一学期(2 月入学)为主要课程的招生入学时段,在前一年度的 8 月初开始开放报名,9 月底截止报名,几乎所有 12 年级应届高中毕业生都会选择此时段的申请。第二学期(7 月入学)招生入学时段为 5 月份,6 月中旬截止报名,但不是所有的专业课程都有。弗林德斯大学所有的本科课程的招生报名都必须经由"南澳高校招生中心"(SATAC),申请者在了解和决定报名专业后,直接在 SATAC 网络系统在线注册和递交申请表等相关材料。所有的申请者都必须缴交报名费,2013 年应届高中毕业生的报名费为 25 澳元,非应届高中毕业生的报名费为 57 澳元。学校接受逾期申请,但申请者除了报名费外,还必须支付逾期费,2013 年的逾期费为 102 澳元[①]。

(五)招生机构及其运作

弗林德斯大学在学校网站上提供招生信息,并委托 SATAC 负责该校的招生报名工作和处理入学申请和发放录取通知。大学本身的招生单位分工明确,信息透明,除了面向全国招生外,也积极发展国际招生。"学生招生办公室"负责国内一般招生;"扬格瑞迪第一民族中心"为负责土著民族招生

---

① SATAC, SATAC Fees, http://www.sata.edu.au/pages/satac-fees, 2014-03-26.

录取的单位;"国际学习中心"则负责海外招生相关事务。

国内的招生宣传活动主要是8月份的"开放日"和10月份的"成人招生信息之夜",由"学生招生办公室"组织各学院举办。"开放日"主要是让学生和家长借由校园导览了解学校设施、招生和课程具体信息,并且和在校师生有互动的机会,以进一步了解学校。同时,学校举办"成人招生信息之夜"让有意愿就读大学的非应届高中毕业的人士了解学校课程和多元的入学管道,并听取在校生的经验分享。除了招生宣传活动外,"学生招生办公室"还协同SATAC执行招生录取工作、入学流程,以及制定处理特殊的招生计划。

"扬格瑞迪第一民族中心"是为支持土著民族的高等教育学习而成立的,负责执行土著民族学生本科招生计划和学习支持,包括处理入学申请、审核就学资格、发放录取通知和奖学金资助。"国际学习中心"则负责海外国际学生项目和国际教育推广,包括招生报名、选拔录取、国际营销,以及学生服务。其招生宣传活动多在海外,并设有海外代表。该国际招生网页除了英语版外,还提供中文的网页和国际生招生简章。

(六) 学费

弗林德斯大学和其他澳大利亚公立大学一样,几乎所有本科课程都有"联邦高等教育学费补助"(CSP),因此本国学生(澳大利亚公民或永久居民身分)和具有新西兰公民身分的学生都有资格申请该项学费补助,无须负担全额学费。符合申请资格的学生只要在大学网络的"学生信息系统"填写和提交申请,即可成为联邦资助生。反之,国际学生不享有澳大利亚联邦政府的CSP学费补助,必需缴交全额的学费。另外,除了学费外,学生还须要支付生活费(食宿、交通、通信、水电、娱乐等杂项支出),一学年大约需要18 610澳元~25 392澳元(南澳州的生活成本相对新南威尔士州、维多利亚州和昆士兰州便宜)。

弗林德斯大学依据澳大利亚政府每年公告的成本分担费收费范围制定本国学生的学费收费政策。大学规定全日制学生每学年需修学分为36学分,4.5学分为一门课,学生依照所修的专业范围和科目学分缴费。表5-64为澳大利亚2014年本科全日制学生缴交的成本分担费:一类收费等级学科为6 044澳元/学年(每4.5学分收755澳元),二类收费等级学科为8 613澳元/学年(每4.5学分收1 076澳元),三类收费等级学科为10 085澳元/学年(每4.5学分收1 260澳元)。另外,学校按照联邦政府2011年通过的

"高等教育立法修正案（学生服务与设施）2011 法案"收取"学生服务与设施费"（SSAF）。2014 年在校学习的本科全日制学生缴交的 SSAF 为 281 澳元/学年，接受外部教学或在指定地点上课的全日制学生为 140.50 澳元/学年。非全日制学生的 SSAF 收费则按所修科目的学分计算，在校学习的非全日制学生一门课（4.5 学分为基准）需缴交 35.12 澳元，接受外部教学或在校外指定地点上课的非全日制学生一门课（4.5 学分为基准）需缴交 17.56 澳元①。

表 5-64　2014 年弗林德斯大学本科全日制学生成本分担费

等级	学科	费用（澳元/学年）
等级一	护理、教育、外语、人文、社会学、行为科学、临床心理学、视觉表演艺术	6 044
等级二	农业、工程、测量、数学、统计、科学、计算机、建筑环境、其他健康学、综合医疗保健	8 613
等级三	法律、医学、会计、管理、经济、商业、旅游	10 085

资料来源：Flinders University, 2014 Student Contribution Amount，http://www.flinders.edu.au/enrolling/commonwealth/student-contribution-amount.cfm, 2014-3-27。

澳大利亚本国学生还可以向联邦政府申请 HECS-HELP 贷款来支付学生成本分担费，以及 SA-HELP 贷款来支付学生服务与设施费给学校。学生只需要在大学的申请网站上提供税务档案号码和提交申请表即可，两项贷款将自动计入申请者的税务记录，和其他的高等教育贷款计划一起进行累计，实施同样的还款方式，即贷款人年收入达到高等教育贷款计划还款门坎时，税务局依税制比率征收还款，详见第一章第三节的高等教育学费资助政策。

国际学生不享有澳大利亚联邦政府的学费资助政策，需缴交全额的学费，但无须缴交学生服务与设施费，学费因不同学院专业也不一样。在学制内，学校有权根据通胀情况逐年最高调涨 9%②。2015 年弗林德斯大学学费是根据每年 36 学分为标准制定，本科生的学费一学年平均大约在 20 600 澳元～28 100 澳元（比起一些高选拔型大学的收费低），医学专业的费用最高，一学

---

① Flinder University, Fee Schedule, http://www.flinders.edu.au/enrolling/fee-information/ssaf-schedule.cfm, 2014-03-27。

② Flinder University, Flinders 2015 Chinese Language Brochure, http://www.flinders.edu.au/international-students/，2014-07-16。

年的学费为 56 400 澳元（详见表 5-65、表 5-66、表 5-67、表 5-68）。

表 5-65　2015 年教育，人文暨法律学院本科学位国际生学费

学位名称（含双学士）	修业年限（年）	一学年学费（澳元）
语言、考古学、国际旅游、媒体艺术、文学、文学（菁英计划）、创造艺术（舞蹈/戏剧/拍摄/创意写作/数字媒体）、正义与社会、正义与社会（犯罪学）、运动，健康与体育活动	3	21 400
教育（幼儿）＋文学、教育（幼儿与特教）＋残疾研究、教育（小学）＋文学、教育（小学与特教）＋残疾研究、教育（中学）＋文学、教育（中学）＋理学、教育（中学）＋语言、教育（中学）＋健康科学、教育（中学与特教）＋残疾研究、	4	21 700
法律与司法实践	4	25 300
残疾与发展教育	4	26 100

表 5-66　2015 年社会暨行为科学学院本科学位国际生学费

学位名称	修业年限（年）	一学年学费（澳元）
商业、商业（会计/金融/管理/营销/创业/高级领导/国际商务/商业经济/人力资源管理）	3	20 600
政府与公共管理、国际研究	3	20 700
社会工作	4	20 700
心理学、行为科学（心理学）、心理科学	3	25 300

表 5-67　2015 年科学暨工程学院本科学位国际生学费

学位名称（含荣誉学士）	修业年限（年）	一学年学费（澳元）
应用地理信息系统	3	20 700
计算机科学、信息技术、信息技术（网络系统与网络安全系统）	3	24 100

续表

学位名称（含荣誉学士）	修业年限（年）	一学年学费（澳元）
荣誉：计算机科学、信息技术、信息技术（网络系统与网络安全系统）	4	24 100
环境	3	25 300
工程科学、工程技术	3	26 600
理学、理学（动物行为/水产养殖/海洋生物/生物技术/清净科技/法医分析/生物多样性及保护）、数学科学	3	26 600
荣誉：理学、工程（土木/软件/电气/电子/机械/海事/机器人/生物医学/计算机系统）、理学（动物行为/水产养殖/海洋生物/生物技术/清净科技/法医分析/生物多样性及保护）、数学科学	4	26 600
荣誉：理学（菁英计划）、工程（生物医学）/直硕计划、工程（机械）/直硕计划（生物医学）、工程（机器人）/直硕计划（电子）、	5	26 600
理学（纳米技术）	3	28 100
荣誉：理学（纳米技术）	4	28 100

表 5-68 2015 年医学，护理暨健康科学学院本科学位国际生学费

学位名称	修业年限（年）	一学年学费（澳元）
护理学（预注册）、助产学（预注册）	3	23 000
救护科学	3	24 700
营养学与饮食学	4	25 300
言语病理学	4	25 600
健康科学	3	26 100

续表

学位名称	修业年限（年）	一学年学费（澳元）
残疾与发展教育	4	26 100
医学科学	3	27 100
临床科学/医学	6	26 100/56 400

资料来源：以上表格数据根据弗林德斯大学网站 Flinders 2015 Chinese Language Brochure 资料制作。http://www.flinders.edu.au/international-students/，2014-07-16。

3. 奖学金及其他资助

本国学生在学费方面除了享有联邦政府的贷款政策外，政府和学校还提供其他相关的资助，如福利津贴和奖学金。"联邦政府福利署"（Centrelink）对于教育弱势群体和土著民族学生给予 Centrelink 福利津贴，帮助减轻其就学的经济负担，资助涵盖教育、生活、交通、书籍和搬迁等。Centrelink 福利津贴主要有"青年津贴"（Youth Allowance）、"澳大利亚助学金"（Austudy）和"土著民族助学金"（ABSTUDY）三项，依照申请者的年龄、身分和情况给予不同津贴。相关内容详见第一章第三节高等教育学费资助政策的其他学费津贴补助。

此外，澳大利亚土著民族学生还可以申请加入"土著民族培训生计划"（Indigenous Cadeship Support Programme，ICS）的补助。ICS 为联邦政府结合企业共同协助土著民族学生的高等教育学习与就业培训的计划，在 2013 年 1 月由教育部创建，并在 2014 年 3 月施行。参加该计划的土著民族学生必须是全日制，修读第一个本科学位课程，且同意签订"ICS 协议"。根据该协议 ICS 土著民族学生将可获得一学期最多 7 050 澳元的学习资助，同时，学生在企业工作培训时将可以获得交通和住宿补贴[①]。毕业后，ICS 土著民族学生可以获得企业的安排就业。大学的"扬格瑞迪第一民族中心"设有"土著民族学生专业发展基金"，提供土著民族学生的学习活动补助，包括出差旅行、实地考察、临床分发、研讨会议等。

---

① Australian Government Department of Education, Indigenous Cadeship Support Handbook 2013, http://docs.employment.gov.au/documents/indigenous-cadetship-support-handbook, 2014-07-19.

国际学生可以申请的奖学金项目没有本国学生多，主要有"澳大利亚奖学金"和"国际学生商务专业奖学金"（ACER International Student Scholarship for Business，AISS）。前者是澳大利亚政府为了帮助来自发展中国家的学生（尤其是来自印度太平洋地区者）的全日制学习所提供的资助，奖学金包括学生的学费、机票、住宿、书籍、保险等等。后者为"澳大利亚教育研究委员会"（Australian Council for Education Research，ACER）所提供的学费资助，金额为 50 000 澳元，申请人必须为商业类专业的入学者，且入学成绩优异[①]。

第三节 开放招生型高校案例

澳大利亚政府致力发展其高等教育及实现终身学习的理念，鼓励高校提供多元的招生入学方式以加大民众接受高等教育的机会。除了前面提到的高选拔型和一般选拔型高校，澳大利亚还有很多高校实施开放招生制度，以开放大学和技术与继续教育学院最具成效，学生可以在任何时间、地点依其意愿和兴趣选择课程与学习方式。虽然开放大学和技术与继续教育学院在招生型态上都是以开放招生为主，但在学习模式上还是有所不同，前者强调的是在线远程的网络学习，后者是以传统课室教学和职场实习为主。学生可以依其需求和环境选择适合的高校就读。本节将以"澳大利亚开放大学"和"霍姆斯格兰政府理工学院"做为开放招生型高校进行个案研究。

一、澳大利亚开放大学

"澳大利亚开放大学"（Open Universities Australia，OUA）的前身是一家成立于 1993 年的私有企业经营型态的"澳大利亚开放学习机构"（Open Learning Agency of Australia，OLAA），最初由莫纳什大学拥有，利用印刷课件和非商业电视来提供远距教学。之后，为了确保广泛分布在澳大利亚偏远地区和内陆中心地区民众的平等学习机会，OLAA 和其他八所大学建立了伙伴关系并加入了澳大利亚广播委员会，同时，联邦政府开始为

---

① Flinder University，AISS，http://www.flinders.edu.au/scholarships-system/index.cfm/scholarships/display/a018f24，2014-07-16.

此项目提供资金。借由广播媒体的日益普及和有效性，OLAA 利用无线电台和电视成功实现了远程教学。2004 年 OLAA 为了符合社会变化的需求与在线学习者的期望，更名为"澳大利亚开放大学"。同年，澳大利亚开放大学的本科和研究课程学生开始享有联邦政府的 FEE-HELP 学费贷款计划。

作为澳大利亚开放教育的前沿，澳大利亚开放大学集中并利用其教育资源优势形成一个开放教育共同体，提供超过 1 700 门课和 180 个专业的在线远程网络学习机会给各行各业的学习者。OUA 目前总部设在墨尔本，由国内 7 所知名公立大学联合持股经营管理，包括南澳大学、科廷大学、莫纳什大学、麦考瑞大学、格里菲斯大学、斯威本科技大学和皇家墨尔本理工大学。其他伙伴关系成员包括西澳大学、拉筹伯大学、莫道克大学、新英格兰大学、澳大利亚计算机协会、查尔斯达尔文大学和澳大利亚天主教大学。OUA 成员之间实行学分互认制度。

（一）招生政策

澳大利亚开放大学采取开放式招生政策，尽可能为学习者提供便利的入学途径和弹性的学习方式，以克服传统高等教育的学习障碍。借由网络平台提供在线学习，学生可以在任何时间、地点，机动性地接受高层次教育，让学生的学习可以适合其个人生活、工作、地理位置和家庭责任。学生可以灵活自由地选择合适的课程、学习进度和学习方式，例如自学或通过虚拟现实模拟、博客和网络研讨会与导师和同学交流，创建一个高度个性化的学习体验。学生登陆开放大学平台注册就可以与一般在校生一样，享有相同质量的教学辅导、接受统一标准的学业评估，以及获得认可的学位。

澳大利亚开放大学提供的课程涵盖预备课程、本科生课程、研究生课程和职业教育与训练课程，其教学服务不仅针对澳大利亚境内的学生，同时也面向全球，授予约有 170 种的相应学历和学位证书。自成立以来，OUA 学生人数和网络获利年年增长。根据 2010 年 OUA 的年度报告，该年的学生注册总人数将近 131 000 人（本科生人数占多数，共有 122 261 人），约为五年前的 4 倍（详见表 5-69）。到了 2012 年 OUA 学生的注册总人数已经超过 600 000 人，网络获利达到 2 040 万澳元，比 2011 年上涨

10.3%①。

表 5-69　2005 年—2010 年澳大利亚开放大学学生注册人数

课程类型	2005 年	2006 年	2007 年	2008 年	2009 年	2010 年	2009 年—2010 年增长率（%）
本科生	37 123	47 681	61 548	68 822	90 049	122 261	36%
研究生	634	1 310	2 841	3 723	5 418	7 184	33%
职业教育	353	105	529	415	505	670	33%
预科	23	3	1 967	364	490	861	76%
总数	38 133	49 099	66 885	73 324	96 462	130 976	36%

资料来源：OUA，2010 OUA Annual Report，http://www.open.edu.au/about-us/media-centre/annual-reports，2014-01-26。

（二）入学条件

澳大利亚开放大学的本科课程主要包括商务、教育、健康、艺术与人文、法律与司法、科学与工程、信息技术七大领域。大部分的课程采取"开放注册"的入学方式，没有年龄限制，也没有定额限制，开放给所有的申请者报名。非英语系国家的国际学生需要提供相关英语能力证明，本科生课程需达到雅思 6.0 的水平。部分专业课程采取"申请审核"的入学方式，申请者需要符合入学条件并且接受资格审核，因各专业的学习性质而异（详见表 5-70）。

以"文科（室内设计）学位"为例，其入学条件为以下任一项学习经历：(1) ATAR75，且高中修过英语、文学或方言；(2) 通过 STAT 考试，且各项成绩至少达到 140 分；(3) 曾在澳大利亚任一所大学修读至少一学期（4 门课）的本科学位课程；或 (4) 曾在澳大利亚任一所大学完成高等教育衔接课程。对于无法达到入学标准的申请者，OUA 在各学习领域提供"专业先修入学途径"，申请者完成 4 门的先修课程后，即可进入该专业课程就读。英语能力方面，本国学生只要符合以上任一项学业成绩，其英语能力相对也达到 OUA 的要求，但国际学生必须达到至少雅思 7.0 的成绩水平。

---

① OUA，2012 OUA Annual Report，http://www.open.edu.au/about-us-media-centre/annual-reports，2014-01-26.

表 5-70 2014 年澳大利亚开放大学入学申请标准

课程类别	本科学位名称	入学条件
信息技术	技术（计算机科学）、技术（信息系统）	
法律与司法	犯罪学与刑事司法	
商务	商务、会计、商务研究、商务（财务规划）、商务（物流及供应链管理）、商业（商业法）、商业（体育管理）	
科学与工程	科学（应用科学）	无，由于该课程具有某种程度的专业性质，学生必须每学期到校参加为期一周的实验室实践课
健康	护理	南澳教育证书、免疫接种记录、高级急救证书、心肺复苏证书、药物计算测试、无犯罪记录证明、护理与澳大利亚助产委员会学生注册
教育	教育（幼儿/小学）	①学习经历（以下任一项）：a. ATAR70，高中修过英语；b. 通过 STAT 考试，各项成绩至少达到 145 分；c. 曾在澳大利亚任一所大学修读至少一学期（4 门课）的本科课程；d. 曾在澳大利亚任一所大学完成高等教育衔接课程；e. TAFE 四级证书或以上文凭；或 f. 完成至少 2 门的 OUA 专业先修课程。②英语水平能力：本国学生只要达到 a、c 其中一项学习经历即符合英语能力标准，或具有 TAFE 的文凭（或以上）证书资格，或完成至少 4 门的 OUA 专业先修课程。国际学生必须有英语水平能力证明，如雅思成绩 7.0。③其他条件：良民证或儿童工作记录证明、参与实习课程分配

续表

课程类别	本科学位名称	入学条件
艺术与人文	文科、传播、文科（美术/视觉文化/土著研究/网络通信/社区发展/美术与视觉文化/专业写作与出版/图书馆业务与共同信息管理）、文学研究、行为研究	
艺术与人文	行为研究（心理学）	必须完成 OUA 的三个入门单元（基础统计学、心理学 100、心理学 101），以及建议先完成一门专业课程（学术读写能力：学习与交流实践）
艺术与人文	文科（室内设计）	①学习经历（以下任一项）：a. ATAR75，高中修过英语、文学或方言；b. 通过 STAT 考试，各项成绩至少达到 140 分；c. 曾在澳大利亚任一所大学修读至少一学期（4门课）的本科课程；d. 曾在澳大利亚任一所大学完成高等教育衔接课程；或 e. 完成 OUA 的 4 门专业先修课程。②英语水平能力：本国学生只要达到 a、c 其中一项学习经历即符合英语能力标准。国际学生必须有英语水平能力证明，如雅思成绩 7.0
科学与工程	应用科学（建筑科学）	①学习经历（以下任一项）：a. ATAR 75，高中修过英语、文学或方言；b. 通过 STAT 考试，各项成绩至少达到 145 分；c. 曾在澳大利亚任一所大学修读至少一学期（4门课）的本科课程；d. 曾在澳大利亚任一所大学完成高等教育衔接课程；e. TAFE 的"建筑设计与技术"文凭；或 f. 完成至少 2 门的 OUA 专业先修课程，其中一门必须是"建筑环境沟通"。②英语水平能力：本国学生只要达到 a、c 其中一项学习经历即符合英语能力标准，或完成至少 4 门的 OUA 专业先修课程，其中一门必须是"建筑环境沟通"。国际学生必须有英语水平能力证明，如雅思成绩 7.0

续表

课程类别	本科学位名称	入学条件
	应用科学（工程管理）	①学习经历（以下任一项）：a. ATAR70，高中修过英语、数学、文学或方言；b. 通过STAT考试，各项成绩至少达到145分；c. 曾在澳大利亚任一所大学修读至少一学期（4门课）的本科课程；d. 曾在澳大利亚任一所大学完成高等教育衔接课程；e. TAFE的"建筑与结构"文凭或进阶文凭；或f. 完成至少2门的OUA专业先修课程，其中一门必须是"建筑环境沟通"。②英语水平能力：本国学生只要达到a、c其中一项学习经历即符合英语能力标准。国际学生必须有英语水平能力证明，如雅思成绩7.0

资料来源：根据OUA网站资料整理。http://www.open.edu.au/courses/，2014-01-30。

（三）申请办法

澳大利亚开放大学的本科课程实施四学期制，每学期共13周，申请者在决定专业课程后，可以自由选择任一个学期开始学习，但必须注意网上注册的截止日期。申请者通过OUA网络系统在线注册、递交申请表和相关证明文件，不需缴交任何费用。OUA的入学申请方式有两种，即"开放注册"和"申请审核"。"开放注册"是针对一般不需要入学要求的课程，申请者无须提交任何申请材料，只要在网上的课程单元中直接选定修读的课程，并将它们添加到"学习购物车"（Study Cart），然后按照步骤在网上完成注册缴费即可。"申请审核"主要是针对一些需要入学要求的专业课程和"联邦高等教育学费补助"（CSP）的申请，申请者需要在网上提交申请材料，如学历证明、学业成绩、资格证照、英文能力证明等相关文件，并经由OUA审核资格。

（四）学费及其他资助

澳大利亚开放大学的学费按照学生身分（本国学生或国际学生）、课程种类及学分数量来决定。2014年本国学生的本科学费依照联邦政府规定的学科三级收费制，划分为三个学科收费等级，学生依照所修课程的等级缴费，分别为：一类收费课程每门课为 849 澳元，二类收费课程每门课为 1 134 澳元，三类收费课程每门课 1 289 澳元。然而，各等级中有些课程因专业性质或上课形态的不同，学生需要缴交较高的费用。以"遗传学与分子生物学"课程为例，虽然属于收费等级二，但因为需要实作和专业教程，则收取 1 784 澳元[①]。国际学生的学费则比本国学生每一门课平均多 250 澳元。此外，本国学生大多可以申请享有联邦政府的学费援助计划，如学费资助贷款、奖学金或其他津贴，将在以下分别说明。

1. 学费资助贷款

澳大利亚开放大学的本国学生和所有的公立大学的本国学生一样，都享有联邦政府的学费资助贷款。本国学生通过审核学业成绩和英语能力水平后，只要符合 CSP 联邦学费补助的申请资格，即可以成为联邦资助生，仅需负担部分学费（即成本分担费），一类收费等级学科每门课缴交 755 澳元，二类收费等级学科每门课缴交 1 076 澳元，三类收费等级学科每门课缴交 1 260 澳元（详见表 5-71）。此外，CSP 学生还需要缴交 281 澳元的学生服务与设施费。学费和学生服务与设施费每年依政府公告调整。

CSP 学生除了缴交较优惠的学费外，还可以申请 HECS-HELP 和 SA-HELP 贷款，由联邦政府先行支付学生成本分担费和学生服务与设施费给学校。非 CSP 补助的本国学生可以申请 FEE-HELP，职业教育训练类课程则申请 VET FEE-HELP，两者都是由澳大利亚政府提供给本国学生的全额学生贷款。2014 年申请者可享受的全额学生贷款的终身额度为 96 000 澳元，医学、牙科和兽医的学生的限额为 120 002 澳元（该额度为 FEE-HELP 与 VET FEE-HELP 共享）[②]。学生只需要在 OUA 的网站上提供税务档案号码，即可申请以上各项贷款，并自动计入个人的税务记录。以上各项的贷款都不收取申请费，但 FEE-HELP 贷款者必须支付 25% 的借贷费，VET FEE-HELP 贷款者则须交 20% 的借贷费。

---

① OUA，Fees and Charges，http://www.open.edu.au/future-students/fees-and-charges/unit-fees/，2014-01-26.

② OUA，Financial Assistance，http://www.open.edu.au/future-students/financial-assistance/fee-help，2014-01-28.

表 5-71 2014 年澳大利亚开放大学本科全日制学费（单位：澳元/学科）

等级	学科	本国学生费用	CSP 学生费用
等级 1	护理、教育、外语、人文、社会学、行为科学、临床心理学、视觉表演艺术	849	755
等级 2	工程、测量、数学、统计、计算机、科学、建筑环境、综合医疗保健	1 134	1 076
等级 3	法律、会计、管理、经济、商业	1 289	1 260

资料来源：根据 OUA，Fees and Charges 网站资料制作。http://www.open.edu.au/future-students/fees-and-charges/unit-fees/，2014-01-26。

2. 奖学金

澳大利亚开放大学为鼓励教育弱势学生完成本科课程，分别针对国内和国外特定身分学生提供"能力奖学金"（Can Do Scholarship）和"泰国缅甸难民奖学金"。"能力奖学金"提供最多 6 门课的学费资助，包括 4 科本科课程和 2 科预科课程，2012 年将近有 80% 的申请者通过并获得该项奖学金资助[①]。申请者必须是尚未获得任何 CSP 资助的本国学生，但打算在 OUA 申请 CSP 资助，并且能够以书面形式证明有能力完成本科学位。该书面证明必须包括申请者的学习动机声明书和一位推荐者的推荐书。同时，申请者还必须符合以下至少任一项条件：（1）澳洲土著民族后裔；（2）居住在乡村或偏远地区；（3）来自非英语背景；（4）影响学习的残疾、障碍或慢性疾病；（5）报读工程或建筑类课程的女性；或（6）在 OUA 学习期间，有资格获得 Centrelink 社会福利机构资助者。申请者在 OUA 网页上下载申请表格后，将填妥的申请表和相关证明文件以电邮方式寄给 OUA 奖学金办公室即可。

"泰国缅甸难民奖学金"是 OUA 为了让缅甸学生能顺利完成本科生课程（或研究生课程）所提供的学习资助。2013 年该奖学金共有 30 个名额，给予的资助对象为居住在泰国的缅甸难民 25 个名额，及具有学术潜力的缅甸学生 5 个名额。该奖学金的申请者除了身分外，还必须符合以下条件：（1）完成缅甸的"高中教育计划"或至少两年的全职工作经验；（2）一定程度的英语说写能力；（3）有计算机和网络，并且具备基本的计算机知识；及（4）学习动机和完成大学课程的能力。申请者在提供相关文件证明之外（如推荐书、学

---

① OUA, Can Do Scholarship, http://www.open.edu.au/future-students/financial-assistance/scholarship，2014-01-30。

习成绩、工作证明、英语能力和计算机技能测验成绩），还必须参加面试。通过"泰国缅甸难民奖学金"的申请者将获得大部分的学费和书籍费补助。

3. 交通津贴

澳大利亚开放大学的在线学习除了让学生能弹性地进修外，还减少了许多在校学习时的相关额外花费。但是有时候一些本科课程仍会需要学生出席，如参加学校的考试、研习会或实习分派等。为此，OUA提供"交通津贴"（Travel Subsidies）以减轻学生的经济负担，但申请者必须是居住在澳大利亚的本国学生，同时是获得Centrelink社会福利机构资助者或澳大利亚健保卡持有人。该津贴主要分为"考试交通津贴"和"出勤交通津贴"两大类。如果学生注册的课程要求出席考试，且最近的考场距离学生家100公里（或以上），即可以申请"考试交通津贴"，每次考试可获得100澳元的津贴。同样地，如果学生学习的课程要求出席学校的研习会或实习分派，而出席的场所距离学生家100公里（或以上），即可申请"出勤交通津贴"，每学期最多可获得100澳元的津贴[①]。

二、霍姆斯格兰政府理工学院

"霍姆斯格兰政府理工学院"（Holmesglen Institute of TAFE）成立于1982年，位于维多利亚州的墨尔本市，共有四个校区，分别是主校区查德斯通（Chadstone）、穆拉宾（Moorabbin）校区、伟弗利（Glen Waverley）校区和城市校区。霍姆斯格兰政府理工学院是澳大利亚最具规模的公立技术与继续教育学院（TAFE）之一，目前就读人数已超过50 000人。该学院是一所多层次教育的学校，在不同的学习领域里开设600多项课程，包括：艺术与设计、建筑与构造、商业与金融、教育与语言、运动与健康、装修与布置、酒店与旅游管理、小区与健康科学、电气科学与信息技术，不仅为不同背景的学生提供职业教育与训练课程，也提供大学学位课程。这些课程多属于实践应用类型，采用灵活创新的教学模式，与一般大学授课方式存在显著的差异。学院拥有澳大利亚官方认可的学历授予资格，所有学历在国内外都得到承认，学历授予范围包括证书、文凭、学位和研究生证书。为了让学生的学习能融入生活，该学院学生可以选择全日制学习、在线学习，或兼读，同时，学校也

---

① OUA，Travel Subsidies，http://www.open.edu.au/future-students/financial-assistance/travel-subsidies，2014-01-28.

通过与其他教育机构和关键行业的合作关系不断巩固加强专业。

（一）入学要求

霍姆斯格兰政府理工学院的本科学位课程招生录取有别于高选拔或一般选拔型高校注重学业成绩排名，而是以"条件式的资格审核"为主。学院对于12年级应届高中毕业生、非12年级申请者和国际学生的入学申请有不同的要求，但基本上都是在审查申请者是否具备顺利完成大学课程的学术潜力。应届高中毕业生的入学条件主要是根据澳大利亚高中毕业证书、高中学业成绩（必须含英文科目）和ATRT为参考。非12年级申请者（指年龄至少满18岁且离校至少一年以上者，或没有具备公认澳大利亚高中毕业证书的社会人士）只要满足以下任一项条件即可，分别为：（1）澳大利亚高中毕业证书或国际文凭等同学力；（2）TAFE或注册的培训机构颁发的相关领域的四级证书或文凭资格；（3）曾在任一所澳大利亚大学（含开放大学）圆满完成两门课；（4）曾在任一所澳大利亚大学完成（或未完成）本科学位课程；（5）在认可的大学所完成的大学预备课程或资格，如预科文凭和继续教育文凭；或（6）至少五年的相关领域工作经验。学院会依申请者条件进行个案评估，有些课程会另外要求申请者递交个人陈述、设计作品或参加校内的面试、校外的VETASSESS护理考试。

国际学生除了符合上述入学条件外，还需要提供英语水平能力证明，如英语语言测试成绩或同等资格。学院对国际学生英语语言测验的基本成绩要求为：雅思6.0，网考托福60分，纸笔托福237分，PET英语学术测试42分（听、说、读、写各项不得低于42分），剑桥英语CAE证书47分，国际第二语言能力评定考试（ISLPR）。如果国际学生是在澳大利亚或其他英语系国家完成高中学历，或TAFE等公认的高等教育机构所获得的一年以上全日制大专文凭证书，也予以承认。

（二）替代入学途径

霍姆斯格兰政府理工学院对于未达到上述本科入学条件的申请者提供便捷的替代入学途径，即"文凭/学位衔接课程"。"文凭/学位衔接课程"是让无法直接进入大学修读本科学位课程的学生先就读相关专业的文凭或高级文凭课程，之后，再进入本科学位课程就读。以三年制的酒店管理学士为例，学生先在学院修读为期1.5年的酒店管理高级文凭课程，之后就可以衔接就读本校或查尔斯特大学的酒店管理学士课程。由于学生已经获得相关专业的高级文凭，则可免修1.5年的本科大学课程学分，只要再学习1.5年，即可完成商业研究学士学位课程,并获得本学院或查尔斯特大学的学位。借由"文凭/学位衔接课程"的入学途径,学生不仅可以获得职业培训的实务学习经验,还可以进入大学就读,拓展理论知识,并进一步获得本科学士学位。同时,还缩短了大学本科的修业年限,节省时间与金钱。

(三) 申请办法

霍姆斯格兰政府理工学院实施三学期制,开学日期分别为每年的2月、7月和10月。申请者可以先进入学院的官方网站,通过课程搜索功能,输入和查找感兴趣的课程和其他相关讯息。本科学位课程采取申请入学方式,本国申请者在确定自己是否符合课程的入学条件,以及了解学费支付等相关事项后,即可直接在学校课程网页上报名或通过"维多利亚高校招生中心"(Victorian Tertiary Admissions Centre, VTAC) 报名。此外,申请者如果是属于短期或长期处于教育弱势的群体(如身心障碍、长期患病、经济困难、英语语言困难、就读于偏远地区等)可以申请学院的"特殊入学计划"(SEAS),当相关部门在进行审核申请者的入学条件时,会同时将此状况计入考虑,以公平保障教育弱势族群的入学权益。

申请者通常在两个工作日后会收到学院的进一步通知,并要求申请者提供相关证明文件(如学历证明、学业成绩、资格证照、英文能力证明等相关文件)或参加面试。所有的申请材料将由相关课程部门进行审核,大约需要7个工作日。通过审核的申请者会直接收到学院电子邮件回复的录取通知书。未通过审核的申请者也会接获教学部门的通知书,或建议其他的替代入学途径。国际学生可以选择直接向学校的"国际中心"申请,或由认可的国际教育推广服务机构(如 IDP 教育办公室)代理申请。前者通常需要缴交500澳元的申请费,但如果申请者未通过审核,学院将退还该笔申请费。后者则无论申请成功与否,都可直接免去申请费用。

(四) 学费及奖学金

霍姆斯格兰政府理工学院为公立 TAFE 机构之一,所开设的本科课程学费比一般研究型大学低,相当于普通大学学费的一半左右,在目前各澳大利亚大学的学费猛涨的情况下,其学费价格非常具有优势。2014 年霍姆斯格兰政府理工学院的本国全额自费学生的学费一年大约为 8 600 澳元~14 000 澳元,同时还可以申请联邦政府的 FEE-HELP 贷款。此外,学院的部分本科课程与堪培拉大学合作,学生可以享有联邦政府 CSP 的学费补助,只需缴交成本分担费和学生服务与设施费。2014 年 CSP 学生的学费一年大约为 6 044 澳元～10 085 澳元，全日制 CSP 学生的学生服务与设施费一年为 281 澳元，非全日制 CSP 学生为 210.75 澳元①。此外，CSP 学生可以申请 HECS-HELP 和 SA-HELP 贷款，由联邦政府先行支付学生成本分担费和学生服务与设施费给学校。

霍姆斯格兰政府理工学院对于本国学生和国际学生采取不同的收费标准，国际学生无法享有澳大利亚联邦政府提供的任何学费优惠贷款政策，需要缴交较高的费用。然而，学院对于目前或过去三年内有兄弟姊妹在本校就读的国际学生给予 10% 的学费折扣优惠方案，学生只要向国际招生办递交申请材料和文件证明即可。2014 年国际学生的学费一年大约为 14 200 澳元～27 640 澳元（详见表 5-72）。除了学费外，学生还须要支付一学年 18 000 澳元左右的生活费用和书本文具费用②。

表 5-72　2014 年霍姆斯格兰政府理工学院本科学位课程学费（单位：澳元/年）

课程类别	学位名称	修业年限（年）	CSP 学生学费	国际学生学费
艺术与设计	服装（服装工程与设计）、银幕制作	3	6 044	17 000
	平面设计	3	6 044	27 640
	景观设计、体育传媒	3	14 000	
电气科学与信息技术	信息技术	3	8 613	
建筑与构造	建筑测量、建筑管理与经济学	2.8	16 380	21 600
商业与金融	商学（会计）	3	8 600	14 700
	商学（市场营销管理）	3	8 600	15 000
	工商管理	3	10 085	14 200
	商学（行政管理）	3	10 085	15 000
	商业	3	10 085	21 180

---

① Holmesglen, Payment Options, http://www.holmesglen.edu.au/programs/higher_education/ information_for_students/payment_options，2014-01-29.

② Holmesglen, International Student Services，http://www.holmesglen.edu.au/programs/international/international_student_services，2014-01-30.

续表

课程类别	学位名称	修业年限（年）	CSP 学生学费	国际学生学费
酒店与旅游管理	酒店管理	3	10 085	17 000
运动与健康	体育管理	3	10 085	22 470
教育与语言	儿童早期教育	4	6 044	15 800
装修与布置	室内建筑	3	6 044	27 640
社区与健康科学	护理	3	6 044	17 700
	司法研究	3	10 085	21 180
	应用科学（法医研究）	3	10 085	22 470

资料来源：根据 Holmesglen 官方网站资料制作。http://www.holmesglen.edu.au/careers/，2014-01-26。

霍姆斯格兰政府理工学院提供一系列的奖学金以协助来自不同背景的学生进修高等教育学位，包括："高等教育奖学金"、"米克青年奖学金"和"国际学生奖学金"。"高等教育奖学金"通常在每年的2月底和6月底开放申请，申请者必须是本国学生且必须承诺在本学院完成高等教育学位。该奖学金的评选标准是根据申请者的学业成绩、相关研究、职业经历以及课外、社区或工作场所活动证明。通过"高等教育奖学金"的申请者将获得最多5 000澳元支付学费。"米克青年奖学金"是学院对于经济困难的本国学生给予的书籍、设备和交通等经济援助，最多为1 000澳元。国际学生除了可以申请澳大利亚政府奖学金外，学院还提供1 000澳元的"国际学生奖学金"以支持全日制学生的在校学习。"国际学生奖学金"的评选标准是根据申请者的第一年在校学业成绩，以及至少一位教师的推荐函。此外，所有在校生只要符合教育弱势族群身分（如身心障碍、长期患病、经济困难、就读于偏远地区等），都可以申请学校的"校园书店奖学金"。该项奖学金将支付学生在校园书店或网站书店上购买的学习材料的全部或部分费用[①]。

[①] Holmesglen, Scholarships, http://www.holmesglen.edu.au/start/scholarships/, 2014-01-29.

第六章 澳大利亚高校招生考试制度的特点、问题与启示

澳大利亚的教育目标是在维持公平公正的原则下，发展学生的兴趣专长和学术潜能，鼓励学生在学习中培养独立思考能力，现行的高校招生考试制度也突出了这一目标。澳大利亚的高校招生考试制度以多元化而著称，多样设置的考试科目、形式多元的考试方式、综合评量的评分方式等，有利于促进学生学习的主动性和积极性，有利于学生个性的发展。本章内容主要是在前述研究基础上，对澳大利亚高校招生考试制度的特点、现存问题进行进一步提炼，同时对中国大陆高考改革提出启示借鉴。

第一节 澳大利亚高校招生考试制度的特点与现存问题

一、澳大利亚高校招生考试制度的特点

澳大利亚高校招生对于本国应届高中毕业生主要采取高中毕业证书申请入学的招生制度。高中毕业生参加高中教育学业水平相关测试以后，将校内、校外考试成绩通过复杂的调整计算过程，转换成学业成就评定等级，形成高中毕业证书和成绩报告单。在高中毕业证书上，列明了学生在高中阶段修习过的主要科目、校内、校外考试成绩等级以及总成绩等级；在成绩报告单中，对学生获得的每一门科目成绩的等级都进行了描述说明。学生用高中毕业证书和成绩报告单等材料向大学提出入学申请，大学自主决定是否录取。对于非高中应届毕业生、国外学生、少数民族、边远地区学生等申请者，提供特殊入学考试、替代入学途径、特别招生计划等多元入学管道。总体来看，形成了一种以高中毕业证书申请为主要入学管道、以其他多元入学

管道为辅的高校招生入学通道体系。

在高中学业成就评量和高中毕业证书取得方面，尽管澳大利亚各州的考试名称、评量过程有不少区别，但总体来看，各州都采取了高中校内评量和校外统一考试相结合的成绩评定方式，并且都有一套非常复杂的分数确定、分数调整、学业等级评定的计算方法，目的是更加科学、公平、合理地对学生的学业成就做出评价。

澳大利亚各州高校招生考试制度及其复杂的实践操作流程，除了前文第三章中提到几点特点，如：没有全国统一的大学招生入学考试、招考分离、综合评量、不以一考定终身、大学招生自主、入学管道多元等等外，令人印象深刻的特点还包括以下几个方面。

（一）澳大利亚高中毕业证书考试兼具发展性功能与选拔性功能

澳大利亚各州的高中毕业证书考试（包括校内校外考试）被人们称为"澳大利亚高校招生入学考试"，尽管它的确具有人才选拔的功能，但是所谓"澳大利亚高校招生入学考试"与中国大陆的"高校招生入学考试"的内涵却有较大差异。

澳大利亚各州的高中毕业证书考试的功能比较多样。它既是澳大利亚"公共考试"的一种，也是澳大利亚学历文凭资格框架中的一项文凭性考试，还是为高校招生服务的一项区分学生学业水平等级的选拔性考试。学生取得的高中毕业证书具有多种功能，既可以作为申请高校入学资格水平的证明，也是学生应聘工作岗位的个人学历与知识水平证明。

澳大利亚的高中毕业证书考试是一种比较纯粹的中等教育学业水平评量方式，不论如何改革调整，其目的都是对学生整个高中阶段的学业成就水平做出客观、公平的评价，并在评价过程中区分学生的中学学业水平等级。它把高中期间的校内学习评价、高中毕业时的校外统一会考有机结合在一起，既着眼于对学生个体发展过程的总结评定，又兼顾未来高阶学习选拔，比较充分地发挥了教育考试应该具有的个体发展功能和选拔功能。而中国大陆的"高校招生入学考试"首先被人们当成一种教育与社会资源公平分配的工具，其次才是一项教育学业水平考试，不论如何改革，现实中人们关心的只是高校入学名额的选拔竞争，只是高等教育资源的公平分配问题，基本上忽略了教育考试对学生个体所应具有的发展性功能。东西方考试背景和考试文化心理上的差异，导致澳大利亚的高中毕业证书考试是一种侧重于"以生为本"、

"发展性功能和选拔性功能兼具"的考试，而中国大陆的"高考"却更偏向于是一种单纯为了选拔和争夺教育资源权利的考试。

当然，澳大利亚在 1960 年代以前也经历过较长时间的"读高中就是为了考大学"的教育发展过程，当时的中学课程设置与中学"公共考试"主要掌握在大学手里，"高中离校考试"的选拔性功能比较突出。但随着 1960 年代以来各级各类教育规模的扩大，随着教育民主化、教育平等化理念的"洗礼"以及各项教育与社会改革的进行，在最近几十年里，"读高中就是为了考大学"的观念在澳大利亚人眼里已经非常淡化了。在丰富多样、多达数十乃至近百门课程的高中教育环境中，很多学生是基于个人兴趣，选择适合自身学习的课程。学生取得高中毕业证书之后，既可以用它来申请大学、申请 TAFE，也可以用它来应聘社会工作岗位。特别是，由于澳大利亚经济发达，人口较少，自然与社会资源充裕，社会分配体系比较完善，不论是蓝领、白领阶层还是社会各行各业，人们的收入差距不大，读不读大学对于人们的未来生活来说，意义并非多么重大，因而近几十年来，澳大利亚高中毕业证书考试的"竞争性选拔"功能已经相对弱化，而评定学生学习生涯中特定阶段学业水平的"文凭性考试"功能渐渐凸显，为了学生个体发展的"发展性功能"以及"为了学习的评价"的意义日益增强。

（二）澳大利亚高中毕业证书考试有利于促进学生个性发展、多样发展、平等发展

澳大利亚高中毕业证书考试的多元化特征和发展性功能，还表现在学生考试科目选择和学业成绩评量等方面。澳大利亚高中毕业生的毕业证书成绩，反映的是学生的中等教育学业水平等级，并且只是该学生在参加同样科目考试的那部分学生中的排名等级。高中课程丰富多样，为学生提供了按个人能力兴趣多样发展的机会，在高中阶段个体充分自由的选择学习基础上，高中毕业时的全州会考用长达一个月的考试时间，组织不同的学生参加多达数十门乃至近百门的课程科目考试。这种高中课程多样设置、学生自主选择学习以及根据自身学习内容参加"分类考试"的教育考试评量方式，给所有学生提供了多样化的学习选择，提供了个体发展的多条"跑道"，更有利于促进学生的个性发展、多样发展和平等发展。

（三）大学录取看的是学生的学业水平等级（ranking），而不是卷面考试分数（marks）

澳大利亚的高中毕业文凭和各科目成绩报告单上显示的学生学业水平成

绩，并非学生的实际卷面考试分数。成绩报告单上给出的每一门科目成绩，是经过标准等级分数校对调整以后的数值；学生高中毕业证书上的总体学业成绩，不论是校内成绩、校外成绩还是总成绩，都与高中课程大纲所规定和描述的学业成就等级（band）进行对应。澳大利亚的招生考试制度采用高中校内长期累积的校本评量成绩和校外统一会考成绩相结合，不以一考定终身，目的是尽量客观准确地反映出某学生在所有参加同样科目考试学生中的排名位置，形成学生在同类考生中的排名等级（ranking）。大学招生选才主要依据学生的学业水平等级（ranking），而不是实际卷面考试分数（marks）。

相应的，澳大利亚各大学招生简章中列出的本校各专业历年招生录取成绩，也是学业水平等级数值。比如，一所大学招生简章里列出该校医学专业招生要求，除了规定学生学习过哪些课程、参加哪些科目考试之外，给出本专业历年 ATAR 招生分数的数值是 98.5，这个数值表达的含义是，在所有参加了规定科目考试的学生中，该专业上一年度录取的学生，其排名等级处于所有参加同样科目考试的考生成绩的前 1.5%，该大学医学专业将从高中学业成就等级排名前 1.5% 的学生中择优录取。进一步说，大学录取新生，主要看的学生的排名等级（ranking），而不是卷面分数，这与中国大陆和台湾的高考高招相比，是很不相同的地方。

（四）高中毕业证书考试是整个教育体系运行过程中的一个环节，而不是单独存在的一项考试

从高中毕业证书考试到大学录取招生各环节来看，澳大利亚目前已经形成了一套比较完善的高校招生考试制度体系。之所以说它比较完善，是因为高中学业水平评量和大学招生的各种利益群体全部参与进来，各司其职，相互配合，运转顺畅。围绕高中毕业学业成绩评量，将高中课程设置、课程评价、高中学校教育质量评价、毕业生成绩评定、大学选才等诸多教育活动融合在了一起。

具体来说，制度体系是某项社会活动中各种利益相关群体的责权利关系的反映和载体。澳大利亚现行高校招生考试制度体系中的相关利益群体包括高中学校、高中教师、高中毕业生、大学、大学里各院系专业、大学招生办公室、大学招生中心、政府教育行政部门、中学课程与学习委员会等不同性质不同层次的角色主体。各主体之间的责权关系简单归纳如下：

1. 大学的角色。大学招生从本质上来说，其实是高中毕业生和大学里各院系专业之间的申请录取关系。澳大利亚高中毕业生的入学申请材料,最终是由大学各院系专业的相关人员审核,大学招生简章中公布的各院系专业的招生标准和录取要求,也是大学里各院系专业自主决定的。从学校层面来说,澳大利亚的大学以及大学招生办公室只是在申请者和院系专业之间起着组织、协调、服务的作用。

2. 大学招生中心与各州中学课程与学习评量委员会的角色。澳大利亚高校招生考试制度体系中另外两个关键性主体,即前文重点介绍的各州大学招生中心(或大学招生服务中心)以及各州中学课程与学习评量委员会(或课程与评量管理局)。其中,大学招生中心一般是由州内大学联合发起设立的非营利独立法人组织,受州内大学和高校的委托,开展招生宣传、统一接收和处理入学申请、统一发放录取通知、协调州内高校之间以及该州高校和跨州高校之间招生事务工作。透过大学招生中心提供的服务,大学招生工作的大量非核心业务实现了"社会化"或实现了"社会服务购买",其核心业务——审核学生入学申请材料,仍然必须由各院系专业人员负责。大学招生中心的存在,从总体上极大减轻了大学招生工作繁琐的压力,简化了学生的报名程序。

各州中学课程与学习评量委员会,是各州教育部组织举办的政府性部门机构,负责中学课程的设置审核、课程标准与学习评量量表的制定、组织全州高中毕业统一会考以及判卷评分、发放高中毕业文凭等事务。它实行专家委员会或董事会负责制,委员会或董事会成员包括来自州教育部、大学、中学、课程设置、教育评价等方面的专家和代表。由于中学课程与学习评量委员会是把中学课程管理、教学管理、教育评价等工作集成在一起,其中既有教育行政部门代表也有大学和中学代表,既有课程专家也有评价专家,实现了中学课程教学管理和教育评价的"公共治理"、"专业管理"和"一体化管理"。

3. 高中学校和高中教师的角色。除了中学课程和学习评量委员会组织的全州统一的高中校外考试,学生的高中毕业证书成绩中,有一部分成绩评定权利交给了各高中学校。高中各科目教师在该州统一的课程标准和教学大纲框架内,结合本校特点开设课程、开展教学,严格按照课程标准和学习评量量表,长期跟踪评定学生校内成绩。高中学校的教育教学质量在全州统一考试中得到检验,并且高中学校教育质量的权重也体现在学生高中毕业证书的成绩中。

4. 各州教育行政管理部门的角色。各州的教育行政管理部门不直接插手教育考试评量以及大学录取招生的具体过程，只是通过参与中学课程标准、教学大纲、学习评量量表的制定和实施，从中学教育的过程标准和结果标准两个方面去对中学教育进行宏观管理。

透过这样一套高校招生制度体系，各方利益群体参与其中，各司其职，相互间责任、权利、义务又有所交叉。大学与中学在课程衔接上不失关联，中学开设大学选修课程，大学教师参与高中毕业考试出题阅卷；中学课程教学与教育评价紧密联系，统一在细致明确制定的课程标准和课程评量体系框架之下。由此使得澳大利亚的高中毕业证书考试成了教育体系整体运行过程中一个密不可分的环节，而不是一项单独设置的升学考试。

（五）"以生为本"、"自主、公平、平等"、"科学化、标准化"，是澳大利亚现行高校招生考试制度追求的制度理念

澳大利亚"以生为本"的制度理念，既体现在大学多元入学管道设计上，也体现在高中课程多样选择、"分类考试"的学习与评量制度设计上，还体现在"为了学习的评价"、"为了个体发展的评价"以及不以一考定终身的理念贯彻方面，甚至体现在为身心障碍学生、临时疾病事故学生的特殊试卷、延考缓考等具体实践细节方面。

澳大利亚"自主、公平、平等"的高校招生考试制度理念中，自主既是指学生自主选择课程及考科、自主申请高校、大学自主招生以及每一类利益相关主体各司其职、自觉负责，也是指各类相关主体的权利责任义务关系一旦明晰，整个教育体系和教育评量过程就会进入一种"半自动化"的运行状态。公平与平等既体现在澳大利亚现行高校招生考试制度对于考试弱势群体的关怀照顾上，也体现在通过繁复的评量计算过程来尽量确保每一个学生获得公正评价等方面。

澳大利亚"科学化和标准化"的制度理念，既体现在根据科学制定的课程标准和学习评量量表，来对高中学业成绩进行"有标准、有依据"的管理，还体现在校内、校外考试评量中，对学生的每一项考试分数都要进行"标准参照"的校正调整等方面。

二、澳大利亚高校招生考试制度体系中的现存问题

近几十年来，澳大利亚教育界本着"以生为本"、"公平、公正"甚至不惜丧失"效率"的原则不断改革完善高校招生考试制度体系，使之不断走向

"科学化和标准化",但是人的评价问题却是世界上最难解决的一个问题,任何一项人才评价制度都不可能达到尽善尽美。

目前,澳大利亚社会各界对于本国高校招生考试制度朝向"以生为本"、"公平公正"的改革过程及结果,基本是比较满意的,社会中很少听到有人对教育考试制度表示不满(当然,这也许是因为校内校外考试成绩以及最终总成绩的评定与计算过程过于复杂,很多人不清楚这一过程的实质而造成的)。不过,对现行的高校招生考试制度能否真实测定和客观反映一个高中毕业生的真正学业水平,在教育界也存在少量批评和疑虑的声音。

比如,麦考瑞大学的乔治·库尼(George Cooney)在2001年发表的文章中[1],提出了取得较高学业水平等级的高中毕业生是否一定适合大学专业学习,以及是否需要在中学学业水平等级评定的基础上增加其他测试方式等疑问。另外,桑赫斯特天主教教育办公室的高级教育专员布莱恩·布伦南(Brian Brennan)在2009年发表的文章中[2],用"愚蠢的考试"("Stupid Test")的辛辣词语,对澳大利亚的高校招生考试制度进行了批评,他不仅指责目前的学业成绩计算评量方法无法准确反映学生的真实学习水平,而且,鉴于考试试题主要由那些精英学校的教师参与出题,对偏远地区学校的学生不公平以及当前的科目考试只能反映学生的记忆力水平等原因,他反对将考试用于学生学业水平评定,反对把高中毕业生进行简单的"记忆力"水平等级划分,提倡用一些新的测试方法,比如学生能力倾向测试等来取代现有考试制度。

第二节 澳大利亚高校招生考试制度对中国高考改革的启示与借鉴

从1980年代以来,高校招生入学考试制度改革一直是中国大陆教育改革的重点与难点问题,中国大陆对于高考的改革也从未停顿。澳大利亚的高校招生考试制度体系中尽管还存在不尽如人意的问题,但是相对于深受国民

---

[1] George Cooney, The Tertiary Entrance Rank: An Endangered Species? http://www.researchgate.net/publication/267224313, 2001.

[2] Brian Brennan, It's the Exams Stupid, Teacher, December 2009.

瞩目、仍处"水深火热"中的中国高考制度改革来说，澳大利亚高校招生考试制度数十年来的改革过程以及实践中的一些具体做法，还是具有一定参考与借鉴价值的。

讨论澳大利亚高考招生制度经验对中国高考改革的启示和借鉴，需要针对目前中国高考制度改革面临的现实问题来进行论述。笔者作为一个台湾学生，到大陆攻读博士学位的时间短暂，对大陆高考也缺乏切身的感受和体会，经过几年的学习研究和思考，虽然对大陆高考的认识有所提高，但仍有一些疑惑待解。因此，在这里只能尽我所能来分析中国高考制度改革面临的问题，并根据澳大利亚的经验对这些问题提出个人粗浅看法。

一、中国高考制度改革面临的问题

关于中国高考制度改革面临的问题，在大陆学者的研究文献中已有较多阐述，比如，刘海峰教授自 2000 年以来多次提到高考改革面临的两难矛盾问题："统一考试与考查品行的矛盾、考试公平与区域公平的矛盾、保持难度与减轻负担的矛盾、考查能力与公平客观的矛盾、灵活多样与简便易行的矛盾、扩大自主与公平选才的矛盾、考出特色与经济高效的矛盾。这些矛盾可以归结为理想与现实、公平与效率的矛盾，其核心集聚于不同利益主体之间的矛盾。"①

另外，在近年来的国家教育政策文件和相关领导讲话中，也或隐或现指出了当前中国大陆高考制度改革面临的具体问题。比如，《国家中长期教育改革与发展规划纲要（2010-2020）》中提出"探索招生与考试相对分离的办法，政府宏观管理，专业机构组织实施，学校依法自主招生，学生多次选择，逐步形成分类考试、综合评价、多元录取的考试招生制度"。又如，本书绪言部分提到的时任国务委员刘延东的讲话："加快研究制定高考改革总体方案，重点改革考试内容和形式，规范考试程序，建立健全综合评价体系，完善多样化的录取方式，增加考生选择机会，落实高校招生自主权，保障公平公正，形成不拘一格选英才的良好局面。"

以上政策文件和领导讲话的内容，表明了当前和未来一段时间中国大

---

① 刘海峰：《高考改革中的两难问题》，《高等教育研究》2000 年第 3 期，第 36~38 页。刘海峰：《高考改革何去何从？》，http://www.fjgk.cn/html/jynews/201204/6514.html。

陆高考改革的具体目标，包括：（1）招生与考试分离；（2）政府宏观管理，专业机构组织实施；（3）高校自主招生；（4）学生多次选择；（5）分类考试；（6）综合评价；（7）多元录取。同时，在每一项目标背后，其实都隐含着需要回答和解决的问题，比如：什么叫招考分离？如何做到招考分离？政府宏观管理要管什么？需要什么样的专业组织机构来组织实施考试？高校自主招生要依什么法？如何防止高校自主招生引发社会对其公平性的猜疑？如何让学生多次选择？分类考试、综合评价、多元录取应该怎么做？等等。除了上述问题之外，作为大陆高考制度改革的"旁观者"，笔者在研究学习过程中还关心以下两个问题，经过深入思考、反复推敲，得出了一些浅陋之见。

1. 1980年代以来的中国高考制度改革，分别有哪些成功经验和失败教训？有没有解决好人们最关注的现实问题？

根据周珂、原春琳2007年在《中国青年报》上的文章的统计，从1980年代至2007年，中国大陆高考至少有14次改革，如果把各地的试验也算入，起码有24次（种）之多[①]，具体可以分为以下四类：一是那些留下的至今享受成果的，有9个：1984年开始的特殊专业（艺术类等）招生实行统考+单考；1985年开始的高考标准化改革；1994年—1997年的招生并轨和收费上学；1999年开始的网上录取、高校扩招、"3+X"科目改革、英语加试听力；2001年的取消考生年龄与婚姻限制；2003年的高考时间由每年7月提前到6月。二是那些消逝的成为历史与过程的，有5个：1981年固定下来的文科考6门、理科考7门的"6+7模式"；1977部分省市的高考预选改革；1991年的"三南"（湖南、云南和海南）科目改革；1985年开始实行的会考制度（现已基本转制）；1994年开始的会考基础上的高考3+2科目改革。三是那些曲折和反复的、从终点又绕回原点的，有4个：1984年开始的保送生制度（1999年后参加综合能力测试）；2000年开始的春季高考（多数省份已放弃）；1980年代中后期开始的标准分记分办法；2002年广西试行的本专科分类考试。四是那些指向未来、还在尝试中的，有6个：2003年开始实行的自主招生；1985年始于上海，2004年大力推广的分省命题考试（2015年有回到全国统一高考的趋势）；2005年上海开始实行的高职高专

[①] 周珂、原春琳：《30年风雨：我们见证的改革与实验》，《中国青年报》2007年6月27日，第3版。

单独招考；2006年复旦大学和上海交通大学实行的面试录取；2007年四省区实行的新课程高考方案；2005年始于北京的五校联考，2010年出现的"四大联盟"等①（2015年四大联盟自主招生联考取消）。

　　从上述24项曾经或正在发生的改革来看，有一半左右的改革或消失或回到了历史原点；在已经成功和还在继续探索的改革项目中，艺术类统考＋单考、标准化考试、"3＋X"改革、取消年龄婚姻限制、分类考试、自主招生是既符合《国家中长期教育改革和发展规划纲要》精神，也符合现代考试制度发展方向的改革，还有两项改革是由于1990年代的高等教育投入体制改革（招生并轨、收费上学）和2001年以来基础教育新课程改革所带动的改革（新课程高考方案），另外，网上录取、更改考试时间，分别是为了招录工作便利和防止7月天气气候对考生考试的不利影响。应该说，每一项改革都是针对当时人们所关心的具体问题，并在一定程度上改善或解决了问题。

　　不过，针对长期以来人们一直诟病的"一考定终身、按一次性考试分数录取"和很多人所期望的通过高考改革来为中学学习"减负"，上述所有改革项目似乎并没有真正起到有效作用。特别是，30多年高考改革中那些消失或回到历史原点的改革项目，到底遇到了什么阻力，为什么会有那么多的反复？为什么做了那么多改革"无用功"？关于这些问题的归因分析，从民间到学界有各种各样的说法。大多数人认同的解释是：中国优质高等教育资源仍然缺乏，而"文凭社会"的本质和社会分配体系不完善、行业收入水平差距，使得百姓对优质高等教育资源的需求十分迫切，加之人情社会的现状很难改变，"放权型"的高考改革极易造成下层权力主体的"权力寻租"现象，这些因素极易导致高考改革"一放就乱"乃至走上歧路，破坏了高考的社会公平制度本质，引发社会不满，所以不得不又回到"政府统一管理高考"和简单有效的"统一高考、一次性考试"的老路上，由此促使笔者展开了对如下问题的思考。

　　2. 在现代社会背景下，高考的本质到底是什么？高考制度是一种什么性质的制度？特别是在中国或者在东方考试文化背景下，高考是否被人们寄予了过多的期望？既要保证为高等教育选拔合格的新生，又要引导基础教育

---

① 李木洲：《高考制度改革的历史反思——基于制度变迁的视角》，厦门大学博士学位论文，2013年。

面向全体学生的教育教学改革，还要促进国家社会制度的民主、平等精神的发展，维护社会公平，高考制度是否被赋予了它本身不应承担的太多社会使命？

应该说，对于高考和高考制度的不同理解，决定了人们怎么去操作它，也决定了人们怎么去进行改革。笔者认为，在社会公平渠道匮乏、精英高等教育的时代，高考制度的确应该被赋予社会公平制度的厚望，然而当社会不断走向民主平等，达致社会公平的管道越来越多，特别是由于教育民主化、教育平等化浪潮推动高等教育进入大众化乃至普及化发展阶段以后，我们是否可以跳出"用高考维护社会公平"的传统理解，让高考回归教育考试的本质？

换句话说，在高等教育大众化和普及化时代，我们是继续受"促进社会阶层流动"、"维护社会公平"的情怀驱使，偏重于将高考制度理解为一种社会公平制度？还是偏重于将它理解为仅仅是一项教育学业水平考试制度？如果像很多人所说的，希望高考继续充当促进社会阶层流动的社会公平制度，强调高考在维护社会公平方面的巨大作用，那么，这种说法的潜台词是不是在说这个社会至少在教育资源分配上的确面临不公平的风险，需要有类似高考这样的公平制度来维护？当人们过分强调高考的社会公平意义的时候，是不是意味着当前社会中还缺乏达致公平的更多渠道？如果中国目前的社会现实的确是这样的话，笔者一定会赞同高考改革缓行慎行，如果不是这样的话，那我们必须思考我们是否让自己陷入了一个逻辑悖论的陷阱，失去了对当前时代的高考改革重心的把握。

不论怎样，正如刘海峰教授所说的，在中国现实和东方考试文化背景下，高考改革的确是一项充满两难矛盾问题的、非常复杂的改革工作。但根据中国社会越来越向好的发展趋势，如果放眼长远，展望未来的话，笔者愿意重申已经在上文中表达过的两个观点：

第一，在社会公平渠道匮乏、精英高等教育的时代，高考制度应该被赋予"促进社会阶层流动、维护社会公平"的厚望，但是，当社会不断走向民主平等，高等教育进入大众化和普及化发展阶段以后，需要逐步跳出"高考是社会公平制度"的传统理解，让高考回归教育考试的本质。否则会陷入逻辑悖论陷阱，既容易迷失在理想与现实的矛盾中，也会失去对高考改革重心的把握。

第二，中国高考改革30多年不能获得有效突破的原因非常复杂。在当前，中国高考仍然是一项社会公平意义大于教育考试意义的考试项目，但从长远来看，高考改革的历史逻辑和传统思维需要改变。让高考回归教育考试的本质，真正成为教育体系中的一环，才是中国高考改革的未来方向。

二、启示与借鉴

澳大利亚多元设置的高中课程体系和与之相配的分类考试形式，使学生能够按兴趣专长自由选择，利于激发学生的学习兴趣，发展其个性，最大限度地调动学生的学习积极性，有利于学生未来发展。相比之下，中国现行的高考制度显得有些单调。固定的高考科目和僵硬的考试形式，忽视了学生的个性、兴趣和专长，束缚了学生学习的主动性与积极性，不利于培养学生的创新精神和个性发展。澳大利亚高校招生考试制度成功地将表现性评价应用于高考的做法，可以为中国高考改革提供一些启示与借鉴。

1. 对高考本质的认识

澳大利亚的高中毕业证书考试，既是中等教育毕业生的学业水平测试，也是区分学生学业水平等级并为大学招生提供参考信息的考试。结合澳大利亚高校招生考试制度改革历程和中国社会未来发展趋势看，在大众化乃至普及化高等教育的时代，高考将越来越回归其教育考试的本质；大学招生将越来越成为考生与大学招生院系专业之间的申请录取关系。由此，在未来中国高考制度改革的过程中，需要逐步降低对高考制度作为社会公平制度的重要性的强调；随着各种社会公平渠道的建立和完善，引导和扭转百姓上学选择观念，应该逐渐提上议事日程。

2. "招考分离"与"高考、高招社会化"

澳大利亚各州的招考分离体制，为中国大陆高考改革提供了可资借鉴的范例。需要注意的是，从澳大利亚的经验去观察，大学招生与高校招生入学考试相互分离的前提条件是：第一，在高等教育大众化和普及化时代，招生录取是大学院系专业的自主权利，但大学招生院系专业要有明确的、透明的、公诸社会的招生要求和录取标准，录取过程也须透明公开，接受社会监督；第二，高校招生入学考试主要由熟悉中等教育课程标准和教学大纲、具有中等教育评价专长和专业知识的机构或人员来组织实施，大学应该派代表参与中等教育考试评价，提供大学对中学毕业生的需求条件；第三，政府教育行政部门只做宏观管理，不插手考试和招生的具体过程，政府宏观管理的核心工作是通过参与制定或审核批准中等教育的课程标准、教学大纲、评量量表，依据既定的标准去监督考试设计是否合乎标准，用教育相关法律法规去约束或严惩大学招生与中等教育考试过程中的违规现象。符合上述三个前提条件，才能做到真正的招考分离。

近年来的中国高考改革过程中，"高考和高招社会化"也是人们经常提及的一个话题。在中国强调"高考和高招社会化"，主要是针对政府权力在高考中的作用问题。从澳大利亚经验来看，高中校内考试由学校和教师负责实施，校外考试仍然是由政府相关机构来负责组织实施，澳大利亚的"高校招生入学考试"并不像美国 AST、ACT 考试那样由社会专业机构组织实施，政府权力仍然存在于考试过程中，体现在制定明确细致的课程标准、评量量表、判分标准，以及政府教育行政部门对考试过程的监管。美国的"高考社会化"和澳大利亚是两种不同的教育考试管理经验，中国大陆高考改革是否要走完全社会化的道路，需要慎重考虑。结合国家教育文化背景和考试传统来看，建议中国高考还是由法定的课程管理和教育评价专家委员负责考试设计和具体实施，最好不要完全交由社会办理。

在高校招生工作社会化方面，澳大利亚的经验是招生录取标准由大学招生院系专业制定并向社会公布，录取审核工作也是由招生院系负责，除了这两项核心业务以外，招生录取工作的非核心业务或杂务可以交给社会机构去办理，以减轻大学招生录取的工作压力。在中国，由于高校招生仍然实行计划管理模式，大学招生自主权尚未完全放开，高校招生工作社会化还是一个比较遥远的理想。

3. 标准化考试

标准化考试是由确定的课程标准、明确的评量标准和标准化试卷、标准化答案"四位一体"构成的考试过程。目的是减轻考试事务工作的繁琐压力。其中，课程标准和评量标准，是标准化试卷和标准化答案的基础，如果课程标准和评量标准不清晰或经常变动，标准化考试就会失去根基和意义。

另外，标准化考试招人诟病的问题，是由于其刚性冰冷的"标准化"和"程式化"，可能无法全面反映学生的兴趣能力取向、情感态度价值观，也无法揭示学生个体长远的发展潜力，所以，标准化考试必须要与其他测试评价方式结合起来，才能相对科学全面地评价一个学生的学业能力水平。美国 SAT、ACT 是世界有名的标准化考试项目，由社会专业考试评价机构组织实施，美国大学招生是在高中阶段 SAT、ACT 标准化考试成绩基础上，通过参看学生其他方面的申请材料，比如中学阶段参加社会实践活动的情况、高中教师或校长的评价评语等来决定是否录取。澳大利亚高中的标准化考试，则是由政府教育行政部门下属的中学课程与学习评量委员会或课程与评量管理局组织专家，制定高中各学科科目的课程大纲和学习标准；高中教师按课程大纲标准授课，按课程大纲标准实施校内考试；高中毕业统一会考也是按照高中课程大纲标准来出题和考试，最后还要通过程式化的分数校正计算过程来获得学生学业成就等级。澳大利亚大学招生录取主要看是校内校外综合评量给定的学生学业成就等级，学生其他方面的申请材料很少能够左右录取结果。换句话说，澳大利亚在防止标准化考试的弊端方面，主要是靠校内校外综合评量的方式来实现的。这和美国有所不同。

4. 分类考试

中国目前已经尝试的高考分类考试改革实践，比如 2002 年广西的本专科分类考试、2005 年上海的高职高专单独招考，主要是一种按高校类型分类开展的分类考试。但澳大利亚的经验是，从高中课程的设置开始，就给学生提供多种学习选择，多条个人兴趣取向的"学习跑道"，进而实现"以生为本"、建立在学生多样发展需求基础上的分类考试，充分发挥了考试的"育人功能"或"发展性功能"。

基于高校类型划分而进行的分类考试与基于学生课程学习多样选择而形成的分类考试，是两种很不相同的分类考试模式，都可以实现考生参加考试的"分流"，相比而言后者更为先进。但是后者的实施，需要有丰富的高中教育与课程资源。澳大利亚从 1960 年代开始大量开办综合中学，原有的技术中学、家政中学等逐渐萎缩或转型为综合中学。综合中学的课程既有普通教育课程，又有职业教育类课程，各个学校的课程门数普遍有数十门之多，为中学生提供了多样的学习选择机会。中国目前受限于学龄人口数量和高中阶段教育资源短缺，仍在为普及中等教育而努力，近几年来主要是在个别经济发达、高中教育资源丰富的省市开始尝试高中课程多样化的实践。从长远未来看，中国目前的职业教育和普通教育相互分离的"双轨制"中等教育发展思路，可能需要有所调整，随着经济社会日益发达，中等职业教育和普通教育走向相互融合，是一种可以预见的发展趋势。在中学课程数量增多、学生学习选择机会增加的情况下，高校招生分类考试会转变目前按高校类型而分类考试的形式，逐渐走向"以学生个体学习选择和学生发展为本"的分类考试。

5. 学生多次选择

中国高考改革设计中提到的多次选择，主要是借鉴美国 SAT 考试一年举行多次，学生选择自己考最高分的一次作为申请大学的成绩，目前主要是在外语考试科目上实施。澳大利亚高校招生考试制度的做法与此有所不同，澳大利亚的经验是用相对精确的校内、校外考试成绩综合评量以及学生多样化学习选择、多科目分类考试的办法来弥补多次选择的缺失。

多次考试、多次选择，是对教育考试成本的重复性消耗。美国 SAT 多次考试、多次选择的考试方法，是建立在几乎完全标准化考试的基础之上的，由于标准化考试的可重复性，在成本消耗方面具有低成本的优势。所以，只有在课程标准、课程评量标准完全明确细化，并且标准化考试改革成熟以后，方可尝试实行标准化的、学生多次考试、多次选择的高考改革，目前中国高考外语考试科目之所以能够按多次考试、多次选择的方式实施，主要是其具备了成熟的标准化考试运作机制。

6. 综合评价

中国高考改革方案设计中提出的"综合评价"，目前还没有成熟的实践经验，主要是在个别高校的自主招生实践探索中尝试使用中学校长推荐信等作为参考的招录方式。综合评价其实是一种比较繁琐复杂的学业成就评量方式，从澳大利亚的经验来看，综合评价主要是校内考试成绩与校外考试成绩结合在一起的学业成就评量方式，其中校内评量是对学生高中期间学习成绩定量和定性评价，校外评量则以统一考试为主要评价手段。综合评价所面临的难点问题在于，校内评量和校外评量的标准要达到相对一致，否则会造成学生学业水平判断的混乱。

澳大利亚解决这一难题的办法是：首先，制定明确详细的课程标准和评量量表，校内评量和校外评量严格按照统一的标准执行；其次，为了进一步防止校内校外评量出现差异，还要用另外的标准参照系对校内评量成绩和校外评量成绩进行校准和调整，当校内评量结果和校外评量结果达到相对一致以后，才会综合在一起对学生学业成绩进行总评。

7. 多元录取

高校招生多元录取，是高等教育公平的实现方式，也是大众化和普及化高等教育时代高校招生方式的必然趋势。从澳大利亚的经验来看，多元录取主要是针对应届高中毕业生、非应届高中毕业生、少数民族考生、国际学生、边远地区定向培养等学生类型，分别设计了高中毕业证书考试、特殊入学考试、替代入学途径、特别招生计划等多种入学方式，实现了学生的多元录取。

由于对教育公平的强调，中国大陆高校招生多元录取的做法长期以来一直都是存在的，比如定向招生、委托培养、少数民族考生和特长生的特别招录政策等等。在目前的高考制度改革方案中强调"多元录取"，除了进一步增加和扩大各种各样的入学管道，还有改革录取评价方式的含义在里面，是与分类考试、综合评价改革结合在一起的、相辅相成的说法，目的是在高等教育大众化和普及化背景下提升高校招生的多样性程度和公平性程度，为更多人提供享受高等教育的机会。

8. 现代教育和社会发展背景下，高考日益成为教育活动的一个环节，而不是存在于教育活动之外的一项独立的社会活动

澳大利亚的高中毕业证书考试，是包括高中学校、高中教师、高中毕业生、大学里各院系专业、大学招生办公室、大学招生中心、政府教育行政部门、中学课程与学习委员会等不同性质不同层次的角色主体共同参与的，将高中课程设置、课程评价、高中学校教育质量评价、毕业生成绩评定、大学选才等诸多教育活动融合在一起的一项考试活动，是澳大利亚中等教育和高等教育体系整体运行过程中一个密不可分的环节。

中国传统的高考更像独立于中学教育过程和大学教育过程之外的一项单独的社会活动。在学龄人口众多、高等教育资源相对短缺、社会公平分配机制尚不健全的时代背景下，中国高考作为社会资源公平分配机制的意义，超出了其作为一项人才选拔方式的功能和意义，甚至也失去了教育活动的意义，的确情有可原。然而随着学龄人口下降、高等教育资源不断充裕以及高等教育普及化进程，高考的社会资源公平分配意义一定会逐渐降低，未来的高考将逐渐回归教育考试和教育活动的本质，融入教育体系的总体运行过程之中，充分发挥其育人功能和学业成就评价功能，真正成为教育活动的一个环节。

澳大利亚的高校招生考试实践流程尽管比较繁琐，但是在招考分离、分类考试、综合评价、多元录取等方面，可以为中国高考改革提供可资借鉴的经验。从澳大利亚的高校招生考试制度演变历史可以看出，不同时代背景下，各国教育考试的观念以及技术方法都会发生某些变化。澳大利亚的经验也告诉我们，高考改革不仅仅是一个考试评价技术环节的改革，而是与高中课程设置、大学学科与专业建设、高中与大学之间的关系、学生学习权利和

学习机会供给等密切关联的一项综合性改革，还受到社会经济发展水平、教育资源数量、学龄人口规模等各种因素的影响。高考改革是一项复杂的系统工程，不仅涉及教育体系的改革，还与社会人才评价和人才使用制度改革有关。从现代教育与社会发展的大趋势来判断，笔者相信高考回归教育活动和教育考试的本质是必然发展方向，社会公平的实现不应该维系在高考这座独木桥上。如何帮人们跳出传统考试文化心理的束缚、给人们提供未来人生道路的多样预期，可能是中国高考改革首先需要解决的难题。

附　录

附录一：新州高中毕业证书

HIGHER SCHOOL CERTIFICATE

BOARD OF STUDIES
NEW SOUTH WALES

This is to certify that

Max Heng Chien

who attended

Sydney Boys High School

has met the requirements for the award of a Higher School Certificate

23858444

President

Dated at Sydney on 15th January 2013

The Higher School Certificate is accredited by the Board of Studies NSW and is recognised as a Senior Secondary Certificate of Education within the Australian Qualifications Framework.

Issued by the Board of Studies without alteration or erasure.

30277425

附录二：新州高中毕业总成绩记录

HIGHER SCHOOL CERTIFICATE
Record of Achievement

BOARD OF STUDIES
NEW SOUTH WALES

This is to certify that **Max Heng Chien** *of* **Sydney Boys High School** *has satisfactorily completed the courses listed below:*

2012 Board Developed Courses		Examination Mark	Assessment Mark	HSC Mark	Performance Band
2 unit	Biology	88/100	90/100	89	5
2 unit	English (Advanced)	89/100	90/100	90	6
2 unit	Mathematics	84/100	87/100	86	5
2 unit	Personal Development, Health and Physical Education	92/100	93/100	93	6
2 unit	Physics	89/100	83/100	86	5

2011 Board Developed Courses (Preliminary)

- 2 unit　Biology
- 2 unit　English (Advanced)
- 1 unit　English Extension
- 2 unit　Mathematics
- 1 unit　Mathematics Extension
- 2 unit　Personal Development, Health and Physical Education
- 2 unit　Physics

ELIGIBLE FOR HIGHER SCHOOL CERTIFICATE

Student Number: 23858444

President

Page 1 of 1

Dated at Sydney on 15th January 2013
Issued by the Board of Studies without alteration or erasure.

附录三：新州高中单科成绩记录（生物）

HIGHER SCHOOL CERTIFICATE
2012 Course Report

Biology
Max Heng Chien

Examination Mark: 88　　　　　　　　　　　　　　　　　　Assessment Mark: 90

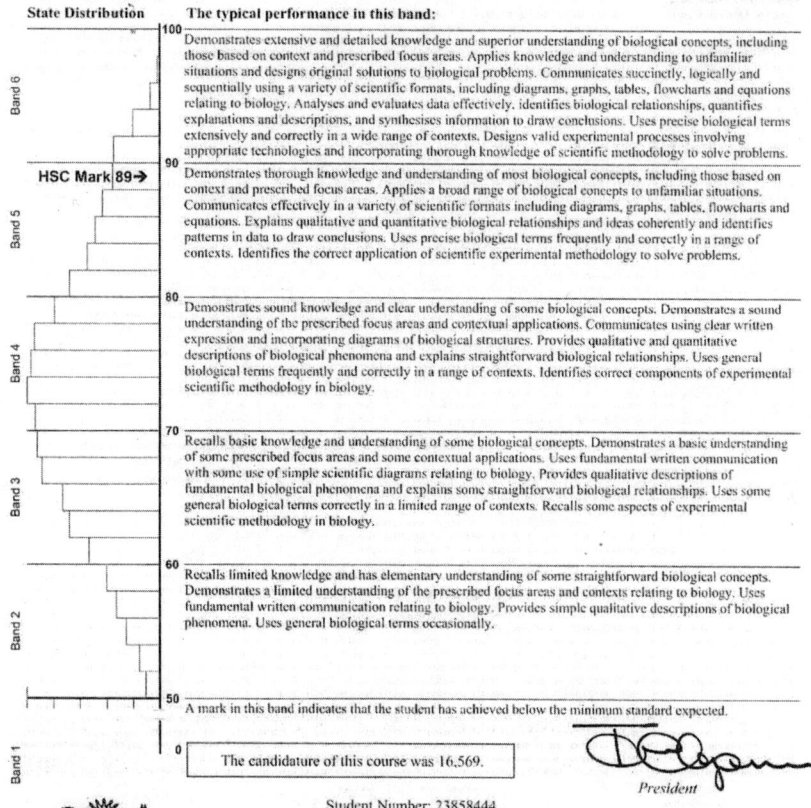

Student Number: 23858444
Dated at Sydney on 15th January 2013
Issued by the Board of Studies without alteration or erasure.

附录四：新州高中单科成绩记录（数学）

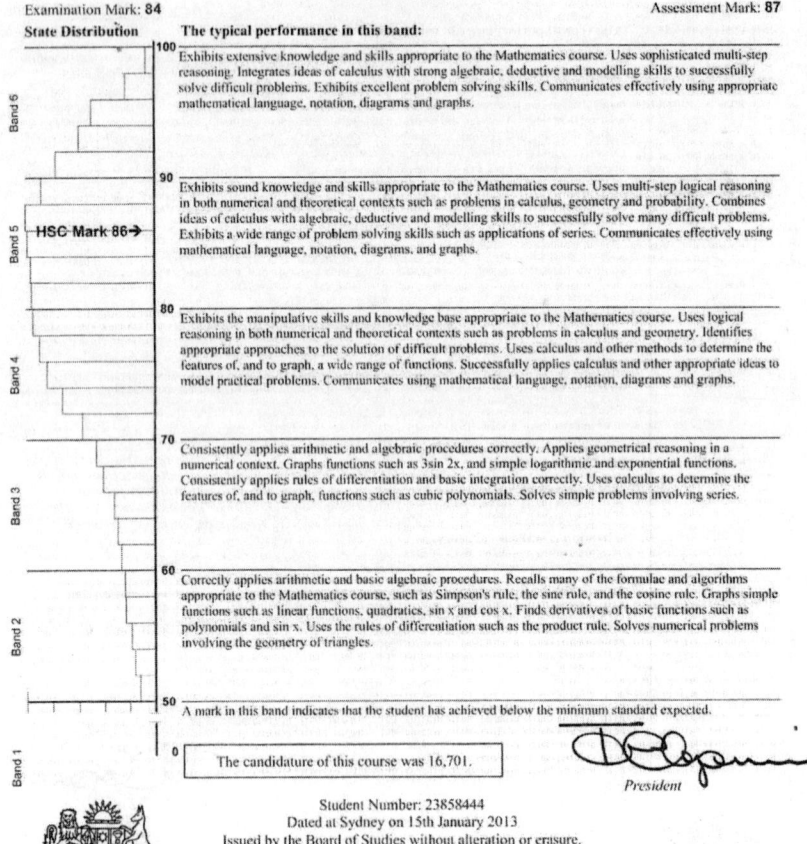

附录五：新州高中单科成绩记录（物理）

HIGHER SCHOOL CERTIFICATE
2012 Course Report

Physics
Max Heng Chien

Examination Mark: 89　　　　　　　　　　　　　　　　Assessment Mark: 83

State Distribution | **The typical performance in this band:**

Band 6 (90–100): Demonstrates an extensive knowledge and understanding of the concepts of the physics course content including context, prescribed focus areas and domain. Displays an outstanding ability to describe and explain physics concepts, including abstract ideas, clearly and accurately, and to apply the concepts to unfamiliar situations. Applies a high level of critical thinking skills in developing appropriate solutions to problems involving a long sequence of related tasks. Analyses, evaluates and extrapolates data effectively, identifies complex relationships, quantifies explanations and descriptions, and synthesises information to draw conclusions. Communicates succinctly, logically and sequentially using a variety of scientific formats. Demonstrates a high level ability to design an experimental procedure.

Band 5 (80–90) — HSC Mark 86→: Demonstrates a thorough knowledge and understanding of the concepts of the physics course content including context, prescribed focus areas and domain. Effectively communicates a detailed understanding of physics concepts using appropriate physics terminology and some illustrative examples, and applies the concepts to unfamiliar situations. Analyses information given in written, tabular, graphical and diagrammatic form and relates this to other relevant information. Displays competence in manipulating equations to solve problems involving a number of steps. Demonstrates a thorough knowledge of the use of appropriate experimental procedures.

Band 4 (70–80): Demonstrates a sound knowledge and understanding of the concepts of the physics course content including context, prescribed focus areas and domain. Describes concepts and information clearly in written and graphical forms and applies these concepts in familiar situations. Demonstrates a broad ability to carry out calculations and/or substitute into equations and to use relevant symbols and units when manipulating data. Displays proficiency in selecting relevant data from information given in written, tabular, graphical and diagrammatic form. Describes correct apparatus for a particular physical measurement and has an adequate understanding of experimental methodology.

Band 3 (60–70): Demonstrates a basic knowledge and understanding of the concepts of the physics course content including context, prescribed focus areas and domain. Uses simple physics definitions and terms to communicate understanding of physics concepts. Substitutes data from information given in written, tabular, graphical and diagrammatic form. Draws simple diagrams and graphs to describe phenomena in physics.

Band 2 (50–60): Demonstrates a limited knowledge and understanding of the physics course content including context, prescribed focus areas and domain. Recalls elementary terminology and formulae related to some areas of physics. Interprets basic diagrams and graphs. Determines an appropriate scale for a graph.

Band 1 (0–50): A mark in this band indicates that the student has achieved below the minimum standard expected.

The candidature of this course was 9,470.

President

Student Number: 23858444
Dated at Sydney on 15th January 2013
Issued by the Board of Studies without alteration or erasure.

附录六:新州高中单科成绩记录(高阶英文)

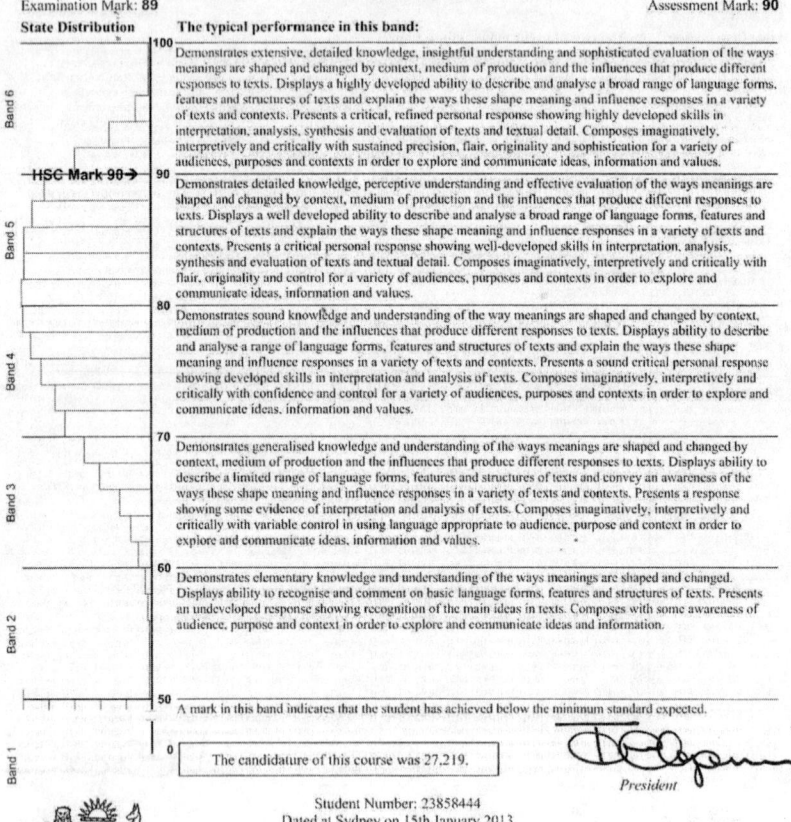

附录七：新州高中单科成绩记录（个人发展、健康与体育）

HIGHER SCHOOL CERTIFICATE
2012 Course Report

Personal Development, Health and Physical Education
Max Heng Chien

Examination Mark: **92**　　　　　　　　　　　　　　　　Assessment Mark: **93**

State Distribution　　HSC Mark **93**→

The typical performance in this band:

Band 6 (100–90): Demonstrates extensive knowledge and understanding of the range of concepts related to health and physical performance. Comprehensively applies theoretical principles to design and evaluate specific strategies for improving health, participation and performance. Demonstrates a superior understanding of the interrelated roles and responsibilities of individuals, groups and governments in the management and promotion of health. Critically analyses movement and the range of factors that affect physical performance and participation. Provides relevant and accurate examples about health, participation and performance to justify complex arguments.

Band 5 (90–80): Clearly expresses ideas that demonstrate a thorough understanding of health and physical performance concepts. Identifies strategies for improving health, participation and performance and discusses the links between individual health behaviour, social issues and community health status. Demonstrates a detailed understanding of the interrelated roles of individuals, groups and governments in the management and promotion of health. Demonstrates an understanding of the interrelationships between the various factors that impact on physical performance. Supports particular arguments thoroughly by using relevant examples and current information about health, participation and performance.

Band 4 (80–70): Demonstrates a clear understanding of the broad concepts that relate to personal health and physical performance. Relates strategies for managing the major causes of sickness and death to the contributing risk factors. Demonstrates a sound understanding of the roles of individuals, groups and governments in promoting health. Describes a range of factors that affect the quality of physical performance. Communicates information in a clear and logical way providing some examples about health, participation and performance.

Band 3 (70–60): Uses basic definitions and facts when explaining health and physical performance concepts. Identifies the major causes of sickness and death and understands that a healthy lifestyle is a desirable goal. Demonstrates an understanding of the need for government and community action in relation to promoting health. Identifies some relevant factors which influence physical performance. Provides basic support for the arguments presented on health, participation and performance.

Band 2 (60–50): Recalls some simple facts and writes brief descriptions. Demonstrates an understanding of elementary terms and recognises simple cause and effect relationships as they apply to health and movement. Outlines some factors affecting health and identifies relevant illness prevention measures. Demonstrates an understanding of general movement principles. Provides limited support for the arguments presented on health, participation and performance.

Band 1 (50–0): A mark in this band indicates that the student has achieved below the minimum standard expected.

The candidature of this course was 13,308.

President

Student Number: 23858444
Dated at Sydney on 15th January 2013
Issued by the Board of Studies without alteration or erasure.

附录八：昆州高校入学成绩声明

Tertiary Entrance Statement

2014

This is to certify that

CYRUS ANEO JEREMIAH

for tertiary entrance purposes is positioned as follows:

Overall Position (OP)	17

Note: Overall Position (OP) records position on a scale of 1 to 25, with 1 indicating the highest position and 25 the lowest position.

Field Positions (FPs)	
A Extended written expression involving complex analysis and synthesis of ideas	10
B Short written communication involving reading comprehension and expression in English or a foreign language	-
C Basic numeracy involving simple calculations and graphical and tabular interpretation	8
D Solving complex problems involving mathematical symbols and abstractions	-
E Substantial practical performance involving physical or creative arts or expressive skills	9

Notes: Fields A to E record positions on a scale from 1 to 10. The highest position is 1, and the lowest position is 10.

A "-" denotes that the student is not eligible for the field.

Issued 19 December 2014 without alteration or erasure
LUI: 6407328126

Brian Short
Chair
Queensland Curriculum & Assessment Authority
154 Melbourne Street, South Brisbane

附录九：澳大利亚高校入学排名

ABN 19 070 055 935 ACN 070 055 935
Quad 2, 8 Parkview Drive, Sydney Olympic Park NSW
post: Locked Bag 112, Silverwater NSW 2128
tel: (02) 9752 0200 website: www.uac.edu.au

2012 Australian Tertiary Admission Rank Advice

E0006402/I0006402/R46313/Notices_20121217-030853-79-AT-Notice.001

Max Heng Chien
79 Vimiera Road
EASTWOOD NSW 2122
AUSTRALIA

Your Australian Tertiary Admission Rank (ATAR): 95.10 *NINE*FIVE***ONE*ZERO*

Shown below are the ATAR courses which were available for inclusion in your ATAR, together with the units that were actually included in the calculation. Information about ATAR eligibility and the calculation of the ATAR is shown over the page.

Your NSW Board of Studies Student Number: 23858444

Course name	Category	Year completed	Unit value	Units included in calculation of ATAR
Biology	A	2012	2	2
English Advanced	A	2012	2	2
Mathematics	A	2012	2	2
Personal Development, Health & Physical Education	A	2012	2	2
Physics	A	2012	2	2

Issued by UAC without alteration or erasure (see reverse for details of security features)

Andrew Stanton
Managing Director
19 December 2012

The ATAR is a rank between 0.00 and 99.95 with increments of 0.05. It is used by UAC participating institutions to rank and select school leavers for admission to most undergraduate courses. Some courses use selection criteria other than, or in addition to, the ATAR. For more information about the ATAR read pages 45-48 of the UAC 2013 Guide or pages 31-34 of the UAC 2013 International Booklet or visit UAC's website at www.uac.edu.au/undergraduate/atar/ or www.uac.edu.au/international/atar/

The message 'Not eligible' appears on this advice if you did not satisfactorily complete the requirements for an ATAR as listed over the page.

If you are eligible to have a Limited ATAR calculated it will be sent to you on a separate advice. The Limited ATAR is calculated differently to the ATAR. The calculation of the Limited ATAR is described on page 48 of the UAC 2013 Guide or page 34 of the UAC 2013 International Booklet or visit UAC's website at www.uac.edu.au/undergraduate/atar/ or www.uac.edu.au/international/atar/

参考文献

一、专著类

(一) 中文专著

[1] 刘海峰. 高考改革的理论思考 [M]. 武汉：华中师范大学出版社，2007.

[2] 韩家勋. 教育考试评价制度比较研究 [M]. 北京：人民教育出版社，2010.

[3] 王如哲. 各国高等教育制度 [M]. 台北：高等教育出版社，2009.

[4] 唐滢. 美国高校招生考试制度 [M]. 武汉：华中师范大学出版社，2007.

[5] 王斌华. 澳大利亚教育 [M]. 上海：华东师范大学出版社，1996.

[6] 许庆豫，葛学敏. 国别高等教育制度研究 [M]. 徐州：中国矿业大学出版社，2004.

[7] 牛道生. 澳大利亚基础教育 [M]. 广州：广东教育出版社，2004.

[8] 刘额尔敦吐. 中国高校少数民族招生考试政策研究 [M]. 武汉：华中师范大学出版社，2012.

[9] 祝怀新. 面向现代化：澳大利亚高等教育研究 [M]. 杭州：浙江大学出版社，2009.

[10] 王立科. 英国高校招生考试制度研究 [M]. 武汉：华中师范大学出版社，2008.

[11] 杨深坑，王秋绒，李奉儒. 比较与国际教育 [M]. 台北：高等教育出版社，2012.

[12] 郑寅达，费佩君. 澳大利亚史［M］. 上海：华东师范大学出版社，1991.

[13] 江芳盛，钟宜兴. 各国教育行政制度比较［M］. 台北：五南图书，2006.

[14] 西蒙·马金森，马克·康西丹. 澳大利亚企业型大学的权力结构、管理［M］. 周心红，译注. 杭州：浙江大学出版社，2007.

[15] 张千帆，曲相霏. 大学招生与宪法平等：国际经验与中国问题［M］. 南京：译林出版社，2011.

[16] 王如哲. 比较教育［M］. 台北：五南图书，1999.

[17] 钟宜兴. 各国高等教育经营管理之比较［M］. 高雄：丽文文化，2011.

[18] 吴明海. 中外民族教育政策史纲［M］. 北京：中央民族大学出版社，2006.

[19] 秦德占. 塑造与变革：澳大利亚工党社会政策研究［M］. 郑州：河南人民出版社，2009.

[20] 艾伟. 出席澳洲新教育国际会议记［M］. 上海：商务印书馆，1948.

[21] 滕大春. 外国教育通史［M］. 济南：山东教育出版社，1995.

[22] 滕大春. 外国教育通史：第六卷［M］. 济南：山东教育出版社，1994.

[23] 江爱华. 澳大利亚高等教育质量保证制度：背景、政策与架构［M］. 台北：高等教育出版社，2007.

[24] 阮西湖. 澳大利亚民族志［M］. 西宁：青海人民出版社，1987.

[25] 李家宗. 澳洲高等教育评鉴制度［M］. 台北：台湾评鉴协会，2009.

[26] 戴晓霞，杨岱颖. 高等教育国际学生市场新趋势［M］. 台北：高等教育出版社，2012.

[27] 经济合作与发展组织. 教育概览 2011-OECD 指标［M］. 北京：教育科学出版社，2011.

（二）英文专著

[1] Western Australia & McGaw, B. Assessment in the upper secondary school in Western Australia: report on the Ministerial Working Party on school certification and tertiary admissions procedures［M］. Perth: Govt. Printer, 1984.

[2] Masters, Geoff. Fair and meaningful measures?: a review of

examination procedures in the NSW Higher School Certificate [M]. New South Wales: The Australian Council for Educational Research Ltd. , 2002.

[3] Department of Education, Training and Youth Affairs. Australia [M]. Canberra: DETYA, 2000.

[4] McKinnon, K. , Walker, S. & Davis, D. Benchmarking: a manual for Australian universities [M]. Canberra: Department of Employment, Education,Training and Youth Affairs,2000.

[5] Department of Education, Training and Youth Affairs. The characteristics and performance of higher education institutions [M]. Canberra: DETYA,1998.

[6] Department of Employment, Education and Training. National report on Australia's higher education sector [M]. Canberra: Australian Government Publishing Service, 1993.

[7] Irwin, Hurry. Communicating with Asia: understanding people and customs [M]. St Leonards, N. S. W. : Allen & Unwin, 1996.

[8] Bennett, David. Multicultural state, rethinking difference and identity [M]. Lodon, Now York: Routledge, 1998.

[9] National Institute for Labour Studies. The effect of HEAC on higher education equity and access [M]. Flinders University of South Australia, 1988.

[10] Barcan, Alan. A history of Australian education [M]. New York: Oxford University Press, 1980.

[11] Department of Employment, Education and Training. Higher education: a policy statement [M]. Canberra: Australian Government Publishing Service, 1988.

[12] Green,Madeleine. Transforming higher education: views from leaders around the world [M]. Phoenix: The Oryx Press, 1997.

[13] Purcell, Colin. Australia the land and its development [M]. Canberra, 1975.

[14] Powell,J. M. A historical geography of modern Australia: the restive fringe [M]. Cambridge: Cambridge University Press, 1988.

[15] Smart, D. & Ang, G. The origins and evolution of commonwealth Full Fee Paying Overseas Policy 1975-1992. In Peachment et al. (Eds.). Case studies in public policy [M]. Curtin University: 1993.

[16] Back, K. J. & Davis, D. M. Internationalization of Higher Education in Australia. In De Wit et al. (Eds.). Strategies for internationalization of higher education: a comparative study of Australia, Canada, Europe and the United States of America [M]. Amsterdam: EAIE, 1995.

[17] Beazley, K. International education in the Australia through the 1990s [M]. Canberra: AGPS, 1992.

二、期刊类

（一）中文期刊

[1] 刘额尔敦吐. 澳大利亚高校招生民族倾斜政策及其启示 [J]. 国家教育行政学院学报, 2009 (6): 91-95.

[2] 刘额尔敦吐. 中澳高校招生民族倾斜政策比较及其启示 [J]. 湖北招生考试, 2010 (24): 24-28.

[3] 戴晓霞. 英国及澳洲高等教育改革政策之比较研究 [J]. 教育政策论坛, 1999 (2): 128-156.

[4] 林倍伊, 吴玫茵. 澳洲高等教育学费政策及其启示 [J]. 学校行政, 2009 (64): 160-175.

[5] 李家宗. 澳洲近十年高等教育学费与助学政策改革趋势之分析 [J]. 比较教育, 2013 (74): 69-90.

[6] 萧霖. 大学学费与就学贷款政策 [J]. 台湾教育评论月刊, 2014 (3): 42-47.

[7] 教育部赴澳、新高教收费管理考察团. 澳大利亚、新西兰高等教育收费管理考察报告 [J]. 现代教育科学, 2002 (7): 3-7.

[8] 贺莹莹. 澳大利亚开放学费管制评析 [J]. 青春岁月, 2015 (11): 108-109.

[9] 蓝祥龙. 澳大利亚 TAFE 教育模式探析 [J]. 湖南科技学院学报, 2011 (7): 172-175.

[10] 江爱华. 澳洲高等教育政策改革框架解析 [J]. 教育数据集刊第 32 辑,

2006 (32): 297-300.

[11] 邓嗣禹. 中国科举与西方 [J]. 蔡培瑜译注. 中国考试, 2014 (6): 58-64.

[12] 陈娜, 周谊. 澳大利亚多元化高考制度初探——以新州的 HSC 考试为例 [J]. 江西教育 (管理版), 2007 (7): 80-81.

[13] 陈娜, 周谊. 澳大利亚新州高中毕业证书考试探析 [J]. 外国中小学教育, 2008 (12): 40-44.

[14] 马丽华, 刘昌坤. 澳大利亚昆士兰州的高中考试评价系统 [J]. 上海教育科研, 1999 (4): 4-6.

[15] 王兆璟, 陈婷婷. 澳大利亚土著人教育优惠政策: 进程、动因及价值取向 [J]. 当代教育与文化, 2010 (6): 25-30.

[16] 陈立鹏, 孔瑛. 美国、澳大利亚少数民族教育立法研究 [J]. 民族教育研究, 2008 (4): 71-76.

[17] 郑信哲. 澳大利亚的民族教育发展特色 [J]. 世界民族, 2000 (3): 33-36.

[18] 杨舒. 澳大利亚高等教育国际化的发展及启示 [J]. 煤炭高等教育, 2008 (4): 60-62.

[19] 张铁明. 澳、新发展教育贸易的理念和制度考略 [J]. 广州大学学报 (社会科学版), 2008 (4): 61-65.

[20] 杨尊伟, 杨昌勇. 澳大利亚高等教育国际化发展及动因探析 [J]. 外国教育, 2008 (9): 60-63.

[21] 张民选. 澳大利亚: 迅速崛起的教育出口大国 [J]. 职业技术教育, 2003 (36): 62-65.

[22] 苏建洲. 澳洲扩展高等教育国际市场作法之研究 [J]. 教育研究学报, 2006 (2): 75-95.

[23] 安任峰. 澳大利亚加快高等教育国际化步伐 [J]. 世界教育信息, 2001 (6): 9-13.

[24] 刘海峰. 高考改革中的两难问题 [J]. 高等教育研究, 2000 (3): 36-38.

(二) 英文期刊

[1] Stanley, Gordon. Post-reform trends in the New South Wales Higher School Certificate [J]. New Horizons in Education, 2005 (52):

98-108.

[2] McCurry, Dough & Chiavaroli, Neville. Reflections on the role of a writing test for medical school admissions [J]. Academic Medicine, 2013 (5): 568-571.

[3] Devlin, Marcia. Indigenous higher education student equity: focusing on what works [J]. Australian Journal of Indigenous Education, 2009 (38): 1-8.

[4] Gunstone, Andrew. Australian university approaches to indigenous policy [J]. Australian Journal of Indigenous Education, 2008 (37): 103-108.

[5] Chapman, Bruce & Salvage, Tony. Changes in costs for Australian higher education students from 1996/97 budget [J]. Higher Education Funding Issue of the Australian Journal of Public Policy, 1998 (4): 71-90.

[6] Duckett, S. J. Turning right at the crossroads: The Nelson Report's proposals to transform Australia's universities [J]. Higher Education, 2004 (47): 211-240.

[7] Pick, David. The re-framing of Australian higher education [J]. Higher Education Quarterly, 2006, 60 (3): 229-241.

[8] Megarrity, L. A highly-regulated "free market": commonwealth policies on private overseas students from 1974-2005 [J]. Australian Journal of Education, 2007 (51): 39-53.

[9] Burke, R. Constructions of Asian international students: the "casualty" model and Australia as "educator" [J]. Asian Studies Review, 2006 (30): 333-354.

[10] Brian Brennan. It's the exams stupid [J]. Teacher. December 2009: 58-59.

三、学位论文

[1] 丁丽军. 澳大利亚高等教育质量保障模式研究——以 AUQA 质量审核为例 [D]. 华东师范大学博士学位论文, 2010.

[2] 方晗. 中澳高考制度比较研究 [D]. 华中师范大学硕士学位论

文，2010.

[3] 陈娜. 澳大利亚新州高中毕业证书考试探究 [D]. 西南大学硕士学位论文，2008.

[4] 张惠. 陕西省普通高中学业水平考试与澳大利亚高中教育证书考试比较研究 [D]. 陕西师范大学硕士学位论文，2009.

[5] 刘燕. 澳大利亚昆士兰州高中校本学生评价研究 [D]. 华东师范大学硕士学位论文，2012.

[6] Mercer, Annette. Selecting medical students: an Australian case study [D]. The Degree of Doctor of Philosophy of Murdoch University, 2007.

[7] 刘丽莉. 澳大利亚土著民族教育新政策研究 [D]. 西北师范大学硕士学位论文，2010.

[8] 陈婷婷. 澳大利亚土著人教育优惠政策研究 [D]. 西北师范大学硕士学位论文，2010.

[9] 苏立维. 澳大利亚政府对土著居民的教育政策及对我区少数民族教育政策的启示 [D]. 内蒙古农业大学硕士学位论文，2011.

[10] 林钰恬. 英国与澳洲高等教育就学贷款制度之比较研究 [D]. 暨南国际大学硕士学位论文，2004.

[11] 李家宗. 英、纽、澳三国高等教育经费及补助制度之比较研究 [D]. 暨南大学博士学位论文，2005.

[12] 李颖. 澳大利亚高等教育 HECS 计划解读与分析 [D]. 首都师范大学硕士学位论文，2009.

[13] Mercer, Annette. Selecting medical students: an Australian case study [D]. The Degree of Doctor of Philosophy of Murdoch University, 2007.

[14] 杜海燕. 澳大利亚大学发展史研究 [D]. 河北大学博士学位论文，2011.

[15] 王玉蕾. 澳大利亚高等教育标杆管理的研究与借鉴 [D]. 西北大学硕士学位论文，2008.

[16] 李昱莹. 澳洲高等教育国际化：政府及大学之策略 [D]. 暨南国际大学硕士学位论文，2007.

[17] 张慧君. 澳大利亚海外学生教育服务法体系构建研究 [D]. 首都师范

大学硕士学位论文，2008.

［18］张存玉. 澳大利亚跨国高等教育质量保障体系探析［D］. 厦门大学硕士学位论文，2009.

［19］李晓东. 澳大利亚留学生教育政策研究——以高等教育为研究对象［D］. 中央民族大学硕士学位论文，2013.

［20］杨尊伟. 澳大利亚高等教育国际化探析［D］. 东北师范大学硕士学位论文，2004.

［21］李木洲. 高考制度改革的历史反思——基于制度变迁的视角［D］. 厦门大学博士学位论文，2013.

四、报纸、研究报告及会议论文集

［1］McGaw, Barry. Shaping their future: recommendations for reform of the higher school certificate［R］. Sydney, New South Wales: Department of Training and Education Co-ordination, 1997.

［2］Cooney, George. The tertiary entrance rank: an endangered species?［A］. ACACA conference Sydney［C］. New Horizons in Education, 2001: 66-78.

［3］Palmer, N., Bexley, E., & Richard James. Selection participation in higher education: university selection in support of student success and diversity of participation［R］. University of Melbourne, 2011.

［4］Pascoe, Robert et al. Perspectives on selection methods for entry into higher education in Australia［R］. Canberra: Department of Employment, Education, Training and Youth Affairs, 1997.

［5］Anderson, D. S., Boven, R., & Penshan, P. J. etc. Students in Australian higher education: a study of their social composition since the abolition of fees［R］. Canberra: Australian Government Publishing Service, 1980.

［6］Beer, Gillian & Chapman, Bruce. The impact on students of the 2005［R］. SA: Economics Department, The University of Adelaide, 2005.

［7］Australian College Council. Report of the council of the Australian college［R］. Sydney: Horatio Wills for the Executors of R. Howe, 1832.

[8] McGaw, Barry. Their future: options for reform of the Higher School Certificate [R]. Sydney, New South Wales: Department of Training and Education Co-ordination, 1996.

[9] Masters, Geoffery N. Fair and meaningful measures?: a review of examination procedures in the NSW Higher School Certificate [R]. Camberwe, Vic.: Australian Council for Education Research, 2002: 2.

[10] 周珣, 原春琳. 30年风雨: 我们见证的改革与实验 [N]. 中国青年报, 2007-6-27 (3).

五、电子文献及网络资源

[1] Tourism Australia. Cities, states and territories[EB/OL]. http://www.australia.com/about/key-facts/cities-states-teritories.aspx. 2013-12-15.

[2] Tourism Australia. Australia's culture [EB/OL]. http://www.austrlia.com/about/culture-history/culture.aspx. 2013-12-15.

[3] Australian Bureau of Statistics. Australian demographic statistics, March[EB/OL]. http://www.abs.gov.au/ausstats/abs@.nsf/mf/3101.0. 2015-06-20.

[4] Parliament of Australia. The parliamentary system[EB/OL]. http://www.aph.gov.au/About_parliament/Work_of_the_Parliament/Forming_and_Governing_a_Nation/parl. 2013-07-15.

[5] Australian Government Department of Foreign Affairs and Trade. Australia in brief[EB/OL]. http://www.dfat.gov.au/aib/downloads/australia-in-brief.pdf. 2013-05-08.

[6] Australian Government Department of Foreign Affairs and Trade. Australia: brief facts[EB/OL]. http://www.dfat.gov.au/aib/. 2013-05-08.

[7] International monetary fund[EB/OL]. http://www.imf.org/external/pubs/ft/weo/2012/01/weodata/weorept.aspx?sy=2009&ey=2012&scsm=1&ssd=1&sort=country&ds=.&br=1&c=193&s=NGDPD%2CNGDPDPC%2CPPPGDP%2CPPPPC%2CLP&grp=0&a=&pr.x=74&pr.y=6. 2013-04-17.

[8] Australian Bureau of Statistics. Preschool education, Australia, 2012 [EB/OL]. http://www.abs.gov.au/ausstats./abs@.nsf/Lookup/4240.0main+features32012. 2013-09-12.

[9] Australian Curriculum, Assessment and Reporting Authority. The Australian curriculum [EB/OL]. http://www.australiancurriculum.edu.au/. 2013-10-25.

[10] Australian Government. School term dates [EB/OL]. http://australia.gov.au/topics/australian-facts-and-figures/school-term-dates. 2013-08-10.

[11] Australian Curriculum, Assessment and Reporting Aauthority. National report on schooling in Australia 2011 [EB/OL]. http://www.acara.edu.au/verve/_resources/National_Report_on_Schooling_in_Australia_2011.pdf. 2013-10-29.

[12] Australian Curriculum, Assessment and Reporting Authority. National report on schooling in Australia 2011 [EB/OL]. http://www.acara.edu.au/reporting/national_report_on_schooling_2011/Schools_and_schooling/staff_2_1.html. 2013-12-04.

[13] Australian Bureau of Statistics. Year book of Australia 2012 [EB/OL]. http://www.abs.govgov.au/ausstats/abs@.s.nsf/Lookup/by%20Subject/1301.0~2012~Main%20Features~Vocational%20education%20and%20training%20(VET)~106105. 2013-01-21.

[14] Australian Qualifications Framework. What is the AQF? [EB/OL]. http://www.aqf.edu.au/aqf/about/what-is-the-aqf/. 2013-12-01.

[15] Australian Qualifications Framework [EB/OL]. http://www.aqf.edu.au/wp-content/uploads/2013/05/AQF-2nd-Edition-January-2013.pdf. 2013-05-16.

[16] Australian Government Department of Education, Employment and Workplace Relations. DEEWR organisation chart [EB/OL]. http://foi.deewr.gov.au/system/files/doc/other/january_deewr_internet_organisation_chart.pdf. 2013-04-27.

[17] Ministerial Council for Education, Early Childhood Development and Youth Affairs. National report on schooling in Australia 2008 [EB/

OL]. http://cms. curriculum. edu. au/anr2008/index. htm. 2013-04-20.

[18] Australian Government Department of Education and Training. 2014 first half year student summary[EB/OL]. https://education. gov. au/selected-higher-education-statistics-2014-student-data. 2014-12-19.

[19] Australian Bureau of Statistics. Year book of Australia 2012[EB/OL]. http://www. abs. gov. au/ausstats/abs@. nsf/Lookup/by%20Subject/1301. 0~2012~Main%20Features~Higher%20education~107. 2013-01-21.

[20] Australian Institute for Teaching and School Leadership. Accreditation of initial teacher education programs in Australia: standards and procedures April 2011[EB/OL]. http://www. teacherstandards. aitsl. edu. au/static/docs/7%20Accred%20Init%20Teacher%20Ed%20Cover%20Conv%20Aust. pdf#search=standardsand procedures. 2013-04-25.

[21] Commonwealth of Australia Consolidated Acts. Higher Education Support Act 2003[EB/OL]. http://www. austlii. edu. au/au/legis/cth/consol_act/hesa2003271/s2. 1. html. 2013-12-07.

[22] Department of Education, Employment and Workplace Relations. Finance 2009 [EB/OL]. http://www. deewr. gov. au/HigherEducation/Publications/FinanceReports/ Documents/Finance2009. pdf. 2012-10-18.

[23] Australian Government. 2011-12 Budget at a glance [EB/OL]. http://www. budget. gov. au/2011-12/content/at_a_glance/html/at_a_glance. htm. 2013-01-08.

[24] Universities Australia. Universities Australia submission to the review of Australian higher education[EB/OL]. http://www. universitiesaustralia. du. au/page/374/submissions—reports/reviews—inquires/2008-submissions/review-of-higher-education/. 2013-08-02.

[25] Australian Government Department of Education and Training. 2013 finance publication and tables[EB/OL]. http://www. education. gov. au/finance-publication. 2014-12-15.

[26] Indigenous education and training 2005-2008[EB/OL]. http://www.dest.gov.au/schools/indigenous/iet-2005-2008.htm.

[27] Australian Government. CSP and higher education loan program handbook[EB/OL]. http://studyassist.gov.au. 2014-01-01.

[28] Australian Government. Thinking about uni? commonwealth supported places HECS-HELP 2014 [EB/OL]. http://www.studyassist.gov.au. 2014-01-01.

[29] Australian Government. Commonwealth supported places and HECS-HELP information for 2014[EB/OL]. http://www.studyassist.gov.au. 2014-01-01.

[30] Australian Government. CSP and HELP handbook[EB/OL]. http://www.studyassist.gov.Au/sites/studyassist/helpfulresources/pages/publications. 2013-12-15.

[31] Australian Government. Thinking about studying: a postgraduate degree? at Open Universities Australia? at a private higher education provider? Fee-help 2014[EB/OL]. http://www.studyassist.gov.au/sites/studyassist/helpfulresources/pages/publications/. 2013-12-15.

[32] Australian Government. 2014 OS-HELP statement of terms and conditions booklet [EB/OL]. http://www.studyassist.gov.au/sites/studyassist/helpfulres ources/pages/publications. 2013-12-15.

[33] Australian Government. SA-HELP information for 2014 booklet[EB/OL]. http://www.studyassist.gov.au/sites/studyassist/helpfulresources/pages/publications. 2013-12-15.

[34] Australian Government Department of Human Service. Students and trainees[EB/OL]. http://www.humanservices.gov.au/customer/themes/students-and-trainees. 2013-12-18.

[35] Jongbloed,Ben. Higher education in Australia[EB/OL]. http://www.utwente.nl/bms/cheps/Research%20projects/higher_education_monitor/2008%20countryreportAustralia.pdf. January 2008. 2014-12-20.

[36] University admission index [EB/OL]. https://en.wikipedia.org/wiki/Universities_Admission_Index. 2014-06-28.

[37] The Queensland Times. Students find Overall Position one of relief

[EB/OL]. http://www.qt.com.au/news/students-find-overall-position-one-of-relief/1685314/. 2012-07-17.

[38] Universities Admissions Centre. UAC annual report 2012-2013.pdf [EB/OL]. http://www.uac.edu.au/general/. 2013-09-26.

[39] South Australian Certificate of Education. Key information[EB/OL]. http://www.sace.sa.edu.au/about/key-Information. 2014-10-01.

[40] Board of Studies. 2014 HSC written examinations begin[EB/OL]. http://news.boardofstudies.nsw.edu.au/index.cfm/2014/10/10/2014-HSC-written-examinations-begin. 2014-10-10.

[41] Board of Studies NSW. Explanation of aligning and moderating procedure for the Higher School Certificate [EB/OL]. http://www.boardfstudies.nsw.edu.au/hsc-results/moderation.html. 2014-05-15.

[42] Board of Studies NSW. Higher School Certificate 2010 to 2013 illness/misadventure appeal summary[EB/OL]. http://www.boardofstudies.nsw.edu.au/hsc_exams/illness-misadventure.html. 2014-07-29.

[43] Board of Studies NSW. HSC exam people, papers, and processes[EB/OL]. http://www.boardofstudies.nsw.edu.au/hsc_exams/hsc-people-papers-processes.html. 2013-10-14.

[44] Board of Studies NSW. 2012 scaling report.pdf[EB/OL]. http://www.boardfstudies.nsw.edu.au/. 2013-04-22.

[45] VCAA. Strengthening senior secondary pathways.pdf [EB/OL]. http://www.vcaa.vic.edu.au/Pages/vce/Publications/index.aspx. 2014-10-10.

[46] VCAA. VCE and VCAL administrative handbook 2014.pdf[EB/OL]. http://www.vcaa.vic.edu.au/Pages/vce/publications/index.aspx. 2014-08-03.

[47] VCAA. Media guide for VCE examinations.[EB/OL] http://www.vcaa.vic.edu.au/Documents/media/Mediaguide2014.pdf. 2014-10-10.

[48] VCAA. GAT results[EB/OL]. http://www.vcaa.vic.edu.au/Pages/vce/exams/gat/results.aspx. 2013-08-02.

[49] VCAA. VCE frequently asked questions-current students[EB/OL].

http://www.vcaa.vic.edu.au/Pages/faqs/vcecurrentstudents.aspx. 2014-11-13.

[50] School Curriculum and Standards Authority. Year 12 school handbook 2014. pdf[EB/OL]. http://www.scsa.wa.edu.au/internet/Publications/year12informationhandbook. 2014-05-05.

[51] School Curriculum and Standards Authority. Your_marks_brochure_PDF. pdf [EB/OL]. http://www.scsa.wa.edu.au/internet/Senior_Secondary/WACE_Examinations/Your_Marks. 2014-09-26.

[52] South Australian Certificate of Education. About the SACE[EB/OL]. http://www.sace.sa.edu.au/the-sace/Students-families/about-the-sace. 2014-10-02.

[53] Northern Territory Government. NT certificate of education and training [EB/OL]. http://www.Education.nt.gov.au/teachers-educators/curriculum-ntbos/ntcet. 2014-02-04.

[54] South Australian Certificate of Education. School assessment and moderation fact sheet. pdf[EB/OL]. http://www.sace.sa.edu.au/the-sace/students-families/Stage-2. 2014-07-09.

[55] SATAC. Calculating the raw score for scaling [EB/OL]. http://www.satac.edu.au/pages/scaling. 2014-09-16.

[56] QCAA. Information for year 12 secondary school students[EB/OL]. http://www.qcaa.qld.edu.au/20351.html. 2015-01-14.

[57] QCAA. Field Positions [EB/OL]. http://www.qcaa.qld.edu.au/631.html. 2015-01-15.

[58] ACT BSSS. What certificates could you obtain? [EB/OL]. http://www.bsss.act.edu.au/_data/assets/pdf_file/0004/313843/2012_What_certificate_Booklet.pdf. 2012-11-17.

[59] Board of Senior Secondary Studies. Policy and procedure manual 2014 [EB/OL]. http://www.bsss.act.edu.au/Publications/policies_and_procedures. 2014-02-10.

[60] Board of Senior Secondary Studies. ACT scaling test [EB/OL]. http://www.bsss.act.edu.au/years_11_and_12/act_scaling_test. 2014-06-23.

[61] Tasmanian Qualification Authority. TQA senior secondary handbook 2015[EB/OL]. http://www.tqa.tas.gov.au/4DCGI/_WWW_doc/275988/RND01/TQA_Handbook_2015.pdf. 2015-02-13.

[62] Tasmanian Qualification Authority. Assessment only qualifications [EB/OL]. http://www.tqa.tas.gov.au/9786. 2015-02-19.

[63] Australian Council for Educational Research. UMAT 2014 information booklet.pdf [EB/OL]. http://umat.acer.edu.au/register. 2014-02-04.

[64] Australian Council for Educational Research. STAT 2014.pdf [EB/OL]. http://www.stat.acer.edu.au/. 2014-02-04.

[65] Australian Council for Educational Research. ALSET 2014.pdf [EB/OL]. http://www.acer.edu.au/tests/alset. 2014-02-04.

[66] UQ Australia. Entry requirements for domestic students [EB/OL]. http://www.uq.edu.au/study/index.html?page=1098. 2014-01-12.

[67] Universities Admissions Centre. UAC undergraduate charges and fees [EB/OL]. http://www.uac.edu.au/undergraduate/fees/uac-charges.shtml. 2013-10-24.

[68] Universities Admissions Centre. Undergraduate fact sheet 2: admission requirements and selection.pdf[EB/OL]. http://www.uac.edu.au/. 2013-10-20.

[69] UAC. Year 12 conversion.pdf [EB/OL]. http://www.uac.edu.au/undergraduate/atar/. 2014-01-05.

[70] UAC. Comparison of 2015 and 2014 university offers [EB/OL]. http://www.uac.edu.au/documents/media-releases/undergraduate/2015-Main-Round-Offers-Released.pdf. 2015-01-20.

[71] Universities Admissions Centre. Undergraduate fact sheet 3: important dates for 2013-14 admission.pdf[EB/OL]. http://www.uac.edu.au/. 2013-10-20.

[72] Australian Government Department of Foreign Affairs and Trade. Australia in brief: the land and its people[EB/OL]. http://www.dfat.gov.au/aib/the-land-and-its-people.html#indigenous_australia. 2013-09-07.

[73] Australian Bureau of Statistics. 2011 census counts-aboriginal and Torres Strait Islander people[EB/OL]. http://www.abs.gov.au/ausstats/abs@.nsf/Lookup/2075.0main+features32011. 2013-12-18.

[74] MCEECDYA. The Adelaide declaration on national goals for schooling in the twenty-first century[EB/OL]. http://www.mceetya.edu.au/mceecdya/adelaide_ declaration_1999_text,28298.html. 2013-09-09.

[75] Australian Bureau of Statistics. Education[EB/OL]. http://www.abs.gov.au/ausstats/abs@.nsf/Lookup/2076.0main+features302011. 2012-11-28.

[76] Australian Government Department of Human Services. Payment rates for ABSTUDY [EB/OL]. http://www.humanservices.gov.au/customer/enablers/centrelink/abstudy/payment-rates. 2015-03-18.

[77] The University of Sydney. Scholarships for Aboriginal and Torres Strait Islander students [EB/OL]. http://sydney.edu.au/scholarships/current/indigenous_students.shtml. 2015-03-19.

[78] Summary of analysis for IHEAC by DEST on 2001-2004 indigenous tertiary education data[EB/OL]. http://www.desk.gov.au/. 2013-11-09.

[79] Ministerial Council for Education, Early Childhood Development and Youth Affairs. Aboriginal and Torres Strait Islander Education Action Plan 2010-2014 [EB/OL]. http://www.sseec.edu.au/site/DefaultSite/filesystem/documents/ATSI%20documents/ATSIEAP_web_version_final.pdf. 2013-04-16.

[80] Australian Government. Review of higher education access and outcomes for Aboriginal and Torres Strait Islander people: final report[EB/OL]. http://www.innovation.go.au/Higher Education/Indigenous Higher Education/Review of Indigenous Higher Education/Final Report/IHER Final Report.pdf. 2013-03-19.

[81] 许立一. 解构公共行政当中管理主义的后设叙事[EB/OL]. http://www.npf.org.tw/PUBLICATION/IA/092/IA-R-092-018.htm.

[82] Department of Education, Science and Training. Finance 2004[EB/OL]. http://www.dest.gov.au/sectors/Higher_education/publications_resources/profiles/finance_2004.htm. 2013-10-20.

[83] Australia as major higher education explorer[EB/OL]. http://www. iff. ac. hofo/ CHER_2002 /pdf /ch02harm. pdf. 2012-05-24.

[84] The University of Melbourne. Review of Australian higher education: the bradly review [EB/OL]. https://www. unimelb. edu. au/ publications /docs /2008bradleysubmission. pdf. 2008 July. 2015-04-24.

[85] Australian Education International. ESOS review[EB/OL]. http:// www. aei. gov. au/About-AEI/Current-Initiatives/ESOS-Review/ Pages /default. aspx. 2014-04-03.

[86] Department of Immigration and Citizenship. Fact sheet: stage one implementation of the Knight Review changes to the student visa program[EB/OL]. http://www. immi. gov. au/students/_ pdf /stage-one-knight-reivew-changes-fact-sheet. pdf. 2014-05-12.

[87] Australian Government Department of Education and Training. International student enrolments in Australia 1994-2011 [EB/OL]. https://internationaleducation. gov. au/research/International-Student-Data /Pages /InternationalStudentData2012. aspx♯1. 2014-04-02.

[88] The University of Sydney. Guide to international undergraduate entry requirement 2015 [EB/OL]. http://sydney. edu. au/future-students/ documents/ international /undergraduate /Sydney-Uni-2015-Guide-to-Intermational-UG-Entry-Requirements. pdf. 2015-05-28.

[89] The University of Sydney. English language proficiency requirements[EB/ OL]. http://sydney. edu. au/ab/standards/ELS_ conversion. pdf. 2015-02-06.

[90] Australian Bureau of Statistics. International students [EB/OL]. http://www. abs. gov. au/AUSSTATS/abs @. nsf /Lookup /4102. 0Main+Featu res20Dec+2011♯INTRODUCTION. 2011-12-05.

[91] All Unis. University tuition fees [EB/OL]. http://alluniversities. com. au/ tuition-fees-list. html. 2015-01-28.

[92] Australian Government Department of Foreign Affairs and Trade. Australia Awards Scholarships [EB/OL]. http://dfat. gov. au/people-to-people/ australia-awards /Pages /australia-awards-scholarships. aspx. 2015-06-16.

[93] Australian Government Department of Education and Training.

International applicants [EB/OL]. https://internationaleducation. gov. au/endeavour% 20program/scholarships-and-fellowships/international-applicants/pages/international-applicants. aspx. 2015-06-16.

[94] Australian Government Department of Education and Training. International Postgraduate Research Scholarships[EB/OL]. http://education. gov. au/international-postgraduate-research-scholarships. 2014-12-19.

[95] The Australian APEC Study Centre. Australia APEC Women in Research Fellowship 2015 round guide[EB/OL]. http://www. rmit. edu. au/media/public-site-media-production/documents/college-of-business/industry/apec/APEC-Research-Fellowship-Guidelines. pdf. 2015-06-20.

[96] RMIT University. Australia APEC women in research fellowship[EB/OL]. http://www. rmit. edu. au/about/our-education/academic-colleges/college-of-business/industry/australian-apec-study-centre/projects/australia—apec-women-in-research-fellowship/. 2015-06-20.

[97] Australian Government Australian Trade Commission. ISD_monthly summary_April2015. pdf[EB/OL]. http://www. austrade. gov. au/Education/Student-Data/2015. 2015-05-17.

[98] Australian Education Network. International student numbers at Australian universities[EB/OL]. http://www. australianuniversities. com. au/directory/international-student-numbers/. 2015-02-04.

[99] Australian Government Department of Education and Training. 2013 finance publication and tables[EB/OL]. http://www. education. gov. au/finance-publication. 2014-12-15.

[100] University of New South Wales. UNSW at a glance [EB/OL]. http://www. unsw. edu. au/about-us/unsw-glance. 2013-12-20.

[101] UNSW Australia. English language requirements[EB/OL]. http://www. unsw. edu. au/english-requirements-policy. 2014-01-01.

[102] UNSW Australia. Selection criteria-local applications [EB/OL]. http://med. unsw. edu. au/selection-criteria-local-applicants. 2014-01-02.

[103] UNSW. Degrees at UNSW 2014[EB/OL]. http://www. unsw. edu.

au/future-students/domestic-undergraduate/what-makes-us-us/our-degrees. 2013-12-25.

[104] UNSW. 2014 International undergraduate direct entry requirements [EB/OL]. http://www.international.unsw.edu.au/study/degree-programs/undergraduate/undergraduate-degree-entry-requirements/. 2014-01-02.

[105] UNSW Australia. Domestic undergraduate[EB/OL]. http://www.unsw.edu.au/future-students/domestic-Undergraduate/upp. 2014-01-02.

[106] UNSW Australia. UNSW preparation program[EB/OL]. http://www.unsw.edu.au/unswprep17-19. 2014-01-01.

[107] UNSW Australia. HSC Plus[EB/OL]. http://www.unsw.edu.au/domestic-undergraduate/hsc-plus. 2013-12-25.

[108] UNSW Australia. ACCESS Scheme[EB/OL]. http://www.unsw.edu.au/access-scheme. 2013-12-25.

[109] UNSW Australia. Rural student entry scheme[EB/OL]. http://rcs.med.unsw.edu.au/rural-student-entry-Scheme. 2013-12-30.

[110] UNSW Australia. 2014 Tuition fee by faculty[EB/OL]. http://my.unsw.edu.au/student/fees/ScheduleTuitionFees.html. 2014-01-02.

[111] UNSW Australia. Fees [EB/OL]. http://www.unsw.edu.au/future-students/domestic-undergraduate/putting-the-you-in-unsw/fees. 2014-01-02.

[112] UNSW Australia. Student Services and Amenities [EB/OL]. https://student.unsw.edu.au/ssaf. 2014-01-02.

[113] UNSW Australia International. Cost of living [EB/OL]. http://my.international.unsw.edu.au/living-sydney/cost-living/. 2014-01-02.

[114] UQ Australia. University profile[EB/OL]. http://www.uq.edu.au/about/university-profile. 2014-01-06.

[115] University of Queensland. UQ key statistics[EB/OL]. http://www.mis.admin.uq.edu.au/Content/UQKeyStatistics.aspx. 2015-02-20.

[116] UQ Australia. Australian undergraduate study UQ guide 2016[EB/OL]. http://future-students.uq.edu.au/publications-and-forms. 2015-02-15.

[117] University of Queensland. International UQ guide 2016: undergraduate program supplement. [EB/OL] http://future-students.uq.edu.au/publications-and-forms. 2015-02-21.

[118] University of Queensland. English proficiency requirements tables [EB/OL]. https://ppl.app.uq.edu.au/content/3.40.14-english-language-proficiency-admission-and-concurrent-support#Procedures. 2014-02-17.

[119] University of Queensland. Entry options 2016 [EB/OL]. http://www.uq.edu.au/ternational-instudents/study-guide-app. 2015-02-22.

[120] University of Queensland. UQ Bonus Rank Scheme [EB/OL]. http://future-students.uq.edu.au/apply/undergraduate/special-entry-programs/uq-bonus-rank-scheme. 2015-07-16.

[121] QTAC. Key dates and fees[EB/OL]. http://www.qtac.edu.au/key-dates-fees. 2015-08-21.

[122] Australian Government Department of Education. HECS-HELP [EB/OL]. http://studyassist.gov.au/sites/StudyAssist/HelpfulResources/Documents/2015%20CSP%20HECS-HELP%20booklet.PDF. 2015-07-07.

[123] University of Queensland. Indicative undergraduate fees for international students[EB/OL]. http://www.uq.edu.au/study/indicative-fhtml?level=ugrd&nationality=international&dual_degree=False. 2015-02-20.

[124] The University of Queensland. SSAF charges for 2015 [EB/OL]. http://www.uq.edu.au/myadvisor/ssaf-charges-for-2015. 2014-10-01.

[125] The University of Queensland. Daily living[EB/OL]. http://future-students.uq.edu.au/daily-living. 2015-01-06.

[126] Australian Government Department of Foreign Affairs and Trade. Australia Awards Scholarships[EB/OL]. http://dfat.gov.au/people-to-people/australia-awards/Pages/australia-awards-scholarships.aspx. 2015-06-16.

[127] University of Tasmania. 院校介绍 [EB/OL]. https://www.utaschina.net.cn/2011-11-18-03-43-25.html. 2014-01-12.

[128] UTAS. Admission requirements [EB/OL]. http://www.utas.edu.au/admissions/undergraduate/admission-requirements. 2014-01-12.

[129] UTAS. English language requirements [EB/OL]. http://www.utas.edu.au/inter national/how-to-apply/entry-requirements/english-language-requirements. 2014-01-12.

[130] UTAS. Undergraduate courses [EB/OL]. http://www.utas.edu.au/future-students/undergraduate-courses. 2014-01-12.

[131] UTAS. 2014 UPP information booklet [EB/OL]. http://www.utas.edu.au/centre-for-university-pathways-and-partnerships/upp. 2013-08-24.

[132] UTAS. Murina Pathway Program [EB/OL]. http://www.utas.edu.au/support-services/murina-preparation-pathway. 2014-01-20.

[133] UTAS. Course costs [EB/OL]. http://www.futurestudents.utas.edu.au/course-costs. 2014-01-12.

[134] UTAS. Fee schedule 2014 [EB/OL]. https://www.utas.au/students/student-services-and-amenities-fee-ssaf/fee-shedule-2014. 2014-01-12.

[135] UTAS courses by types and fees [EB/OL]. http://www.utas.edu.au/international/courses/courses-by-type. 2014-01-12.

[136] University of Tasmania. Tasmanian International Scholarship [EB/OL]. http://www.utas.edu.au/international/Scholarships/tasmanian-international-scholarship. 2014-01-12.

[137] UTAS. Women in Maritime Engineering Scholarship [EB/OL]. https://www.utas.au/students/international-scholarships/women-in-maritime-engineering-scholarship. 2014-01-12.

[138] Flinder University. Our facts and figures [EB/OL]. http://www.flinders.edu.au/about/our-university/our-facts-and-figures.cfm. 2014-03-21.

[139] Flinder University. School results guide [EB/OL]. http://www.flinders.edu.au/future-students/how-to-apply/undergraduate-study-applications/year-12-qualifications/school-results-guide.cfm. 2014-03-21.

[140] Flinder University. English language requirements [EB/OL]. http://www.flinders.edu.au/international-Students/study-at-flinders/

entry-and-english-requirements/english-languge-requirements. cfm. 2014-03-22.

[141] Flinder University. UniTEST[EB/OL]. http://www.flinders.edu.au/future-students/how-to-apply/special-entry/Unitest.cfm. 2014-03-25.

[142] Flinder University. Foundation Studies Program[EB/OL]. http://www.flinders.edu.au/future-students/how-to-apply/special-entry/foundation-course.cfm. 2014-03-25.

[143] SATAC. SATAC fees[EB/OL]. http://www.sata.edu.au/pages/satac-fees. 2014-03-26.

[144] Flinders University. 2014 student contribution amount[EB/OL]. http://www.flinders.edu.au/enrolling/commonwealth/student-contribution-amount.cfm. 2014-03-27.

[145] Flinder University. Fee schedule[EB/OL]. http://www.flinders.edu.au/enroling/fee-information/ssaf-schedule.cfm. 2014-03-27.

[146] Flinder University. Flinders 2015 Chinese language brochure[EB/OL]. http://www.flinders.edu.au/international-students/. 2014-07-16.

[147] Australian Government Department of Education. Indigenous cadetship support handbook 2013[EB/OL]. http://docs.employment.gov.au/documents/indigenous-cadetship-support-handbook. 2014-07-19.

[148] Flinder University. AISS[EB/OL]. http://www.flinders.edu.au/scholarships-system/index.cfm/scholarships/display/a018f24. 2014-07-16.

[149] OUA. 2010 OUA annual report[EB/OL]. http://www.open.edu.au/about-us/media-centre/annual-reports. 2014-01-26.

[150] OUA. Fees and charges[EB/OL]. http://www.open.edu.au/future-students/fees-and-charges/unit-fees/. 2014-01-26.

[151] OUA. Financial assistance[EB/OL]. http://www.open.edu.au/future-students/financial-assistance/fee-help. 2014-01-28.

[152] OUA. Can do scholarship[EB/OL]. http://www.open.edu.au/future-students/financial-assistance/scholarship. 2014-01-30.

[153] OUA. Travel subsidies[EB/OL]. http://www.open.edu.au/future-

students/financial-assistance/travel-subsidies. 2014-01-28.

[154] Holmesglen. Payment options[EB/OL]. http://www.holmesglen.edu.au/programs/higher_education/information_for_students/payment_options. 2014-01-29.

[155] Holmesglen. International student services[EB/OL]. http://www.holmesglen.edu.au/programs/international/international_student_services. 2014-01-30.

[156] Holmesglen. Scholarships[EB/OL]. http://www.holmesglen.edu.au/start/scholarships/. 2014-01-29.

[157] George Cooney. The Tertiary Entrance Rank: an endangered species? [EB/OL]. http://www.researchgate.net/publication/267224313, 2001.

[158] 刘海峰:高考改革何去何从?[EB/OL]. http://www.fjgk.cn/html/jynews/201204/6514.html.

后　　记

　　本书是在原博士论文的基础上修订而成的。2011年,我做出了人生中的一个重要决定,向我的工作单位(台湾铭传大学)请假三年,进修充电,前往厦门大学教育研究院攻读博士学位。在厦门大学的三年中,有着太多温暖与感动,衷心感谢我的导师刘海峰教授的知遇之恩以及在学习中给我的莫大关心与鼓励。该论文的选题、开题,澳大利亚的实地调研,论文的审稿、修改、定稿等各个环节,都离不开刘老师的悉心指导与协助。导师学识渊博、睿智风趣、宽厚仁爱、严谨治学的精神与风范,令我非常敬佩。无论是治学还是做人,言传身教中,我都受益匪浅。刘老师"天道酬勤"的人生哲理,更使我深受启迪并将受益终生。在此,谨向刘老师致以最诚挚的感谢与敬意。

　　厦门大学教育研究院是一个充满温馨和乐的大家庭,在这里我感受到同门之谊的热情和同窗之间的友情,与他们的三年相处,使我终生难忘。感谢厦门大学教育研究院各位老师的传道授业解惑。潘懋元教授、邬大光教授、别敦荣教授、张亚群教授、郑若玲教授、李国强助理教授等人的课堂讲授,引导我不断深入学术殿堂,给了我不同于以往在台湾和在澳大利亚的学习经验,使我深刻领会到了学术研究和理性思辨的魅力。郑若玲教授更是亦师亦友,除了生活上无微不至的关怀,更要感谢她对我研究的鼓励以及对我论文提出的修改建议,使我的论文更趋完善。

　　在离开澳大利亚八年后,2013年底我再度回到悉尼做论文调研,由衷感激当地师友的热情帮助。在澳大利亚实地调研过程中,我得到很多师长的大力支持。感谢新南威尔士大学教育学院院长克里斯·戴维森教授(Chris Davison)的协助,让我以访问学者的身分回到母校调研,并提供所需研究资源。感谢西澳大学国际处梅布尔·韩(Mabel Han)和陈思(Chester Bendall)两位老师安排的校访,让我能实地了解澳大利亚大学的本国学生和国际学生招生录取的程序与运作。

特别感谢在麦考瑞大学担任职涯发展顾问的好友林佑甄女士(Serene Lin-Stephens)。佑甄一家人热情地安顿我,并接受访谈,安排参访其学校,同时,通过参与她三位学龄子女的学校活动,我更完整地了解了澳大利亚教育制度。衷心感谢好友吉米(Jimmy Chien)夫妇和约翰逊(Johnson Cheng)夫妇接受访谈,让我能从家长的视角了解澳大利亚高校招生考试制度。而且,特别要感谢吉米夫妇与其通过2012年和2013年新州高考的两位儿子一起接受访谈,其儿子Max Heng Chien更是不避隐私向我提供了他的高中毕业证书成绩等相关资料。此外还要真诚感谢悉尼召会弟兄姊妹的帮助,让我在悉尼也有回家一般的感受。

感谢铭传大学支持我留职进修,还要感谢沈佩蒂教授、陈德昭教授、张国保教授、刘国伟教授、刘广华教授、杨小定教授、黄建森教授、杨宗蘅老师在我读博期间对我的关心和鼓励。最后要感谢我最亲爱的家人——父亲、母亲和弟弟、妹妹,谢谢你们的宽容和支持,让我任性地去彼岸追寻梦想,是你们满满的爱才成全了今日的我。

谨以此文献给天上的父和所有关心支持我的师长、亲人和朋友。

蔡培瑜
2016年06月01日